兩岸關係和平發展
制度化理論研究

嚴安林 著

目　　錄

導言

一、研究意義與目的／００１

二、研究現狀／００４

三、研究理論與方法／０５６

四、研究基本思路／０５８

第一章 兩岸關係和平發展理論概述／０６３

第一節 和平發展思想的提出／０６３

第二節 兩岸關係和平發展的機會與挑戰／０８５

第三節 兩岸關係和平發展的理論思考／０９２

第二章 兩岸關係和平發展的制度化框架／１１１

第一節 制度化框架的理論概述／１１１

第二節 兩岸關係制度化建設的必要性與可能性／１１４

第三節 兩岸關係和平發展的框架探索／１２３

第三章 兩岸關係和平發展制度化的路口選擇／１６１

第一節 鞏固與深化兩岸政治互信／１６１

第二節 建構兩岸和平制度化的機制／１７３

第三節 推進兩岸社會一體化工程／１９５

第四節 營造兩岸關係和平發展的環境／２０７

第四章 和平發展階段兩岸政治定位研究 / ２３５
第一節 兩岸關於政治定位問題的回顧 / ２３５
第二節 兩岸與海外學者在兩岸政治定位上的觀點 / ２４９
第三節 兩岸政治定位問題的理論探索 / ２５９

第五章 台灣的「國際參與」和兩岸「主權共用」理論探討 / ２７５
第一節 中國政府涉台外交政策：演變歷程與特點 / ２７５
第二節 馬英九的「活路外交」理念與主張 / ２８９
第三節 兩岸和平發展與台灣的「國際參與」 / ３０７
第四節 和平發展時期兩岸如何「共用一中」主權 / ３１７

參考書目 / ３４２
後記 / ３５８

導言

一、研究意義與目的

（一）研究的意義

2008年5月以來台灣海峽兩岸關係展現了和平發展的新局面，兩岸關係實現了歷史性的轉折。兩岸關係和平發展新局面的出現具有深遠的經濟、政治與歷史意義，因為兩岸的和平發展，不僅推動著兩岸經濟、社會的一體化歷程，為海峽兩岸的共同繁榮與中華民族的偉大復興贏得了重要的機會，同時也為亞太地區的和平與穩定做出了重要而積極的貢獻。因此，開展對兩岸關係和平發展制度化框架的理論研究意義重大。

1.這是兩岸關係和平發展的需要。和平發展是兩岸關係中的一個新生事物，是一個重大課題，也是需要不斷給予推動與完善的重大現實性工程，兩岸關係和平發展的內涵、階段、時程、特徵、制度化框架及實踐路徑等都需要學術界去做理論探討，為和平發展的制度化提供理論支撐，尋求鞏固與深化的發展動力。因此，是兩岸關係和平發展的現實需求與未來發展需要台灣問題與兩岸關係研究學者們去深入研究，去探討兩岸關係和平發展的制度化框架與實踐路徑等理論問題，現實意義巨大。

2.這是中國最終和平統一的需要。兩岸關係和平發展階段是最終解決台灣問題、實現中國和平統一的必經之路，和平發展與和平統一是兩個不同的發展階段，但又是前後相銜接的兩個階段，如何

經由「和平發展」過渡到「和平統一」,是需要學術界進行探討的重大政治任務。特別是如何通過和平發展階段為和平統一累積雄厚的實力基礎與兩岸民意基礎,有關和平發展階段研究的政治意義就顯得特別重大。

3.這是中華民族偉大復興的需要。兩岸關係和平發展、中國和平統一與中華民族的偉大復興是環環相扣、缺一不可的「三位一體」,因此,兩岸和平發展階段的理論研究對中華民族的偉大復興意義重大,理論意義重大。正如國民黨榮譽主席吳伯雄所言:「『振興中華』是讓我們中華民族都能抬頭挺胸」。[1]

(二)研究目的

1.鞏固與深化兩岸關係和平發展局面。2008年以來兩岸的和平發展是「在固有矛盾和重大分歧尚未解決的基礎上進行的」,這就不能不使這樣的和平發展帶有「先天性的不穩定特徵」。[2]其中原因是「台灣絕大多數的民意,是想要維持現狀,維持一個和平的現狀,維持一個『有助於延續現狀的現狀』」,而中國大陸則「希望現在的現狀是有助於趨向於最終統一的現狀」。[3]因此,需要通過學術界的實證研究與理論探討為兩岸關係和平發展的鞏固與深化提供理論支撐。因為,「對兩岸關係,兩岸彼此都要小心維護,避免突然發生擦槍走火的事情。大家要小心地維護這個趨勢,累積善意和互信,讓和平發展這條路走得更穩健」。[4]

2.為兩岸關係的和平發展制度化提供理論依據。誠如台灣學者所言:2008年以來的「兩岸總體處於和平,但此和平狀態似乎並不穩固,仍是『脆弱的和平』」,「兩岸距離『穩定和平』狀態,還

有很長的一段距離」。目前兩岸之間的「和平狀態，其實是建立在兩岸主權和外交仍存在高度衝突的基礎上」。[5]因此，如何使兩岸之間由目前的「脆弱的和平」發展與過渡到「穩固的和平」，特別是如何推動兩岸關係和平發展的制度化，是兩岸關係研究學者們需要共同加以探討的重大課題。

　　3.開拓與創新兩岸關係的和平發展。兩岸的和平發展已經是一個現實，同時未來發展前景還需要人們不斷地去充實、完善與實踐，「這個願景還在磨合甚至彼此衝撞的階段」，要「形塑一個共同的願景」，「還有一段很長的路要走」。[6]因此兩岸和平發展的未來走向需要去研究，尤其是在交流與合作的時代，不是二元對抗，而是既合作又良性競爭的時期，需要探討如何使兩岸之間的合作最大化、衝突最小化，如何由目前既有的「和平兩岸」走向真正意義上的「和諧兩岸」。

　　4.造福海峽兩岸民眾。和平發展是兩岸的主流民意，對此連民進黨執政時期的「陸委會」副主委童振源也承認：「更明確地說，台灣選民在這次總統選舉表達的訊息是支援兩岸和平發展」。[7]而對台灣而言，「兩岸問題幾乎是外交、經濟、國防與內政問題的核心[8]」兩岸關係的大幅改善與利益建構，關乎台灣民眾的長遠福祉，也關係到大陸民眾各方面的利益與福祉，因此，如何讓兩岸關係的和平發展制度化，進一步地與兩岸民眾的經濟、政治、精神利益相聯結不僅是兩岸執政當局需要思考的課題，同時也是兩岸關係研究者們的共同責任，需要通過在兩岸塑造積極、開放的「兩岸觀」，推動兩岸關係和平發展的深度，造福兩岸民眾，為台海地區謀和平，為兩岸民眾謀福祉。

二、研究現狀

　　自2008年兩岸關係和平發展以來，大陸、台灣、港澳及海外學者們對兩岸關係和平發展制度化框架的理論研究不可謂少，編輯與出版了大量的文章，當然大多是論文類的彙編，迄今未見系統性、全面性論述的著作。本書內容涉及有關兩岸關係和平發展的階段、制度（機制）、框架、路徑、政治定位及台灣的「國際參與」等的理論問題，大體而言，主要包括以下15方面的研究。

（一）關於兩岸關係和平發展的政策與理論

1.關於兩岸關係和平發展的思想與政策。

　　周志懷：《胡錦濤兩岸和平發展觀的「三個平衡」》[9]提出胡錦濤兩岸和平發展觀蘊涵著三個平衡的思想：一是中華民族整體利益與局部利益相統一與平衡的思想；二是兩岸經濟、文化和政治三大關係間的協調發展與整體平衡的思想；三是在對台工作中堅持「一國兩治」理論與在實踐中發展「一國兩治」理論相統一、相平衡的思想。認為堅持「三個平衡」思想有利於拓寬發展道路，形成兩岸關係和平發展的平衡與穩定機制，也有利於實現兩岸關係發展的動態平衡。周志懷另一篇文章《胡錦濤的兩岸和平發展觀及其實踐路徑》[10]，提出了和平發展觀是胡錦濤對台政策思想的核心，建構兩岸和平發展框架是落實和平發展觀的重要途徑，建立互信則是建構兩岸和平發展框架的重要基礎。

　　王功安《試論胡錦濤對兩岸關係發展和國家統一理論的創新》[11]認為胡錦濤的對台理論創新表現在：一是提出了維護國家主

權和領土完整是國家的核心利益的論斷;二是豐富了堅持一個中國原則的思想,指出建立政治互信、堅持「九二共識」是實現兩岸關係和平發展的重要基礎;三是全面闡述了中共堅持以和平方式解決台灣問題的思想,賦予「和平統一」新的時代含義;四是把和平發展作為兩岸同胞共同奮鬥的目標,提出了「和平發展理應成為兩岸關係發展主題」的重要論斷;五是發展了反對「台獨」分裂勢力的思想,實現「以法制獨」;六是用「以民為本」的思想統領對台工作,深化了寄望於台灣人民的方針;七是提出了新形勢下兩岸政黨交往與合作的新觀點、新主張,建立起兩岸政黨聯合反「台獨」的統一戰線。

嚴安林《兩岸關係和平發展時期的指導性綱領—胡錦濤在〈告台灣同胞書〉30週年座談會上演講之解讀》[12],認為「胡六點」的核心內容是首次全面系統地闡述了兩岸關係和平發展的重要思想,回答了兩岸關係為何要和平發展、如何和平發展的兩個重大問題;分析了「胡六點」的政策新意及特點,最後論述了「胡六點」對兩岸關係和平發展的積極作用與影響。

仇長根《兩岸和平發展與中國和平發展密不可分》[13]認為「一綱四目」、「一國兩治」都以和平解決台灣問題為戰略選擇,兩岸關係發展以和為貴、以人為本與以民意為歸宿,而中國和平發展則是和平解決台灣問題的根本所在,因為兩岸和平發展已成為中國和平發展的重要組成部分,和平解決台灣問題應是中國共產黨的長期重要戰略。

鄭保國的《大陸對台「和平發展」政策的內涵、目標與挑戰》[14]一文論述了和平發展政策形成的時代背景、內涵、目標、時代意義及面臨的機會與挑戰,提出「和平發展」是「和平統一」的

現實表現和必經之路,「和平統一」是「和平發展」的最終目標和理想結果。

2.關於兩岸關係和平發展的理論。

劉國深在《兩岸關係和平發展新課題淺析》[15]中提出:在領土主權意義上,「兩岸一中」是現存狀態,不需要追求但需要維護;兩岸關係和平發展的內涵包括:一是如何正式結束兩個政權之間的敵對狀態,達成有序分配內政與外交空間安排的共識,二是如何解決與兩岸人民生活密切相關的經濟、社會和文化發展的問題;「領土主權一體、政府差序並存,存量原則不變,增量拓展共商」的原則可以成為兩岸關係和平發展的框架;兩岸關係和平發展的重點是解決經濟、社會和文化發展的問題;雙方可以在合作基礎上提出兩岸關係和平發展的共同論述。

楊丹偉《兩岸關係和平發展新思維的理論分析》[16],認為在兩岸關係發展中,現實主義理論與政策設計在反對「台獨」活動中有其獨特的功效,兩岸經貿關係的發展則印證了自由主義理論的特徵,但現實主義、自由主義均無法解決兩岸矛盾中最為根本的兩岸集體認同的差異與對立,而以「兩岸命運共同體」為主軸的對台新方略是兩岸和平發展時期大陸對台政策的創新,體現了建構主義的理論色彩,是從兩岸社會的視角對兩岸關係發展中的民間社會的地位和作用進行了充分的肯定,立意是通過兩岸合作機制的建設,促進兩岸民眾共同生活圈的形成,在共同生活經歷的基礎上形塑共同的歷史記憶與情感,以奠定兩岸間的集體認同。

黃嘉樹《對兩岸關係和平發展之理解》[17]一文,認為和平發展是從「反獨優先」到「共議統一」的過渡階段,是雙方共同搭建「合作架構」的施工階段,也將是兩種力量的拔河階段,是「尚未

統一」之前的階段，雖然指向是統一，但在外觀上乃至於政權架構的實質上，只能是「不獨、不統、不武」的狀態，是雙方整合利益衝突的「磨合」階段，也是雙方對共處之道、和解之道、統一之道的摸索階段；兩岸關係的主要矛盾表現為兩種力量之間的矛盾：一種力量是贊成一個中國原則的兩岸中國人組成的合作聯盟，另一種力量是主張「一中一台」的「台獨」勢力，這兩種力量爭奪的焦點尚不是兩岸要不要統一，而是台灣要不要與大陸建立特殊密切的關係。黃嘉樹的另一篇文章《兩岸和平問題研究》[18]，則從「和平」的概念著手，探討了「和平」的類型：由力量保障的低度和平、由協定保障的中度和平與由共同利益所保障的高度和平或稱永久和平三類，認為建立兩岸和平穩定發展架構的關鍵是解決兩岸公權力的相互承認與合作問題，而建立合作關係的前提是先行解決對雙方公權力機構所行使的權力的性質認定問題。

朱松嶺的《論和平發展新階段的性質及其前景》[19]論文，認為和平發展新階段是由大陸、台灣島內堅持「九二共識」的力量與兩岸人民共同努力的結果，是人民自己創造出來的兩岸關係的歷史階段，其性質屬於內戰法理時期與統一法理時期之間的過渡階段。

楊劍《和平發展歷程中「內部」的演進和「外部」的處理》[20]一文，提出在和平發展階段，兩岸關係的「發展」十分重要，和平統一的最後趨向是將台灣社會與大陸社會納入到同一個中國的體系中。因此，在和平發展階段，大陸針對台灣社會的政策就是逐漸地將不同政治色彩和社會階層的團體與個人「內部化」，即視之為「我群」，同時處理好與「外部」的關係。

李翌鵬（李鵬）《兩岸協商談判中的「兩岸特色」：理論意涵與實踐特徵》[21]，提出兩岸協商談判富有「兩岸特色」的特性與理

論意涵,包括協商本質上屬於中國內部事務、要考慮到特殊的歷史背景與民族情感等,從而表現在協商的政治基礎的「九二共識」、協商主體的官方授權下的民間身分等。

童立群《論兩岸關係和平發展理論中的政治倫理創新》[22],從政治倫理的角度解讀、分析兩岸關係和平發展及相關理論,認為建構兩岸關係的價值目標體系與兩岸交往倫理、互動規範是兩岸關係和平發展理論中兩大政治倫理創新,其中兩岸關係價值目標體系包括「命運共同體」的認同目標、「中華民族利益」的利益目標與「兄弟情」的情感目標三方面。

王貞威《理論與實踐:兩岸關係和平發展新論》[23],作者認為兩岸關係和平發展的新境界是合作雙贏,思想基礎是建構「兩岸共同意識形態」,和平發展的新形式是「融合論」。

汪曙申《建構兩岸關係和平發展觀念芻議》[24],認為兩岸關係和平發展觀念體現了中國傳統的「和合」文化,構成中國和平發展戰略思想的重要組成部分,體現了中國和平觀與發展觀的辯證統一,而建構和平發展觀的主要途徑,包括增進政治互信、妥善務實處理兩岸政治分歧、兩岸應繼續反對與遏止「台獨」分裂活動等。

(二)關於兩岸關係制度化與和平發展框架

李鵬的《兩岸關係和平發展的機制化需求與建構》[25]一文,論述了兩岸關係和平發展的機制化需求及推進路徑,作者認為兩岸關係的和平發展與最終實現完全統一的歷程,在某種程度上就是兩岸關係不斷實現機制化,最終形成各方都能夠接受的機制性安排的歷程。兩岸關係機制化既是一種手段、一種歷程,也是一種結果。機

制化是兩岸關係和平發展的必然選擇，源於兩岸交流交往的強大需求，建立在對增進共同利益的認知和化解利益分歧的需求基礎上。李鵬另一篇《兩岸關係可持續和平發展的動力機制與路徑選擇》26，從兩岸關係可持續和平發展的理論意涵著手，分析了可持續和平發展的動力機制包括內源性、互動性與外源性三種，提出發展路徑是要「放眼長遠、循序漸進、穩中有進、統籌兼顧」。李鵬的第三篇《建構兩岸關係和平發展框架的再思考》27，認為兩岸關係和平發展的內涵應該涵蓋兩岸關係的各個方面，核心內容是政治共識、經濟互賴與社會融合。

林勁《關於建構兩岸關係和平發展框架的若干思考》28，認為建構和平發展框架是增進兩岸政治互信的過程，政治協商及談判是建構兩岸關係和平發展框架的重要途徑，從而必須建立相對穩定的政治協商機制，提出兩岸政治協商及談判的具體內容包括兩岸關係現狀的定位、結束敵對狀態、建立軍事安全互信機制、簽署和平協定、台灣的「國際空間」問題及兩岸的定位問題；認為兩岸政治協商機制的功能有協商兩岸政治問題與溝通兩岸政治分歧、落實兩岸關係和平發展的框架、討論關於台灣的最終政治安排與實現兩岸的和平統一。

陳孔立《建構和平發展的理論框架》29，提出和平發展的基礎是一個中國原則，目的是為兩岸同胞謀福祉，途徑是深度互利雙贏的交流合作，依靠力量是兩岸同胞的共同努力，近期設想是建構和平發展的具體框架。

趙森、李義虎《建構兩岸關係和平發展框架》30，提出和平發展框架的建構途徑是機制建設，包括協商談判機制（兩會商談、國共兩黨商談與其他商談）、和平保障機制、法律規範機制、經貿合

作機制、文化交流機制等。

　　王建民《關於兩岸和平發展框架建構問題的幾點討論》[31]認為兩岸和平發展框架的建構是個歷史機會，和平發展框架的建構涉及兩岸之間的政治定位、也與台灣島內政治和解問題有關，更不能無關台灣的「國際空間」的安排，而和平發展框架的原則是一個中國，內容涉及政治、經濟、文化、軍事與安全等，和平發展框架也是解決台灣問題的一個過程或過渡性安排，統一才是解決台灣問題的終極目標。

　　王鶴亭《基於動力分析的兩岸持續合作機制建構》[32]，在探討了兩岸持續合作的動力主體─個人、團體與政府，持續合作的動力形式─政治力與社會力，持續合作的動力媒介─利益、權力、資訊與情感等基礎上，認為兩岸持續合作的機制建構，在戰略層面應是權力制衡、權利契約、社會支撐三種路徑和諧互動的結果，而在具體的策略層面，則要建立起結構上相互協調、在功能上互補的動力、激勵、整合、協調溝通與保障等機制。

　　陳先才《兩岸持續合作的動力與機制：非傳統安全合作視角》[33]在回顧兩岸合作的動力與機制的現狀與存在問題的基礎上，分析了兩岸持續合作的影響因素，包括兩岸互信基礎的缺乏、兩岸之間的結構性矛盾及台方政經分離政策等，重點論述了兩岸非傳統安全合作對兩岸持續合作提供的路徑與內涵，包括利益聯結路徑、文化認同路徑與機制規範路徑。

　　張春英《海峽兩岸關係「和平發展」論》[34]，提出堅持體現一個中國原則的「九二共識」是建構兩岸關係和平發展框架的基礎，達成和平協議是建構兩岸關係和平發展框架的保證，進行制度性整體設計、建立各種交流合作機制是建構兩岸關係和平發展框架的核

心內容,是一個系統工程。

林岡、萬東青《兩岸關係和平發展的機會和路徑》35,在論述兩岸關係和平發展的歷史性機會後,探討了建構兩岸關係和平發展框架的路徑,認為建構兩岸關係和平發展框架的出發點是尊重兩岸的政治現狀,路徑應本著「先易後難」的原則,逐步破解政治難題,確立兩岸對中華民族這一政治共同體的理性認知和情感認同。

陳星《和平發展視角下的兩岸關係制度創新》36,認為兩岸關係的結構性變化有利於兩岸和平發展,大陸對台思維從對抗性思維調整到合作性思維的戰略性變化對兩岸關係走向和平發展起到了相當重要的作用,而協商機制的制度創新又推動與鞏固了兩岸關係的和平發展。

陳鴻惠《兩岸關係和平發展制度建設的五個面向》37,提出兩岸關係和平發展制度建設的核心問題是要解決兩岸關係和平發展的程度和水準與兩岸人民群眾日益增長的交流交往需求之間的矛盾,是一個從現實需求到願景規劃再到制度協商又到政策落實的不斷深化過程,其中應堅持共識化、正常化、民族化、科學化與大眾化五個面向。

(三)關於兩岸關係和平發展的過程與動力

1.關於兩岸關係和平發展的歷程。

以張亞中的論述最為系統,在《兩岸統合與和平發展———條互利雙贏的穩健道路》38,文章旨在強調要和平就必須要合作,要合作就必須建立互信,要互信則必須在兩岸政治定位與未來發展方向上取得共識。建議以「一中三憲」作為兩岸政治定位的基石,以

「兩岸統合」做為兩岸互動的架構；在實踐上透過兩岸和平協定的簽署、共同承諾不分裂整個中國，並相互尊重彼此為平等的「憲政秩序主體」，在此基礎上建立多重共同體，推動兩岸和平發展。

周志懷的《開創兩岸關係和平發展新局的挑戰與動能》[39]，認為兩岸關係和平發展的階段性進展在於四個方面，一是兩岸關係的主要矛盾由過去的「台獨與反台獨」、「和與戰」轉化為如何共謀和平發展與共用和平利益；二是兩岸關係初步實現了動態式平衡的良性發展；三是兩岸經濟與社會一體化歷程悄然啟動；四是兩岸關係和平發展的不可逆轉日益凸顯。提出開創兩岸新局應關注的問題包括：探討兩岸經濟合作中強勢一方所採取的一些政策措施不被弱勢方接受問題、台灣民意的變化與走向、民進黨仍然是兩岸和平發展最大變數與障礙，提出開創兩岸和平發展新局的主要動能是繼續加強政治互信。

吳能遠《論兩岸關係和平發展》[40]，將1949年以來的兩岸關係劃分為軍事對峙（1949～1987）、交流對立（1987～2008）、和平發展（2008～迄今）及協商統一（未來）四個階段，提出兩岸關係和平發展的主要特徵：一是和平發展是兩岸關係發展中必然、必經的階段；二是其中需要解決的課題複雜而艱鉅，包括全面推進兩岸經濟、文化、社會整合，努力建構和平發展框架與結束敵對狀態達成和平協定；三是和平發展階段的長期性與曲折性。認為解決兩岸關係中的問題需要大陸的持續發展與進步、台灣各界認清國際趨勢與兩岸關係發展方向、國際社會成為兩岸關係和平發展的助力而非阻力。

朱衛東《著力推進三大基礎工程，鞏固和發展兩岸關係》[41]，認為當前與今後一個時期內兩岸雙方應著力推動三大基礎性工程：

一是全力加強與落實以ECFA為主體的兩年經合工程，以鞏固兩岸關係和平發展的經濟基礎；二是全力加強和深化以「三通」為載體、以文教為主體的兩岸社會交流工程，以擴大兩岸關係和平發展的民意基礎；三是全力加強和推進以兩會協商為主體的多層次對話工程，以增進兩岸政治互信、強化兩岸關係和平發展的政治基礎。

陳先才《當前兩岸關係和平發展：特徵、問題及對策》[42]，認為兩岸關係和平發展的基本特徵是兩岸大交流大合作大發展的格局已然形成，政治互信開始累積但互信基礎仍然薄弱；兩岸和平發展歷程中面臨的問題包括既有的結構性問題（如「中華民國」地位問題、軍事互信問題與台灣的「國際空間」問題及「台獨」問題）與發展中產生的新問題：政治摩擦與衝突方面問題及兩岸社會管理領域、經濟領域及文化領域等方面問題。提出推進兩岸關係持續和平發展需要加強兩岸協商，努力用框架與體制把兩岸關係和平發展既有成果鞏固下來，同時加強涉台立法體系的全面建構，包括制定和頒布國家統一的法律體系。而陳先才另一篇文章《關於鞏固兩岸關係和平發展政治基礎的動力與途徑之研究》[43]，首先論述兩岸關係和平發展政治基礎的基本內涵——「九二共識」，分析了當前鞏固兩岸關係和平發展政治基礎的基本動力包括中國大陸的快速發展與實力提升、兩岸社會主流民意都主張維護兩岸和平發展、當前兩岸利益的不斷融合與連結及國際社會對兩岸一中的高度共識，提出鞏固兩岸關係和平發展政治基礎的基本途徑是繼續擴大兩岸交流與廣泛增進兩岸共識、加強兩岸關係和平發展的經濟基礎、文化基礎及社會基礎的建設、要盡可能地化解各方面的阻力及鞏固雙方對一個中國原則的基本認知。

白光煒《夯實「九二共識」政治基礎，確保兩岸和平發展正確道路》[44]，認為「九二共識」政治基礎必須旗幟鮮明地反對錯誤思

想傾向，特別是台灣島內存在的「蔡英文上台無害論」，提出深化兩岸關係和平發展需要進一步強化「九二共識」的政治基礎，包括需要不斷地給「九二共識」注入新的內涵，需要讓「九二共識」法律化、制度化。白光煒另一篇文章《努力實現兩岸關係和平發展再突破》45，認為兩岸關係和平發展道路具有長期性、複雜性、曲折性與漸變性的特點，經過4年多快速發展進入了「合作與競爭並存」的階段，而要實現兩岸關係和平發展再突破，需要牢牢把握和平發展話語權，持續推動兩岸增進政治互信，共同形塑和平發展歷史記憶。

楊為華《對推動兩岸關係和平發展的思考與建議》46，概括了大陸研究台灣問題的學術界中存在的焦躁情緒：一種是當兩岸關係發展順利時的過於樂觀，另一種是兩岸關係出現不利時的悲觀焦慮。提出兩岸政治議題協商有所突破的關鍵在於尋找與建構政治上的共同利益，建構一種雙方都認為有利可圖的共同政治利益。

李承禹的《兩岸關係的發展與困境》47，以台灣為主體，透過兩岸關係的歷史性剖析，發掘貫穿兩岸關係的種種爭辯，由此梳理問題的癥結。

蕭元愷著的《台灣問題：政治解決策論》48，比較系統地論述了台灣問題與兩岸關係中的一系列政治問題，包括「正統」與「偏安」、「主權與治權」、「國號」問題、國家利益與政黨利益、和與戰、「外交休兵」、文化認同等問題。

楊立憲《進一步深化和平發展局面——未來四年的兩岸關係前瞻》49，提出馬英九連任後未來4年兩岸關係走向應該是「政治互信更加鞏固，經濟聯繫更加緊密，文化交流更加頻繁，社會融合更加平常，和平發展的成果惠及更多的普羅大眾，和平發展的路線不

再因島內政黨競爭而有改變之虞」，認為兩岸關係要確保沿著和平發展的方向前進，必須注意把握四大原則：政治互信、以民為本、循序漸進、克難前行。

鄭慶勇《兩岸關係和平發展芻議》50，認為兩岸領導人新思維是兩岸關係和平發展的思想基礎，兩岸關係和平發展的重要的階段性目標是厚植共同利益。

陳勤浩《台灣大選後的兩岸和平歷程路線圖》51，提出推動兩岸和平歷程的近中期路線圖：一是兩岸共組「兩岸和平發展學術顧問委員會」，尋求破解政治難題的方式；二是醞釀頒布「海峽兩岸關係法」；三是簽訂兩岸和平協議；四是成立兩岸和平發展委員會。

郭震遠《鞏固與持久保持台海和平的途徑與前景》52，認為歡迎與支持實現台海和平已是台灣島內主流民意，但鞏固與持久保持台海和平的前景並不確定，因為「和平台獨」在成為台灣島內「台獨」勢力主要活動方式後，「和平台獨」推進及其趨勢也將嚴重損害台海和平，提出鞏固與持久地保持台海和平是海峽兩岸共同的利益所在。

張露《鞏固和深化兩岸關係和平發展新局的四個著力點》53，提出：一是要積極爭取話語主導權，努力打造對兩岸關係和平發展具有引導力的前瞻性的思想理論體系；二是要繼續堅持寄望於台灣人民，在具體方法策略上有所創新；三是要著眼於未來發展，逐步為兩岸統一過程中的對接機制建設做準備；四是要警惕外部勢力干擾，努力將國際社會中不利因素邊緣化。

王海良《試析兩岸關係和平發展的政治基礎》54，認為中國大陸和平發展道路的提出是歷史的選擇，兩岸關係和平發展的推進需

要兩岸共同的政治共識的增進,而克服政治障礙則是兩岸擴大共識的關鍵,需要重視影響與制約兩岸關係和平發展的政治要素,通過擴大兩岸政治共識奠定兩岸和平發展的堅實政治基礎。

張五嶽《從國統綱領到ECFA:兩岸關係互動的回顧與前瞻》55在回顧「國統綱領」演變的基礎上,論述了政治性議題難以迴避是兩岸關係未來的挑戰,提出善用類似「兩岸和平發展委員會」之類的民主機制以因應兩岸未來發展。

2.關於兩岸關係和平發展的動力。

周志傑《再尋兩岸關係深化的動力:構築由下而上趨同的「三民」路徑》56一文,在描述當前兩岸交流中存在的「越交流越焦慮、越深化越異化」現象後,系統分析了其中原因包括台灣民眾的不信任感與不安全感未減,提出了重置兩岸交流的議題順序與重心:從民生到民權與民族的路徑,嘗試建構「兩岸主體意識」:「中國非中共」、「台灣非台獨」、「保台不去中」、「興華即興台」。提出「現階段深化兩岸關係的動能與節奏」為:「深化民生聯結、嘗試民權對話、重建民族認同」。具體路徑與目標是:兩岸借由民生議題的互惠合作,鞏固和平發展的政經秩序;開始嘗試民權議題的對話,由生活利益的協同邁向價值觀的趨同,相互幫助建構「和諧」社會;再以兩岸社會互信為基礎,自然形塑「兩岸主體意識」,進而重建相容的身分認同,實現「和諧兩岸」。57

嚴峻《兩岸持續合作的動力建設芻議》58,提出兩岸持續合作的動力在於擴大經濟合作面、推動合作增長點、健全合作制度、形塑共同價值,明確目標、行穩致遠。

(四)關於兩岸政治談判問題

黃嘉樹《關於兩岸政治談判的思考》59、認為「兩岸政治談判是大勢所趨」，「兩岸政治談判的阻力與困難」包括「台灣當局的政治地位問題」、「台灣的國際空間問題」、「台灣的安全顧慮問題」與「兩岸的政治差距問題」，提出「兩岸政治談判應堅持的原則與路徑」：「先經後政」的順序仍然應當堅持，繼續堅持「一個中國」原則為兩岸關係的政治基礎，開拓更多合作領域，建構更多合作機制，適時開展政治議題的對話協商，在政治議題上需要雙方相互妥協而不能僅僅是單方面讓步，雙方都有必要降低期望值，建立單邊或者雙邊的危機管控機制。

　　陳啟懋《台海現實和兩岸進行政治對話的條件》60，認為2008年以來兩岸關係發展所獲得的一切進展不是不可逆轉的，需要抓住歷史機會鞏固發展兩岸和平發展的好勢頭並使之不可逆轉；兩岸簽訂和平協定的政治基礎必須以一個中國為前提；兩岸應創造條件開啟政治對話。

　　牛長振、李義虎《破解兩岸政治問題可借鑑南非蒙特佛利會議經驗》61，作者稱南非蒙特佛利會議的主要特點是「預景分析」，通過預景分析會議達成共識，提出通過這樣的方式開發共同願景，並把兩岸政治協商分為政治接觸、政治對話與政治談判三個階段進行。

　　張五嶽《兩岸進行政治對話的機會與挑戰》62，在回顧兩岸對於政治對話的基本看法後，提出兩岸進行政治對話有關定位的思考，依照現行兩岸雙方各自法理，難以定位兩岸為「兩國關係」，「充其量被界定成非國家與國家的關係」，兩岸政治性的溝通與交流應界定為旨在為深化兩岸經貿社會文化交流合作奠定基礎，為增進兩岸人民具體福祉權益創造條件，為兩岸避免誤判預防危機發生

與危機管理建立管道，為兩岸消除敵視對抗、邁向和平互動打造基礎。

葉明德：《對「兩岸政治談判」的若干淺見》63，認為兩岸應該展開政治對話，但基於台方的困難與國際因素，「政治談判」目前不宜公開講是「兩岸政治定位」、「政治框架」或「統合模式」，政治談判應以「兩岸關係法治化」為主軸，目標是簽署「兩岸和平交流協定」或「兩岸關係和平發展協定」。

王瑋琦、吳建德《兩岸政治談判之研究》64，認為影響兩岸政治談判的因素有：主權問題是兩岸政治談判的主要障礙、沒有共識的一個中國原則是兩岸政治談判的死結、兩岸雙方對政治談判立場互異、台灣政黨在大陸政策上的重大歧異及美國的政策立場，提出兩岸應就一個中國的內涵展開政治協商、以「不獨不打、不打不獨」原則與擱置主權爭議方式簽署50年和平協定、在第三地舉行國共主席高峰會。

（五）關於兩岸政治定位問題

許世銓在《「後九二共識」一中框架之探討》中提出在建構兩岸和平發展框架的階段，兩岸的政治定位仍屬階段性的界定，而非最終的定案，可稱之為「後九二共識」；兩岸在「法理一中」與「兩岸同屬中華民族」上立場接近，有共同基礎；在建構兩岸和平發展框架期間，兩岸認知的一個中國是中華各族人民共同鑄造的具有五千餘年璀璨文明的中國，是兩岸同胞的中國。

陳孔立《兩岸政治定位的瓶頸》65，先比較兩岸學者在兩岸政治定位問題上的既有的共識與分歧後，重點分析了台灣學者張亞中

的「一中三憲論」與大陸學者劉國深的「球體理論」；提出台灣學者的底線是「中華民國是主權國家」，而大陸學者則在如何面對「中華民國」問題上前進了一步；認為「是否敢於突破底線」與「是否存在解決難題的意願」是兩岸政治定位問題的兩個瓶頸，目前解決兩岸政治定位的條件尚未成熟。吳能遠《也談兩岸政治定位——陳孔立〈兩岸政治定位的瓶頸〉讀後》[66]，認為解決兩岸政治定位時機尚未成熟，但討論時機業已成熟；在協商解決政治難題時，要求台方做出相應讓步是可期的，但台方的「中華民國是主權國家」則是底線；破解政治難題似難以從定位直接切入，仍需循序漸進。

嚴安林《兩岸政治定位問題的回顧與思考》[67]在系統回顧兩岸執政當局對於兩岸關係政治定位問題的立場與主張的基礎上，提出了對於兩岸政治定位的若干思考，包括「兩岸性」、「過渡性」與「特殊性」、「平等性」等。

王海良《從一中原則新三段論看兩岸關係困境之解決》[68]，從胡錦濤總書記提出的「6點意見」中關於一個中國的三段論述出發，探討了兩岸之間的政治定位，提出了「本體中國概念」、「主權各表方式」、「兩岸合一取向」及「兄弟妥協精神」等意見。

王鶴亭《兩岸在定位的分歧處理及建議》[69]，通過對國家與政府、國家繼承與政府繼承、國家承認與政府承認、分裂與分離等基本概念學理的辨析作為兩岸政治定位分析的理論基礎，在考察與診斷對兩岸政治定位分歧及處理後，認為「一個中國」框架下明晰的兩岸政治定位有利於推動兩岸和平發展，進而提出「一個中國、兩個平等政權、中國代表權互補」的兩岸政治定位底線的建議。

李秘《兩岸政治關係初探：政府繼承的視角》[70]，認為從國際

法上講，兩岸政治關係的本質是政府繼承關係，而兩岸政治關係的特殊性在於這一政府繼承尚未完成，但又不是中華人民共和國與「中華民國」分別繼承了大陸部分與台灣部分；政府繼承可進一步區分為權利能力的繼承與行為能力的繼承，1949年後中華人民共和國完成了權利能力層面的政府繼承，但尚未完成行為能力層面的政府繼承；兩岸政治關係包含了三個層面的內容：國家層面、政府權利層面與政府行為能力層面。

徐千茹的《以史鑑今：從「北元」看「中華民國」的定位》[71]，運用明朝與逃亡到北方的「北元」之間的關係，來探討對兩岸定位的啟示，包括繼承與正統、代表中國的第一身分與事實上的第二身分等。

台灣學者對兩岸政治定位的探討比較大陸學者更加系統、細緻與廣泛。張亞中《和平發展期的兩岸政治定位與路線》[72]一文，強調了「一中三憲、兩岸統合」做為目前兩岸定位與未來走向的方法與路徑，既包含了目前兩岸和平發展期應有的政治定位（「一中三憲」），也揭示了未來走向的路徑（統合方式）與目標（一中）。

楊開煌的《兩岸政治定位的分析》[73]，在系統陳述兩岸60年來對於政治定位的變遷，劃分了「清晰定位1949～1978」、「爭論定位1979～1999」、「衝突定位1999～2008」與「尋找定位2000～迄今」等四個階段，認為過去一直是一個中國原則下的「關係」之爭，而兩岸政治接觸的預備就是政治定位。楊開煌在《兩岸和平發展時期啟動政治接觸之設想》（上、下）[74]中，在重新定義三個傳統的兩岸關係思維下，提出兩岸關係的本質：一是應定位在「政治內戰」，以確立兩岸仍屬憲法下的「一個中國」之共識；二是以「一國一府，互為特區」作為兩岸之間的定位，兩岸政權定位各自

以「府對特區關係」；三是兩岸各自以「府對區關係」提出內部的法律，以規範雙方政府的互動，化解兩岸未能開啟的政治談判與政治定位的兩難困境。

邵宗海《以「中國領土和主權完整」說辭替代「一中原則」可行性之探討》[75]提出儘管大陸與台北當局固然都主張只有一個國家，但台北當局對「一中原則」顧慮重重，從而兩岸是否共同使用「中國領土主權完整」的說辭概念來體現一中，作為替代性的方案。

鄧文聰在《籌設具有中華民族特色的「一國兩治」民主實驗區》[76]的文章中認為：「面對台灣方面所謂『先經後政』、『先易後難』的推遲與拖延，雙方始終無法更進一步跨入更高層次的政治互動、共同落實『和平發展』的具體政策。有鑑於此，認為北京當局的當務之急，應是進一步思考如何在『和平發展』架構下，透過制度創新和政策開放，真正務實地掌握『和平發展』的機會，讓兩岸關係往前再邁進一大步。」他提出「一國兩治」即「在維持中國領土主權完整的『一國』之中，創造性的規劃一個區域，以中華民族的固有文化特色為基礎，建構一個兩岸人民共同治理的實驗區，讓『增量民主』和『台灣經驗』在此聯結，向台灣人民證明『兩制』確實可行」。[77]

王貞威《聯合共和國：坦尚尼亞模式與兩岸統一模式初探》[78]，提出坦桑尼亞聯合共和國是由坦尚尼亞（大陸）與尚吉巴（島）兩部分聯合而來，似乎可以作為兩岸定位的參考。

黃子哲《台灣民眾對「九二共識」的認知與態度初探》[79]，在系統回顧「九二共識」形成與發展過程的基礎上，剖析了兩岸在「九二共識」內涵上的分歧，包括國民黨所主張的「一中各表」與

大陸所強調的一中原則以及「屋頂理論」，通過民調資料得出結論：目前台灣民眾對「九二共識」內涵的接受度的高低排序是「一中各表」、「兩岸一中」、「一中原則」。

張亞中在《異化的九二共識》[80]一文中，通過考察「九二共識」的形成過程，認為「九二共識」概念在形成後出現了三次「異化」，第一次是1994年台灣「陸委會」發表《台海兩岸關係說明書》，將一個中國界定為「歷史、地理、文化、血緣上的中國」，「一中」變成了一個可以「虛」的「民族」概念；第二次是1999年李登輝提出「特殊兩國論」，兩岸在主權上「互不隸屬」；第三次是2008年馬英九上台後，一中原則不再提及，統一變成「政治不正確」。提出解決「九二共識」被「異化」的方式是「正本清源」與「繼續深化」，從「一中各表」到「一中同表」。

（六）關於兩岸政治互信問題

劉國深在《增進兩岸政治互信的理論思考》[81]一文中，提出兩岸政治互信可分為「基礎性互信」、「處長性互信」與「融合性互信」三個不同層級；認為只有從根本上消除台灣方面對「一個中國」的疑慮，才是增進兩岸政治互信的關鍵；「國家球體理論」可能為解決兩岸政治難題提供新的解釋和思考路徑，在兩岸達成國家「領土主權一體」和「治權差序並存」共識基礎上，雙方的基礎性政治互信將得以強化，兩岸有可能更加順利地進入「處長性互信」階段，兩岸關係也步入良性循環的歷史新階段。

嚴安林《試論海峽兩岸之間的政治互信》[82]文章，在概述與辨析「互信」、「政治互信」與兩岸政治互信概念與內涵的基礎上，

提出2008年以來兩岸政治互信已初步建立，強調政治互信對兩岸關係和平發展的重要性，也指出目前兩岸之間的政治互信比較脆弱，包括兩岸對「九二共識」的內涵的認知不同、兩岸在推動政治對話與協商問題上缺乏共識、台灣內部藍綠政治力量在兩岸政策上的嚴重對立、兩岸之間在交流與認同失調間矛盾比較突出，提出要鞏固與增進兩岸政治互信，需要鞏固共同基礎、反對「台獨」、把握和平發展主題、共同破解政治難題、兩岸政治對話、共同治理。

張文生《兩岸政治互信與台灣民眾的政治認同》[83]，分析了台灣民眾的政治認同與兩岸政治互信之間的關係，認為「政治互信」就是雙方在政治上的相互信任，台灣社會絕大多數民眾認同「台灣化的中華民國」，這樣的政治認同是影響兩岸政治互信的基礎因素，在相互對立的政治體系之上重新建構的政治認同物件則是鞏固兩岸政治互信的有效途徑。

陳星《兩岸政治互信：概念、路徑與管控機制》[84]，文章在探討信任與政治互信基本概念後，分析了兩岸政治互信建構的路徑，包括嘗試性信任的建立與維持性信任的重要性，探討了兩岸政治互信的維持與延續機制：承諾、溝通與危機管理。

唐樺《主觀博弈論視角下的兩岸政治互信初探》[85]，從兩岸政治互信的博弈檢視著手，論述了兩岸政治互信的演進軌跡（1949～1987年兩岸之間存在薄弱的政治互信，1987～1999年政治互信前期初建，後期中斷，2000～2008年政治互信中斷，但基礎在累積，2008年以來政治互信的恢復與鞏固），提出了增進政治互信的思考，包括盡快實現兩岸關係制度化，打破過去的認知障礙特別是歷史上形成的對於對方的刻板印象等。

沈惠平《論兩岸的政治互信———一種兩岸關係複雜性的統合機

制》86，在論述兩岸關係複雜性的基礎上，探討了政治互信與兩岸關係的未來、兩岸的互動之間的關係，認為兩岸政治互信的建立不僅是官方之間或者政治領導人之間表面的政治宣示與口頭承諾，而是必須與一系列實際的政治行為相聯結。

王偉男《兩岸政治互信的困境析論》87，認為兩岸政治互信問題極其複雜，利益認知上的差異與衝突是根本原因，建立互信的過程本質上就是追求利益重疊面、建構共同利益的過程，文章從利益認知與兩岸互信的關係出發，討論了「台獨」勢力、威懾戰略、制度差異、台灣的「國際空間」、自信與互信的關係等重要因素與兩岸互信之間的關係，最後探討了破解這些困境、建立兩岸互信的根本途徑。

（七）關於兩岸治理問題

張亞中的《全球化與兩岸統合》88，是運用「治理」理論分析兩岸關係的代表人物，他提出「兩岸治理」概念，希望藉由該概念的提出，跨越兩岸現有的「統治權」論述，在不需要「統一」或者「獨立」的條件下，兩岸公權力機關就可以開始共同的合作，經由共同的治理，為兩岸人民創造最大的福祉，而兩岸人民也可以經由共同參與治理，建構彼此的認同。

周葉中、祝捷的《兩岸治理：一個形成中的結構》89文章，嘗試改變運用「實體」範疇分析兩岸關係的方法論，轉而用「結構」代替「實體」，將兩岸關係描繪成一種形成中的「治理結構」。

劉國深《試論和平發展背景下的兩岸共同治理》90一文，在探討兩岸共同治理的知識基礎、法理基礎與遊戲規則後，提出應區分

政治與行政兩個不同層面的事務，並借鑑西方的公共治理理念，雙方公權力部門可主動地進行適度的戰略收縮，讓兩岸民間社會的力量進一步釋放出來，成為引導和推動兩岸和平發展的新的力量，成為兩岸公權力部門的合理有效的補充。

康仙鵬在《兩岸治理——「兩岸關係」思維的檢視與突破》[91]，認為兩岸「三通」後政治議題協商的無法展開既是兩岸實務困境所致，也與「兩岸關係」思維方式有密切關係，由此提出「兩岸治理」可以在契合兩岸關係發展的現實前提下，在決策上實現兩岸公共物品的最優供應，在學術研究中促進兩岸學界話語規範的趨近，在現實方面可以在治理的知識供給、未來情境規範、戰略博弈框架建構等方面尋求突破。

李秘《兩岸治理：兩岸和平發展的新動力機制》[92]，在回歸過去30年兩岸關係發展的主要動力機制及其侷限性的基礎上，提出兩岸和平發展需要增加新的動力機制，以增進兩岸社會互信與化解政治因素對兩岸關係的負面影響，提出兩岸治理作為和平發展的新動力機制。

（八）關於兩岸經濟整合制度化問題

許多學者提出兩岸經濟整合從局部到整體的發展路徑，即將兩岸經濟一體化與整個中國經濟一體化相聯繫，由兩岸經濟一體化發展到包括大陸與台港澳在內的中國經濟一體化（中華經濟一體化）。[93]部分台灣學者與福建涉台研究學者多傾向於從局部到整體的發展路徑，如有提出由金廈經濟特區、環海峽城市圈到兩岸共同市場等[94]。唐永紅提出探索試驗兩岸自由貿易區、兩岸關稅同盟、

兩岸共同市場、兩岸經濟與貨幣聯盟與完全的兩岸經濟一體化95。盛九元的著作《兩岸經濟合作的路徑選擇與機制建構——基於一體化理論的研究視角》96，是兩岸經濟整合方面的比較權威論著，作者從一體化理論的角度出發，對區域經濟整合歷程中的兩岸一體化問題進行了理論探討和實踐分析，提出兩岸經濟關係是在一個中國原則下形成的特殊經貿關係，兩岸經貿交往屬於一個主權國家下兩個關稅區之間的經濟關係，在性質上被視為「國內貿易」，但彼此之間的經濟互動則必須遵循WTO的規範。論著重點探討了兩岸經濟合作機制化建設深化的路徑與組織模式，認為「以共同市場為目標的漸進發展模式」符合兩岸關係的性質與兩岸經濟合作的現實。

劉舸、張三南《兩岸經濟合作機制的概念分析》97文章，在回顧兩岸經濟合作機制概念術語背景的基礎上，首先分析了「機制」概念的起源及其類型，然後明確界定了兩岸經濟合作機制的概念，認為兩岸經濟合作機制目前主要形成三個子系統：一是兩岸高層黨際及其制度性成果，二是兩岸兩會會談機制及其制度性成果，三是具有政黨交流背景的民間性「兩岸經貿文化論壇」及其制度性成果。

王建民在《關於經濟合作機制與經濟整合概念的討論——兼論海峽兩岸經濟合作機制問題》98一文中，提出經濟合作機制有廣義與狹義之分，也有功能性經濟合作機制與經濟整合機制。兩岸經濟整合機制是兩岸經濟一體化的建構機制，是一個階段性的發展過程，有低度經濟整合機制、中度經濟整合機制與高度經濟整合機制，海峽兩岸經濟整合機制的建設目前尚處於起步階段，ECFA屬於優惠貿易區性質，未來需要建立高層次的兩岸經濟整合機制即兩岸經濟共同體。王建民與左功葉的《海峽兩岸經濟合作機制建構主

要障礙問題的探討》99，則是探討了兩岸經濟合作機制建構中的政治障礙、制度障礙、利益障礙及機制建構與參與國際經濟組織的互動障礙。

張冠華在《關於新形勢下建構兩岸經濟合作框架的探討》100論文中，提出兩岸經濟關係應通過制度性安排與創新，推動兩岸經濟關係的功能性升級，同時全方位推動兩岸經貿合作的制度化安排，使之成為兩岸關係和平發展的重要框架之一。張冠華在另一篇《兩岸經濟合作框架協定的成效及後續推動策略》101論文中，探討了ECFA簽署對兩岸經濟整合的意義，其洽談簽署過程與後續推動為兩岸關係其他領域的交流與合作提供有益借鑑，但提出互信商談面臨的政治、利益分配等不確定因素值得注意，兩岸應在共同維護和平發展環境前提下，先易後難、循序漸進地推動ECFA後續協商。

章念馳的《簽署ECFA的深遠意義》102論文，認為ECFA是60年來兩岸簽署的一個最重要的協定，該協定將給台灣經濟與兩岸經濟合作帶來重大而深刻的影響，帶來兩岸產業整合共同走向世界，並讓兩岸從經濟共同體走向政治共同體。

周敏凱在《後ECFA階段兩岸關係和平發展的機會與挑戰》103中，認為ECFA簽署後兩岸經濟合作面臨新的機會，兩岸經濟合作共同圈正在形成，經貿合作推動文化社會合作；同時兩岸和平發展也面臨新的挑戰，包括馬英九團隊治理能力與多次地方選舉失利、美國軍售台灣與台美軍事合作升級、兩岸關係全面發展形成共識障礙等。

周忠菲《ECFA後續階段兩岸產業合作的機會與挑戰》104論文，從ECFA的大陸「對台讓步」的特點分析著手，提出協議簽署

後的後續階段應努力推動未來的制度化合作與產業合作的內容與路徑，認為兩岸的產業合作應以資源的優化配置為政策出發點，以行業與市場的結合為依託，而非單純停留在片面與單向優惠政策的思維。

單玉麗《海峽兩岸經濟合作的模式演進、影響因素與推動策略》105，從兩岸合作的六種主要模式：貿易合作模式、產業合作模式、園區合作模式、地區性合作模式、服務平台合作模式及對口合作模式分析開始，論述了影響兩岸合作模式演進的主要因素，包括政治及政策因素、兩岸經貿交流不對稱的影響、經濟發展不平衡的影響及社會文化因素的影響，最後重點闡述了推動兩岸經濟合作模式的提升應該是從功能性向制度化方向發展，包括進一步加強兩岸政治互信與經濟互信、積極推動兩岸經貿合作的機制化、強化兩岸民間交流和人員往來。

台灣方面對兩岸經濟整合的研究論著不少，代表性的有蕭萬長提出的兩岸共同市場及其發展路徑106，第一步是兩岸貿易往來正常化，特別是三通；第二步是關稅減讓，第三步是簽訂類似的自由貿易協定。即兩岸經濟正常化—關稅減讓—自由貿易協定—兩岸共同市場。

張亞中則是提出了「兩岸經濟共同體」的概念107認為「為了兩岸更長遠的利益，兩岸應推動經濟的整合，讓兩岸經貿在共同體的機制下運作才符合兩岸的經濟與政治利益」，「積極推動兩岸經濟合作的ECFA是必要的第一步，兩岸共同創造一個具有共同體性質的兩岸共同市場，才應該是兩岸努力的目標」。

蔡宏明在研究中國大陸「十二五規劃」中專章論述兩岸未來五年經貿關係，認為「十二五」期間兩岸經貿契機在：「建立健全兩

岸經濟合作機制」、「全面深化兩岸經濟合作」，同時提出「由於貨品貿易、服務貿易、投資保障等實質談判，將涉及台灣農業、工業與服務業市場開放與兩岸之利益交換，對兩岸當局都是一大挑戰」。108

李應博《ECFA後兩岸產業共同治理：結構、機制與政策含義》109，在分析兩岸產業發展的階段特徵、兩岸產業合作的指標特徵與制度化特徵後，探討了兩岸產業共同治理的理論與實踐，重點進行了兩岸產業共同治理的機制，提出了產業共同治理原則：產業合作權的共用、產業利益索取權均霑、權利動態調整、產業資源配置共用機制、產業共同監督機制與政策協同機制，認為兩岸產業共同治理應成為ECFA後兩岸產業深度整合的重要方式，兩岸產業共同治理既需要頂層設計，也需要公眾參與，同時需要社會建構。

葉怡君《兩岸經合會對未來兩岸關係影響評析》110，作者在探討兩岸經濟合作委員會的由來與設置規範後，分析了經合會對兩岸關係的影響，認為經合會是ECFA商議、解釋與監督機制，雖然不是常設機構，但卻是ECFA的靈魂機構，雖然不是「發電機」，卻是「牽引機」。

（九）關於兩岸文化交流與認同問題

1.關於兩岸文化交流。

余克禮在《對後ECFA時代深化兩岸協商、談判對話的幾點看法》111中，認為增進與擴大政治互信是拓展與深化兩岸協商、談判與對話的基礎，兩岸應本著積極與負責態度深化兩岸協商談判機制，簽訂兩岸文化教育交流協定應擺上兩會制度化協商談判的議

程。

　　俞新天的《兩岸共同復興中華文化的思考》[112]，指出了當前世界文明的潮流是肯定文化多樣性，要求各種文化對於人類的發展做出貢獻，西方文化的壟斷地位已經受到質疑，而中國的崛起帶來了復興中華文化的希望。兩岸人民應該提高文化自覺性，消除「百年悲情」所造成的文化自卑與文化自大心理，共同承擔復興中華文化的使命，達成提煉中華優秀價值觀、指引人民的思想與行為、在文化交流中進行世界性傳播的目的。俞新天在另一篇《兩岸關係中的文化認識問題》[113]中，重點分析了兩岸人民應如何看待兩岸文化的異同、如何認識文化價值觀的異同及文化認識問題對兩岸關係產生的作用。認為兩岸文化同中有異，應互相理解；兩岸文化價值觀異中有同，應摒棄曲解。

　　李鵬的《和平發展視角下兩岸文化整合的功能與路徑》[114]，在分析兩岸文化整合的意涵與性質後，提出兩岸文化整合的功能定位在認同功能、保障功能與外溢功能，認為路徑選擇在互動交流、機制建構、精髓整理、差異磨合與融合創新。

　　楊立憲的《對新時期深化兩岸文化交流的若干思考》[115]論文，提出ECFA簽署後兩岸文化合作協定應提上日程，兩岸文化交流合作協定可粗可細，可以是提綱挈領式，也可以是分門別類式的類似實施細則協議。

　　劉國奮在《擴大和深化兩岸文化交流合作之初探》[116]文章中，提出從擴大和強化兩岸文化交流合作入手突破兩岸關係瓶頸，而兩岸關係和平發展局面的形成為擴大和深化兩岸文化交流合作提供了較好的時機，認為兩岸文化交流合作機制的內涵可從四個方面著手進行：一是強調官方主導兩岸文化交流合作的重要性；二是設

立專門的交流合作平台是擴大和強化兩岸文化交流合作的重要路徑；三是實現兩岸民間組織機構和文化領域各行業口頭交流合作的常態化是擴大和強化兩岸文化交流合作的必要前提；四是時機成熟時商簽兩岸文化交流合作協定可使兩岸文化交流合作邁入制度化和規範化階段。同時建議要尊重台灣同胞的文化創新精神，重新建構兩岸共同的文化記憶，以人文精神為基礎推動兩岸文化交流合作邁向新台階。

李道湘的《兩岸文化交流中的若干理論問題研究》[117]，作者在概述「文化」與「中華文化」基礎上，辨析了什麼是中國傳統文化、什麼是中華文化以及兩岸文化交流中的「兩岸文化」，提出由於文化的廣泛性，在兩岸文化交流中需要把握重點，需要明確兩岸文化交流的定位與定性，需要強化兩岸核心價值觀的認同。

嚴泉《兩岸文化合作機制與文化共同體的建構》[118]，認為兩岸文化合作機制的基本框架應包括四方面內容：文化管理機構的對話機制、文化交流的可持續性機制、文化產業發展的政策機制與文化專業人才的培育機制，而文化合作機制建立的最終目標是推動兩岸文化共同體的建構，體現在兩岸文化合作的制度建設、兩岸文化共同市場的建構與兩岸社會文化的融合。

彭付芝《兩岸文化交流中的認知偏差與進一步開創兩岸關係和平發展新局》[119]，認為兩岸民眾對兩岸文化交流及結果的認知存在偏差，包括關於「國家認同」的認知偏差、對台灣文化和中華文化關係的認知偏差、民主等政治價值觀念與中國統一關係的認知偏差，提出要促進兩岸文化交流向縱向深度發展，同時建構兩岸共同的價值體系。

周天柱《加快協商文化ECFA正當其時[120]》認為兩岸文化

ECFA可仿效經濟，先談框架後補充細則；應設立政府部門主導由雙方技術官員組成的專門委員會協商、共同整合經營「孔子學院」與「台灣書院」，兩岸共同推動「識正書簡」。

　　台灣學者對兩岸文化交流的研究不如大陸多，王瑋琦、張蜀誠、吳建德《中共對台文化交流協議之規劃》121，在分析文化交流與中共對台政策關係的基礎上，探討了大陸對台文化交流協議的具體規劃，包括個體文化層面、國家文化層面與國際文化層面內容，認為文化交流對大陸而言是兩岸統一歷程中，由經濟、文化、社會而政治的第二個重要環節，是ECFA簽署後大陸極欲達成的下一個目標，而民進黨的反對與國民黨當局政治的偏安心態使台方對文化交流協議顯現出謹小慎微的態度。葉怡君的《兩岸文化交流協議相關問題研析》122，在回顧兩岸總體文教交流情況基礎上，分析了中國大陸對文化交流協議的主張及兩岸簽署文化交流協議面臨的困難，主要是兩岸對文化內涵及簽署協議的條件是否具備的認知上存在差異等。吳慶烜《以大中華文化創新創意思考模式以建構推動兩岸合作之機制》123、在概述與比較兩岸文化創意產業發展與現狀基礎上，提出兩岸合作的模式是從文化創新創意的利基建構：建立業者參與兩岸文化創意產業展覽會的整合平台、建立大中華文化創新創意品牌等。

　　2.關於兩岸之間的認同問題。

　　朱愛莉的《淺析馬英九執政後台灣社會的中國認同危機》124，在列舉馬英九執政後台灣社會的「中國認同危機」狀況後，分析其中主要原因有歷史因素包括兩岸長期以來隔絕與敵對以及李登輝、陳水扁主政時期的「去中國化」政策與現實因素包括選舉現實與政黨競爭以及兩岸實力對比落差加大以後的心態失衡。提

出台灣社會的「中國認同危機」已嚴重阻礙兩岸關係和平發展的鞏固與深化，如何化解是兩岸關係和平發展中必須面對的重要課題，而當前兩岸形勢則又是進行該危機化解的歷史機會，包括兩岸執政者在政治上有一定的交集，兩岸具有形成「大陸和台灣同屬一個中國」共識的客觀條件，兩岸大交流、大合作將使兩岸擁有越來越多的利益認同，廣泛深入的文化交流使兩岸在價值認同上不斷進步，大陸對台政策的包容性有助於加強兩岸的凝聚力。化解危機中面臨困難則有國家認同的撥亂反正具有長期性與複雜性以及兩岸存在不同政治體系與理念的衝突。

郭豔《台灣「年輕世代」國家認同的現狀及成因分析》[125]，提出台灣「年輕世代」的國家認同與其父輩不同，逐漸由「中國」轉向「台灣」，而其原因則在兩岸長期的隔絕對立生活經驗「台灣化」，台灣政權的本土化、民主化轉型與國家認同問題的伴生現象成為其國家認同對象改變的深層土壤，民進黨執政時期的「去中國化」與「文化台獨」政策成為其國家認同對象指向台灣的主要推動力量，而兩岸在政治制度與社會經濟發展水準上的差異，使得他們無法建立起國家認同對象指向國際上代表中國的中華人民共和國政府。

周麗華《重構台灣民眾國家認同的基本路徑》[126]論文，在列舉台灣民眾的國家認同「虛無化」與「模糊化」現狀的基礎上，分析其中原因在：國共兩黨過去的歷史恩怨是台灣民眾對中國認同疏離客觀原因、台灣「國際地位」的巨大變化反向強化台灣認同、李登輝陳水扁的「去中國化」教育削弱並動搖「中國意識」的根基、台灣島內政治鬥爭的現實使得國家認同議題持續發酵，文章最後提出近、中、長的三階段的路徑選擇，即循一個國家的認同到一個中

國的認同再到統一中國的認同的路徑來重構台灣民眾的國家認同。

陳孔立《台灣社會的歷史記憶與群體認同》[127]文章，應用歷史記憶與群體認同的相關理論，結合台灣實際，研究台灣當局製造歷史記憶與群體認同的過程、手段、目的及其對建構群體認同的影響，指出台灣社會現有的歷史記憶與群體認同是可以改變、必須改變的，而重新建構歷史記憶與擴大群體認同是有利於兩岸人民的一種選擇，「雙重認同」的觀點是可取的，應當讓兩岸關係和平發展的過程成為兩岸共同重新建構歷史記憶與國家認同的過程。

劉相平《兩岸認同之基本要素及其達成路徑探析》[128]，提出兩岸認同的基本要素包括文化認同、民族認同與國家認同三個層面，相互依存，逐次遞進，應從易到難，循序漸進，以實現兩岸認同最大化。

林紅在《和平發展形勢下台灣民眾的中國意識》[129]一文中，提出4年來兩岸關係中出現的困惑是兩岸和平發展但台灣民眾的「中國人」認同在繼續流失，其因一是在制度與政策層面上台灣民眾認同退縮是一以貫之過程，二是在社會心理層面台灣民眾患上「中國認知分裂症」，認為出路在「建立認同連結、回歸中國主體性」。

嚴峻：《兩岸文化交流整合再思考：國族認同的視角》[130]、提出推動兩岸文化交流與合作來增進兩岸的民族與文化認同，需要注意中華文化與現代西方政治思想的辯證關係，包括避免中華文化中的負面因數，在強調兩岸同屬中華民族時，也需要將中華民族觀念與現代主權國家的觀念結合在一起，弱化台灣社會中存在的分離主義傾向，增強台灣民眾的統一向心力。

李鵬《從兩岸大交流看兩岸民眾共同認同的建構[131]》在辨析

「交流」與「認同」概念基礎上，考察了經濟交流與台灣民眾的「國家認同」、經濟交流與兩岸共同認同的建構的關係，認為兩岸各領域、全方位的大交流可以為兩岸帶來更多的共同利益基礎，有助於發展兩岸之間的功能性合作與兩岸同胞強化共同的民族認同和文化認同，縮小制度認同的差異，但大交流只是兩岸建構共同認同的必要條件，很多認同分歧或差異難以僅僅靠交流來解決，需要兩岸當局與人民能相互理解與包容，探尋雙方在利益上的共同點與一致性，產生「一榮俱榮、一損俱損」的集體身分認同。李鵬《民族認同、利益聯結與兩岸命運共同體的信任深化》[132]，作者認為要使兩岸命運共同體得以鞏固，就必須把握民族認同、利益聯結與增進信任這三個關鍵性因素，而深化兩岸命運共同體的路徑包括從情感型信任到認知型信任、從防範型信任到理解型信任、從自利型信任到合作型信任及從關聯式信任到制度型信任。

劉奇的《台灣民眾認同異化問題初探》[133]，作者認為台灣民眾的認同異化已經成為兩岸關係進一步發展的最大障礙，在從歷史層面與現實政治層面分析台灣民眾認同異化原因後，提出了建構兩岸重疊認同的路徑是以中華文化為基礎建構兩岸重疊認同，方法是通過文化交流實現中華文化的「創造性轉型」。

王前：《「兩岸族」台胞的社會身分認同——本土文化心理機制角度的闡釋》[134]文章在考察了「兩岸族」台胞的基本狀況的基礎上，論述了「兩岸族」台胞與兩岸命運共同體之間的關係，認為「兩岸族」在兩岸之間所起的聯結與溝通的作用，就是消解或彌合了由於過去長期的隔絕和政治、軍事對峙以及兩岸政治僵局所造成的兩岸間的某些斷裂及對立對抗的心態，其積極作用會有利於兩岸命運共同體的建構。

台灣學者對認同問題的研究更偏重理論與實證。如湯紹成《台灣的政治認同問題探討》135，從一般的政治認同著手，探討台灣在認同問題上的特質，提出「台灣的政治認同問題實以其文化認同問題為基礎，先有文化認同然後產生政治認同，但當本土意識興起之後，政治認同則加緊形塑文化認同」。王信賢《兩岸交流與台灣民眾認同變遷：2008年以來的分析》136，在彙整「原生—本質」論、「情境—建構」論、「感性認同」與「理性自利」等相關理論、概念，並與各種實證資料進行對比，認為，2008年以來台灣民眾在「我是台灣人」比例增多及對大陸認同上加速疏離的要因：一是馬英九上台後積極開放政策引發部分民眾焦慮，使原本隱蔽於「我是台灣人也是中國人」的隱性者轉變為「顯性」，二是部分民眾未能在兩岸交流中獲利而影響認同；三是可能因交流增多而更加區分「你」、「我」。台灣高雄市空中大學助理教授許文英《兩岸經貿交流與國家認同：台灣縣市經驗比較》137，探討全球化下城市「公共外交」理論及台海兩岸之間台灣縣市與大陸交往歷程，認為：「台灣縣市政府各具特色的兩岸城市交往經驗」顯示，城市交往存在著正當性與效益性的困境，前提是上級在政治與法律權力上的釋放。

（十）關於兩岸社會整合與一體化問題

陳先才、劉國深的《兩岸社會一體化的理論架構與實現路徑》138，在辨析一體化、社會一體化及兩岸一體化概念後，考察了兩岸社會一體化的現狀與內涵，認為兩岸社會一體化已呈現不可逆轉趨勢，但也帶來負面衝擊與影響及挑戰，最後提出兩岸社會一體化實現的頂層設計與路徑選擇，認為在兩岸社會一體化過程中以

「融」為主的頂層設計的重要性，路徑選擇則是一要推動兩岸經濟一體化的歷程，二要推動兩岸社會制度的一體化歷程建設，同時必須大力加強其保障基礎的建設力度。

楊劍《論促進兩岸民間交流的目的、動力和原則——台灣海峽兩岸民間交流回顧》[139]文章，認為大陸促進兩岸交流的主要目的：一是實現統一、防止兩岸社會分離的永久化，二是為現代化建設與中國和平崛起創造新的時空環境，三是形成防止台灣當局推行「台獨」或拒絕統一的民間壓力；而源自兩岸間親緣與血緣、90年代全球化浪潮及市場力量是推進兩岸民間交流的三大驅動力；大陸處理兩岸民間交流的基本原則包括一個中國、以民為本及承認兩岸體制差異與促進交流等。作者認為，和平發展形勢下，兩岸民間交流能夠得到充分發展，但不足以建立一個新的共同認同，更不會自然導向統一。

陳淩雄與顧錦康《兩岸持續性合作機制思考——基於社會整合理論的視角》[140]，在概述「社會整合」理論的基礎上，探討了兩岸持續合作的社會整合機制：兩岸社會整合的主體、制約因素及方式等，認為兩岸社會整合有利於兩岸持續交流合作，有助於化解兩岸社會間心結，促成更多民族認同與利益聯結，但要形成穩定的制度化的社會整合機制尚待時日。

劉國奮《對兩岸關係和平發展時期台灣民意的探討》[141]，認為台灣的民意具有多元性、變動性、效用性等特點，而影響台灣民意的因素既有歷史因素，也有經濟因素，而政黨鬥爭、媒體以及大陸與國際因素都對台灣民意產生綜合性影響，最後提出塑造兩岸共同民意的路徑與方法，包括掌握民意脈絡主導兩岸「轉型正義」、突出兩岸經貿互利性、回歸中華文化本源、重建兩岸民眾的共同價

值觀。

王鶴亭《兩岸關係和平發展的民事機制探析》142，作者基於兩岸關係的政治與社會互動邏輯，認為兩岸關係和平發展存在著權力制衡、權力規範與社會支撐等多種建構機制，而社會機制是建構兩岸關係和平發展的重要路徑之一與基礎組成部分；社會機制的內容涵蓋社會動力、激勵、整合、協調及保障等方面；提出確立兩岸關係的多元主體多維定位、深化兩岸交流溝通範圍與層次、注意各項社會運行機制的深化與協調、注重社會資本的累積等。

嚴志蘭《促進大陸台商社會適應與融合，建構兩岸人民和諧共處的生活共同體：基於福建的田野調查》143，運用田野調查、問卷調查等實證研究方法，對福建台商的社會適應情況進行了調查，從移民社會學角度對在閩台商的社會適應問題進行研究分析。

（十一）關於兩岸政治軍事安全互信機制

大陸學者基本上是近幾年才開展這方面的研究，陳孔立《兩岸「信心建立措施」（CBMS）的起步》144，作者在考察世界各地建立「信心建立措施」的經驗後提出三點看法：一是把高標準的政治互信作為協商軍事互信機制的前提是一種過高的要求，二是只要雙方都有謀求相對安全的需要，並有一定的互信基礎，協商「信心建立措施」的前提就已存在，三是建構「兩岸信心建立措施」是一件具有標誌性意義的大事，應當及早策劃、及早協商、正式起步。

陳先才在《兩岸軍事互信機制：理論建構與實踐路徑》145中，在探討了兩岸軍事互信機制的理論架構：概念、內涵與功能後，分析了兩岸軍事互信機制建構面臨的機會與挑戰，機會有長期

以來兩岸雙方都希望建立機制、國際社會對此抱有期待及馬英九上台後條件的不斷成熟，挑戰則包括兩岸在軍事互信機制建立的目的與意圖上差別、台灣社會中的分離意識及外部勢力的負面影響等，最後重點剖析了實現路徑，除了必須堅持兩岸同屬一中的基本原則外，兩岸可從先建立高度的政治互信的「政治路徑」入手，同時推進「軍事路徑」，並提出措施與步驟分「近期」、「中期」與「遠期」三階段規劃。

趙黎青的《再論先軍後政實現胡馬會》[146]，提出了先建立兩岸軍事安全互信機制問題，再解決兩岸之間的政治問題、實現「胡馬會」。

夏立平的《對兩岸政治軍事議題談判的幾點思考》[147]，提出了推動兩岸政治軍事議題談判構想的主要內容，包括認為：兩岸和平協定應該成為兩岸「命運共同體」的基石，成為兩岸關係和平發展框架的重要支柱，和平協定的政治基礎是「九二共識」，兩岸開展政治軍事方面協商談判可以先用兩會管道。最後探討了兩岸建立軍事安全互信機制問題。

史曉東《「建立信任措施」視角下的兩岸軍事安全關係問題探討》[148]，在辨析建立信任措施在兩岸軍事關係語境中的不同含義基礎上，探討建立信任措施的建構路徑，認為既不能一味主張先軍後政或者只軍不政，也不能過於強調先政後軍，相互結合，並提出建立信任措施可分為非對稱型建立信任措施與對稱型建立信任措施。

李鵬《論「不針對協力廠商」原則對兩岸建立軍事安全互信機制之適用》[149]作者認為「兩岸軍事安全互信機制」是一個比「信心建立措施」內涵更深、外延更廣的概念，在兩岸探討建立「軍事

安全互信機制」的過程中，協力廠商的可能影響不容忽視，因此需要確立「不針對協力廠商」原則，且在機制協商中與協定的文本中以明示和暗示的方式予以體現，以昭示兩岸軍事安全互信機制的「單純性」、「防禦性」與「透明性」特徵，化解相關國家與地區對此的疑慮，為兩岸探討建立該機制營造一個相對良好的環境。

郭隆隆《國家尚未統一前的一種過渡性安排——關於建構兩岸軍事互信機制的若干思考》150，作者認為兩岸軍事互信機制的內涵在馬英九上台後已經發生新的變化，不再是李登輝、民進黨時代的企圖約束大陸對台的軍事行動，而是維持台海局勢現狀，為「不統、不獨、不武」政策服務；作為一種過渡性的安排，兩岸軍事互信機制必須具備明顯的中國特色；兩岸軍事互信機制內容應包括開展軍事文化和軍事學術的交流、軍事安全、軍事合作及軍事互信機制文本協定的簽署四方面，其中推動路徑分為互信建立、增進互信及深化互信三個階段。

朱松嶺《論建立兩岸軍事安全互信機制的基礎與途徑》151，通過對兩岸軍事安全互信機制概念、基礎與途徑的探索，論證了兩岸建立軍事安全互信機制的可行性。認為一個中國原則、維護共同的主權和領土完整及保護共同的人民利益是兩岸軍事安全互信機制的基礎，應秉持排除外國干涉、先功能性合作後制度合作、從低到高、由易到難的基本原則，初級階段是功能性合作的軍事安全互信，高級階段是制度性合作的軍事安全互信。

張文生、李美霖《海峽兩岸在廈金海域的非傳統安全合作研究》152，認為海峽兩岸在廈金海域開展和加強非傳統安全合作是鞏固與推進兩岸關係和平發展新局面的客觀要求，兩岸在廈金海域開展海洋環境管理、海洋資源開發、防治非法捕撈、打擊海上犯罪

活動、進行海難救助等方面存在較大空間，但也面臨一些現實困境，包括管轄權的衝突、合作與聯繫的機制、合作協定的簽署、突發事件的處理等問題。

台灣學者在這方面的研究早且深度與廣度都比大陸學者強，張蜀誠、吳建德、王瑋琦《中共黨政軍領導人對兩岸軍事互信觀點分析》153，系統分析了中國大陸方面對兩岸軍事互信的基本觀點，包括基本原則、步驟及基本內容等。該三人的另一篇《兩岸軍事互信之推展與障礙》154，提出了兩岸軍事互信推進的具體步驟與方式，同時分析了面臨的問題與障礙，包括政治目標的矛盾、軍事目標的難以和諧、雙方誠信措施的衝突等，作者肯定軍事互信機制的建構是兩岸進則發展政治關係、退則確保經濟合作基礎的無法迴避的議題。

趙哲一的《我國執行信心建立措施的現況與展望—以兩岸建立「軍事互信機制」為例》155，由信心建立措施的緣起與定義著手，回顧了兩岸在此議題上的基本考慮及未來前景等。

段復初的《兩岸軍事互信機制之建構——軍事互動的可能模式》156，透過分析軍事信心建立機制相關理論與各國在實際上所採用的具體作為，探討海峽兩岸緩和軍事緊張的可行方式，並將焦點集中在兩岸軍事活動互動的可能議題與方式上。

夏國華的《兩岸和平發展的雙贏戰略：「接觸」與「嚇阻」之研析》157從台灣當前面臨的綜合性安全處境著手，論述了兩岸和平發展對台方「預防戰爭」戰略的影響，提出建立軍事互信機制是兩岸和平發展的保障，而其中政治互信至為重要。

張延廷的《我國國家安全目標與國家戰略之芻議》158，從政治、經濟、軍事及心理面的分析，認為馬英九當局「國家安全目

標」的設定以政治面為核心，借由淡化兩岸政治議題與「擱置主權爭議」，設定經濟、軍事及心理安全目標，進而建構由政治、經濟、軍事及心理所組成的「國家戰略」。

王高成《兩岸軍事互信機制建立之探討》[159]，在概述軍事互信機制的內涵與功能基礎上，比較了兩岸對軍事互信機制的不同：台灣多數人對此的理解多以西方學界的看法為參考依據，認為軍事互信機制的建立是兩岸之間軍事互動關係的安排，目的是穩定彼此軍事安全關係，以降低敵意避免衝突，並非如大陸主張強調一個中國為前提。最後提出兩岸未來推動軍事互信機制的原則：維持最低的政治前提、及早進行軍事互信機制的商討、循序漸進推動兩岸軍事互信機制、大陸應展現較多的善意。

陳文政的《台灣推動兩岸軍事互信機制的進展與美國的角色》，[160]從文獻與概念探討著手，討論了台灣推動兩岸軍事互信機制的過程與策略，最後探討了現階段推動中存在的困難及美國的可能角色。作者認為，兩岸關係的結構性問題使得信心建立措施或軍事互信機制的推動缺乏足夠的利基動機，且有相當潛在風險是形成這些困難與障礙的根本原因，因此，「要克服推動信心建立措施或軍事互信機制的困難，取決於如何製造合作的動機並降低合作的風險」，尤其是「美國如果願意改變其目前的旁觀者角色，主動來協助兩岸製造合作的動機並降低合作的風險，或可更有助並加速於兩岸推動信心建立措施或軍事互信機制的歷程」。[161]

曾復生的《美中（台）建構互信機制的關鍵要素》[162]，認為：美國的戰略規劃圈正在深思如何轉化大陸軍隊的戰略意圖，使其軍力成為亞太地區和平穩定的貢獻者而不是破壞者；隨著台海兩岸互動關係的演進，擁有關鍵性指標作用的台美軍售關係，在三方

建構互信機制的複雜過程中將益顯敏感。

翁明賢《建構兩岸軍事互信集體身分之研究》[163]，認為面臨複雜多變的兩岸態勢，軍事互信機制的研究應超越傳統國關理論，可透過建構主義的「身分」決定「利益」的邏輯，探討兩岸是否能夠建立一個「軍事互信集體身分」，提出了未來兩岸建構軍事互信機制的途徑與應對。

蔡明彥《兩岸軍事互信機制：認知落差與發展路徑》[164]，在分析軍事互信機制的基本概念與在西方的發展歷程後，指出兩岸在此課題上的認知落差與歧見，提出兩岸基本的發展路徑是循序漸進，主張「二軌」先行以進行觀念溝通，然後推展「廣義」的信心建立措施的合作以累積互信。

（十二）關於兩岸和平協議問題

郭震遠《兩岸簽訂和平協定之台灣視角》[165]，文章羅列了台灣人士對於和平協定的態度與立場，包括兩岸是否應簽訂和平協定、和平協定的定位及簽訂的條件及主要內容的不同意見，分析了影響台灣人士觀點的主要因素，包括兩岸關係發展、台灣政局發展變化等，最後剖析了台方人士各種觀點對於兩岸簽訂和平協定歷程的可能影響。

余克禮《兩岸應正視結束敵對狀態簽訂和平協定的問題》[166]，認為結束敵對狀態、簽訂和平協定是突破兩岸關係政治瓶頸、實現兩岸關係全面正常化與和平發展的根本途徑，而隨著兩岸關係和平發展，解決結束敵對狀態、簽訂和平協定的條件漸趨成熟。

李家泉《簽訂兩岸和平協議的可行性研究》167，論述了簽訂和平協議的必要性與可行性，認為簽訂和平協定的基本原則是堅持台灣與大陸同屬於一個中國的原則，主要內容包括台灣的「政治定位」、「九二共識」的表述、兩岸政黨關係、台灣「國際空間」、軍事互信機制、兩岸和解步驟等，而李家泉的「如何理解馬英九提出的『兩岸和平協定』」？168，該文章認為馬英九在選舉中提出這個議題是既瞭解兩岸民眾的期待，又怕被抓「辮子」，是對蔡英文提出議題的回應，也是著眼於未來發展需要；從歷史角度看，和平協議有其必然性，和平是橋樑，統一是目標，從法律角度看和平協議是要把和平用法律形式固定化、制度化與合法化；和平協定簽署時間與條件都是相對的。

仇長根《簽訂兩岸和平協議，共用和平安全利益》169，提出簽訂兩岸和平協定，是中國共產黨長期不懈努力的重要目標，是「先易後難」不斷增進兩岸政治互信的具體體現，是「循序漸進」推動兩岸和平發展的重要安全保證，是兩岸和平發展的最大利益，也有利於亞太地區乃至世界局勢穩定的重大舉措。和平協議雖然是政治議題，但與兩岸和平統一政治議題是兩回事，協議可以一個中國原則的「九二共識」為共同政治基礎。

謝郁《對兩岸達成和平協議問題的初步探討》170，認為兩岸和平協議是兩岸在尚未統一的情況下，為兩岸最終邁向和平統一創造條件的階段性協議，並非最終解決兩岸問題的「終極協定」，和平協定的基本原則為一個中國、平等協商、求同存異、循序漸進、互惠雙贏、不受外力干涉。

林岡《兩岸和平協定研究》171，作者認為兩岸和平協定的核心精神是在雙方均認同一個中國的前提下，維持台灣不「獨」、大

陸不武的現狀，妥善處理雙方的政治關係定位、軍事互信、涉外關係和正常交流等四個領域的問題，文章從兩岸和平協定的緣起及比較不同協定版本入手，探討了和平協定的基本內容，認為應包括明晰兩岸一中的關係定位、確立「不獨」、「不武」的政治互信、規範兩岸涉外活動及推動兩岸正常交流，以確立兩岸關係和平發展框架。

陳啟懋《台灣政治生態與兩岸關係和平發展框架的建構》[172]，提出在當前台灣的政治生態下，兩岸和平統一還談不上，所以，現階段兩岸的共同任務是要建構一個穩定的和平發展的兩岸關係框架，名稱可以是「兩岸和平合作框架協定」（PCFA），以區別於法律意義上的規範的和平協定。

楊開煌《兩岸學者之「和平協定」文本比較》[173]從協定的名稱、內容等入手，系統比較了目前兩岸學者提出的9種草擬的文本，提出了簽訂政治協定對兩岸和平保證的必要性，最後提出作者個人擬訂的「台海兩岸之和平發展協定框架」。楊開煌《馬拋「和平協議」之意義及北京的評估》[174]，認為馬英九提出該議題有五大突破：一是主導選舉議題的突破，二是「愛台灣困境」的突破，三是突破兩岸政策「只經不政」的誤解，四是對馬英九「魄力」的質疑，五是以「馬主席」突破「馬總統」，因為黃金十年遠超過馬英九的四年任期。

林文程：《台海兩岸簽訂和平協議之前景分析：並比較馬英九與蔡英文對簽訂和平協議的立場》[175]一文，在回顧兩岸對和平協議的基本主張後，認為「隨著台海兩岸經貿關係走向正常化，簽署和平協定以達成兩岸政治關係正常化」，也是增進台海地區的和平穩定的一個理想結果。

朱新民《兩岸關係和平發展成果的鞏固與挑戰——簽署兩岸和平協定之探討》176，在回顧2008年以來兩岸關係和平發展成果基礎上，分析了馬英九提出「和平協定」的時機考慮與原因及蔡英文的立場，認為簽署兩岸和平協議固然是兩岸未來不可迴避的議題，更是台灣內部最敏感核心的議題，台灣內部需要形成共識，因此現階段推動簽署文化、教育、科技的架構協定更具必要性、急迫性與功能性。

李銘義《未來兩岸政軍對話之可行方案探討》177，作者在論述兩岸軍政對話的意義後，探討了兩岸對話的方案，包括結束敵對狀態、政治對話程式性商談、兩岸信心建立機制及和平協議等，分析兩岸軍政對話程式與模式，最後草擬了兩岸和平協定11條具體內容。

邵宗海《兩岸和平協定的緣來與癥結》178在分析兩岸創議「和平協定」的歷史背景後，解讀了兩岸對此的歧見，認為動機與目的不同，台方傾向於兩岸各自單邊宣布雙方「敵對狀態終止」，並先規範兩岸政治定位，大陸傾向於協商兩岸自1949年以來的內戰結束，協議後共同承擔中國主權與領土完整。

蘇嘉宏《兩岸和平協定：台灣可能的觀點與爭點》179，文章系統論述了台方提議簽署和平協定的具體過程，提出兩岸和平協定應以「信心建立措施」為核心，目的在於「結束兩岸敵對狀態」的和平協定不會跳躍式地成為一個「統一協定」，而以「信心建立措施」為核心的和平協定的長期發展結果，會使一個未來的「統一協定」成為可能；作者最後試擬了10條兩岸和平協定的基本條款。

周繼祥：《關於達成兩岸和平協定的一些想法》180，文章由兩岸和平協議的緣起切入，探討了和平協議的基本概念，提出了達

成和平協定需要的先期作為:一是透過兩岸民間交流平台,初步凝聚雙方共識,二是尋求現有合作機制的擴大,做為開展和平協議的基礎,三是利用各說各話的政策表述,拋出兩岸現狀的單方宣示。

(十三)關於台灣的「國際參與」與對外關係

1.關於台灣的「國際參與」問題。

楊潔勉的《試論兩岸安全問題與台灣參與國際組織的活動》[181]一文,在論述當前世界與兩岸的安全態勢及其特點後,探討了馬英九上台一年多後台灣「國際空間」與兩岸和平發展之間的良性互動關係,提出台灣對外關係的進展要因在於兩岸關係的和平發展局面的形成,最後展望台灣對外關係的前景,認為台灣對外關係的進一步擴大有賴海峽兩岸共同來鞏固與擴大兩岸關係和平發展的新局面,尤其是台灣對外關係的擴展必須不能傷害與破壞兩岸關係和平發展的基礎,台灣對外關係政策的上位政策應該是兩岸關係政策。

俞新天在《對擴大台灣「國際空間」的思考》[182]論文中,提出在兩岸關係和平發展背景下,兩岸實現「共用中國主權」,但因這是一個綜合、複雜與多層次問題,難有簡單的解決方案,只能循序漸進。作者對解決這個問題的原則、途徑與優先順序進行探討,認為兩岸在擴大台灣「國際空間」問題上應堅持「九二共識」、相向而行、加強對話,由易而難,由經濟、社會、文化領域到政治領域,由地區合作到全球性組織,累積互信,凝聚共識,防止干擾,在不斷改善關係、深化合作的過程中逐步推進。

許世銓在《兩岸關係中的台灣「國際空間」問題》[183]中,提

出處理台灣「國際空間」的三大原則為一個中國、「個案處理」與協商解決，對台灣的「邦交國」，應遵循「被動」、「政經分離」、「通氣」及「同胞利益至上」等四方面原則的遊戲規則，對台灣參與國際組織的活動，提出了區別對待、個案處理、務實協商、避免對抗及維護現有安排等原則。

修春萍在《兩岸關係和平發展與台灣「國際活動空間」問題》[184]中，作者首先概述2008年以來台灣對外關係活動的變化及特點，一是兩岸在台灣「國際活動空間」問題上的尖銳矛盾趨於緩和，二是台灣對外活動環境明顯寬鬆，三是台灣擴大參與國際多邊領域的活動問題開始逐步得到解決；接著分析了其中原因，包括兩岸之間政治互信初步建立、馬英九團隊「活路外交」政策及台方願意通過協商溝通解決問題。作者認為台灣的「國際活動空間」問題仍將是今後一個時期影響兩岸關係順暢的主要因素，最後提出妥善解決問題的幾點思考，包括務實面對問題尋求解決、彼此照顧對方重要關切、加強溝通協調建立處理涉外事務相關機制意見個案處理、逐步解決。

郭震遠《在兩岸關係的和平發展歷程中合情合理地處理台灣的「國際空間」問題》[185]文章中，提出台灣的「國際空間」問題是兩岸在國際上較量的表現與結果，本質上是如何維護中國領土主權完整的問題，兩岸關係和平發展時期處理台灣的「國際空間」問題的基礎是兩岸認同「九二共識」，須由兩岸共同努力、合情合理地處理及堅持穩中求進。

李煒的《台灣參與國際活動問題的再思考》[186]，認為兩岸長期的敵對隔絕使雙方缺乏有效的政治溝通，無法建立足夠的政治互信，從而使台灣參與國際活動問題成為雙方難以解決的結構性矛

盾；為營造兩岸平等的協商氛圍，擴大雙方在政治議題上的共識，提出以「中華兩岸共同委員會」的政治溝通模式為過渡，並在兩岸完全統一的政治架構下對台灣參與國際活動問題作出終局安排。

2.台灣的對外關係問題。

嚴安林在《論馬英九「外交」理念與主張的特點及其影響》[187]中，在系統闡述了馬英九「外交」政策理念與主張及其特點的基礎上，全面考察了其理念與主張形成及提出的背景、基本目的及策略途徑，最後分析了其積極影響與侷限性。

劉紅的《台灣涉外事務的分期、要點和特點》[188]，把台灣對外關係歷經「法統外交」、「彈性外交」、「台獨外交」和「活路外交」四個不同階段，由於各階段的島內政局、兩岸關係和國際政治的背景不同，因而重點、目標、政策與手段都不盡相同，提出「活路外交」對兩岸關係和平發展的積極意義在：一是以不衝撞一個中國格局為出發點、兩岸結束在國際間上的「零和遊戲」，二是減少兩岸在涉外場合的對立，三是形成解決台灣參與國際組織活動的新模式等。

陳先才《台灣參與聯合國專門機構問題研究》[189]分析了台灣參與聯合國專門機構的困境，包括台灣內部的現實困境如自身政治定位不準確、藍綠惡鬥以及兩岸之間的困境，如嚴重缺乏互信等，最後探討台灣參與聯合國專門機構的前景。

李秘：《「非主權實體」：台灣參與國際組織活動的一個可行定位》[190]文章在提出主權不可分割與治權可分割的主張後，認為台灣是一個非主權的特殊實體，可以此定位作為台灣參與國際組織活動的一個身分，最後提出處理台灣「國際空間」問題的基本機制是以憲法為核心的國內法的授權、國家與台灣當局的協商和共識、

台灣內部規範性檔的保障。

童立群：《對外援助與兩岸合作：現狀與前景》191，文章從兩岸對外援助的特點入手，分析了兩岸援外領域合作的可行性，提出在兩岸關係和平發展局面不斷形成的大背景下，兩岸在國際社會停止內耗並開始良性互動的嘗試——兩岸在海地地震救援為例，認為對外援助是全球性問題的重要領域，亦可能成為兩岸在國際上發揮各自優勢、分享經驗、溝通合作的新嘗試。

石正方、初振宇《台灣參與東亞區域經濟合作的現況及未來路徑探討》192，認為台灣作為東亞經濟的重要組成部分，在過去的「雁行理論」中充當了「承上啟下」的仲介者角色，但隨著東亞區域經濟發展與制度性合作的推進，台灣的角色與地位發生變化，在東亞經濟制度性一體化中面臨邊緣化危機。提出未來台灣參與東亞經濟合作可以「經由兩岸經濟整合」和「以地區經濟體身分」兩條路徑，其中後者如果取得大陸的支持更具有可行性。

張建《試析台灣的「非政府組織外交」（2000—2010年）》193，文章將進入21世紀以來台灣當局的「非政府組織外交」分為民進黨執政與馬英九上台以來兩個時期，認為台灣當局主要通過兩種方式來實踐：一是推動台灣的非政府組織積極參與國際事務，二是借助國際非政府組織來實現參與目的。最後提出了兩岸如何在國際非政府組織的參與中進行互動與合作的方式，包括堅持原則性、靈活性及務實性等。

台灣學者對台灣「國際參與」的研究相對較少，李登科《台灣的國際活動空間與兩岸關係》194，在回顧兩岸外交對抗及對抗策略基礎上，概述了外交對抗的代價包括無止境的金錢支出、傷害兩岸人民感情及傷害兩岸關係，認為2008年以來馬英九採取的「外交

休兵」政策與兩岸關係和平發展形成一定的良性循環,提出「國際參與」對台灣發展的意義攸關兩岸關係的良性發展。

趙國材《論台灣參與「國際空間」》195在全面論述台灣的對外關係包括雙邊關係及與國際組織的關係基礎上,提出「擴大台灣的國際空間問題,不僅是兩岸的問題,也需要有良好的國際環境」,「無論追求和解或和平,均須在承認並接受現實的基礎上進行」,認為兩岸在對外關係上仍有許多協商與合作的空間,例如人道救援、急難救助、環保能源、糧食安全及反恐等全球共同關切的議題。

謝曉慶《試論台灣「國際空間」問題的概念與特徵》196,認為在兩岸共同的語境中,台灣「國際空間」問題實際上就是台灣的對外關係問題,有五大特徵:台灣「國際空間」不包括台灣與大陸及港澳的關係;該問題不是在「國際空間」一詞提出後才存在;該問題在內容上是一個開放性、動態性的問題;該問題不是一個純粹的內政問題;它既是一個政治問題,也是一個法律問題。

周繼祥《台灣國際參與的WHA模式》197,作者在考察了台灣「國際」參與的WHA模式後,探了其他既有模式,包括「亞銀模式」、「奧會模式」、「APEC模式」及「WTO模式」等,比較了五種模式之異同,認為「WHA模式」有其特殊性與侷限性,在於「透過兩岸、連結國際」。

(十四)關於民進黨的對大陸政策

林勁的《民進黨大陸政策調整初析》198論文,首先概述了2008年以來民進黨大陸政策調整的內容及特徵,認為主要涉及策略

性、架構性與技術性方面的問題，並未涉及兩岸關係的基礎性和原則性問題，基本特徵是左右搖擺、前後矛盾、含混模糊、閃爍其辭、迴避問題。其次分析了影響民進黨大陸政策調整的主要因素及時間選擇，接著考察了民進黨《十年政綱》中兩岸關係政策及其實質，包括不接受一中原則、主張通過民主機制形成內部共識——「台灣共識」、回歸「台灣前途決議文」的基本立場、在國際與區域架構下形塑兩岸關係及某種程度認同兩岸和平發展等。

嚴安林在《蔡英文的兩岸政策論述及其困境》[199]中，認為蔡英文提出的「和而不同、和而求同」「八字訣」無法應對選舉，蔡英文的兩岸政策論述將堅持「台灣主權不屬於中國一部分」的立場，持續不承認「九二共識」，其特點是「政治與經濟分離化」、在強調不反對與大陸交往的基礎上模糊化處理兩岸政策基本主張，作者認為蔡英文兩岸政策的調整不值得期待。嚴安林與童立群合作的另一篇《民進黨「十年政綱」兩岸篇評析》[200]，從「十年政綱」兩岸篇的主要內容著手，剖析了其特點與本質，包括提出兩岸關係政經分離化以隱藏「台獨」本質、拒絕承認「九二共識」代之以「台灣共識」、提出大陸發展不確定論以唱衰大陸發展前景、提出捨近求遠的兩岸政策平衡論及認為馬英九兩岸政策無用論等。

倪永傑《評蔡英文「價值台獨」的內涵與策略》[201]，作者認為蔡英文提出的「台灣共識」只是「價值台獨」的另一種表白，是翻造「柔性台獨」的新策略，只會切割兩岸關係發展的政治基礎，斬斷兩岸之間的法理紐帶，導致台海局勢重新陷入緊張動盪之中。

楊立憲在《民進黨「十年政綱」評析》[202]中，認為民進黨的「十年政綱」展現了其重新執政的企圖心，推出了一些新說法，但仍堅持民進黨基本立場，在思考兩岸關係上的盲點依舊，其中民進

黨政策調整的受制因素主要有黨內「台獨」勢力、島內民眾對統「獨」及身分認同看法仍處於負面遞增、美國沒有放棄「以台制華」戰略及兩岸關係和平發展的優越性尚未充分顯現等。

林岡《民進黨「十年政綱」評述》203，首先認為「十年政綱」的性質是政策白皮書，位階低於黨綱和「台灣前途決議文」，但高於競選綱領，是為了確立民進黨未來發展方向與蔡英文在民進黨內的領導地位；「十年政綱」不能讓民進黨放棄「台獨」主張，也難以提出務實可行的大陸政策。

邵宗海《剖析蔡英文的「中國政策」》204，作者列舉了蔡英文在成為民進黨候選人後在兩岸關係政策上的一系列公開表態的基礎上，評析了蔡英文一系列政策主張的不可行，認為蔡英文所謂「中華民國就是台灣」論其實就是「兩國論」的再版。

徐淑敏《民進黨十年政綱與新智庫對兩岸關係之評估》205，文章以民進黨「十年政綱」與「新智庫」概念的緣起、意涵、蔡英文的兩岸關係理念談起，對民進黨的大陸政策的本質進行分析，認為蔡英文提出的「和而不同」、「和而求同」的政策路線及「十年政綱」，基本上無涉民進黨黨綱變更的意義，而只是就策略運用提供廣闊彈性空間。

（十五）關於兩岸和平發展外在環境與國際因素

林岡《美國因素在兩岸關係和平發展歷程中的影響》206，文章認為美國既不希望兩岸舉行統一談判又希望兩岸達成和平協議的複雜心態，從而一方面希望兩岸進行談判以降低敵對狀態，另一方面又長期對台軍售以增加台灣與大陸相抗衡資本，此一「雙軌政

策」對兩岸和平關係的建構有著不同方向的影響，美國反對台灣「法理獨立」、維繫兩岸和平的政策客觀上為建構兩岸關係和平發展框架提供了較好的外部條件。

張華《美國戰略重心東移與兩岸關係和平發展》[207]，提出在兩岸關係和平發展的新形勢下，台灣問題在中美關係中曝光度有所下降，但對中美關係的衝擊力並未減弱，因為台灣仍然是美國東亞戰略的重要棋子。美國一方面支持兩岸為降低緊張關係而進行的協商對話，另一方面也警惕兩岸關係由和平發展邁向和平統一，為此通過發展美台實質關係來平衡兩岸關係的發展。張華另一篇《對馬英九當局美國政策的探析》[208]，概述了馬英九當局對美政策主要內容是與美國重建戰略互信、提升台美實質關係、強化兩岸協商談判中的美國影響力，在分析其中背景因素後，探討馬英九親美政策的影響，包括強化美國在台海地區固有影響力、贏得美國對馬英九大陸政策的有條件支持及給兩岸關係發展帶來不確定因素。

嚴安林《馬英九上任以來台美關係的發展及其前景》[209]，在概述馬英九當局對美政策目標：重建台美互信、強化台美軍事關係、加強對美高層溝通的基礎上，提出馬英九當局對美政策的特點，包括對美政策具有平衡兩岸政策的考慮、對美政策重點兼顧美國利益、特別重視美國國會議員與智庫工作；認為美國對台政策要點在肯定馬英九的兩岸和解政策、樂見兩會協商與兩岸三通、支持台灣擴大「國際活動空間」、持續售台武器以加強美台軍事關係，特點體現在堅決維護美國在台海戰略利益、堅持其對台政策兩面性及「美為主、台為輔」關係格局與美國對台政策服從於對華政策的基本格局。

孔小惠《兩岸步入和平發展期的美國對台政策：走在變革的十

字路口？》210，在概述美國學界圍繞兩岸步入和平發展期美對台政策的爭論基礎上，分析了爭論的背景在於美國學者對美國對台政策戰略環境變化的不同評估，提出美國對台政策並未發生結構性變化的論點，理由在美國政府對台政策的框架並未改變，美國無意放棄對台灣的影響力，美國智囊團的政策建議大多是要求提升美台關係。

劉國奮《近年來台美關係政策目標之分析》211，首先分析馬英九當局的對美政策目標是修補台美關係與拉抬與美國的關係，接著分析歐巴馬政府的對台政策目標在支援台灣的「國際參與」、堅持售台武器與加強台美經貿關係，最後提出台美關係中存在問題與障礙，包括受制於中國大陸因素與兩岸關係發展、受到島內政治力量的牽制等。

唐欣偉《量化分析華府與北京關係對兩岸關係的影響（1950～2010）》212，認為兩岸關係是隨著華府與北京間的關係而起伏，當華府與北京間的敵意升高，兩岸情勢往往也趨於緊張；如果華府北京間的關係變好，兩岸關係也會朝著正面的方向發展。

邵育群《歐巴馬政府台海政策評析》213，在分析歐巴馬政府台海政策主要內容基礎上，探討了其政策背景與發展趨勢，提出：歐巴馬政府台海政策沒有脫離美國自卡特政府以來歷屆政府的政策框架，基本繼承了布希政府第二任期的支援內容，針對兩岸關係和平發展與中美關係新變化，歐巴馬政府台海政策的新呼應有四個方面：支持兩岸關係改善同時防止台灣過度依賴大陸，防止兩岸「改變現狀」的壓力主要倒向大陸，對指向為「統一」的兩岸政治對話不發表意見，繼續支持台灣「民主」制度。在兩岸和平發展形勢下，美國對台灣問題的主導權有所下降，大陸主導權有所上升，但

主因不在中美實力對比變化,而是馬英九認同「九二共識」後兩岸關係根本好轉。美國仍然擁有影響台灣問題的各種政策手段,且這些手段沒有根本弱化。

周忠菲《歐巴馬政府兩岸關係政策研究》214,認為美國歐巴馬政府在維持海峽現狀、鼓勵兩岸結束敵對狀態、展開政治對話、加強經貿交流、促進商談台灣「國際空間」和鼓勵兩岸簽署和平協議方面,基本繼承布希政府的兩岸關係政策。

姚同發《東北亞安全格局新變數對兩岸關係和平發展的影響》215,認為東北亞安全格局新變數引發地區大國關係異動,從而對兩岸關係和平發展產生新的影響,提出在國際環境大變動中深化兩岸關係和平發展的新動力宜從經濟、政治與文化三個層面去謀劃,經濟動力在於如何面對後ECFA時期,政治動力在穩步推進政治對話,文化動力在創新文化品牌,深化兩岸文化融合。

三、研究理論與方法

(一)研究理論

海峽兩岸關係是一個中國內部不同地區之間的特殊關係,與一般意義上的「國際關係」有著本質的區別。這是在研究兩岸關係和平發展制度化框架時需要非常注意的明確的概念與意識。

然而,在研究兩岸關係時也不得不考慮到台灣海峽兩岸關係的特殊性的部分,即由於兩岸長期的分離與事實上的「分治」,大陸與台灣形成了兩個各具特色的「實體」,某種意義上還是「政治實體」,所以,兩岸關係的發生、發展與未來發展態勢具備了一般意

义上国际关系理论中的「不同行为体」之间关系所具有的若干特征。因此,借用国际关系研究中的某些理论来解剖两岸关系中发展的实践,既有学理上的依据,也有实际的效用。

特别需要说明的是,在论述国家、国家利益、国际体系等名词或者概念时,均是一般意义上的学术用词,并非特指台湾当局的政治定位。

本课题在研究中主要运用「和平」理论、「发展」理论与「制度」理论、「制度化」、「机制」理论、社会一体化理论等进行探讨,同时借用西方国家学者有关的「分裂国家」的整合理论,包括功能整合(functional integration)理论、团体互动(group interactions)理论与建构主义(constructivism)理论,以及现实主义、新自由主义、社会建构主义理论等。

功能主义(Functionalism):由于科技的快速发展,带动国家与地区的合作,在各方联合的功能性合作下,人民对国家、地区的忠诚度逐渐转移到国际与地区的功能性组织。所以,功能主义的历史使命是让不同地区的人们积极地合作在一起,而不是分开,功能性途径倾向于消除跨越政治、意识形态、地理等藩篱。两岸关系的和平发展与最终走向和平统一,功能主义是可以借鉴的理论模式之一,而包括台商成为「跨两岸族」群体与ECFA的签署及其在两岸和平发展中的效用等证明了功能主义对两岸整合所发挥的积极作用。当然,两岸实际存在的政治意识形态事实上也对两岸的整合产生消极影响,这也是新功能主义(Neo-functionalism)所揭示的政治会影响合作的发展实际的理论意涵。

上述这些理论都提出了如何走向和平的方式与方法,即和平的路径问题:现实主义主张透过权力的平衡的安排走向和平,新自由

主義者主張透過制度性的交流走向和平，社會建構主義則是希望通過彼此產生共同的認同而走向和平。在本課題對和平制度化的路徑的研究中，或多或少地引用了上述理論中的概念。

尤其是本課題主要研究的是兩岸關係和平發展的制度化問題，所以，自然要借用制度主義理論的若干概念包括新制度主義理論進行研究。

1980年代，在受到經濟學甚至整個社會科學界對制度研究重視的影響下，在對行為主義進行批評的基礎上，國際政治學界開始再度關注政治制度的研究，也由此形成了一個新的理論流派——新制度主義。詹姆斯·馬奇與約翰·奧爾森於1984年在《美國政治科學評論》上發表了《新制度主義：政治生活中的組織因素》一文，揭開了新制度主義政治學研究的序幕。因此，作為「新制度主義」背景的行為主義和理性選擇理論，具有背景論、還原論、功利主義、功能主義和工具主義的特徵[216]。其中機制理論是制度主義視角下探討國際關係問題的重要理論，機制理論起源於1980年代初美國國際關係領域內的相關研究，其基本動力是試圖建立一種概念，用以對應當時國際政治領域內日益顯著的模式化互動。[217]

在關於兩岸政治定位與台灣的「國際參與」及其活動的研究中，本課題借用了近代國家理論及其概念進行探討。

（二）研究方法

本課題主要運用歷史學、社會學與政治學的研究方法。

四、研究基本思路

全書共分「緒論」與第一、二、三、四、五章，計六部分進行探討。

在「緒論」部分，首先說明了該課題研究的意義與目的，接著分門別類地概述了台灣、大陸、港澳及海外對於兩岸關係和平發展理論的研究現狀，然後是交代了研究中運用的理論與方法。

在第一章「兩岸關係和平發展理論概述」中，先是詳細考察了「和平發展」思想提出的過程與背景，接著分析了兩岸關係和平發展局面的出現、機會與挑戰，最後是對兩岸關係和平發展的理論提出了個人獨立的思考，包括和平發展的內涵、階段劃分、階段性任務、階段性目標、階段性矛盾、和平發展的主體與動力等，做了理論性的思考與探索。

第二章探討了兩岸關係和平發展的制度化框架，從有關制度化框架的理論著手，提出了兩岸關係和平發展制度化建設的必要性與可能性，最後對兩岸關係和平發展制度化的框架，其內涵、主要內容及彼此間的關係進行了系統的探索。認為，儘管兩岸已經簽署ECFA，且有關ECFA的後續協定在不斷地協商、簽署與落實，但已經建立的只是和平發展中的經濟框架，包括文化、社會、軍事與政治等框架的建構尚未完成，兩岸關係和平發展的制度化建設的基本任務是要建立起經濟、社會、文教、政治與軍事安全等五大框架，或者說是五大支柱，只有這樣的兩岸關係和平發展局面才是不可逆轉的。

第三章分析兩岸關係和平發展制度化框架建構的路徑，提出「鞏固與深化兩岸政治互信」、「建構兩岸和平制度化的機制」、「推進兩岸社會一體化工程」與「營造兩岸關係和平發展的環境」是推進制度化框架建設的有效與可行的路徑選擇。其中兩岸和平制

度化的機制包括包括領導人會晤與互訪、和平宣言或和平協定的簽署以及軍事安全互信機制的建立等，和平制度化的途徑是進行政治對話與談判；其中兩岸社會一體化工程則包括民間交往正常化、社會往來正常化及兩岸共同價值的形成等。

第四章則是對和平發展制度化框架建設中需要解決與處理的兩岸政治定位問題進行了詳盡的考察與研究，在對兩岸政治定位問題系統回顧的基礎上，列舉與分析了兩岸與海外學者在此問題上的主要觀點，最後對兩岸政治定位問題進行了理論探索，認為從兩岸關係發展實際看，兩岸間的政治定位問題的解決既急迫又棘手，既然是關係到兩岸關係發展的核心問題，當然涉及的面向與牽制因素也是經緯萬端，在比較長的時間裡，似乎難以真正、徹底地得到解決，但基於兩岸關係和平發展本身所擁有的「階段性」特徵，探討和平發展階段兩岸之間的政治定位問題，並做務實的「處理」、不是真正的「解決」，保持「創造性的模糊」，尋找一個過渡性的處理方案，可能性要大得多，似乎可以成為努力的目標與方向。

第五章主要探討兩岸關係和平發展制度化框架建設中需要處理的台灣的「國際參與」問題，在全面、系統地回顧中國政府涉台外交政策的演變歷程、特點及原則立場的基礎上，系統剖析了馬英九提出的「活路外交」理念與主張以及2008年兩岸關係和平發展以來台灣「國際參與」的擴大、原因及其與和平發展的兩岸關係之間的互動關係，最後提出了和平發展時期兩岸如何「共用一中」主權的理論，包括台灣的「國際參與」和兩岸「國際合作」的路徑與模式：落實ECFA的外溢效益、由參與東亞區域經濟合作入手、從東亞區域經濟合作到國際共同參與等；提出樹立兩岸人民「共有一中」、「共用一中」、「共用一中」與「共護一中」等主張，提出

應探討建立兩岸在國際場合互動的規則以及擴大與解決台灣「國際參與」應堅持的原則等。

第一章 兩岸關係和平發展理論概述

和平與發展的概念或者說「和平發展」被正式運用到兩岸關係中，應該是在1990年代後期，而作為和平發展思想的提出則是2005年之後，尤其是2008年5月以後，「和平發展」成為兩岸關係中與兩岸關係研究學界最熱門的詞彙，兩岸關係和平發展理論研究也成為迫切的課題。

第一節 和平發展思想的提出

兩岸關係中和平發展思想的提出，經歷了一個比較長的過程。自國共內戰、1949年國民黨撤離大陸到台灣，兩岸關係經歷了軍事衝突與對峙、「政治冷戰」及和平交流等發展階段，和平發展的思想才應運而生。

一、1949年以來海峽兩岸關係的演變

1949年以來迄今的台灣海峽兩岸關係，幾經演變，大體上經歷了五個階段：

（一）兩岸軍事衝突與對峙時期（1949～1979）

1949年後，隨著國共兩黨內戰在大陸的基本結束，國共內戰的基本戰場移到台灣海峽兩岸。在福建與台灣沿海地區，兩岸軍事上

的對立與衝突此起彼伏。這一情勢一直延續到1979年。

（二）兩岸「政治冷戰」時期（1979～1987）

1979年元旦，全國人大常委會發表《告台灣同胞書》，正式提出「和平統一」主張，自此始，台灣海峽兩岸緊張情勢趨於緩和，由原先的軍事對峙、高度隔絕轉向有限度的鬆動與開放。

1981年9月30日葉劍英委員長對新華社記者發表「關於台灣回歸中國實現和平統一的方針政策」的談話，進一步闡明了關於台灣回歸中國、實現和平統一的九條方針，史稱「葉九條」。

1983年6月25日，鄧小平在會見美國西東大學教授楊力宇時提出「中國大陸和台灣和平統一的設想」，史稱「鄧六條」。1984年5月六屆全國人大二次會議正式使用「一國兩治」的提法。

中國大陸對台政策的調整與國內外形勢的發展演變是有關聯的：

其一：中國共產黨和政府的中心工作確立為以經濟建設為中心。兩岸關係「解凍」的直接原因是中國大陸自1979年後工作重心由原先的「以階級鬥爭為主」轉向以「經濟為中心的現代化建設為主」，為了使「改革開放」有一個比較良好的國際與兩岸關係環境，依此政策，大陸方面宣布停止對台灣及有關島嶼的炮擊，台海兩岸由此開始了至今一直和平穩定的時期。

其二：中美建交的國際大背景。不可忽視的是，無論是中國大陸的「改革開放」政策的確立或者是大陸對台政策的調整，都離不開深層次的因素——中美關係的改善這一大的國際背景。正是由於1979年中美正式建交，美國與台灣「斷交」、「撤軍」與「廢約」，才使中共的對台政策由「武力解放」轉變為「和平統一」。

正如鄧小平先生所言：「中美結束三十年敵對狀態」，「中美建交解決了台灣問題的一半，還有一半靠我們自己」透過談判和平解決。218當然，兩岸政治上對峙、不相往來的局面直到1987年後才真正有所改觀，1990年代後兩岸互動真正開始，步入和平交流與發展時期。

其三：台灣內部的政治發展與對大陸政策的演變。國民黨對大陸的政策也從「反攻復國」到「三分軍事、七分政治」，再到不接觸、不談判、不妥協的「三不政策」。儘管大陸方面在1979年《告台灣同胞書》中就提出兩岸開展三通四流等主張，但由於台灣當時的主政者蔣經國堅持「三不」政策，兩岸關係處於「政治冷戰」階段。

（三）兩岸「和平交流」時期（1987～1999年）

1987年蔣經國在去世前毅然決定開放大陸籍老兵可以經第三地回鄉探親，由此開啟了兩岸交流交往的新階段，伴隨著滾滾返鄉探親人潮的是「錢潮」、「經商潮」、「投資潮」與「文化交流潮」。

隨著大陸改革開放步伐的加快，包括上海浦東的開發開放，兩岸交流交往潮流中出現了代表性的「上海熱」。

兩岸半官方接觸也開始起步。90年代初，台灣當局成立「國家統一委員會」，頒布「國家統一綱領」，並先後設立「大陸委員會」與「海峽交流基金會」（簡稱「海基會」），大陸也隨之成立「海峽兩岸關係協會」（簡稱「海協會」），作為彼此的「白手套」進行由官方授權的接觸與商談。最具指標意義的便是1993年在新加坡舉行的「辜汪會談」，並簽訂四項協定標幟著，兩岸海峽關係向前邁出了重要的一步。

1995年1月30日江澤民發表《為促進中國統一大業的完成而繼續奮鬥》的重要演講,史稱「江八點」。李登輝則在同年的4月8日,為了回應「江八點」提出了六點意見,稱之為「李六條」。

　　兩岸關係總體形勢不錯。1995年5月,海協會與海基會在台北舉行了第二次辜汪會談第一次預備性協商,確定第二次辜汪會談於7月20日在北京舉行。但李登輝在推進兩岸關係發展的同時,積極謀求台灣的「國際空間」活動。這樣就破壞了兩岸關係的交流交往局面。6月7日,由於李登輝的「訪問」美國,台海兩岸再度出現危機,大陸展開了反分裂、反「台獨」的鬥爭。經過努力,1998年6月美國總統柯林頓訪問中國,提出「三不」政策(美國不支持「台獨」、不支持「兩個中國」或「一中一台」、不認為台灣有必要加入需要由主權國家才能夠加入的國際組織),這讓台灣當局感受到巨大的壓力。1998年10月海基會董事長辜振甫率領代表團訪問上海與北京,兩岸舉行辜汪會談,並達成四點共識,江澤民在北京也接見了辜振甫。兩岸甚至商定汪道涵會長在適當的時機訪問台灣。

(四)兩岸「緊張僵持」時期(1999～2008年)

　　1999年7月9日,李登輝提出「特殊兩國論」,汪道涵訪台被無限期推遲,辜汪會談成為絕響,兩岸關係也再度跌入低谷。

　　2000年3月18日在台灣領導人選舉中,民進黨擊敗國民黨獲勝,5月20日陳水扁上台及2002年8月3日陳水扁提出「一邊一國論」,尤其使兩岸政治關係出現僵局,政治對話無法恢復。

　　兩岸關係出現危機的深層次原因,實質上是源於1980年代後期的台灣內部的政治情勢的演變。台灣內部的這一政治社會情勢的演變幾乎是與兩岸關係的緩和同步進行的,從而使兩岸關係表現為:一方面兩岸在經濟、文化與民間社會的交流與合作在趨向深化,但

另一方面，兩岸雙方在政治立場上的距離越來越遠，交集點越來越少。兩岸關係中出現這種「政經分離化」現象的原因不在於這現象的本身，不在於兩岸關係的交往如何，而在於台灣政治社會情勢的演變遠遠超過兩岸社會整合的速度與力量。台灣政治社會的演變表現為「民主化」與「本土化」的攜手並進，「本土意識」迅猛發展，再加上某些政治人物的推波助瀾，台灣成為要求改變兩岸現狀的主要力量，表現在兩岸關係上是兩種力量的並存與相互對立：由兩岸交流而產生的整合的力量希望兩岸政治關係的穩定和改善，是促進兩岸「和」的力量與「合」的力量；而台灣內部政治情勢演變中的主張分離的力量不希望兩岸走向整合，是主張兩岸「分」的力量。

到了第二任期，陳水扁推行極端「台獨」路線，從「廢統」、「終統」到「憲政改造」、「入聯公投」等一系列「法理台獨」政治活動，把兩岸政治關係推向緊張與僵持的階段。

該階段兩岸關係最大的特徵是「政治冷經濟熱」、「官方冷民間熱」，所幸的是，兩岸經貿合作、文化交流與「社會一體化」的趨勢勢不可擋，並成為使兩岸緊張趨向緩和的最主要因素。從新功能主義角度來審視，兩岸民間社會的交流對兩岸政治關係產生作用是必然的。當時，台商投資大陸累計7萬家，協定台資金額超過700億美元，實際到位500億美元，台灣方面的估計超過一千億美元[219]，台商在大陸人數近百萬人，經濟交流的異常活躍成為兩岸關係中最活躍、最積極的因素。兩岸文化交流深入發展，集中在音樂、舞蹈、美術、戲劇、雜技、民俗、影視、教育、體育等，儘管台灣對大陸學歷還不曾開放採認，但是，台灣學生來大陸求學熱潮不斷，兩岸民眾在文化上的認知差異在減小。兩岸民間交流廣泛，

人員往來頻繁。自1987年11月以來，台灣同胞來大陸探親、經商、旅遊、就學與交流等的人數，由最初的每年1萬人增加到2007年的450萬人次，大陸赴台交流數萬人。從1987年到2004年6月底，台胞來大陸累計3189.7萬人次，大陸居民赴台累計96.7萬人次。220

兩岸民間交流主要表現在：一是政黨交流有了加強。國民黨、親民黨、新黨紛紛以政黨的名義組團來北京、上海等地參訪。二是城市交流開始啟動。儘管高雄市長謝長廷的「廈門之行」與廈門市長的「高雄行」因為陳水扁的阻撓而擱淺，但是，上海市與台北市順利實現了以副市長互訪為標幟、以城市建設為重點的「城市交流」，並成為兩岸交流新形式。三是新聞交流初有進展。大陸記者赴台定點採訪小有突破，兩岸新聞交流實現初步的雙向。四是經濟交流異常活躍。

（五）兩岸「和平發展」時期（2008～迄今）

2008年3月，在台灣領導人選舉中，國民黨候選人馬英九當選為台灣新一屆領導人，5月20日正式就任。由此結束了民進黨八年的執政。由於國民黨與馬英九都承認「九二共識」，主張兩岸關係和平與穩定，從此緊張與僵持的兩岸關係得到緩和，兩岸關係步入和平發展的正確軌道。

二、對台政策「和平發展」思想的提出

（一）中共中央對台政策的階段性演進

如果說，1949～1979年的前30年中國大陸對台政策的基調是武力解放台灣，不放棄和平談判，台灣解放以後實行社會主義，那麼，1979年以後的30年中，大陸對台政策的基調則是和平統一中

國，不承諾放棄武力，和平統一以後台灣繼續其現有的資本主義制度不變。其中，以1979年元旦全國人大常委會發表的《告台灣同胞書》為主，中國大陸提出兩岸和平統一、開展交流的「三通四流」。

1981年葉劍英委員長代表中共中央提出著名的「葉九條」，就兩岸統一以後對台灣的有關安排問題提出了大陸方面的設想。

1986年鄧小平提出「鄧六條」，主要是闡述「一國兩治」的基本內涵。

1995年1月30日江澤民發表「江八點」，重點闡述了如何推動兩岸走向統一，即兩岸走向統一前的安排事宜。

2005年3月4日胡錦濤提出新形勢下發展兩岸關係的「四點意見」。

2005年3月14日十屆全國人大第三次會議通過《反分裂國家法》。

2006年4月16日胡錦濤總書記在第二次會見連戰的「連胡會」中，第一次正式提出「和平發展」理應成為兩岸關係發展的主題。

2007年10月中共第十七次全國代表大會的政治報告再次確認「和平發展」這一主題。

2008年3月4日胡錦濤在全國政協分組會上演講描繪了「兩岸關係和平發展路線圖」。

2008年12月31日，胡錦濤在紀念《告台灣同胞書》發表30週年座談會上，做了《攜手推動兩岸關係和平發展，同心實現中華民族偉大復興》演講。

（二）十七次全國代表大會以來中共中央對台政策

2002年中國共產黨十六大順利完成黨和國家領導集體交接後，面對國際環境、台海局勢新變化，以胡錦濤總書記為核心的新一代中央領導集體高瞻遠矚，審時度勢，在繼承中央前三代領導集體對台方針政策的基礎上，發展了鄧小平「和平統一、一國兩治」和江澤民關於「促進中國和平統一的八項主張」的理論，形成了對台政略與政策新的思想。

十七次全國代表大會以來中共中央對台政策的文件主要有三個：一是2007年10月15日上午，在中國共產黨第17次全國黨代會開幕式會議上，胡錦濤總書記所做的政治報告中第10部分「推進『一國兩治』實踐和中國和平統一大業」；二是2008年3月4日胡錦濤總書記在全國政協11屆1次會議民革、台盟、台聯委員聯組會議上發表的「牢牢把握兩岸關係和平發展主題，為兩岸同胞謀福祉，為台海地區謀和平」的重要演講；三是2008年12月31日在紀念《告台灣同胞書》發表30週年座談會上胡錦濤總書記所做的《攜手推動兩岸關係和平發展，同心實現中華民族偉大復興》的重要演講。這三個對台政策的重要文件不僅系統總結了1979年以來30年的對台工作與對台政策，而且提出了推動未來兩岸關係和平發展與中國最終統一的政治性綱領。

1.十七次全國代表大會以來中央對台政策主要內容。

其一：一個「思想」。即「和平發展」的思想，將「和平發展」正式作為中共中央新一代領導集體推動海峽兩岸關係發展的主題，提出「牢牢把握兩岸關係和平發展的主題，真誠為兩岸同胞謀福祉、為台海地區謀和平」，為此，胡錦濤「鄭重呼籲，在一個中國原則的基礎上，協商正式結束兩岸敵對狀態，達成和平協定，建

構兩岸關係和平發展框架，開創兩岸關係和平發展新局面」。

其二：兩個「維護」。提出中共中央對台政策的根本目標是要「維護國家主權和領土完整，維護中華民族根本利益」。

其三：三個「凡是」。提出了中國共產黨對台政策與對台工作的基本立足點與出發點，那就是「凡是對台灣同胞有利的事情，凡是對維護台海和平有利的事情，凡是對促進中國和平統一有利的事情，我們都會盡最大努力做好」。

其四：四個「原則」。2005年3月4日，胡錦濤總書記提出了新時期發展兩岸關係的四點原則意見，第十七次全國代表大會的政治報告並正式將四點原則意見列入文件，作為中共中央對台政策的基本指導方針，即「堅持一個中國原則絕不動搖，爭取和平統一的努力絕不放棄，貫徹寄望於台灣人民的方針絕不改變，反對『台獨』分裂活動絕不妥協」。這是新時期新一代中央領導集體對台政策的綱領性意見，對大陸的對台工作與海峽兩岸關係的發展產生積極而巨大的指導作用。

其五：五層面的工作。提出當前與未來主要需要做好五層面的工作：一是反對「台獨」。第十七次全國代表大會的政治報告指出，「當前，『台獨』分裂勢力加緊進行分裂活動，嚴重危害兩岸關係和平發展」。為此，中國共產黨的原則立場是「反對『台獨』分裂活動絕不妥協」，「絕不允許任何人以任何名義任何方式把台灣從中國分割出去」。二是謀求統一，第十七次全國代表大會的政治報告強調，「解決台灣問題、實現中國的完全統一，是全體中華兒女的共同心願」。「兩岸統一是中華民族走向偉大復興的歷史必然。海內外中華兒女緊密團結、共同奮鬥，中國完全統一就一定能夠實現」。三是加強交流，即推動海峽兩岸之間各方面交流交往，

第十七次全國代表大會的政治報告提出，「兩岸同胞要加強交往，加強經濟文化交流，繼續拓展領域、提高層次，推動直接『三通』，使彼此感情更融洽、合作更深化，為實現中華民族偉大復興而共同努力」。四是為民謀利，要為兩岸同胞謀福祉，指出中國共產黨「理解、信賴、關心台灣同胞，將繼續實施和充實惠及廣大台灣同胞的政策措施，依法保護台灣同胞的正當權益，支持海峽西岸和其他台商投資相對集中地區經濟發展」，「真誠為兩岸同胞謀福祉」，「凡是對台灣同胞有利的事情」，「都會盡最大努力做好」。五是呼籲進行談判，「台灣任何政黨，只要承認兩岸同屬一個中國，我們都願意同他們交流對話、協商談判，什麼問題都可以談」。

其六：六點意見。2008年12月31日胡錦濤總書記重要演講首次全面系統地闡述了兩岸關係和平發展的思想，論述了和平統一的目的在於追求全中國人民的幸福與中華民族的復興，回答了兩岸關係為何要和平發展、怎樣和平發展的重大問題，最後從六方面提出了怎樣推動兩岸關係的和平發展，包括恪守一個中國，增進政治互信；推進經濟合作，促進共同發展；弘揚中華文化，加強精神樞紐；加強人員往來，擴大各界交流；維護國家主權，協商涉外事務；結束敵對狀態，達成和平協定。

2.十七次全國代表大會以來中共中央對台政策的新意。

十七次全國代表大會以來中央對台政策的新意頗多，歸納起來主要有以下四點：

其一：正式確立「和平發展」思想。2006年4月16日胡錦濤在與國民黨榮譽主席連戰二度會晤時首次提出了「和平發展」理應成為兩岸關係發展的主題後，2007年第十七次全國代表大會將「和平

發展」正式作為中國共產黨推動兩岸關係發展的主題，其中要義有二：一是維護兩岸與亞太地區的「和平」，反對企圖改變台海地區現狀的任何方式的「台獨」分裂活動，二是堅持推動兩岸關係的「發展」，以「發展」兩岸關係來維護與推動兩岸之間的和平。2008年3月4日胡錦濤總書記演講進一步闡述「和平發展」思想，闡述了兩岸關係和平發展的基礎、目的與途徑，描繪了兩岸關係和平發展的「路線圖」。演講首先點明了和平發展與兩岸關係和平、穩定以及與兩岸同胞的利害關係，他說：「事實已經並將繼續證明：兩岸關係和平發展，有利於兩岸發展和穩定，必定造福兩岸同胞；『台獨』分裂活動，有害於兩岸發展與穩定，必定遺禍兩岸同胞。實現兩岸關係和平發展，是兩岸同胞的共同利益所繫、共同責任所在。」接著，他強調和平發展已具有的基礎、動力和條件，「經過兩岸同胞長期共同努力，推動兩岸關係和平發展已經具有更為堅實的基礎、更為強勁的動力、更為有利的條件，是大勢所趨、人心所向」。然後，胡總書記進一步闡述了兩岸關係和平發展的目的與途徑，「基礎是堅持一個中國原則，目的是為兩岸同胞謀福祉，途徑是深化互利雙贏的交流合作」。最後他強調了推動兩岸關係和平發展的堅強的信心，「儘管兩岸關係和平發展還面臨阻力和障礙，今後也難免會經歷曲折和起伏，但我們推動兩岸關係和平發展的信念堅定不移，絕不動搖」。

其二：首次提出簽訂「和平協議」主張。1991年中共中央台辦曾經受權提出兩岸坐下來談並簽訂協定，第十七次全國代表大會政治報告正式提出「在一個中國原則的基礎上，協商正式結束兩岸敵對狀態，達成和平協定」。這是具有相當創新的表述，從而在台灣也引起的廣泛的關注與討論。在2005年3月4日的談話中胡總書記進一步提出：「兩岸雙方共同努力、創造條件，在一個中國原則的基

礎上協商正式結束兩岸敵對狀態，達成和平協定，建構兩岸關係和平發展框架，開創兩岸關係和平發展新局面」。

其三：提出「共同家園」說法與「命運共同體」說法。胡錦濤在2005年3月4日提出的「共同家園」說正式列入第十七次全國代表大會的政治報告，強調：「儘管兩岸尚未統一，但大陸和台灣同屬於一個中國的事實從未改變。中國是兩岸同胞的共同家園，兩岸同胞理應攜手維護好、建設好我們的共同家園。」胡錦濤甚至進一步提出「實現兩岸關係的和平發展，要靠兩岸同胞共同努力。無論是過去、現在還是將來，13億大陸同胞和2300萬台灣同胞都是血脈相連的命運共同體」。

其四：提出「共同決定」說。針對台灣少數「台獨」分裂勢力企圖透過「正名」、「公投」、「制憲」等「台獨」分裂活動造成台灣從中國分裂出去事實的企圖，第十七次全國代表大會的政治報告明確強調：中國的主權與領土完整不容分割，「任何涉及中國主權和領土完整的問題，必須由包括台灣同胞在內的全中國人民共同決定」。

3.第十七次全國代表大會以來中央對台政策主要特點

其一：堅持原則性。第十七次全國代表大會的政治報告中的對台政策，不僅是歷年黨代會報告中篇幅較多、分量較大的，而且在原則問題上相當堅持，如三次強調了要堅持一個中國的原則，因為是否堅持一個中國原則，就是是否堅持台灣屬於中國一部分的涉及國家主權與領土完整的原則性問題。在3月4日的談話中胡總書記再次強調堅決地反對「台獨」，因為「『台獨』分裂活動已成為對國家主權和領土完整的最大禍害、對兩岸關係發展的最大障礙、對台海地區和平穩定的最大威脅。只有堅決遏止『台獨』分裂活動，才

能實現兩岸關係和平發展的前景,才能維護兩岸同胞的福祉」。「『台獨』分裂活動違背了中華民族維護國家統一的堅強意志,是沒有出路的,是注定要失敗的」。胡總書記演講表現了中共中央對反「台獨」行為必然勝利的高度自信。

其二:強調民本性。中國共產黨的根本宗旨是全心全意為人民服務,主張「權為民所用,利為民所謀,情為民所繫」。胡錦濤指出:「中國是包括2300萬台灣同胞在內的13億中國人民的中國,大陸是包括2300萬台灣同胞在內的13億中國人民的大陸,台灣也是包括2300萬台灣同胞在內的13億中國人民的台灣」;「台灣同胞是我們的骨肉兄弟,是發展兩岸關係的重要力量,也是遏止『台獨』分裂活動的重要力量」。「我們任何時候都要把兩岸同胞的利益放在首位。凡是關係到台灣同胞切身利益的事情都要認真對待,凡是對台灣同胞作出的承諾都要認真履行」。強調中國共產黨一定盡最大努力,關心、愛護台灣同胞,照顧他們的切身利益。「凡是對台灣同胞有利的事情」,「都會盡最大努力做好」,「我們將始終如一地履行對台灣同胞作出的承諾,既不會因局勢的一時波動而有任何動搖,也不會因少數人的蓄意干擾而有任何改變」。「真誠為兩岸同胞謀福祉」。這既是對台灣同胞的尊重,把台灣民眾真正看作自己的同胞兄弟,也是將其在中國統一大業中的重要作用揭示出來,真正做到了處處、事事、時時以台灣同胞的感情和需求為本,充分體現了中國共產黨是最廣大人民利益的代表。

其三:體現科學性。中央對台政策充分體現中共中央在新時期「科學發展觀」的執政理念,如胡總書記呼籲兩岸「協商正式結束兩岸敵對狀態,達成和平協定,建構兩岸關係和平發展框架,開創兩岸關係和平發展新局面」。這裡沒有要求馬上進行有關兩岸統一

事宜的協商安排,而是有關「兩岸關係和平發展框架」進行規劃,這是考慮到目前兩岸統一條件還需進一步創造的實際情況。在堅持一個中國原則絕不動搖的基礎上,突出強調「九二共識」,提出「只要承認一個中國原則,承認『九二共識』,不管什麼人、什麼政黨,也不管他過去說過什麼、做過什麼,我們都願意和他們談發展兩岸關係、促進和平統一的問題」,對執政的民進黨及其領導人表明了大陸方面對他們可以用結束歷史的態度,既往不咎,而把著眼點放在其未來說什麼、做什麼。這樣顯然較之以往更寬泛、更具體,也更有誠意,有利於打開兩岸政治關係僵局。

其四:注重靈活性。在3月4日演講中,胡錦濤表示:「台灣任何政黨,只要承認兩岸同屬一個中國,我們都願意同他們交流對話、協商談判。談判的地位是平等的,議題是開放的,什麼問題都可以談。」他提出「通過談判,尋求解決兩岸政治、經濟、軍事、文化、對外交往等重要問題的辦法,對未來兩岸關係發展進行規劃」。這裡所指的「台灣任何政黨」當然也包括民進黨與「台聯黨」等所謂「泛綠」政治力量,中共中央也願意與他們開展交流對話、協商談判,只要是在「承認兩岸同屬一個中國」的對話基礎上。

其五:展現包容性。胡錦濤提出「我們要最廣泛地團結台灣同胞,團結的人越多越好。只有實現大團結,才能促進兩岸關係大發展。對於那些曾經對『台獨』抱有幻想、主張過『台獨』甚至從事過『台獨』活動的人,也要努力爭取團結,只要他們回到促進兩岸關係和平發展的正確道路上來,我們都將熱情歡迎,以誠相待」。即這「三種人」只要放棄「台獨」的立場,回到主張兩岸關係和平、促進兩岸關係的發展,就是需要團結的人士,這樣的表態實際

上是在建立「反獨」統一戰線，而未必一定是「促統」的統一戰線，包容性更加大。

其六：突出前瞻性。2008年3月22日台灣有領導人選舉，在此前3月4日，胡錦濤發表重要談話，政策立意是要把中共中央的對台政策基調做一個明確的宣示。所以，胡錦濤演講立足兩岸關係的現狀，面向未來的兩岸關係，呼籲「兩岸同胞團結起來，牢牢把握兩岸關係和平發展的主題，共同開創兩岸關係和平發展新局面，共同促進中華民族偉大復興」。前瞻性就表現在中共中央的對台政策絕不因台灣島內的政治風雲變幻而改變對台灣民眾的莊嚴承諾——推動兩岸關係和平發展。

4.第十七次全國代表大會以來中央對台政策處理好六對關係。

其一：確立了「促統」與「反獨」的辯證關係。「促統」能夠達到「反獨」效果，但「反獨」未必就一定「促統」。中央對台政策高舉「和平統一」旗幟，同時，又針對當前「台獨」分裂勢力的「台獨」分裂活動已經成為影響兩岸關係和平發展威脅的現實，將反對「台獨」任務擺在了對台政策與對台工作中比較突出的位置上。既將反對「台獨」作為對台政策與對台工作中的當務之急，又牢牢地高舉著「和平統一」旗幟。

其二：明確了「發展」與「統一」的辯證關係。實現中國統一是中共新時期三大任務之一。同時由於中國國情長期處於社會主義初級階段，以經濟建設為中心是中共長期堅持的基本路線，2020年前，全黨和全國人民的主要任務是全面推進建設小康社會。因此，在處理「發展」與「統一」的關係上，中央提出「統一」要以「發展」為基礎，透過「發展」來實現「統一」目標，將對台政策與現代化建設有機地結合起來，把「發展」放在首位，提出首先還是要

抓住機會提升綜合國力。現階段對台工作主要任務是發展兩岸關係，壯大自身實力，為未來統一厚實基礎。因為，不管是和平統一還是武力統一，說到底就是個實力統一。尤其是將「和平發展」思想進行了具體的深化與落實，而且提出落實「和平發展」思想的具體路徑：一方面是中國大陸政府和人民「將以最大的誠意、盡最大的努力」推動兩岸關係的和平發展，另一方面也要「團結廣大台灣同胞」，一起來進行「和平發展」的推進工作。

其三：軟的一面與硬的一面兼顧的辯證關係。反對「法理台獨」等任何形式的「台獨」分裂活動，需要硬的一面，這不僅表現在軍事鬥爭準備上，而且表現在各項工作的優先秩序與排位上，表現在反對「台獨」的決心與信心上。同時反「台獨」也需要「軟」的一面，那就是透過積極推動兩岸各方面交流與合作，透過密切兩岸之間人員往來，透過兩岸「和平發展」思想的落實，使民進黨當局挑起的製造兩岸緊張、圖謀以「憲改」為推手與目的的「法理台獨」活動難以得逞。因此，「和平發展」主題的落實與將反對「法理台獨」列為第一項重要工作並不矛盾，兩者是相輔相成，相得益彰。兩面都要用，兩面都要硬。從而輿論普遍認為新時期中共當局對台是「硬的更加硬，軟的更加軟」，「硬的硬到位，軟的軟到家」。

其四：「和平統一」與「不承諾放棄使用武力」之間關係。「和平統一、一國兩治」是中國共產黨提出的解決台灣問題的基本方針，胡錦濤指出：「和平統一不是一方吃掉另一方，而是平等協商、共議統一。實現兩岸和平統一，是兩岸同胞之福，是地區和世界之福。」不過古語有云：止戈為武。和平與武力的兩種手段從來都是相輔相成的。由於解決台灣問題的複雜性以及中國和平統一大

業的艱鉅性，胡錦濤在提出「爭取和平統一的努力絕不放棄」的同時，也多次重申「我們絕不允許任何人以任何方式把台灣從中國分割出去。中國政府和中國人民將堅定不移地捍衛國家主權和領土完整」。「以最大誠意、盡最大努力爭取和平統一前景」與「絕不承諾放棄使用武力」。兩手抓，兩手都要硬，體現了胡錦濤對台政策的文武之道，張弛有度。

　　其五：「遏止台獨」與「爭取台灣民心」之間關係。當前台灣多數民眾要求「維持現狀」，台灣主流民意是反對「台獨」，「台獨」只是台灣社會少數人的政治理念與主張，因此，「台獨法西斯」是違反民主原則的。但由於「台獨」運動與台灣社會的民主運動一起發展，從而「台獨」運動披上了民主的外衣，即「台獨民主化」，這樣使一些台灣民眾誤以為「台獨」是民主的表現形式之一，大陸反對「台獨」也就變成了反對他們的民主。為此，必須處理好「遏止台獨」與「爭取台灣民心」之間關係。尤其是「遏止台獨」需要台灣民眾的支援。實力、政策、民心是解決台灣問題的三大「法寶」。而民心是化「獨」之本，「爭取台灣民心」可以凝聚島內外和平統一的力量，從根本上化解「台獨」勢力的賴以生存的物質與精神基礎，將「遏止台獨」進行到底。為此，中共中央的對台政策始終突出強調「以民為本」的理念，真誠地尊重、相信和依靠台灣人民，全面推進兩岸各個領域的交流，對台灣人民展現出更大的包容和關愛。

　　其六：「寄望於台灣人民」與做好台灣各黨派工作的關係。解決台灣問題、實現中國的完全統一寄望於台灣人民。這是對台工作立足點的重大調整，是對台工作的著眼點由「官」及「民」，但並不是說從此再也不做台灣有關黨派的工作，再也不做執政者工作

了。因為，做人民的工作就是做黨派的工作，做執政者的工作也是做人民工作的一個途徑、一個方面。兩者是一個辯證關係，而不是對立的關係。

　　5.第十七次全國代表大會以來中央對台政策的作用和影響。

　　中共中央堅持以科學發展觀指導對台工作，一系列對台的新政策與思想及對台的新措舉在台灣和國際社會產生了強烈迴響，開創了兩岸關係新局面。

　　其一：擴大了反「獨」統一戰線。胡錦濤以中共中央總書記名義，先後邀請國民黨主席連戰、親民黨主席宋楚瑜、新黨主席郁慕明訪問大陸，極大地緩和了兩岸緊張氣氛，增進了兩岸同胞間相互瞭解。尤其是「連胡會」、「宋胡會」、「郁胡會」達成的諸多重要共識，使兩岸四黨確立了堅持「九二共識」、反對「台獨」、謀求台海和平穩定、維護兩岸同胞利益的共同主張，建立起反「台獨」統一戰線，並把台灣島內中沉默的多數——反「獨」、非「獨」力量激發了出來。泛藍在台灣多次選舉中獲勝就是最明顯的例子。

　　其二：爭取了推動兩岸關係發展的主動權。之前，從李登輝「訪美」、提出「兩國論」，到陳水扁拋出「一邊一國」、「公投制憲」等，都是台灣當局不斷挑起兩岸關係緊張，大陸被動應對。而2004年國台辦「5‧17」聲明，向世人鄭重宣示：「在中國人民面前，沒有任何事情比捍衛自己國家的主權和領土完整更為重要、更加神聖」；「如果台灣當權者鋌而走險，膽敢製造『台獨』重大事變，中國人民將不惜一切代價，堅決徹底地粉碎『台獨』分裂圖謀」。這一聲明趕在5月20日陳水扁「就職演說」前提出，標幟著以胡錦濤為總書記的中央領導集體對台政策由之前的「聽其言、觀

其行」，轉變為「聽我言、觀你行」，由被動應對改為積極主動、先發制人。之後又適時推出一系列有利於台灣人民的新舉措，如台灣水果零關稅登陸、向台灣贈送熊貓、承認台灣學歷等，受到台灣主流媒體和國際社會的高度肯定，讓陳水扁當局陷入進退維谷境地。而《反分裂國家法》的通過，以建構和平穩定的兩岸關係為主題，表明了中國大陸在穩定與發展兩岸關係上的誠意與決心。

其三：開闢兩岸多管道交流模式。隨著連戰、宋楚瑜等大陸行的圓滿成功，中國共產黨與國民黨、親民黨建立的黨際交流機制，開闢了兩岸交流交往的新管道新模式。如與國民黨的經貿與文化論壇、與親民黨的民間菁英論壇都是這種交流的平台。尤其國共兩黨，高層、基層交流並舉，首次基層交流於2005年8月展開，國民黨6個縣市黨部先後訪問了大陸廈門、青島等6城市，實現了「結對交流」。同時一系列論壇、研討會也因為民進黨當局拒不承認「九二共識」而中斷的兩岸對話、談判，帶來切入口，築起兩岸民間交流平台。如2005年7月，在南京舉辦了以「兩岸合作共同發展」為主題的「雙百論壇」；8月，國台辦邀請台灣駐大陸銀行、保險與證券業代表出席在雲南舉行的「台灣金融業者座談會」，在大陸召開了「2005年兩岸財經研討會」，邀請國、親、新三黨包括民進黨「立委」與會；9月，大陸黨史專家首度表示赴台共同研究抗戰歷史，等等。而兩岸交流的另一重頭戲——經貿合作也取得了重大成果，大陸已成為台灣最大的交易夥伴、最大的出口市場和第三大進口來源地，台灣也成為大陸第四大交易夥伴和第二大進口來源地。

其四：贏得了台灣民心民意。2005年，胡錦濤主動邀請國民黨主席連戰等訪問大陸，一方面化解了國共兩黨60年來的歷史恩怨，另一方面也借此機會建構了與島內民眾跨越空間的正面互動舞台，

通過這個舞台，大陸民眾與中共領導集體的正面形象首次成功地實現了大規模的「入島入戶入心」，從而打破了民進黨當局精心建構的「愛台灣魔咒」，告訴人們：「愛台灣」不是只有挑釁大陸此唯一模式，兩岸和平繁榮、互利雙贏才是真正對台灣民眾有利的「愛台灣」的方式。大陸一系列惠利台胞的方針、政策的不斷頒布，更是讓台灣人民切實體會到大陸的誠意。而在東帝汶撤僑、所羅門騷亂等事件中國大陸方面責無旁貸地維護台胞在海外的合法權益的表現，讓台灣的僑胞也感受到大陸「兩岸一家」的情意。這一起導正了部分民眾對大陸和兩岸關係不正確的價值判斷與價值定位，營造了有利於兩岸民眾情感交流的良好氛圍。

其五：改善了反「獨」的國際環境。以胡錦濤為總書記的中央領導集體堅持和維護一個中國原則，爭取和平統一的立場得到了國際社會的廣泛認同。相比較之下，台灣在全球與地區的政治、經濟角色逐漸邊緣化，對外關係只剩下23個「邦交國」。多次闖關聯合國和世界衛生組織也均以失敗告終。加之陳水扁當局企圖通過「憲改」進行「法理台獨」，使台海地區乃至亞太地區的不穩定因素不斷增加，引起了包括美國在內的大多數國家的反感。得道多助，失道寡助。當前一個中國框架在國際社會已經日益穩固，「反獨遏獨」的國際環境日益改善，「台獨」的「國際活動空間」被極大壓縮。

三、兩岸關係和平發展是時代的主題

（一）兩岸和平發展是中國和平發展道路的重要組成部分

1.兩岸關係和平發展是中國現代化的路徑選擇。2005年12月22

日，國務院新聞辦發表《中國的和平發展道路》白皮書221，這是中國政府首次全面系統地闡述了當代中國的和平發展戰略理念，說明了中國實現現代化的路徑選擇，強調了和平發展是中國的行為原則。和平發展是中國崛起、中華民族振興的必然戰略選擇，和平發展是實現中華民族復興的必然選擇。

2.兩岸關係和平發展與中國的和平發展之間的關係是聯動的。中國的和平發展及其趨勢將增強兩岸關係和平發展的動力因素與遠大前景，而兩岸關係的和平發展又有力地促進中國的和平發展事業。因為，中國的和平發展歷程是一個更加開放、更加融入全球經濟體系的過程，是更加繁榮昌盛、更加國富民強的過程，是更加現代化、更加民主、自由的過程。222

（二）中國和平發展道路的最終實現也必然包括台灣問題的解決

1.兩岸關係在中國國家發展戰略中的地位重要。台灣問題，不僅是國共內戰遺留下來的問題，而且是事關主權與領土完整、國家統一與民族振興的大問題，曾經是鄧小平提出的80年代的中國共產黨和中國政府的三大戰略任務之一。中共十六大政治報告提出：「世界上只有一個中國，大陸和台灣同屬一個中國，中國的主權與領土完整不容分割」。223台灣問題是事關國家核心利益、最高戰略利益的最大問題。中共16屆4中全會決議指出：發展是解決中國一切問題的關鍵。中國致力於謀求和平發展，但又面臨著嚴峻的挑戰，解決發展中遇到的諸多問題需要和平的週邊環境與和平的台海環境，因此，「力爭兩岸關係的長期和平與穩定，對維護和延長重要戰略機會，實現全面建設小康社會的宏偉目標具有特別重要的意義。」224

2.兩岸和平發展在中國和平發展戰略中的地位重要。台灣問題關係到中國和平發展的內外環境問題，由於「台獨」分裂勢力的不斷挑釁，兩岸關係的和平穩定關係到中國大陸內部的政治與社會穩定，也關係到改革開放與國家現代化建設的週邊和平環境問題。一個有利的世界環境包括週邊環境是現代化建設所必需的，兩岸關係的穩定與否直接關係到中國和平發展所處的國際格局與現有秩序；兩岸關係的問題也直接關係到國家發展戰略與資源配置問題。

3.兩岸和平發展在中國統一戰略中的地位重要。中國政府堅持「和平統一、一國兩治」的基礎方針，總體目標是追求兩岸關係的和平發展，爭取在和平發展的基礎上實現國家的和平統一，因此，兩岸關係能否保持和平發展的態勢，對於中國國家統一的戰略至為重要。對此，「胡六點」有非常清楚的闡述：「首先要確保兩岸關係和平發展，這有利於兩岸同胞加強交流合作、融洽感情，有利於兩岸累積互信、解決爭議，有利於兩岸經濟共同發展、共同繁榮，有利於維護國家主權和領土完整、實現中華民族偉大復興。」[225] 因此，中國大陸提出兩岸關係和平發展的戰略，核心思想是從中華民族的根本利益出發，在堅決反對與遏止「台獨」分裂活動的同時，以兩岸同胞的利益為依歸，推動兩岸共同發展、共同繁榮，共創雙贏，為最終的和平統一打下厚實基礎，創造條件。

（三）兩岸和平發展是中華民族偉大復興的重要組成部分

胡錦濤在2011年10月9日紀念辛亥革命100週年大會演講中說：「當今時代，兩岸中國人面臨著共同繁榮發展、共謀中華民族偉大復興的歷史機會，兩岸關係和平發展已成為中華民族偉大復興的重要組成部分」。「攜手推動兩岸關係和平發展、同心實現中華民族偉大復興，應該成為兩岸同胞共同努力的目標」。[226]

第二節　兩岸關係和平發展的機會與挑戰

　　2008年3月，以馬英九當選為台灣新的領導人為主要標誌，台灣海峽兩岸關係出現了前所未有的難得的歷史性機會。4月12日胡錦濤在海南博鰲會見蕭萬長的「蕭胡會」、5月29日胡錦濤會見國民黨主席吳伯雄的「吳胡會」以及6月11～14日海協會與海基會的北京商談、兩項協定的簽訂與13日胡錦濤會見江丙坤董事長，等等，均預示著兩岸關係和平發展的新局面由此拉開序幕。

一、兩岸關係和平發展的機會

（一）兩岸關係的和平發展

　　民進黨在台灣失去執政地位、馬英九代表國民黨重新上台，並非單純的台灣內部藍綠力量消長的起伏與政治格局的變化，而且對兩岸關係的意義也十分重大，因為陳水扁「在兩岸關係中所建構的分散化的權力結構，正被國民黨重新以整合性觀點建構出來的權力結構給取代。台灣社會在一片偏向統一的輿論中，兩岸的和平與發展讓民進黨的『國家認同』更加處於碎片化的窘境」227。總體看，這樣的變化對兩岸關係而言是積極而正面的，所以，人們普遍認為由2008年初台灣七屆「立委」與領導人兩場選舉而開啟的是兩岸關係中難得的歷史性的機會，主要表現在：

　　1-台灣政權的「非台獨化」。2000年5月20日陳水扁當政後，台灣的政權力量掌握在了主張「台獨」的民進黨手中，「政權台獨化」是兩岸關係緊張與對立的主要原因。但經過2008年初的選舉，

兩岸關係中「台獨」的現實危險性降低，並由原先的緊張僵持趨向和平穩定。儘管仍然需要警惕以民進黨為代表的「台獨」分裂勢力不會甘心其失敗的現實，在今後比較長的一段時間裡還會興風作浪，但無論是在台灣「立法機構」還是行政權力方面，均出現了新的變化：一是台灣政局中的「政權台獨化」現象被改變了，民進黨的下台使其失去了利用政權力量推動「台獨」活動的優勢；二是陳水扁當局推動的「入聯公投」遭到台灣民眾的否決，這對「台獨」分裂活動是一個重大的打擊；三是島內藍綠力量對比出現較大的變化，特別是在立法機構中，藍綠席次對比是86比27，民進黨處於相當大的弱勢之中；四是「台獨」活動的空間無論是在台灣島內還是國際社會都更加小了。

2.兩岸官方協商的制度化。2008年6月中旬海協會與海基會的北京商談，宣告持續了近10年之久的兩岸政治僵局終於被打破了。自1999年李登輝提出「兩國論」後，兩岸關係就陷入了政治僵局，2008年5月20日後，由於馬英九承認「九二共識」，從而為海基會與海協會開展接觸奠定了政治基礎，兩岸官方代表的接觸成為可能。6月11～14日，海基會董事長江丙坤率團到北京與海協會商談以及「江（江丙坤）陳（陳雲林）會」，標幟著兩會的制度化接觸與協商再度恢復。兩會的重新恢復接觸與協商、談判並簽訂兩項協定是第一個成果，這是兩岸關係中的一件大事，對未來兩岸的交流交往將發揮重要而積極的影響，將進一步加快兩岸和平發展局面的建立。隨著兩會接觸的制度化，彼此互信關係的建立，兩會之後就一系列涉及兩岸人民切身利益的議題進行進一步的協商與安排，如兩岸貨運包機、兩岸金融交流與合作等。

3.兩岸政治關係的和緩化。台灣新領導人馬英九一貫承認「九

二共識」，主張並推動兩岸關係走向和平穩定，從而兩岸關係由原先的緊張與僵持走向和平穩定。尤其是6月13日胡錦濤會見台灣當局官方的「白手套」——海基會董事長江丙坤，歷時近10年的兩岸政治僵局終於被打破了。「江胡會」的意義在於顯示兩岸開始向和解與和平的方向發展。隨著11月3日陳雲林會長的訪問台灣，兩岸關係又向前邁進了一大步。如果說，1993年的「辜汪會談」只是在第三地新加坡舉行，1998年的「辜汪會談」換到上海的話，那麼，新一屆海協會會長與海基會董事長的會晤又改在台灣舉行，無疑，這將為兩岸關係和平發展局面的建立起到積極與重要的推動作用！兩岸關係正式進入和平發展的新階段。

4.兩岸經濟合作的密切化。馬英九團隊對兩岸經貿政策的開放路線，改變了過去民進黨執政時代的「積極管理、有效開放」政策，尤其是隨著「兩岸海運直航」、金融合作協定等經貿議題協商的漸次展開，使兩岸經貿關係進入一個全新的全面交流與合作的新時代。而台灣經濟如何「馬上，就好」，也端賴兩岸經濟關係的進一步密切化，所以，台灣「陸委會」主委賴幸媛提出：「加強兩岸的經貿交流與合作，未來會是我們優先去推動的，並逐步朝向兩岸經貿關係正常化的目標邁進。」[228]

5.兩岸社會交往的擴大化。《兩岸週末包機會談紀要》與《海峽兩岸關於大陸居民赴台灣旅遊協定》兩項協定的簽署為兩岸社會的交流交往開啟新的局面。由「春節包機」到「四節（春節、清明、端午與中秋）包機」再到「週末包機」，以至於未來的「包機常態化」，並且搭乘人員由最初的台商到台幹、到台胞，此次再擴大到大陸赴台旅遊等持有效證件的一般大眾，這是兩岸走向全面直航邁出的又一重要一步。而大陸觀光客的赴台灣旅遊，是兩岸人員

往來正常化的重要一步，過去，由於台灣方面的種種限制，大陸人民赴台灣為數不多，兩岸人員往來呈現嚴重的不對等，也影響了台灣經濟的發展。隨著大陸觀光客赴台成行，不僅標幟著兩岸人員往來正常化邁出重要一步，使兩岸人員往來進入一個直接、全面與雙向的新時代，而且將密切兩岸人民之間的情感，有利於加速兩岸社會的融合化歷程，隨著兩岸社會的全面交往，兩岸社會的一體化趨勢在所難免。

6.兩岸思想意識的交融化。由人員交往加速而推動的兩岸經濟、社會、文化等方面的融合將獲得突破性的進展。由「人流」發展到「錢流」，由「人潮」發展到「錢潮」，都是一個必然的趨勢，由「陸客入台」便產生「人民幣在台兌換」（所謂「毛澤東登島」）及「陸資入台」，兩岸民間社會、經濟、文化、思想進入「大交流」時代已是必然。如果說1987～2007年的前20年的兩岸交流交往已經取得了重大進展的話，那麼，未來20年的兩岸交流交往，無論是進度還是深度乃至力度都將是史無前例的。

（二）兩岸關係進入和平發展新階段的原因

有四大要素促成了2008年兩岸關係進入和平發展的新階段。

1.大陸實力的提升與對台政策發揮成效。隨著改革開放30年的發展，中國大陸的綜合實力大幅提升，表現在兩岸關係中則是由實力上升而加大了在兩岸關係發展中的主導性地位與對台政策的務實性與靈活性，和平發展政策的提出便是標誌。

2.台灣政治局勢發生重大而積極性的新變化。台灣島內政治局勢由兩次選舉而出現了有利於兩岸關係和平發展的積極性的重大的新變化。馬英九的當選、國民黨的再度執政，台灣二次政黨輪替，民進黨「法理台獨」活動的挫敗，再再都昭示著兩層意義：一是主

張兩岸關係和平穩定的政治力量掌握台灣的政治機器，並決定台灣對大陸政策的走向；二是挑釁兩岸關係的政治路線的不得人心，主張兩岸關係和平、穩定與發展的政治路線獲得了台灣多數民眾的支持與擁護。對此，馬英九也認識到他當選的主因「就是經過民進黨8年的治理，民眾可以說相當不滿，因此希望改變國家發展的方向。」229台灣《聯合報》社論對此的評論是：「八年的代價雖大，卻儼然已產生重大的報償：一、終於證實『台獨』鎖國的路行不通，使『維持現狀／開放交流』的兩岸政策不再被誣為『賣台』，且經馬蕭勝選建立了此一政策的民主正當性。二、國共高層人物利用這八年的『空窗期』，經歷了難得的親身交往，交換了『設身處地』的思維，並建立了一定程度的互信。三、國民黨因為下野才有與中共頻密接觸的機會，如今國民黨從在野黨又轉為執政黨，雙邊接觸層次亦告水漲船高，立即變成『執政黨對執政黨』，可謂是渾然天成的無縫接軌因此230，《聯合報》認為：「若無八年的點滴累積，不可能有今日局面。國民黨在野與中共互動了八年，累積了未來執政與中共互動的珍貴資產；而民進黨執政八年使『台獨』鎖國的政策宣告破產，無形中成為國民黨未來開創兩岸新局的最佳背書人。」231

3.國際社會對兩岸走向「對話」而非「對抗」的新期待。包括美國在內的國際社會對兩岸關係的走向是期待開啟對話而非開展新的對抗，其中指標之一是美國總統布希祝賀馬英九當選、期待兩岸走向對話的談話。其意涵應該是積極作用大於消極作用，正面意義大於負面意義，日本雖然內心未必希望馬英九當選，但也希望兩岸開啟和平對話。

4.馬英九提出「不統、不獨、不武」的「三不」政策新主張。

台灣新領導人馬英九從穩定與發展台灣經濟的需要出發，希望兩岸關係和平穩定，從而其兩岸政策表現出相當的「經濟性」與「和平性」。馬英九要想不辜負台灣民眾對他的期望，兌現馬英九提出的台灣經濟「馬上，就好」的承諾，以及他選舉中提出的「不管東西南北風，馬上（馬英九當選）就三通」的政治承諾，需要一個和平穩定的兩岸關係環境。所以馬英九強調要做「和平締造者」，絕不做「麻煩製造者」。馬英九也公開表示：「希望這次勝選，給台灣帶來新的時代。這不是我好高騖遠，而是台灣需要一個新的時代，台灣可以向前走。」232馬在訪談兩岸關係中流露出強烈的企圖心：他提到創造歐洲百年和平的梅特涅、打開中美關係的季辛吉，期許成為兩岸關係中的「梅特涅」，要為台灣打造30年的和平，「30年對人民來說，就很不錯了，這可能是一代兩代的和平」。233

二、兩岸關係和平發展面臨的挑戰

　　由兩岸關係新形勢出發對兩岸交流交往的前景做樂觀估計，並不是無需看到兩岸關係和平發展中存在著或者將出現的問題與挑戰，「兩岸政治、軍事、外交、經貿的互動往來固然頻繁，敵意與緊張情緒還仍然存在」。234。兩岸關係和平發展新階段中面臨的問題與挑戰也需要正視，主要有：

　　（一）民進黨對馬英九兩岸政策的制約與牽制。

　　台灣政黨政治格局基本上是兩黨政治，這是由2008年1月12日七屆「立委」選舉中首次實施的「單一選區」制度所決定的，民進黨在兩次選舉中遭受重大挫敗是一個事實，但民進黨將依然是台灣

政治與社會一個強而有力的反對黨。民進黨在兩岸政策上對馬英九執政團隊的制約與牽制將是非常大的。民進黨會以「台灣主體性」為依據,以是否「愛台灣」為標準,以追求「台灣獨立」為基本目標,對馬英九執政團隊任何的兩岸政策上的開放性政策與措舉給予檢視,一旦發現有所謂不符合「愛台灣」的唯一標準的政策與措施,就會給予無限的「上綱上線」,以此來制約馬英九執政團隊的開放性政策。

(二)兩岸之間的結構性矛盾問題。

如果說,由於民進黨八年的執政使兩岸關係中固有矛盾被無意中掩蓋起來了的話,那麼,隨著馬英九的上台,兩岸關係中的若干矛盾將再次地凸現,這也是兩岸關係中的結構性的矛盾:一是「中華民國政府」的政治地位問題,如何通過兩岸之間的商談尋求到一個合理與合適的解決辦法,讓兩岸各方都能夠接受;二是台灣當局的所謂「國際活動空間」問題;三是所謂大陸的「武力威懾」問題。蘇起認為當前兩岸關係已經成為「台灣已不可能片面實現獨立、大陸也不容易片面實現統一」的局面。[235]

(三)60年分離所產生的兩岸間問題。

台灣社會的「民主心牆」問題。台灣青年學生張鈞凱稱「從李登輝執政以來,政府高層其實在台灣海峽樹立一堵牆,我稱之為『民主心牆』,因為他就是要告訴你,大陸是不民主的、台灣是民主的。到現在為止,中學公民課本也還是教導學生:專制獨裁國為中華人民共和國,民主共和國是中華民國台灣」。[236]兩岸關係中不僅有過去存在問題,也有兩岸「三通」與交流後產生的新問題,包括兩岸和平發展「紅利」的顯現緩慢,部分台灣民眾對和平發展政策的理解「慢半拍」等。

（四）馬英九個人「外省人原罪」將影響其兩岸關係政策上開放性的作為。

馬英九父親是在1949年前才由大陸湖南遷移到台灣的所謂「外省人」，這是馬英九無法更改的「原罪」，一直影響其兩岸關係政策上開放性的作為。從而在是否「愛台灣」、是否會「出賣台灣」等一系列問題上，馬英九自覺「低人一等」，唯恐民進黨說他「不愛台灣」。事實上，馬英九的當選已經證明台灣社會與政治中的「省籍矛盾」已經開始消融，但作為馬英九個人卻並沒有能夠「自我解脫」。勝選後馬英九甚至還在公開表態：他屬於「台灣製造、香港交貨」。

（五）美國、日本等有關國家對兩岸關係走向的「疑慮」。

兩岸關係和平發展的態勢符合國際社會各方的利益，符合美國、日本、東南亞與歐洲等相關國家與地區的利益。兩岸關係中出現的機會不僅是大陸與台灣都需要抓住的，也是國際社會所共有的資產，也需要抓住這樣的機會。而國際社會中有關國家與國際組織的政策傾向也是影響兩岸關係和平發展的重要因素，因為兩岸關係畢竟是處於東亞地區的兩岸關係。

第三節　兩岸關係和平發展的理論思考

和平發展既是兩岸關係中已經在實踐的事實，同時也是需要進一步加以思考的重大理論問題，尤其是在兩岸關係和平發展處於鞏固、發展與強化階段，有關和平發展的理論思考顯得尤為重要與迫切。

一、和平發展的內涵概述

（一）兩岸關係和平發展的「過程論」。

  1.兩岸關係和平發展作為一個階段，是與統一階段相連貫的一個過程。即是和平統一前的一個階段，是和平統一前必須經過的一個階段，是為和平統一累積實力、打好基礎的一個必經階段。郭震遠認為：「兩岸關係和平發展歷程，是兩岸從對抗到實現統一的過渡歷程，而中國的和平統一才是最終目標。」237

  2.兩岸關係和平發展是國家發展與統一的一個戰略選擇。從國家發展的戰略目標看，和平發展是一個戰略性的而非戰術性的權宜之計，即是一個長期性的戰略選擇，是基於台灣島內形勢、國際政治經濟形勢、兩岸關係發展的實際做出的戰略決斷，也是中國大陸和平發展戰略下的正確選擇，與中華民族偉大復興相關聯，也符合當前與未來國際社會和平與發展的潮流。中國的和平發展戰略目標與中華民族和平發展、民族復興的最終實現都要求兩岸最終實現和平統一，要和平統一必須經過和平發展這個過程。

  3.兩岸關係和平發展是一個政策作為與正確選擇。和平發展階段的主要任務是為和平統一打基礎，以「和平」為階段性目標，以「發展」為階段性主要措施。對此，台灣學者周育仁也認識到：「在兩岸關係發展上，目前大陸和平發展的做法，目標當然是要實現統一，所以大陸是以和平發展的手段來實現統一，這對大陸來講是很清楚的一個策略目標。」238

  4.兩岸關係和平發展是一項長期、複雜與反覆的過程。和平發展階段是中國走向完全統一的必經階段，既具有獨立性，又具有過渡性、同時具有長期性的特點。

首先將是一個比較長期的過程，所以，需要一定的時間，恐怕不是三年、五年就能夠實現或者解決的事情。因為既然是要和平統一，就需要累積資本與實力，就需要爭取台灣民心，從而決定了這一工作的艱鉅性與長期性。同時，和平發展階段的重要任務是「為兩岸同胞謀福祉」，「為台海地區謀和平」，這樣的歷史性任務，決定了兩岸關係的和平發展階段絕不是一個短期的概念，而是一個比較長的階段甚至是相當長的時期。當然，到底有多長、需要多長時間，應該是取決於兩岸共同努力的過程與成果及週邊環境和條件。「兩岸關係和平發展，做為兩岸由對抗走向和平統一的過渡階段，必將是一個較長的曲折歷程」。239因為要「使兩岸的經濟、文化環境逐漸趨同，向一體化方向發展，成為真正意義上利益攸關的命運共同體」。240這將是一個漫長的、也是艱難的發展與融合的過程，但卻是兩岸走向和平統一必須經過的一個過程，是奠定未來和平統一的物質基礎與思想基礎及精神基礎的過程。要在「漫長的共同發展歷程中，培塑兩岸的共同認同，建構台灣民眾新的國族認同，為中國未來的統一奠定堅實的思想和觀念基礎」。241

其次，將是一個比較複雜的過程。如果要真正地實現和平統一，而不是武力統一，就必須放棄「速戰速決」的想法，就要為實現和平統一做各種各樣的充分的準備，需要保持足夠的信心與耐心，「客觀認識和把握台灣各種政治和社會力量，腳踏實地累積兩岸和平統一所需要的台灣民眾心理轉變和維護兩岸和平統一的力量」。242因為「兩岸關係，牽扯的不僅是兩岸分離60餘年來的相互政治、經濟、文化等關係，更牽扯到100餘年前中華民族被迫割地賠款、台灣人民淪為亡國奴的屈辱史，牽扯到國共90年來的恩怨歷程，牽扯到兩岸數10年來社會制度以及發展模式之間的競爭，還牽扯到太平洋兩岸的國際政治博弈和中西兩種發展模式、生活方式

甚至是東西方思維模式之間的較量與競爭243。因為如此,所以要不追求兩岸關係的表象熱絡,而是深化兩岸關係的底層,扎扎實實地鞏固兩岸關係和平發展的基礎,並為未來兩岸關係的大發展排除障礙,積蓄能量。」

　　第三,將是一個可能出現反覆的過程。根據台灣《天下》雜誌2009年3月的調查,2008年兩岸關係和平發展以來,台灣島內主張統一的比例在持續下降,主張「獨立」的支持度有所上升,大多數台灣民眾依然傾向於「維持現狀」。應該承認,這一傾向是客觀存在的。需要注意的是其中原因,一方面,與兩岸關係和平發展階段剛剛開展時間不長有關,另一方面應該是與馬英九提出的「不統、不獨、不武」「三不」政策有關。「三不」政策是馬英九處理兩岸關係政策的基本方針,也是馬英九當局有別於陳水扁當局兩岸政策的基本政策,但作為政治領導人,公然主張「不統」,當然不利於台灣島內統一力量與主張的上升和發展。

（二）和平與發展的關係

1.和平與發展是相對辯證的關係。沒有和平,也就沒有發展,同樣,沒有發展的和平,也是虛弱的和平,沒有根基的和平。

2.和平是發展的前提與基礎。沒有和平就難以發展,和平是實現兩岸共同發展和共同繁榮的基本前提,失去和平,不僅難以繼續進行經濟建設,而且曾經獲得的經濟與社會發展成果都會毀於一旦。

3.發展是和平的保證與利基。沒有發展,和平也難以持久;發展是和平解決兩岸問題的關鍵,是重要、有效地解決兩岸問題的路徑,也是促進兩岸和平的重要基礎。

4.要想和平解決台灣問題，首先需要解放自己的思想。要想「解決」台灣問題，首先需要解決自身的思想觀念，要以發展的眼光突破種種傳統教條的束縛，避免僵化的認識與保守的思維。中國大陸提出的「和平統一」政策之所以獲得兩岸民眾及國際社會的普遍肯定而富有生命力，最根本的要因在於「和平統一、一國兩治」的構想「蘊含了和平發展的新理念」，順應了和平與發展的時代潮流，反映了世界各國對和平與發展的普遍追求。244

（三）和平發展與和平統一的關係。

1.和平發展是和平統一的必經之路與根本途徑。即和平發展是和平統一所必要的準備階段。因為和平方式的統一，決定了統一過程的漫長，需要累積基礎，創造條件，並非一蹴可成，「和平統一」政策的實現當然需要歷經「和平發展」階段的準備才能實現與達成目標。

2.和平發展是以和平統一為最終目標。和平發展是和平統一目標原則的策略發展，是「和平統一基本方針在現階段和未來一個相當長時期內的具體體現與實現」245，如果「和平統一」是基本的國策，「和平發展」則是國家戰略的一部分，戰略則是為目標所服務的。正如台灣島內統派人士所言：「堅持中國統一的意志不能動搖」，「堅持民族復興的信心不能改變」，「誰也不能動搖我們堅持中國統一的鋼鐵意志，誰也不能改變我們堅持民族復興至死不渝的信心246。」

3.和平發展理論與和平統一理論有關聯，也有區別。兩者都是兩岸關係中的理論問題，和平發展與和平統一都需要鞏固兩岸雙方共同的政治基礎——堅持「九二共識」、反對「台獨」；兩者不同的是，和平發展理論是關於兩岸關係和平發展時期的有關理論問

題，包括和平發展內涵、概念、功能與任務等，和平統一理論是實現國家和平統一的理論武器，是關於和平統一問題的理論。

4.和平協定與統一協定間的關係問題。和平協定是規範兩岸和平發展時期的法律檔，統一協定則是規範兩岸最終和平統一的法律檔，目的不同，基礎也應該有所差別，所以，考慮到和平發展階段的特殊情況，和平協定是否需要以一個中國為原則、以一個中國原則為基礎，是否可以以不違背一個中國原則為基礎，只要在相關條文中體現一個中國原則就可以，都是值得思考的方向。

二、和平發展的階段劃分

（一）和平發展可以劃分初級、中級及高級等若干階段。

不僅和平發展是兩岸最終走向統一的一個階段，而且和平發展階段內部也可以劃分成不同的發展階段，要有階段性的分期發展思維，「台灣工作不是一蹴而就的，客觀上需要較長時間才能創造必要的物質條件和群眾基礎，需要不懈的努力和艱苦的準備才能造成一個不得不最後解決的破竹之勢」。247從而，對和平發展時期再進行若干階段的劃分，也許也是十分必要的，「江八點」提出先結束敵對狀態，對兩岸關係未來進行規劃，就是對台工作的「階段論」的首次提出。因此，可以將和平發展劃分初級、中級及高級等若干不同的發展階段。

（二）兩岸關係和平發展各階段彼此銜接。

兩岸關係和平發展是一個很長的歷程，這一歷程中必然包含若干個不同的階段，各階段的內涵不同，任務不同，目標也不一，但卻是緊密銜接，甚至互相滲透。對此需要認識與把握不同發展階段

的不同內涵與特點，給予不同的處理，把握節奏，也是推進兩岸關係持續、穩定發展所必需的。

（三）兩岸和平發展已由「快速發展」進入「平穩發展」階段

2008年以來兩岸關係的「快速發展」是兩岸關係和平發展階段的第一個時期，2011年後步入第二個階段即「平穩發展」時期。「在兩岸簽訂ECFA以後，隨著對ECFA的落實、完善，兩岸關係和平發展歷程正進入一個新階段」。248

三、和平發展階段的基本特徵與主要矛盾

（一）和平發展階段的基本特徵

兩岸關係和平發展是2008年以後才出現的新生事物，事物的形態、發展演變的規律與基本特徵尚未完全形成，處於動態的建構之中。目前階段似乎有以下特徵已然出現。

1.和平發展速度快、變化大。

和平發展近四年來，兩岸關係呈現了諸多新的變化與格局，主要表現為：

其一：和平發展框架經濟支柱的建立。ECFA的簽署使兩岸經濟合作的正常化、規範化與制度化初步實現，並逐漸顯現兩岸共同發展、共同繁榮的經濟效益。

其二：兩岸三通特別是海運、空運的全面實現。這是兩岸關係正常化與和平發展的重要基礎。

其三：兩岸兩會協商的恢復與制度化。「江陳會」迄今舉行了7次，簽署了16項有利於兩岸民眾的協定，這是兩岸關係和平發展

的制度保證。

其四：兩岸文化、教育及社會交往、人員往來等各方面交流的湧現，兩岸大交流局面的形成。

其五：兩岸執政當局之間基本的政治互信的建立與鞏固。兩岸雙方堅持了「九二共識」與反對「台獨」的共同的政治基礎。

其六：大陸綜合實力的持續上升並推動積極、開放、有效的對台灣人民的「讓步」政策。

其七：馬英九團隊持續推動兩岸和平與和解的政策。

其八：兩岸關係和平發展的國際環境在持續改善。美國與日本等國際社會樂見與支持兩岸關係和平發展。

其九：兩岸和平發展開始對台灣民意產生一定的正面影響。台灣民眾普遍感到台灣經濟發展不能離開大陸，「有你真好」，民進黨「逢中必反」做法遭遇困難，面臨調整其兩岸政策的壓力，即使是一開始反對兩岸簽署ECFA的蔡英文及民進黨人士也不得不表示不再反對兩岸經濟合作，兩岸和平發展對台灣政局與社會產生了一定程度上的積極影響。

總之，兩岸關係和平發展程度、深度與廣度在普及與強化，和平發展成為兩岸民眾的共同追求。

2.和平發展外溢效果尚不夠深刻。

其一：兩岸關係是台灣內部政治、經濟與社會發展中面臨的最大的外部因素，是制約與影響台灣發展的最大環境所在。兩岸關係的和平發展當然會對台灣的政局與社會、經濟產生一定的影響，兩岸交流、和平、發展成為台灣民眾的需求，兩岸關係因素在台灣社

會中的分量有所加重。

其二：兩岸和平發展與台灣社會所產生的關聯度尚不緊密，尤其是與選舉之間的關係及影響尚不全面與深刻。最明顯的特徵是兩岸關係和平發展「紅利」對台灣政局影響的有限性，由於兩岸和平發展只有四年不到的時間，兩岸和平發展的「紅利」的體現還有待進一步擴大與提升，尤其是兩岸和平發展與台灣內部選舉之間的關係尚不直接，基本上呈現兩岸是兩岸、台灣選舉是選舉的「兩張皮」的現象。

3.政治與經濟關係密不可分。

其一：兩岸關係和平發展的政治基礎相當重要。即兩岸雙方執政當局都承認「九二共識」，這是兩岸關係和平發展、兩岸兩會協商、對話與簽署協定的必要條件，也是近四年來兩岸經濟合作與文教交流及人員往來等大交流局面出現的基礎。

其二：政治與經濟這兩大因素從來都是彼此影響與彼此制約的。從根本上講，目前的兩岸和平與發展也不是從天上掉下來的，是兩岸民眾與執政當局從陳水扁執政8年中的痛苦教訓中，總結吸取了經驗，認識到了和平的可貴，體會到堅持「九二共識」的重要性，從而切實地落實為政策。

其三：在兩岸關係中，固然有台方一直堅持的「政經分離」路線，大陸方面也曾經提出「不以政治分歧影響兩岸之間的經濟合作」，然而，政治與經濟事實上是難以完全分離的，兩岸的經濟交流與合作一定會影響到兩岸之間的政治，而兩岸在政治上的分歧事實上一直在影響著兩岸之間的經濟合作甚至交流。台灣曾任「陸委會」主委的張京育就指出：「事實上，兩岸經貿關係之所以能夠增進，跟政治關係某種程度的穩定，是有關聯的；如果沒有政治方面

基本的互信，我相信這段時間經貿關係的開展，也會困難重重。」而「兩岸經貿、文化、社會關係持續開展跟制度化之後，必然也會影響雙方政治關係的互動」。249

4.兩岸和平發展的脆弱性。即兩岸關係和平發展態勢的相對不確定性。四年來兩岸關係和平發展態勢一直在持續演進，和平與發展的利益在逐漸地體現，但和平發展尚未成為不可逆轉的趨勢。這是因為：

其一：兩岸和平發展尚未完全制度化。兩岸關係和平發展局面的制度性框架尚未完全建立，兩岸關係和平發展固然已經成為兩岸民眾的共識與追求，但是和平發展的機制並未完全建立，兩岸簽署了ECFA，實現了經濟合作的制度化，但政治對話、和平協定等政治議題尚未展開，兩岸關係中的結構性問題與矛盾還沒有談到，更不用說得到解決或者是有所處理，兩岸在文化與思想觀念上存在較大的差異。

其二：影響兩岸和平發展的台灣政局變化存在不確定性。兩岸關係和平發展的環境因素相當重要，環境既包括國際環境也包括台灣內部環境，美國、日本等樂見與支援兩岸關係和平發展，因為，兩岸關係的和平發展，使台灣因素在亞太地區國家與地區彼此關係中敏感性大大降低，但是，台灣內部的政治因素、台灣政局變動的因素事實上存在變數，尤其是四年一次的台灣領導人選舉，使兩岸關係和平發展所面臨的台灣內部環境存在著相當程度的不確定性，不同的選舉結果會使兩岸關係和平發展出現不同的發展前景。

其三：台灣藍綠兩大陣營的嚴重對立性與彼此在兩岸政策上存在著本質的差異性。台灣內部藍綠兩大陣營即藍綠之間的矛盾，是制約與決定台灣政局發展的主要矛盾，一方面藍綠陣營大體上勢均

力敵,另一方面藍綠陣營的兩岸政策明顯不同,馬英九團隊承認「九二共識」,從而推動兩岸關係和平發展;而蔡英文為代表的民進黨,對「九二共識」採取了「三不政策」:不存在、不承認、不接受的立場,從而將破壞兩岸關係和平發展的基礎。特別是蔡英文個人的「理念台獨」,將是兩岸關係和平發展的重要障礙,因此,充分認清蔡英文的兩岸政策主張對兩岸關係和平發展的危險性與危害性十分必要。

(二)和平發展階段的主要矛盾

兩岸日益增長的和平發展態勢與台灣民眾中「台灣主體意識」的同步成長將是和平發展新階段兩岸關係中的主要矛盾。

1.兩岸間和平發展態勢與「台灣主體意識」的矛盾將貫穿和平發展階段的始終。馬英九執政後,兩岸關係呈現和平發展的基本態勢,這一態勢在可預見的未來還將不斷地增長,這是由兩岸關係和平發展的基本格局、發展成因是時代潮流、國際環境所決定的。但同時也需要看到,由於李登輝12年當政所推動的「台灣國家化」運動與民進黨執政8年所塑造的「台灣主體性」意識在台灣社會已經形成了一定的氣候,馬英九上台後以「中華民國」為主要符號的「台灣主體性」意識不僅持續存在,而且有可能繼續發展,從而與和平發展發展態勢構成兩岸和平發展新階段中的主要矛盾。美國學者葉望輝(Stephen J.Yates)認為:「儘管兩岸在經濟上的互動快速擴張,但台灣在政治上發生許多快速而重大的變化,導致兩岸的分歧日益嚴重。」250

2.和平發展態勢與「台灣主體意識」間矛盾的近期表現的問題,則是日益增長的和平發展態勢與這態勢短期內難以滿足台灣民眾要求經濟「馬上好」間的矛盾。馬英九上台後兩岸之間的政治關

係有較大改進,但由於國際經濟危機的影響,台灣經濟卻無法隨兩岸政治關係的緩和同步好轉。而台灣一般民眾都是「功利主義者」,尤其是民進黨的許多支持者是經濟上的弱勢者,對「三通」的效果寧願相信綠營說法,也就是台灣經濟會更衰敗,失業會更嚴重,對「三通」自然產生強烈的危機感。因此,兩岸和平發展的態勢與台灣經濟不能「馬上好」間的落差須引起充分注意,並採取措施給予解決,要讓台灣民眾盡快享受到兩岸間和平發展的「紅利」。此外,台灣經濟對大陸越依賴,台灣民眾的憂慮可能越大,甚至包括藍色的群眾也是如此,這就是因為台灣主體意識在其中的作用。甚至出現兩岸間的經濟聯繫越緊密,兩岸民眾間的認同越疏遠的現象,即經濟與認同的分離化現象。

3.統「獨」矛盾不再是兩岸關係中主要矛盾的發展態勢對兩岸和平發展有利,但對兩岸最終統一也有負面與不利影響。由於「台獨」在台灣政治鬥爭中的「工具」性質下降,島內與兩岸間的統「獨」矛盾已不再是主要矛盾。在兩岸和平發展的局面下,統「獨」矛盾的淡化雖有利於兩岸和平發展框架的建立,但從長遠看,卻未必就有利於統一,因為統「獨」矛盾的淡化也有利於台灣事實上「獨立」地位意識的鞏固與強化。值得關注的是,在兩岸和平發展情況下,台灣社會中主張維持現狀的人增多了,主張「台灣獨立」的人反而多了,主張統一的人反而少了。

4.台灣社會的兩條路線爭議將對兩岸關係和平發展產生一定的影響。

目前台灣社會中存在兩條發展路線的爭論,一是主張兩岸和解的路線,以馬英九團隊為代表,主張以「中華民族整體的利益為依歸,尋求與大陸和解,兩岸共榮共存的『民族路線』」,另一條是

主張兩岸對立的路線，基本上以民進黨為代表，「繼續冷戰時期的舊思維，依附美、日與中國抗衡的『買辦路線』」251這是冷戰的遺產。但其影響不可小視。

四、和平發展階段的目標、任務與動力

（一）和平發展階段的目標

1.目標包括階段性目標與最終目標及其關係問題，也就是「和平發展」與「和平統一」的關係問題，應該是一個辯證與促進的關係。

2.和平發展階段的初級目標。即和平發展階段的基本目標是把握和平發展方向，強化和平發展內容，鞏固和平發展的成果，體現和平發展的效益。需要看到的是，自2008年以來兩岸關係在4年多所取得的進展與各項成就，遠遠地超過了過去60年的總和，但也存在若干問題，包括「台灣民眾對於兩岸同屬『一個中國』的政治認同和國族認同並未提升，而所謂台灣主體意識卻在政客和民粹主義的推動下不斷膨脹」。252

3.和平發展的終極目標。和平發展階段的最終目標是要由和平發展過渡到和平統一，因此，核對總和平發展方向是否正確，並不在於所採取的政策措施是否馬上產生有利於和平統一的立竿見影的作用，而是「是否與和平統一的大方向不相違背、不背道而馳」。

（二）和平發展階段的主要任務

維護、鞏固與發展兩岸和平發展新格局、建構兩岸關係和平發展的框架應是當前與未來一段時期內，兩岸關係和平發展的主要任

務,通過抓住機會,推動兩岸和平發展大格局的形成,使之成為不可逆轉的趨勢,因此,兩岸關係和平發展的持久化、穩定化與兩岸交流交往制度化、機制化,應該是努力的方向與目標。

　　1.鞏固基礎。一是鞏固兩岸雙方均堅持的「九二共識」的政治基礎,防止兩岸和平發展局面的任何反覆;二是反「台獨」鬥爭仍然是一項必不可少的重要工作,要反對與遏止「台獨」勢力可能反撲;三是要鞏固馬英九政權,促使國民黨執政地位鞏固化與長期化。在面對金融海嘯與經濟危機中,馬英九政權是否穩定將是兩岸和平發展重要的決定因素,因為兩岸和平發展框架建立的島內基礎是認同「九二共識」的國民黨的執政,所以,馬英九團隊掌握台灣的政權也是兩岸和平發展機會的重要組成部分。

　　2.搭建框架。搭建兩岸和平發展的制度化的框架,使兩岸和平發展機制化、制度化、規範化,既需要經濟交流與合作的機制化,需要兩岸文化與兩岸人員密切的往來,也需要軍事安全互信機制化。

　　3.充實內涵。充實兩岸和平發展的內涵,充實兩岸和平發展的經濟基礎、思想基礎、文化基礎與人員往來等社會基礎,需要用兩岸「大交流」的途徑來推動與充實,兩岸經濟合作協定的主要目標與基本內容是推動兩岸經貿關係正常化。西班牙加利西亞國際文獻研究所主任認為,兩岸「經濟接近的過程可能會造成一定程度的相互依賴,削弱台北的談判能力,為『事實統一』創造條件。但這一氛圍有助於遠離發生衝突的可能性,迫使北京關注島內對統一的社會感受」。「不管怎樣,北京的首要目標是加強台灣政治對國民黨的選擇,因為這樣可以遠離『台獨』的危險。如果馬英九從2012年起連任,雙方在此期間談判一項和平協議的可能性是目前推動雙方

接近的動力基礎」。253

4.擴大認同。擴大與提升兩岸民眾對兩岸和平發展的共同認同、兩岸共同的價值觀的認同、兩岸思想文化上的共同認同等。

5.養育和諧。重視兩岸關係中「和諧」的重要性,台灣學者楊開煌提出和平協議應該以「和諧」為基礎,「和諧」比「和平」對兩岸更有利。254且不論和平協定是否需要「和諧」,兩岸關係的和平發展確實需要和諧。

(三)抓住和平發展階段的歷史性機會

1.對兩岸關係中出現的機會與挑戰要有正確的認識與把握。看不到兩岸關係中出現的新機會,只看到兩岸關係中的存在的種種問題,那是悲觀主義者,有可能喪失機會;只看到機會、對問題與挑戰視而不見那是盲目樂觀主義者,有可能一廂情願。看到機會是為了抓住機會,正視問題是為了解決問題。機會來之不易,機會稍縱即逝,機會需要倍加珍惜,兩岸「和平之樹」需要呵護。如何避免與解決兩岸關係中的問題,改消極因素為積極因素,抓住難得的歷史性機會,從而開創兩岸關係和平發展新階段是當務之急。

2.兩岸關係的機會是兩岸關係和平發展的機會。既然是和平發展的機會,並非就是和平統一的機會,和平發展與和平統一兩者有關聯,但不能完全畫等號。要抓住和平發展的機會,推動兩岸關係和平發展,從而為和平統一創造條件,奠定基礎,但絕不可超越目前兩岸關係實際現狀,急功近利。

3.務實、前瞻地推動兩岸關係的發展。務實是指優先推動與解決兩岸關係中民眾關心、與民眾利益攸關的事項,先易後難,先經濟後政治;前瞻是指對未來四年、八年甚至更長期的兩岸發展的未

來要有適當的規劃。

4.「先經濟後政治」、「先易後難」的做法與策略有一定的合理性，但不能夠是無限期的，否則會喪失歷史性的機會，兩岸在有機會認識上都應該有一定程度的緊迫感。

（四）和平發展的動力

兩岸關係和平發展需要累積發展的動力，有鑑於兩岸關係事實上是兩岸人民之間的關係，人民是兩岸關係的主體，因此，兩岸和平發展動力的添加、再造與累積都離不開人民的擁護與支援，從而讓兩岸民眾享受兩岸關係和平發展的利益便至關重要，也需要讓兩岸關係的和平發展能夠平穩、有序地推進，從而為未來的發展奠定基礎。

五、兩岸關係和平發展的主體

2009年6月23日國台辦主任王毅訪問美國時談話中提出了「三個共同」：「兩岸關係和平發展的成果要由為此付出心血和努力的兩岸同胞共同享有，和平發展的局面需要兩岸同胞共同維護，和平發展的未來要靠兩岸同胞共同開創」。王毅的三個「共同說」，不僅是中國共產黨執政為民理念在對台政策中的集中表現與具體體現，而且充分展示了中國大陸政府對台政策中深切的「寄望於台灣人民」的一貫思維理念，三個「共同說」也是在深刻概述與總結當前兩岸關係和平發展的形勢特點及展望未來一段時間內兩岸關係發展態勢的基礎上提出的針對性意見。

（一）兩岸關係的主體是兩岸同胞。

人民，只有人民，才是創造歷史的動力；人民，只有兩岸人民，才是海峽兩岸關係的真正主體。中國大陸對台政策中的「民本性」，不僅是中國共產黨「執政為民」理念在對台政策中的具體表現，而且賦予了「寄望於台灣人民」更豐富的理論內涵。和平統一與和平發展需要台灣民意的支援，十六大方案提出「解決台灣問題、實現中國的完全統一，我們寄望於台灣人民」，突出強調「以民為本」理念，始終以台灣民眾需求和情感為重，深耕民意，爭取台灣同胞民心的轉變，從而達到兩岸合力發展。胡錦濤在十屆人大一次會議台灣代表團討論時說，「我們提出世界上只有一個中國，大陸和台灣同屬一個中國，中國的主權和領土完整不容分割，就是要表明，中國是兩岸同胞的中國，是我們的共同家園」。2005年3月胡錦濤總書記在「四點意見」中明確指出，「貫徹寄望於台灣人民的方針絕不改變」，「我們將進一步陸續頒布解決台灣同胞關心的問題、維護台灣同胞正當權益的政策措施」。

（二）兩岸和平發展成果由兩岸同胞共有與共用。

因為兩岸關係的主體是兩岸同胞，兩岸同胞就是兩岸關係和平發展的主人，尤其是兩岸關係和平發展的成果是由兩岸同胞共同為之付出了心血與努力所達成，當然理應由兩岸同胞共同擁有與共同享受，這是兩岸關係的特性——「共同性」特徵所決定。兩岸關係和平發展，不僅是大陸同胞的，也不僅是台灣同胞的，而是兩岸同胞共同的。正是兩岸同胞10多年的共同的反「分裂」、反「台獨」，特別是在2000年至2008年八年中共同的反對陳水扁當局的「法理台獨」，兩岸同胞才迎來了2008年5月以來的和平發展的嶄新局面，兩岸「三通」、共同打擊犯罪、ECFA等10多項協議漸次簽署並展現出對台灣同胞實際的利益所在，兩岸同胞特別是台灣同

胞享有了兩岸和平發展所帶來的巨大的和平利益。

（三）兩岸和平發展局面要由兩岸同胞共同來維護。

既需要兩岸同胞共同來維護既有局面，也需要兩岸同胞共同來努力開創兩岸和平發展的美好未來。因為，兩岸關係的跌宕起伏越來越與兩岸每位同胞的切身利益息息相關，越來越與廣大同胞的安居樂業有關，而兩岸同胞才是決定兩岸關係和平發展前途的主力。台灣媒體認為：「從這3個『共同』的主張可以看出，大陸對兩岸關係的思維已由『以我為主的主從關係』進入『同舟共濟的夥伴關係』，更重視民本與民主原則」。255

六、和平發展階段的理論創新

兩岸和平發展是一個新生事物，需要不斷地豐富與完善兩岸關係和平發展的理論，包括和平發展的內涵、特點、任務，和平發展時期兩岸之間的政治定位，和平發展時期兩岸在國際社會的互動規則，等等，都需要通過理論的創新來為和平發展增添理論支撐。

要建構、充實與完善和平發展階段的理論內涵，包括和平發展觀、時代觀、利益觀、大安全觀與共同責任觀及兩岸穩定發展觀。

兩岸關係和平發展的動力與源泉是兩岸雙贏、地區共贏、人民多贏。

兩岸關係和平發展的根本保證是兩岸民意的支持與國際社會肯定和確立兩岸關係的「和諧化」、「和平化」觀念。

兩岸關係和平發展的核心理念是堅持以民為本，堅持以兩岸民眾為主體，確立兩岸關係的民本化與兩岸民心至上化觀念。

第二章 兩岸關係和平發展的制度化框架

兩岸關係和平發展及其對兩岸民眾重要性的日益凸顯，特別是影響兩岸關係和平發展的各種外在因素的變化與不確定性，促使人們對兩岸關係和平發展的制度化建設給予了高度的期待與重視，也使之成為兩岸關係和平發展中的重要理論問題與實踐議題。

第一節 制度化框架的理論概述

討論兩岸關係的框架、制度化或者機制化的理論，不能不從有關制度、機制、制度化與機制化的理論概念談起。

一、何謂制度

制度（Institution）到底是什麼？1993年版的《韋伯斯特大辭典》認為，制度主要包括三方面的內容：一是「一種造成制度化的行為或過程」；二是「具有指導性意義的某種事物」；三是「已經制度化的事物」。制度學派的創始人范伯倫認為：制度「實質就是個人或社會對有關的某些關係或某些作用的一般思想習慣」，而「生活方式所構成的是，在某一時期或社會發展的某一階段通行的制度的綜合，因此，從心理學的方面來說，可以概括地把它說成是一種流行的精神狀態或是一種流行的生活理論。」[256]義大利社會學家羅奈爾得·L·傑普森認為：「制度意味著一種社會秩序或模

式，這種秩序或模式在一定程度上已經具備存在的狀態或特徵。」257他強調「制度是社會建構的、常規的再生產程式或規則系統」。258羅伯特·基歐漢認為，「制度」是指有可能涉及行為的一般模式、範疇或特殊的人為安排。259

由上可見，在有關制度的概念中，包括對特定的、規範性的安排的概括，也包括對這種安排所導致結果的現象描述，內涵是比較寬泛的。根據一般的理解，制度是會被限制的，是約束性的結構，「制度化或者是與穩定性、與存在等同，又或者是穩定性與存在的某種形式」。260所有制度都是確立認同及其活動依據的程式或規則的框架261，所以，一個制度的最重要因素是「結構性」特徵，第二個特徵是一段時間內的穩定性，其規則可以約束雙方的行為。

二、何謂機制

機制（Regime），根據王逸舟的考證：「此術語大概源於醫學，原意是：為了保持和促進某種機體（如人體）的健康成長，醫生安排規定了一整套飲食、鍛煉、養生的辦法或療程，這套由各種辦法和療程組成的東西就叫做『Regime』。」2621950年代，西方宏觀經濟學首先將這一概念引入經濟研究領域，主要用於分析支配社會經濟資源在各生產部門間合理分配的內在規律以及這些規律藉以發生作用的經濟體制和運行手段，逐步使用了「國際機制」概念。

由於機制概念內涵的多重屬性，中國學術界目前對機制的使用已經有「規範」、「規則」、「體制」、「制度」、「安排」、「管理方式」、「統治形式」等10多種譯法。263吳松認為：「機

制」的概念具備三個特點：一是強調追求政治結果，特別體現為一種合理的政府形式。這種結果一旦形成，即具有極大的穩定性，不會輕易改變；二是它希望通過管理、安排的方式達到這一結果，即通過主動、人為的設計、運作實現上述目標；三是這樣的管理、安排是分多個層次的，即在機制中包括具有不同效力範圍的規則，相互補充、共同作用於同一個政治目標。264史蒂芬‧克拉斯諾認為，「機制」是指「在特定領域裡行為體願望匯聚而成的一整套明示或默示的原則、規範、規則和決策程式」。265

對於機制創建的原因，不同的流派提出了不同的解釋，新現實主義將權力作為核心變數，但新自由主義認為，是合作的需要而不僅僅是權力推動了制度的建立，制度的變遷與權力結構的變更並不總是同時進行，「制度的演進取決於行為體之間在共同利益的基礎上所展開各種類型的博弈」。266建構主義則認為，對問題的認知和對現實的界定將最終決定於合作的需求程度。

三、什麼是制度化與機制化

目前兩岸關係研究學界已經將「制度」與「機制」兩者的概念基本上等同運用，有的說「兩岸經濟整合機制」，或者認為「兩岸和平發展的制度」，因此，為了方便起見，本課題在探討中將「制度」與「機制」混合使用，不再區分「制度」與「機制」之間的差別。

那麼什麼是制度化或者機制化？

制度化應該是秩序的特徵。羅奈爾得‧L‧傑普森認為：「制度化指的是這些狀態或特徵的形成過程。如果秩序或模式是傳統規

範化互動的結果,那麼,制度就是表現某一特定再生產過程的社會模式」。267應該承認,機制化或者制度化是建立機制(制度)的程式與過程,是一個動態的概念。機制化的形成是「各種關係發展到一定程度後產生了某種需求的產物」,「機制化的過程就是各方進行協商或者溝通,並相互妥協達成一致的過程」,「機制化的成果一般需要通過達成協議或成立相關機構來體現和落實」。268可見,正式的組織、體制與文化是制度化的三種重要內容。

由於制度化就是建立制度的程式與過程,因此兩岸關係制度化就是兩岸關係發展到一定階段,兩岸雙方在促進共同利益或解決利益衝突的驅使下,通過協商與溝通,確定有關規則、原則與準則等,以有效地引導兩岸各方面關係穩定地發展,進而維護參與者的共同利益的過程。同樣,兩岸關係制度化的成果通常需要達成某種協定或者成立相關的機構來落實、推動與執行。

第二節　兩岸關係制度化建設的必要性與可能性

自2008年5月台灣海峽兩岸關係的和平發展局面開啟迄今,只有短短的四年時間,從而兩岸關係的制度化建設尚處於「初級階段」,不僅兩岸關係中的外在影響因素眾多,而且內在的制約性因素也依然存在,因此,要確保兩岸關係和平發展的前景,制度化建設成為必然的路徑選擇。

一、兩岸關係制度化建設的必要性

兩岸關係制度化，既是兩岸關係和平發展的內在需求，也是兩岸雙方政治上的共同需要，當然也是兩岸民間社會的共同呼聲。

（一）當前兩岸關係制度化建設的缺失

1949年至1979年兩岸軍事衝突與政治對峙的30年中，兩岸之間只有軍事衝突，事實上沒有「關係」。1979年後，中國大陸對台採取開放的交流政策，但台灣當局在「不接觸」、「不談判」與「不妥協」的「三不」政策原則下拒絕與大陸往來。1987年蔣經國開放老兵經第三地返回大陸探親後，兩岸民間往來增多，但官方依然沒有接觸，更談不上「制度化」。1990年作為台灣官方「白手套」的海基會成立後，次年大陸成立海協會，1992年10月兩會經過香港的會談、達成後來稱作「九二共識」的協商基礎後，兩岸才開始若干制度化的溝通與聯繫。當然，由於台灣政治局勢的不斷變化與「台獨」勢力的干擾，兩岸之間關係的制度化建設時續時斷，直到2008年5月20日馬英九上任，台灣第二次政黨輪替，兩會之間的協商與談判才進入真正意義上的制度化，兩岸之間各方面的制度化建設也才得以展開。但無論如何，兩岸關係中的一個鮮明特徵是民間交流與需求遠遠地走在官方關係的前面，制度化建構明顯相對滯後，不能滿足日益增長的兩岸各方面交流與合作的需要。尤其是「2008年5月以來的兩岸關係和平發展，已經導致了兩岸關係60多年來，最重大、最深刻的變化。實際上，兩岸關係和平發展，就是重大、深刻變化的推動力量，又是重大、深刻變化的主要內涵」。[269]

（二）兩岸關係和平發展呼喚制度化建設

目前乃至於今後比較長的時間裡，兩岸之間的和平應該是一個基本狀態，但兩岸之間的和平狀態事實上缺乏穩定性，從而學者們開始探討如何使兩岸之間的和平發展狀態成為一個不可逆轉的趨

勢,包括提出建立兩岸關係「和平發展的制度環境」,「建立起一個保證兩岸關係和平發展的法理環境」,即「一個中國的框架下的法理環境」。270

2008年以來的兩岸關係和平發展,使兩岸民眾也開始支援兩岸之間的制度化建設,包括支援兩岸協商的制度化。根據台灣「陸委會」公布的民調,72.8%的台灣民眾支持通過制度化協商來處理兩岸交流問題。271台灣《旺報》則提出兩岸推動建立「後ECFA時代」「兩岸可長可久的新合作機制」。272

兩岸關係事實上是透過兩岸之間的各種交流交往的實踐建構起來的,兩岸關係和平發展的最重要的特徵是兩岸在經濟、文化、社會甚至於政治方面的高度的交流、融合與相互依存的日益深化。同時,由於受到外在因素的影響,和平發展的兩岸關係確實存在著不確定性。因此,兩岸關係的制度化,是指兩岸在長期的發展過程中,在兩岸互動與博弈的歷程中,通過正式與非正式、自覺與非自覺的形式而形成的約束兩岸執政當局與人民行為的一種規則,包括自發演進的過程與人為設計的過程共同與相互交織而形成。建構兩岸關係和平發展框架就是為兩岸關係的和平發展進行制度性的整體設計,通過建立各種交流合作機制,使兩岸關係的和平發展走上正常化、穩定化、規範化與法治化的軌道。

(三)制度化是兩岸和平發展的重要標誌

制度是兩岸關係和平發展中的行為規範與制度化的體現,制度化建設也成為兩岸關係和平發展程度的重要標誌。「兩岸關係和平發展是兩岸博弈的結果,同時又是兩岸博弈的規則,提供的是一種能夠使兩岸人民自由進行最大限度合作的框架」。273兩岸之間建立起制度化的協商與合作關係,不僅有利於和平發展局面的鞏固與

強化，而且制度化的合作為解決兩岸之間的社會衝突、實現利益整合提供了良好的途徑。因此，制度化的建構成為兩岸和平發展的必然要求與歸宿，是兩岸關係和平發展的戰略選擇，也是必然的選擇。

（四）制度化是兩岸關係和平發展的根本保證

兩岸之間歷經幾十年的政治對立與衝突後走向和解，和平與和解的兩岸關係需要制度化才能長久，需要制度化的協定才能持久，因此，制度化也是兩岸和平發展的保證。

1.制度化有利於兩岸關係和平發展局面的穩定性。台灣社會是一個選舉社會，政黨輪替已經成為常態，而作為最大反對黨的民進黨至今沒有放棄「台獨」主張，因此，如果民進黨上台，勢必對兩岸和平發展形成挑戰。如果兩岸和平建立了制度，就不會因台灣政黨輪替而被改變，不因外界因素的影響而被中止或者逆轉，法律的保障是兩岸和平發展相對穩定性的保證。

2.制度化有利於兩岸關係和平發展局面的持久性。過去四年兩岸和平發展成果豐碩，是「百年來罕見的歷史成就[274]」但在兩岸的和平發展道路上，過去四年只是一個發展的「初級階段」，局面尚未穩固。而制度化就是制度保障，將既有成果用法律與制度化的形式固定下來，當然有利於和平發展的長期穩定。也只有制度化才能減少兩岸交往中的風險，增進交往雙方的互相依賴，維持雙方持續性的交往關係。

3.制度化有利於兩岸關係和平發展效益最大化。兩岸和平發展是對兩岸雙方、兩岸民眾的各方面利益都有利的發展局面，制度化的建立在於使兩岸雙方的交流與合作具有穩定性，也能使雙方之間的合作效益最大化，當然最終有利於兩岸民眾的根本利益。正如張

五嶽所言：兩岸關係如何在既有基礎上進一步開展，共同為政治上的和平穩定、經貿上的互利互惠、社會上的良性互動奠定穩固與不可逆轉的基礎，不僅攸關馬英九的歷史評價，「也攸關兩岸人民的長期福祉」。275

　　4.制度化有利於應對經濟全球化與區域一體化的形勢。面對全球性經濟與金融危機，面對歐債危機的持續惡化，面對東亞經濟發展一體化形勢，兩岸和平發展唯有實現各方面合作的制度化，方可順應東亞經濟整合的趨勢，也方可共同應對國際經濟、金融危機與歐債危機的衝擊。

二、中國大陸在兩岸制度化建設上的積極立場

　　兩岸之間的制度化建設並非自2008年開始，早在1990年代初的「金門協議」與海協會和海基會的制度化協商即告開始，所以說，制度化是海峽兩岸雙方的共同需要，並非是大陸單方面的需求。不管是胡錦濤在2008年3月4日的演講還是馬英九2008年在金門「823談話」，都提出兩岸關係和平發展的「路線圖」。兩岸關係和平發展的方向已經基本確立，但和平發展的局面需要制度化的框架來給予保障，為此制度化框架的建立至為迫切。

　　當然，中國大陸對兩岸制度化建設的立場與政策遠比台方來得積極與堅決，這一方面是中國大陸內部在兩岸建立制度化框架上的政策立場基本一致，另一方面是中國大陸歷經民進黨執政8年的教訓，深切地認識與體會到兩岸合作甚至建立機制性合作的重要性與迫切性。2007年10月胡錦濤在中共第十七次全國代表大會的政治報告中提出「13億大陸同胞和2300萬台灣同胞是血脈相連的命運共同

體」，2008年12月31日再次論述了「命運共同體」概念。兩岸既然是「命運共同體」，兩岸關係的和平發展就需要圍繞這一「命運共同體」進行，進行各種制度化的建設，最集中的表述是胡錦濤在紀念《告台灣同胞書》發表30週年座談會上所做的《攜手推動兩岸關係和平發展，同心實現中華民族偉大復興》重要言談，不僅提出了兩年簽署經濟合作綜合性協定的主張，而且首次提出推動建立兩岸軍事安全互信機制與協商簽署兩岸文教交流合作協定的重大主張。

三、馬英九團隊對兩岸關係制度化的立場與政策

（一）馬英九多次提出「和解制度化」

2011年5月12日，馬英九在對美國CSIS視訊談話中，首次正式提出了兩岸「和解制度化」的概念，馬英九說：「台灣不會從事軍備競賽，接下來會力求兩岸和解、發展的制度化，未來一旦要逆轉、推翻制度，就要付出非常高的代價，雙方關係倒退，對兩岸人民都會增加痛苦」[276]。馬英九所提出的「和解制度化」應該是指兩岸政治與軍事意義上的和解。美國政界人士佩里（William Perry）也認為馬英九當局的「大陸政策對於東亞區域的和平穩定帶來很大的貢獻，國際上有目共睹，是了不起的成就」。[277]當然，台灣方面至今對兩岸關係制度化建設主要停留在兩會制度化協商及經濟整合層面，賴幸媛稱：ECFA簽署一週年，「為台灣帶來可觀的經貿效益，事實證明，兩岸深化交流不僅實實在在造福百姓，透過與對岸逐步累積互信，更能確保台海的和平與穩定。」因為「對大多數台灣民眾而言，兩岸經濟合作關乎的是自身權益，兩岸政治統一則是大陸單方面的願望，台灣目前是以維持現狀為兩岸多數民意之依歸」。[278]

（二）台灣民意支持兩岸和平制度化

　　求和平、求發展、求穩定是台灣的主流民意。從台灣無論藍、綠還是政治立場比較中立的各種學術機構的民意調查都顯示，要求兩岸和平是台灣絕大多數民眾的呼聲。2012年1月14日馬英九的連任成功顯示：台灣的民眾與多數民意以支持馬英九連任的選票展現了對於台灣與兩岸「發展方向的選擇」，及「鼓勵現任繼續朝對的方向努力，更提醒始終否定九二共識的民進黨，正向面對兩岸對話的重要」。279因此，在馬英九未來四年任期中，為兩岸建立可大可久的和平發展架構、推動兩岸和平發展制度化應該是馬英九在兩岸關係方面的主要使命。

四、兩岸和平發展制度化建設面臨的困難及解決思路

（一）兩岸制度化建設面臨的障礙

　　在看到兩岸關係和平發展需要進行制度化建設的同時，也需要正視兩岸關係和平發展框架的建立所具有的複雜性與困難性。既然是保證兩岸和平發展的框架，就絕非一蹴可成，尤其是兩岸文化與軍事框架的建構包括政治協商都將面臨著一定的困難。馬英九連任後，未來兩岸開展政治議題的協商是推動兩岸關係和平發展制度化的必然，但也面臨著需要克服的三個障礙：一是民進黨固有的「台獨」立場難以放棄，作為台灣最大的反對黨，在歷次選舉中能夠獲得40％以上選票的民進黨的「台獨」立場，不僅對台灣民眾的影響重大，而且對馬英九團隊開啟兩岸政治協商也形成重大牽制與影響；二是馬英九團隊對兩岸政治協商的種種顧慮；三是國際不友好

勢力對兩岸政治協商的疑慮。

(二)推動兩岸關係制度化建設的基本思路

1.堅持反對「台獨」的政治立場。

其一是建立反「獨」的制度。「台獨」分裂勢力及其活動是台海地區和平穩定的最大禍害,也是阻撓兩岸協商談判的最大障礙。陸以正稱:「對台獨基本教義派狂熱分子而言,他們最愛做的夢,就是正在崛起的中國大陸,終有一天會與全球霸主的美國直接發生衝突。等那天來臨時,將是台灣宣布法理獨立的最佳時刻。」[280]因此,只有堅決遏止「台獨」分裂活動,才能使兩岸關係發展的基礎得以穩定,也才能使兩岸順利開展協商具備必要的前提條件。

其二是堅持「九二共識」的共同政治基礎。賈慶林指出:「要和平不要對抗,要穩定不要動盪,要發展不要倒退,這是兩岸關係發展的趨勢,也是兩岸同胞的共同期盼。」[281]而要保持兩岸關係和平發展趨勢,1992年兩岸達成的「九二共識」則是基礎與保證,堅持「九二共識」這一政治基礎,和平發展就有保障,廢棄這一基礎,兩岸關係和平發展就失去基石,特別是經過20年來的實踐與台灣2012年1月的選舉,「九二共識」的內涵在既有的基礎又得到了豐富和提高,選舉中台灣企業界人士對「九二共識」的力挺及美國前政要包道格等的表態,不僅使「九二共識」去「汙名化」,去「政黨化」(即民進黨所謂「九二共識」是國民黨與共產黨達成的共識,不是「兩岸之間的共識」的說法),而且使「九二共識」作為兩岸關係和平發展的政治基礎的地位得到更進一步的鞏固與強化,成為台灣經濟與社會發展不可或缺的條件,甚至成為東亞地區和平穩定的重要保證。

2.鞏固兩岸關係和平發展的態勢。

其一：兩岸兩會協商的制度化、規範化與可持續化。不僅要積極、穩妥地部署與推動兩岸兩會之間的制度化協商，而且要使之規範化，同時要有中、長期的規劃與設計，使兩會間的溝通與協商既可應對兩岸間可能出現的任何突發事件，又能夠按照兩岸民間交流的實際需要與兩岸政治發展的遠景進行協商，以建立可長可久的兩岸和平發展的制度框架與保障。

其二：推動兩岸經濟、文化與社會各個層面交流交往的正常化。深化兩岸之間各個方面的交流交往，需要兩岸交流交往的正常化。包括修訂與補充若干阻礙兩岸關係正常交流的法規，如台灣方面的1992年頒布的《兩岸人民關係條例》關於拒絕大陸廣告、大陸人士到台灣招商及有關兩岸人民交往具體規定，已經完全不適應2008年以來兩岸大交流、大合作與大發展的時代需求。

其三：有步驟地推動兩岸政治關係的常態化。通過「兩岸和平論壇」的召開、有關「和平協定」的對話、兩岸「軍事互信機制」的對話與建構、兩岸在「國際」場域的互助合作等，推動兩岸政治關係的正常化乃至於簽訂兩岸「和平協定」。

3.堅持兩岸關係和平發展框架建構的基本原則。

其一：一個中國的原則。無論是在國際社會的交往中還是兩岸關係的發展中，都必須堅持一個中國的原則，警惕「台獨」分裂勢力的可能反撲，堅決反對與遏止「台獨」分裂的任何「台獨」活動。

其二：平等協商的原則。兩岸雙方在建構兩岸和平發展框架中的地位是平等的，不存在「主」與「次」、「上」與「下」、「中央政府」與「地方政府」的關係問題，更沒有「誰矮化誰」的問

題。

其三：和平穩定的原則。兩岸關係的和平發展，和平是前提與基礎，穩定是保障，兩者缺一不可。

其四：共同繁榮的原則。兩岸共同繁榮是兩岸關係和平發展的重要內容，是兩岸關係和平發展的本質要求與目標所在，因為兩岸關係和平發展的基本取向是兩岸人民的利益至上，兩岸關係的發展要讓兩岸人民得到實惠，因此，共同繁榮也是兩岸關係和平發展基本的前提與條件。

第三節　兩岸關係和平發展的框架探索

曾有大陸學者認為：「現在，以堅持『九二共識』和反對『台獨』為基礎，以兩岸多項協定和ECFA為支撐的，兩岸關係和平發展的框架基本形成」[282]。但筆者認為，儘管兩岸已經簽署ECFA，且有關ECFA的後續協定在不斷地協商、簽署與落實，但已經建立的只是和平發展中的經濟框架，其他框架的建設遠未達成，包括文化、社會、軍事與政治等框架的建構尚未完成。兩岸關係和平發展的制度化建設的基本任務是要建立起經濟、社會、文教、政治與軍事安全等五大框架，或者說是五大支柱，只有這樣的兩岸關係和平發展局面才是不可逆轉的。張亞中認為「經濟、文化、政治、軍事猶如一部車子四個輪子，車輪的滾動不應有先後順序，而是應該齊頭並進。或許有所謂的前輪帶動或後輪帶動，但是四個輪子必然是同時要轉動」。[283]

一、鞏固與深化兩岸關係和平發展的經濟框架

（一）兩岸經濟合作前景巨大

1.經濟關係是兩岸關係中最活躍、最積極、最富有生命力的領域。特別是在中國大陸經濟總量於2010年超過日本成為全球第二大經濟體後，兩岸經濟交流與合作更加富有發展動力與強勁推動力。中國大陸2009年全年出口總額高達1兆2017億美元，超越德國的1兆1213億美元，成為全球第一大出口國，同時中國大陸也是全球重要的市場，滙豐銀行研究稱：中國大陸等新興國家與地區的消費占全球的比例與日俱增，2010年美國的消費占全球消費將近3成，日本為8.1%，德國和中國大陸各占5.8%，預計3年後到2013年，中國大陸的消費占全球比例將達到8.5%，可望超越日本的7.4%，躍升為全球第二，到2020年，中國大陸的消費比例占全球23.1%，超越美國的22.9%，成為全球最大的消費市場。284

2.近10年來台灣經濟成長主要靠大陸經濟帶動。台灣經濟一直是靠出口帶動成長，尤其是隨著大陸由「世界工廠」逐漸向「世界市場」成長，台灣的出口比重業務隨之增加，台灣出口占實質GDP比重由1999年的49.2%上升到2008年的70.2%，貿易出超成為經濟成長主要來源，2001～2008年貿易出超對經濟成長的貢獻率平均為65.2%。285自2000年開始，中國大陸取代美國成為台灣最大的出口市場，2009年占台灣出口的41.1%。根據台灣「投審會」統計，截至2011年2月，台灣累積對大陸投資總額992.68875億美元，占台灣整體對外投資金額的60.13%。286台灣《中央日報網路版》，2011年4月22日訪問。287兩岸經貿之所以十分密切，是因為兩岸都是國際經濟體系的成員，因此，台灣面對的問題不是要不要發展兩岸經

貿關係，而是面對兩岸經貿關係的密切化「如何建立兩岸經貿交流的管理機制，建立正常化的兩岸經貿關係。」

（二）ECFA簽署為台灣經濟注入活力

2010年6月29日，海協會與海基會在重慶第五次「江陳會」中正式簽署了《海峽兩岸經濟合作框架（架構）協定》（簡稱「ECFA」），並在經過各自內部相關程式後於9月12日正式生效。

1.ECFA是台灣經濟發展戰略的必然選擇。政治立場偏綠的學者吳榮義提供的數據稱：1991～1999年台灣對大陸投資計135億美元，平均每年15億美元，台商對大陸投資占台灣對外投資比例約40%，而2000～2008年合計630億美元，平均每年投資大陸70億美元，台商對大陸投資占台灣對外投資比例約60%。《台灣投資大陸增長快速的2000～2008年恰恰是民進黨當政時期，期間甚至採取了「積極管理、有效開放」政策，何以沒有能夠「管理」住？因為事實上兩岸經貿合作遵循的是市場規律，非人為政策所能隨意改變，投資額的直線上升正是其中的寫照。所以，儘管連吳榮義都認為台灣「經濟發展策略是『全球化』，而不是『中國化』」，「台灣經濟不能繼續向中國傾斜」[288]但問題是，在全球經濟都需要依賴中國大陸市場，連美國經濟復甦的希望都需要依靠中國大陸經濟成長的時候，在中國大陸市場已經是全球經濟重要組成部分的形勢下，台灣經濟要「全球化」，如何能夠不首先「中國大陸化」呢？台灣地處東亞，與大陸僅隔200多公里的淺淺海峽，台灣經濟能夠捨近求遠地一定要先「全球化」，而不能先「大陸化」？況且，「大陸化」本身也已經是全球化的一個重要組成部分。

所以，葉明德認為：「今天台灣的經濟窘境，是十年來台灣經濟戰略失敗及兩岸政策失算的後果」，因為，「十年來，中國（大

陸）跨過台灣直接和世界接軌，台灣對大陸經濟開發的貢獻度、不可或缺性質、或台灣的籌碼等等，轉眼間流失殆盡。同樣這十年當中，當亞洲及世界各大企業紛紛進駐中國市場之際，台灣只在中國（大陸）門外叫囂，台灣也已經坐失良機，商機盡失」，因此，「全面性開放已成為唯一的出路」。289從而，馬英九執政團隊基於「經濟救台灣，開放要先行」的理念主張開放290、鬆綁相關法規限制，發揮台灣的優勢，引導企業立足台灣，聯結亞太，並布局全球。初期以落實兩岸週末包機直航及中國大陸居民來台灣觀光為主，中、長期目標則是全面推動兩岸經貿關係正常化，而「綜合經濟合作協定」的概念，意在跳脫兩岸被歸類為「國與國關係」、或者類似「中港模式」，「我們希望透過這個管道解決兩岸問題，讓兩岸合作成為未來台灣經濟發展的推動力」。291

　　2.ECFA為台灣經濟爭取廣闊商機。ECFA是台灣經濟引人活水與發展活力的關鍵一步，「旨在降低兩岸貿易障礙，為台商爭取大陸市場的商機」，因為，ECFA的「早收清單」就約占兩岸貿易額的10%～15%，292「台獨」主要人物辜寬敏承認：「崛起的中國（大陸）經濟對台灣具有磁吸效應，使得台灣向中國（大陸）的投資與雙向貿易快速增加，台灣與中國（大陸）之間的經濟關係越趨密不可分。」293美國彼得森國際經濟研究所研究員王直及羅森合作研究的評估報告認為，到2020年簽署ECFA後對台灣實質經濟成長率可增加4.4%。294美國學者則估計，隨著ECFA條款的逐步落實，估計有兩萬餘家台灣中小企業可以獲利。由於「擺脫關稅的束縛，台資企業增強了在大陸市場的競爭力，可以進一步促使台灣產業加速轉型」。295由於中國大陸經濟發展對台灣的經濟發展有提升、刺激作用，因此台灣企業界人士判斷：在「兩岸往來日益密切之際，台灣的資產例如房地產價格必定會大幅拉升」。296

3.ECFA是台灣參與亞太經濟整合的重要一環。高長認為，由於「中國大陸在國際分工格局中的地位穩固，在東亞地區經濟整合中的角色舉足輕重，未來兩岸經貿關係發展情勢將繼續受到這些國際大環境的影響。改善兩岸關係是台灣『拼經濟』要有所成就的一項關鍵因素」。297李英明認為，透過以ECFA為主的16項協議，「兩岸經貿關係儼然已經形成一個經濟大籃子」，可以讓別的國家或者地區，把他們的雞蛋下到這個籃子裡。298蔡增家的描述是：ECFA在於讓「台灣從過去如同一座雜草叢生的荒道，搖身一變為牛馬雜沓、人聲鼎沸的跑馬大道，因為任何想要進入中國市場的企業與資金，都必須要匯集到台灣這座孔道，台灣仿佛成為全球跨國企業進入中國市場的終南捷徑」。299美國國務院主管東亞與太平洋事務的助理國務卿幫辦施大偉（David B・Shear）2010年7月7日在卡內基國際和平基金會研討會上稱：ECFA的簽署的「一個重要的目標應該是降低台灣的非關稅貿易壁壘以及為美國和其他外國公司在台灣設立區域運營基地提供便利，從而使台灣成為更有吸引力的貿易和投資地」。300世界貿易組織總幹事拉米則認為：ECFA是台灣達成整體貿易目標的重大作為，「可相當程度地改善兩岸關係，對確保產業競爭力及進一步納入世界經濟也是非常重要」，由於可吸引外資，可能打開台灣與主要區域內重要交易夥伴訂更多FTA的道路。301張顯超認為：「兩岸ECFA協議開啟了兩岸以中華經濟圈為主軸的經濟共構平台，也為台灣的企業進入中國市場，聯結東南亞與國際經濟，打開一道政治希望之窗」302。

（三）ECFA是兩岸關係和平發展的「里程碑」

1.ECFA的簽署是兩岸經濟關係的制度化、經濟合作密切化、經濟交流的規範化、經濟交往的正常化與經濟要素配置的自由化。

它是兩岸經濟整合的重要一步，有利於「兩岸經濟共同體」的建構與發展。「ECFA的簽署反映兩岸攜手駕馭市場經濟力量，讓正常化經濟關係繼續發展，達成合作互惠的格局，以共同應對全球金融與經濟危機，適應亞太區域經濟整合的趨勢」303。從歷史上看，台灣曾經是美國與日本經濟體系的組成部分，而近十幾年來的發展，台灣經濟逐漸與中國大陸的經濟融合，ECFA的簽署則是從制度上加速台灣經濟與大陸經濟的合作與融合，因此是兩岸經濟交流與合作中的一件大事，具有「里程碑」的意義。如果說，過去30年兩岸的經濟交流與合作，主要的動力是大陸單方面的政策開放與市場力量的驅動，不是兩岸當局之間的協調與合作，兩岸經濟關係缺乏制度性的互動與合作架構。而在中國大陸已經是台灣最大的貿易與投資夥伴的情況下，連親民進黨人士都承認：「兩岸非常需要制度化的經濟互動與合作架構」。304日本《產經新聞》認為協議的簽署使經濟領域的一體化向前邁進了一大步305。ECFA的簽署有可能進一步促使「跨兩岸市場」的崛起。台灣企業界人士估計：「過去劃分為台灣、大陸和國際三大市場的區塊，也隨著東亞經濟形態的改變與兩岸互動往來頻繁的催化下，跨兩岸市場明顯崛起，成為變化最大、成長最快速的市場，也一併衍生出跨兩岸企業與跨兩岸人才的問題。」306

　　2.ECFA的簽署，是海峽兩岸關係發展中的一件大事，是兩岸繼先後加入世界貿易組織之後兩岸經濟交流與合作中的重大事件。台灣「中央社」有報導認為ECFA使「兩岸經貿關係從此進入新紀元」。307ECFA的簽署是過去30年（1979～2009年）的兩岸經濟關係發展的一個總結，也是從今以後兩岸經濟關係發展的新的起點。

　　3.ECFA的簽署標幟著兩岸之間的經濟關係實現了制度性的安

排。兩岸經濟交流與合作由此進入了新的發展階段,昭示著兩岸經濟合作關係的機制化與制度化進入了一個新的階段,標幟著建構兩岸關係和平發展框架率先在經濟領域獲得突破,標幟著海峽兩岸由過去的對立對抗正式走向了和平合作的新階段。所以,賈慶林指出:ECFA的目的是「為深化兩岸經濟合作提供更有效的制度保障,為台灣企業提供更廣闊發展空間,為台灣經濟提供更多的有益支持,為兩岸經濟共同繁榮提供更有利的條件」。308

4.「十二五」規劃有利於ECFA的深化。第11屆全國人大第4次會議審議通過的「十二五」規劃中,以專章規範兩岸經貿關係,這是中國大陸在國家發展規劃中第一次對兩岸經貿關係進行長期性規劃,所以王毅稱:這是「一個推進兩岸經濟關係的行動綱領」。309除了彰顯ECFA對建立健全兩岸經濟合作機制的重要性外,「也反映出中國大陸將推進兩岸經貿關係制度化,作為長期戰略框架的目標」,310從而有利於ECFA的落實與發揮效益。

(四)推動建構「兩岸經濟共同體」

1.兩岸經濟整合的低、中、高目標。「兩岸經濟合作機制建設最重要的目標是實現兩岸經濟整合機制的升級或建立高層次的兩岸經濟一體化機制」。通過ECFA等協定,通過後續若干經濟性質協議的簽署與相關經濟運作機制的建立,實現兩岸自由貿易與經濟合作,建立兩岸自由貿易區。就兩岸關係和平發展框架建構與兩岸經濟關係長期發展觀察,兩岸經濟合作機制目標應是與兩岸關係和平發展框架相適應的兩岸經濟合作制度化建設與經濟整合歷程的推進,最終實現兩岸經濟共同體311。兩岸經濟整合可以分三步走:

其一:低度兩岸經濟整合機制目標:建立兩岸自由貿易區。ECFA是「兩岸經濟合作制度化建設的初級階段或低度經濟整合機

制。這一經濟整合機制還不足以成為統一之前兩岸關係和平發展架構下長期、穩定的經濟整合機制,而是階段性的。海峽兩岸只有建立更高層級的經濟整合機制即建立兩岸經濟共同體,才能成為兩岸關係和平發展架構的重要物質基礎」。312

其二:中度兩岸經濟整合機制目標:建立兩岸經濟共同體。兩岸經濟共同體建設是一個長期的推動過程。「實現這一目標可能需要30年左右時間才能完成,即在2050年前後實現」。313「兩岸經濟共同體建設,在性質上是國家統一之前兩岸經濟整合發展的一種制度化安排,屬於經濟整合發展的較高階段,但不屬於兩岸政治整合範疇」。314

其三:高度兩岸經濟整合機制目標:建立兩岸經濟聯盟。「統一後的兩岸經濟聯盟」。315

海峽經濟區建設的目標便是推進兩岸經濟整合機制的建立,而且是一個低度整合機制到中度整合機制、高度整合機制的發展過程。

2.兩岸「經濟共同體」建設的路徑。

一方面,借鑑「歐洲共同體」模式作為兩岸經濟共同體發展的路徑:從單一部門一體化到整體經濟一體化;另一方面是從建立兩岸特惠關稅區、兩岸自由貿易區到建立兩岸經濟共同體;未來在兩岸經濟共同體的基礎上建立包括大陸與台、港、澳在內的中華經濟體。316

3.「經合會」:兩岸經濟關係發展的里程碑。

2011年1月6日,台灣海基會與大陸海協會換函通報了委員會成員的名單,標幟著兩岸「經合會」在兩岸兩會框架下正式成立。

「經合會」分別由海基會副董事長兼秘書長高孔廉與海協會常務副會長鄭立中擔任共同召集人，首席代表是海協會特邀顧問、商務部副部長姜增偉與台灣「經濟部」次長梁國新。

大陸方面的委員來自商務部、國台辦、發展改革委員會、工業資訊部、財政部、海關總署、質檢總局等7個部門的海協會理事、專家；台灣方面的委員有來自「經濟部」、「國貿局」、「經建會」、「金管會」、「財政部」及「海基會」等。

「經合會」的定位是兩會架構下的兩岸常態性組織，其功能是兩會的「協商平台及聯繫機制」，其主要任務是處理ECFA後續協商議題的業務溝通以及落實ECFA議定事項執行等相關事宜。「經合會」可以從共同規劃、協調治理兩岸經濟合作中存在與可能出現的各種問題，最終發展到「兩岸共同治理、共同管理經濟合作」的模式。

「經合會」的政治意涵非常重大。楊開煌認為「經合會」的意義在於：一是在「由以民代官到由官扮民」，「經合會」組成成員除了外加一個「顧問」頭銜之外，就是由雙方的官員直接進入委員會，「由官扮民長期接觸、討論、處事。反而是海基會、海協會的成員成為配角」。二是「從各自處理到合作理事」，兩岸由個案合作上升到機制層面的合作。三是從經濟互信到政治互信的累積，「經合會」的成立，「將為經濟互信到政治互信之間搭起一座可能的橋樑，我們稱之為『行政互信』」。指「兩岸公部門的幹部及領導層級的菁英，透過機制化的合作方式，促使兩岸行政菁英真正瞭解、熟悉和習慣彼此的思維法則和處理步驟」[317]，他認為「行政互信」既是「經濟互信」提升為「政治互信」的接點，又是未來建構「政治互信」的基礎。[318]林祖嘉認為：「經合會」「等於是兩

岸這麼多年來第一次有了一個官方身分直接代表所形成的委員會」，就是「政府對政府的談判」，「政治意涵其實也是很明顯的」。319

「經合會」的作用值得重視。「經合會」是兩岸關係中第一個由兩岸官方授權後共同設立的功能性組織，專門處理兩岸經貿交流與合作中的具體問題，其作用正在發揮，而且隨著兩岸關係經濟合作的深化，如何發揮兩岸共同成立的「經合會」的作用與功能，以解決兩岸經濟交流與合作中出現的各種問題，尤其值得思考。如兩岸在協商「投資保障協定」中對仲裁問題的爭議，其實依然可以通過「經合會」的框架達成解決的辦法，如設立隸屬於「經合會」的「兩岸仲裁委員會」，由兩岸、港澳及海外甚至包括聘請其他國家與地區的專業人士組成委員會，該委員會可以參酌相關國際仲裁規則與兩岸關係的特殊性，制定適合兩岸關係特殊情況的仲裁規則，「這種仲裁機制的成立，既可以凸顯兩岸關係的特殊性，又可以兼顧國際慣例及融合國際仲裁機制」。

（五）兩岸經濟整合中需要注意的問題

1.充分考慮台灣民眾對兩岸經濟整合的複雜心理。只有兩岸關係的和平才有利於台灣，在大陸不斷崛起的過程中，台灣必須充分利用這個機會，發展自己，壯大台灣，這些都是極為淺顯的道理。兩岸經濟發展的事實證明，大陸已經是台灣的主要市場與經濟發展的後盾。然而，目前台灣的一部分的民眾不願正視這樣的事實，反而認為是大陸「掏空」了台灣的經濟。「對台灣的許多民眾而言，推動兩岸關係的和平、發展與大陸經貿互動的同時，他們仍有另一種憂慮，那就是因為過度緊密的兩岸經貿關係，而被中共政權吸納，失去台灣的自主性的結果」。320這樣的想法與目前台灣社會

中存在著的兩種完全不同的經濟發展方向與目標的思維是有關係的。一種是以國民黨為代表，認為面對中國大陸的崛起事實，台灣的經濟發展不能將中國大陸排除在外，「如能妥善利用反而是台灣的機會」321；另一種看法是以民進黨為代表，在強調「台灣主權」及主張「台灣獨立」的前提下，對所有具中國政治象徵的事務進行切割，並限制兩岸經濟交流的相關措施，壓縮兩岸經濟交流。322從經濟全球化的角度審視，台灣在參與全球化區域經濟整合的過程中，最大的課題其實就是如何面對中國大陸，對於台灣而言，「全球化」的主要內涵就是「中國大陸化」，「這是民進黨無論在政治信仰或是台灣『主權』上無法忍受的」。323正是在民進黨的反對下，即使主張開放的馬英九團隊，也是「啟用省籍人士來執行交流政策，和不斷地在『三不』（不統、不獨、不武）政策的原則下，防禦性地自我辯護」。324

2.兩岸關係中經濟與政治的關係難以完全區隔。一是兩岸經濟合作本身就是政治，李英明認為「兩岸決策者在『先易後難、先經後政』的戰略框架中，找到雙方的利益契合點，雙方政治關係的發展藏在兩岸經濟關係的發展中，並且通過將政治和經濟的分離，先將兩岸關係經濟化，企圖借經濟手段來緩解雙方之間的政治問題，兩岸經濟發展就是兩岸間最大最主要的政治。325因此，用經濟政策或手段來緩解兩岸間的政治問題，是對兩岸間爭正統爭主權的一種超越，從而使雙方可以跨越零和式的博弈，讓兩岸關係可以基本地穩定發展。只有盡可能地在較短的時間內迅速取得較好的經濟效益和較快的經濟發展速度，使兩岸人民獲得看得見、摸得著的實惠，才能為兩岸關係的深入和政治關係的發展奠定穩固的基礎326。二是經濟對政治產生影響需要一個長期的過程，並非短時間內就能夠實現。包括台灣民眾選舉中的政治認同、投票意向等，

是經過了幾十年的過程後逐步養成的,所以,不能寄望於四年的兩岸和平發展與經濟合作就能夠改變台灣民眾的認同與投票意向,因此,對於「採購台南學甲虱目魚不能改變當地泛綠支持者傳統投票意向」的這樣的說法本身就有問題,「如果急功近利的試圖以這約1年的投入就要來徹底改變60年的歷史,這是不利於兩岸關係和平發展的機會主義思想誤差327」爭取台灣民心不是「無用論」,不能以短期的成效來做評判的依據。

　　3.兩岸關係和平發展的利益如何讓多數台灣民眾共用?這不僅關係到兩岸經濟關係發展中存在是否「公平化」問題,而且存在需要重視兩岸經濟合作效率發揮的問題,更需要重視兩岸特別是台灣的中下層民眾享受兩岸經貿發展利益的問題。特別是需要正視這樣的一個事實:台灣的貧富不均,當然不是始自ECFA,但與「過去十多年來兩岸經濟整合脫不了關係」。328因為,「越趨緊密的兩岸經貿互動,一如一般性的全球化現象,會在台灣造成新的贏家和輸家:具有高度技術能力或高度流動性資產而能在跨國市場過程中獲利者,以及不能在這過程中獲利者」。329所以,蔡英文競選中提出的「在地經濟」概念,對一般民眾還是有一定程度的欺騙性。所謂「在地經濟」,按照蔡英文的解釋,「是一種複合式的經濟形態」,有農村、農業,有創新研發,有文化藝術的創作,「結合鄉村景觀、生活環境、農業、研發創新產業、文化、藝術、文學產業發展,形成一個新型的綜合產業,提供在地就業機會」。蔡英文不用「擴大內需」,而刻意使用「在地經濟」的概念,「實際上不是著眼於經濟發展,而是透過宣傳『在地』的觀念,表達其比國民黨更重視基層民眾的用意,以達成拉攏民心的政治目的」。蔡英文的文宣「更深層的用意是在告訴選民,兩岸經貿愈來愈緊密合作,大量企業外移大陸,是導致台灣失業率高升、勞工辛勤工作卻面臨萬

物都漲、薪水不漲之窘境產生的根本原因，對此動向，值得在兩岸經濟合作中給予充分的注意。」

4.兩岸關係發展與台灣社會階層演變產生了一定的關聯。過去一般都認為，主導台灣政治分歧的因素是族群背景或國家認同，階級因素並不明顯。2000年前，國民黨在農村有較強的支持，這是因為國民黨以派系進行「侍從主義」的資源配置體系，且掌握農村組織，而「城市中產階級與中小企業者則傾向支持反對黨」。據台灣社會學者林宗弘與胡克威的研究，「在90年代，中產階級和中小企業約有45%的選民投給民進黨」，這個數字超過當時民進黨的平均得票率。330但在兩岸關係的和平發展，兩岸經濟交流與合作的深入，農村特別是台灣中南部農村的選票卻大量地轉移給民進黨，而中產階級的許多選票則是由支援民進黨開始投向了推動兩岸關係和平發展的國民黨，其中原因恐怕與中產階級從兩岸關係和平發展中獲得了經濟上的實惠是分不開的。

二、推動建構兩岸關係和平發展的社會框架

和平發展社會框架的內容包括兩岸人員往來正常化、兩岸社會交往正常化與兩岸形成社會共同體等內涵。

（一）兩岸人員往來正常化

兩岸人員往來的正常化是實現兩岸關係和平發展的基本要求，也是兩岸關係保持穩定與發展的動力所在。在經濟合作的推動下，兩岸人員往來的擴大化與正常化成為必需，其中，兩岸民眾之間的雙向交流的正常化是基本要求。目前大陸方面對台灣民眾來中國大陸基本上已經沒有限制，但台方對大陸民眾的去台灣仍然有諸多的

限制,這一問題需要給予正視並給予解決。陸客個人旅遊的啟動是一個良好的開端,因為「兩岸民眾之間在地理休閒意義上自由的移動,實際上也標幟著文化價值意義上的情感的自由流動」。331兩岸民眾之間交流的自由化與深入,將會使兩岸關係比之前更加情感化,其中包括積極的情感,如好奇、傾聽、理解等,當然也會產生負面或者消極的情感,如區隔你我、產生恐懼等。「情感因素在兩岸互動過程中,仍然扮演舉足輕重的角色」332。「恐懼、屈辱和希望,是兩岸關係中三種主要的情感因素」,台灣內部「害怕經濟上太依賴中國大陸,害怕政治上相對於中國大陸不夠自主,同樣也是一種挑起集體恐懼情感的訴求」。333當然,過多的悲情與過度的恐懼,對兩岸關係和平發展會構成極大的危害。兩岸簽署包括經濟合作協定在內的一系列協定,這是雙方建立互信的物質基礎,但還需要精神與情感的基礎,所以,在勾畫兩岸關係的情感地圖時,需要給予足夠的希望,雙方互相給予的希望。

(二)兩岸社會交往正常化

兩岸關係固然涉及「主權」、「安全」、「土地」、「財富」等一系列糾葛,但更充斥著情感因素。情感因素一直是兩岸關係的前言。目前兩岸社會交往的現實是人員往來在日益密切化,但存在的問題不少,尤其是社會心理層面,「多數台灣民眾仍在其現實生活的認知範圍,視對岸為自身與所處社會的安全威脅來源」。所謂「安全威脅,除了歷史、軍事、政治、外交上的緣由外,亦包含現實交流密切而滋生的諸如經濟依賴、犯罪、污染、食品與產品安全等顧慮」。334因此,如何推動兩岸社會交往的理性化是一個重要議題,特別是兩岸民眾之間的理性交往、客觀看待對方是需要解決的課題,因為兩岸關係是兩岸民眾為主體之間的關係,首先是人與

人之間的關係,人與人交往的正常化是兩岸社會交往正常化的前提與基礎。為此,兩岸雙方都有責任引導與教導自身的民眾如何理性地看待對岸的民眾,如何從自身法治的層面來規範兩岸民眾之間的正常化交往,應該已經是當務之急。

(三)建構兩岸社會共同體

美國社會學者卡爾・多伊奇的觀點是「實行一體化通常意味著由部分組成整體,即將原來相互分離的單位轉變成一個緊密系統的複合體」,所以,「一體化就是單位之間的一種關係,在這種關係中它們相互依存,並共同產生出它們單獨時所不具備的系統性能」。335根據卡爾・多伊奇的觀點,不同社會之間高度的跨界聯繫,不僅會帶來和平的關係,而且會導致「安全共同體」的出現。他強調「安全共同體」的形成條件包括:日益增加的社會溝通、互相交流與交往範圍的多樣化、更多的人員流動、堅固的經濟聯繫與基本價值觀的相容性。

解決台灣問題、實現中國的完全統一,尤其是要實現和平統一,需要台灣多數民眾贊成與支持統一,兩岸之間的社會融合則是必不可少的基本元素,也是兩岸和平發展時期的工作要點之一。但由於兩岸自1949年以來的分隔已經長達60餘年,而再加上1895年被割讓給日本則分隔有百年之久,兩岸社會事實上走上了完全不同的發展道路。而自1987年以來的交往只有20餘年,2008年「三通」以來的和平發展更是只有短短的4年時間,加上兩岸之間政治上的高度分歧,兩岸社會的融合之路還很漫長,「安全共同體」的出現還是相當遙遠,但「從異質到同質,從功能一體化到制度一體化」是兩岸合作的必經之路。336尤其是兩岸的社會價值也已差異甚大,所以,「兩岸關係深化的關鍵,不在於往來的『量』,而在於相處

的『質』；不僅在於有形的『生計利益』計較，更取決於無形的『價值思維』連接。建構社會互信更是兩岸關係由經入政必經的介面與階段」。從而「開展兩岸的價值與思維對話，推動『和諧兩岸』的建構」。由「利益互惠的和平發展」提升到「價值對接的和諧發展」。337台灣學者的這樣的觀點，應該是兩岸決策者值得從政策層面去著力加以推動的。

三、推動建構兩岸關係和平發展的文化框架

（一）正視兩岸交流中的「物質化」現象

2008年以來的兩岸關係實踐顯示，經濟交流與合作在不斷深入，但台灣民眾的認同並未因此而有提升，相反有進一步疏離中國大陸的現象。余克禮認為：「當前兩岸雙方都要認真面對的是台灣島內嚴重的認同危機問題，它造成島內的嚴重內耗，而且還會影響到兩岸關係和平發展的深度和廣度，更是突破兩岸政治僵局的巨大障礙。」338

其實，台灣民眾認同危機的原因固然與台灣社會20年來的本土化、「台灣主體意識」上升有關，但恐怕也與20多年來兩岸交流中的過度「物質化」及台灣當局的有關政策有關。謝大寧認為：馬英九在認同問題上，只會不停地向綠那邊傾斜，「可以說這是馬的個人特質使然，但也可以說是整個中國國民黨已然喪失靈魂所致，當然歸根究底，這是台灣政治現實、各方力量拉扯，綜合作用的結果」。因為馬英九團隊在兩岸關係中只敢碰經濟，「逐漸將兩岸關係物質化了」。339部分中國大陸民眾甚至認為是「大陸一味讓利，台灣見利忘義」。台灣學者認為，大陸採取的各種惠台政策，

實際上也是在把兩岸關係物質化。大陸是希望通過惠台政策與強化交流，逐漸改變對抗性的「台灣認同」，促進兩岸的統合。但存在的問題：施惠於農民的政策，因為台灣農產品的「產銷分離」，掌握運銷流程者可以因此獲利，多數農民則是既不得益也不瞭解。而對於台灣企業家說，多數人傾向於：「利益歸利益，認同歸認同」，「錢照賺，立場照舊」。340兩岸各方面的交流與合作中，經濟一直是充滿活力與生命力，即使是文化交流，也往往是文化產業優先，兩岸文化、意識、共同價值的交流則是相對停滯，兩岸文化交流似乎成為經濟合作的「婢女」，不少地方的「招商引資」一直存在「文化搭台、經貿唱戲」的不正常現象。交流政策「物質化」的結果，事實上不會形成對兩岸朝向整合的真正推動力量。341因為，「從古今中外來看，歷史和現實並沒有提供多少有力的事實，來證明經濟聯繫的加強必然導致政治關係的同向增長」。342因此，目前兩岸關係中出現的兩岸關係的物質化傾向需要加以注意與避免，兩岸關係發展也需要精神化與文明化，物質與精神，兩方面都需要，兩面都要硬。蔡瑋提出：「兩岸已經在物質層面達成合作協定框架，今後更應著重文化精神層面的合作，當前兩岸除了政治上的互信不足之外，台灣年輕一代受到去中國化教育的影響，整體價值觀念似有轉變現象，如何加強兩岸之間的文化交流，由求同存異進一步走向求同化異，形塑兩岸命運共同體的認識將是未來努力的目標。343」

（二）兩岸文教交流合作機制建立勢在必行

1.兩岸關係和平發展歷程實際上也是兩岸互相爭取民心的博弈過程。「兩岸通過包括ECFA提出的暫時擱置爭議、相互尊重和共同協商的共識所促成的」。344兩岸通過種種經濟協議所形塑的是

「文化經貿共同體」，在兩岸關係和平發展過程中，經濟交流與合作，包括人員往來的密切，固然為引導與轉變台灣民意走向提供了重要的物質支撐與物質基礎，但僅此並不足以促使台灣的民意發生根本性的轉變，僅有兩岸關係「物質化」不能完成兩岸價值共同體的營造，需要思想、文化等共同價值的塑造。

2.通過文教交流合作協定建立價值整合的機制化。「兩岸要實現價值認同與責任期待的相互容忍與接納，尚須經過一個漫長的磨合過程。，」345但不能因為漫長而止步不前，其中基本途徑是文教交流合作協定的簽署，兩岸「文教ECFA的簽署是兩岸文化交流優質化發展的結果」，346也將使兩岸共同價值的營造機制化。如果說兩岸在和平發展的初級階段是通過經貿合作實現共同利益，那麼，在「後ECFA」時期，兩岸就應該致力於形塑共同價值，通過文化、教育、新聞等交流合作達成「兩岸和諧發展」。

3.通過文教交流合作協定實現兩岸共同的政治認同。「兩岸人民福祉的提升和兩岸人民感情的交融，畢竟這些才是和平發展乃至和平統一的根本憑藉，而不斷推動兩岸的經貿交流和兩岸民間往來更上層樓，使之機制化、細緻化，正是達到兩岸不斷強化共同利益樞紐和不斷增進理解及感情的不二法門」。347其中認同的轉變是兩岸關係改變的基礎348，需要正視兩岸文化交流的根本屬性與特色：一是要使兩岸重新走向共同的中華民族認同，二是「重新走向『兩岸同屬一中』的國家認同」，但由於台灣社會中存在的「潛在而深層次的『台獨意識』仍在潛移默化地從民族、文化、國家認同上割裂著兩岸的臍帶關係，掏空『一中憲法架構』的『中華民國』，扭曲著『國家認同』的內涵」349，因此，一方面需要馬英九與國民黨真正確立反『台獨化』的文化政策，以應對當前島內社

會最大的「文化台獨化」的危機,另一方面,通過中國大陸的努力與推動,增強中華民族的吸引力與凝聚力,「兩岸經濟關係日益緊密,若能進一步建立命運共同體認知,攜手共抗全球經濟風暴,不僅可體現兩岸經濟的互利共生,亦有助於兩岸關係全面的提升,有利兩岸和平發展大局」。350

四、推動建構兩岸關係和平發展的政治框架

（一）馬英九連任為兩岸和平發展政治框架的建構營造良好的政治環境

1.兩岸關係和平發展的台灣政治環境得到了鞏固。2008年馬英九當選為台灣領導人,結束了主張「台獨」的民進黨8年的執政,台灣政局的這一歷史性轉折直接導致與開啟了兩岸關係和平發展的新局面。4年來,兩岸進入大交流、大發展與大合作的時代,ECFA的簽署尤其建構了兩岸關係和平發展的經濟框架。但由於兩岸政治議題的協商沒有展開,和平發展的政治框架尚未建構,從而台灣領導人的選舉不同結果就將直接影響到兩岸的和平發展局面能否持續。令人慶倖的是,在台灣1月14日的兩場選舉中,不僅馬英九順利連任,而且國民黨等主張兩岸關係和平發展的政黨在「立法院」的席次超過絕對的半數,民進黨與台聯黨席次居於少數,國民黨在「行政」與「立法」兩方面的全面執政,未來4年可基本主導台灣政局的發展走向。台灣政治局勢的穩定為兩岸關係和平發展提供了有利的島內環境,可以預期,馬英九未來4年將繼續推動兩岸和平與和解的政策方向,兩岸民眾將可繼續享受和平發展帶來的「政治紅利」。

2.兩岸關係和平發展的國際環境得到了鞏固。美國、日本、歐洲與東南亞等國際主流社會對4年來兩岸關係的和平發展一直抱持肯定、樂見與支持的態度和立場，尤其是美國，對於台灣領導人選舉，儘管官方公開的表態是「不選邊」、「沒有立場」，但實際上，由於對蔡英文堅決否認「九二共識」、沒有能力處理與穩定台海局勢的擔憂，擔心由此影響到美國在亞太的利益，從而在若干政策與措舉上「暗助」了馬英九，包括選前幾天包道格的公開力挺「九二共識」、懷疑蔡英文上台將使台海局勢不穩定的表態等。儘管包道格只是個人意見表達，但在在昭示了其發言所代表的美國利益與美國主流社會支持馬英九連任的明確立場。民進黨主席蔡英文為表示不滿，在選後拒絕會見美國在台協會理事主席薄瑞光，其做法正也印證了美國在選舉中「暗助」馬英九的事實，從而讓民進黨深感不滿。美國的政策行為正是立足於希望與期待未來4年海峽兩岸關係能夠繼續和平穩定，而不是和平發展的趨勢因為民進黨人士蔡英文的上台而被中止。

3.兩岸關係和平發展的政治基礎得到了鞏固。堅持「九二共識」、反對「台獨」是4年來兩岸關係和平發展的政治基礎，是否堅持這一政治基礎，是兩岸關係能否持續和平發展的關鍵所在。經過台灣的兩場選舉，「九二共識」的基礎得到了鞏固與發展，主要表現在：一是「九二共識」在台灣社會的普及化，通過投票前媒體與企業界人士對「九二共識」的力挺，一般台灣民眾甚至中南部的普通民眾都知道「九二共識」，認識到「九二共識」對兩岸關係和平穩定的重要性，認識到否認「九二共識」將給兩岸和平穩定帶來危害。二是「九二共識」的經濟化，「九二共識」不再只是一個「政治概念」、只具有政治意涵，而是富有了「經濟特性」，台灣民眾認識到如果沒有「九二共識」就難以有兩岸經濟合作的廣闊前

景,「九二共識」是與台灣經濟發展密不可分的,是與其經濟利益相關聯的,「政經不可分離」。台灣學者王崑義承認:「九二共識」其實已經逐步轉化成一個經濟性的議題,在國民黨和台灣資本家的思維裡,「九二共識」的轉型,才是保障台灣在大陸投資與佔有大陸市場的最重要根源。民進黨前「立委」郭正亮也承認:「九二共識」與兩岸經貿密不可分,因為對中間選民來說,關切重點不在「九二共識」的政治內涵,而是「沒有『九二共識』,兩岸經貿將難以持續」。「『九二共識』是一個客觀事實,而且是一個對兩岸關係發展不斷發揮重大積極作用的事實。否定『九二共識』,兩岸協商就難以為繼,已有的協商成果也將難以落實,兩岸關係勢將重現以往曾有過的動盪不安,最終傷害兩岸同胞的利益」。351三是「九二共識」的民生化,即台灣民生議題包括水果的銷售、虱目魚賣到大陸,都不能離開「九二共識」,「九二共識」與台灣民眾的日常生活也密切相關;四是「九二共識」的「去汙名化」,即「九二共識」不再如民進黨過去所聲稱的是國民黨與共產黨之間的「交易」,也不再是所謂「出賣台灣主權」的「密約」,而是兩岸關係和平發展的保證,是兩岸聯手對付國際金融危機、歐債危機的政治基礎,是台灣經濟再發展的利基。總之,透過台灣內部的選舉,「九二共識」的內涵與外延都得到了擴展。

4.中國大陸推動兩岸和平發展的政策得以鞏固與持續。2005年以來,特別是2008年兩岸關係和平發展以來,大陸致力於推動兩岸和平發展的對台政策,頒布了一系列惠及台灣普通民眾的政策與措施,得到了絕大多數台灣民眾的肯定與歡迎。通過選舉,特別是中間選民與經濟選民投票支持馬英九連任,不僅顯示馬英九所推動的兩岸和平與和解政策得到了台灣多數民眾的支持,而且讓大陸所推動的惠及台灣民眾的政策措施能夠得以延續,也讓大陸能夠堅定地

持續地有信心地推動既定的政策方向。

（二）未來4年兩岸和平發展的政治框架建構所面臨的困難與挑戰

1.民進黨固有的「台獨」立場及其對馬英九團隊兩岸政策的牽制。蔡英文挑戰馬英九的失利，沒有能夠走完「最後一里路」，兩岸與國際的有識之士都知道是因為民進黨固有的「台獨」立場從而不承認「九二共識」，這樣既無法獲得希望兩岸關係穩定的台灣中間選民與多數民眾的信任，也不能取信於國際社會。但蔡英文與民進黨及其支持者是否有這樣的認識恐怕未必，民進黨的敗選檢討報告已經顯示，蔡英文將失利原因歸咎於大環境與對手國民黨掌握行政資源及民進黨自身的競選策略，而沒有將其自身政策特別是兩岸政策的不足、「空心蔡」作為敗選根源，只是籠統地承認沒有獲得多數民眾信任。其實台灣多數民眾之所以不信賴蔡英文「當家」，正是其「台獨」立場及不承認「九二共識」從而將給兩岸關係和平發展帶來不確定性。因此，投票前筆者曾經指出：4年來民進黨一直沒有調整「台獨」政策，在兩岸和平發展潮流中扮演「消極者」與「破壞者」角色，只有讓民進黨輸1次，才可能促其轉變立場。現在看來，這一預言還早，寄望民進黨認識到「台獨」的無望、在未來4年放棄「台獨」立場、真正成為兩岸和平發展的「積極參與者」與推動者，恐怕還有困難。也許只有讓民進黨在2016年再輸1次，才真正有可能讓民進黨認識到「台獨」立場與主張對其走向執政的障礙所在。但無論如何，民進黨的「台獨」立場及其鬥爭性格與善於鬥爭的特質，將對馬英九團隊開啟兩岸政治協商形成重大牽制與影響。

2.馬英九團隊對兩岸政治協商的瞻前顧後。其實，馬英九的連

任，等於是台灣多數民眾給馬英九所提出的競選主張，包括未來洽簽兩岸和平協議的構想等的推動與實施，頒發了「通行證」，選後應該而且是完全可以大膽地推動實施其競選政見。但過去4年馬英九團隊在兩岸政治議題上一直採取迴避態度，當選後也是諱莫如深，對兩岸政治議題協商心存顧慮，甚至是「避之唯恐不及」，其原因在於以下固有思維：一是「經濟議題掛帥」思維，認為兩岸間經濟議題都還沒有談完，無法進行政治議題協商，從而使兩岸協商中的「先經後政」淪落為「只經不政」，其實，兩岸間的政治議題不協商與不處理，也會影響到經濟合作，經濟議題與政治議題可以同步展開，並行不悖，尤其是政治與經濟何嘗可以完全分離！二是「內政優先」思維，認為台灣內部藍綠對立、經濟發展與社會貧富分化等問題影響到藍綠雙方對選票爭奪，是國民黨繼續執政的保證，需要優先處理。誠然，內部問題當然是台灣任何執政黨都需要著力與用心處理的地方，但台灣內部問題處理與兩岸政治協商其實也並行不悖，可以兼顧，有時甚至是相互關聯，特別是台灣經濟發展何嘗離得開兩岸協商與合作，兩岸政治協商、兩岸和平發展的持久化，更將是國民黨執政的重大政績與永續執政的「票房保證」，從2012年1月14日的選舉已經可以看出，台灣社會與台灣經濟發展的「兩岸化」將是難以避免的趨勢，而且兩岸和平發展的政治框架的建構也是台灣多數民眾的期待。三是怕被「汙名化」的思維，國民黨擔憂兩岸開啟政治協商會被民進黨等「台獨」勢力批評為「傾中賣台」，是在走向「統一」，從而「不敢越雷池一步」。其實，只要認定是「對」的事情，是對台灣發展有利的事情，國民黨就應該大膽地去做。當初兩岸簽署ECFA，民進黨不也曾經是大力反對的嗎？是否堅持做「對」的事情，將是衡量馬英九團隊決策是否果斷的標準之一。四是「兩岸政治議題太難」的思維，擔心一旦開啟

政治議題的協商,而雙方如果又都不肯輕易讓步,難以達成一致,不僅減弱民眾對政治對話的信任與支援,而且影響兩岸彼此之間的互信。其實,政治議題的協商本來就是難事,之所以存在迄今,就是比較難解決,但不能因為難就不去處理。五是「政治議題的協商是否是圈套」的思維,擔心政治對話與協商是中國大陸設定的圈套,一旦開啟政治議題協商而無法回頭,「中了統戰陰謀」。應該說這是國民黨固有的傳統思維,是對自身信心不足的表現。

  3.國際不友好勢力對兩岸政治協商可能的疑慮。在美國「重返亞太」戰略的實施下,兩岸關係和平發展確實面臨著新的環境與挑戰,也考驗著兩岸執政當局的政治智慧。國際對華不友好勢力包括對華敵對勢力,當然不希望兩岸關係越來越好,尤其擔憂兩岸走向統一,甚至對兩岸政治議題的協商都心存顧慮。但需要指出的是,未來兩岸如果開啟政治協商、建構和平發展的政治框架,並非是統一談判,只是推動建立兩岸和平發展的制度化框架,既有利於兩岸間的和平、穩定與發展,也有利於亞太地區的和平穩定及相關國家的政治、安全與經濟利益。只要對國際社會「說清楚、講明白」,相信也能夠取得其國際主流社會的理解甚至支援。

(三)建構和平發展的政治框架是兩岸必須面對的共同課題

  兩岸和平發展的政治框架的建構兩岸關係和平發展制度化的必然,是兩岸執政當局未來必須共同面對的課題,也是無法迴避的難題,必須面對它、處理它。

  1.政治與經濟的不可分離。政治與經濟是兩岸關係中的兩大重要領域,也是兩個難以完全切割的「孿生體」,經濟會影響政治,政治也能制約經濟發展與合作。兩岸經濟關係的發展特別是4年來兩岸經濟的快速發展當然是以兩岸之間的政治互信為基礎與保障

的，兩會已經簽署的16個協定都是在雙方認同與堅持的「九二共識」的基礎上推動與實施的。而兩岸之間存在已久的結構性、政治性問題，時時在制約與影響著兩岸之間包括經濟議題在內的一系列問題的解決。因此，兩岸間如果能夠就政治議題進行協商與處理，相信一定會推動兩岸經濟合作的深入，進而帶動台灣經濟的再起飛。

　　2.建構兩岸和平發展政治框架是推動兩岸關係和平發展制度化的「必修課」。對兩岸關係進行制度化建設，使之成為不可逆轉的趨勢，既符合世界和平、發展的潮流，又與兩岸民眾的政治、安全與經濟利益密切相關。兩岸關係制度化建設，既包括兩岸經濟層面內容，也包括兩岸文化、社會領域的合作，更應包括兩岸在政治、軍事層面的要素。ECFA的簽署與實施，建構了兩岸和平發展的經濟框架，但顯然，只有經濟框架不足以穩定台海局勢，特別是面對國際經濟、政治新情勢衝擊下的台海形勢，因此，推動建構兩岸和平發展的文化框架、社會框架尤其是政治框架已經是兩岸關係和平發展的時代需求與實際需要，符合兩岸民眾求和平、求穩定、求發展、求合作的主流民意，也是時代賦予兩岸執政當局的歷史使命。張五嶽認為「應將兩岸政治性的溝通與對話界定旨在」：為深入兩岸經貿社會文化交流合作奠定基礎，為增進兩岸人民具體福祉權益創造條件，為兩岸避免誤判、預防危機發生與危機管理建立管道，為兩岸消除敵視對抗、邁向和平互動打造基礎。[352]

　　3.和平發展的政治框架並非是兩岸統一的框架。推動兩岸走向統一，是中國共產黨與政府致力於追求國家發展、民族復興與人民生活幸福的必經之路，是遠大的政治抱負與政治目標，這不是見不得人的「陰謀」，而是「陽謀」，是中國大陸不可能放棄的歷史使

命。但統一是一個長期的歷史過程，並非短時間內可以完成，目前兩岸之間並不具備統一的條件，還需要長期的累積與努力，所以中國大陸提出先推動兩岸關係和平發展，政治框架正是和平發展時期兩岸關係制度化建設的一項安排，是一個穩定兩岸形勢、保障兩岸關係和平發展的制度性建設，並非是討論與安排未來兩岸統一的協議，所以，有關這方面的政治性議題的談判並不是統一的談判，也不必然走向統一，兩岸政治對話更不是「洪水猛獸」，完全沒有必要「談政治色變」。

（四）如何推動建構兩岸和平發展的政治框架？

1.鞏固與深化兩岸關係和平發展局面是馬英九謀求歷史定位的基本路徑。作為台灣領導人，謀求歷史地位天經地義，甚至是政治人物致力政治工作的重要動力，馬英九謀求歷史定位不外乎在「內政」與「兩岸」兩方面著力，但台灣內部問題離不開兩岸因素，因此，馬英九的歷史定位應在謀求與鞏固兩岸和平制度化上著墨，這才是唯一正確方向與基本路徑。因此，馬團隊尤其需要正確解讀台灣多數民眾投票支持馬英九連任所隱含的深層次意涵。藍綠基本盤是選舉勝負的根本，沒有基本盤就無從贏得選舉，但決定馬英九勝選與蔡英文敗選的關鍵是中間選民與經濟選民，他們基於期待兩岸關係和平、穩定，投票支持馬英九。因此，馬英九的連任是兩岸關係和平發展的勝利，是「九二共識」的勝利，也是馬英九4年來一直推動的兩岸和平、和解與開放路線的勝利，但恐怕不是「台灣路線的勝利」，也不是台灣「選舉民主制度」的勝利，否則，以馬英九的高人品、高清廉度、良好政績與現任優勢如何選得如此辛苦異常呢？！如果能夠看到是因為馬英九推動了兩岸關係的和平、和解與開放政策，從而取得了多數選民的理性的支持，那麼只有持續不

斷地推動、落實這項政策並體現成效，才能進一步爭取多數民眾的擁護，也由此奠定馬英九執政的歷史地位與強化國民黨執政的基礎，才有利於2016年國民黨的勝選與持續執政。如果真以為馬英九連任成功是「台灣路線的勝利」，一味強調與突出「台灣主體性」，在兩岸政策與論述上跟著敗選的民進黨走，「拿香跟拜」，則無疑是捨本求末，脫離了兩岸和平發展的大方向，也難以在兩岸關係和平發展的制度化上贏得歷史定位。台灣學者指出：「一個好的政治人物，除了要照顧人民感受，更重要的要能夠引領人民方向。如果政治人物自己缺少中心思想與論述，心中想的只是如何延續執政，那麼就會流於父子騎驢的媚俗境界。」353

2.堅持鞏固與強化兩岸雙方共同的政治基礎是兩岸關係和平發展的根本保障。堅持「九二共識」、反對「台獨」是兩岸建立互動、開展協商的共同政治基礎，在未來4年這一基礎只能鞏固，不能削弱。由於民進黨等「台獨」勢力在台灣社會還有一定的支持基礎，不會放棄任何興風作浪的機會，因此反「台獨」將還是一項緊迫的任務，兩岸雙方是否堅持反「台獨」的政治立場，不僅關係到和平發展的政治框架的建構問題，而且關係到經濟合作與各方面的交流能否順利實施的問題。

3.務實面對政治難題、尋求處理與解決辦法是建構兩岸政治框架的不二法門。兩岸之間的政治問題之所以迄今未解，當然與政治問題首先是一個政治難題有關，因為難，所以難處理，難解決，甚至難得讓人望而生畏。但不能因為難，就自始至終不去碰觸。兩岸之間的政治難題遲早需要兩岸共同去面對，不能徹底解決的話，也可以有所處理，使之不影響兩岸關係和平發展。政治問題處理的基本路徑也可以是「先急後緩」、「先易後難」、「先小後大」、

「先智庫接觸再官方協商」等，不可能也難以一步到位完成。

　　4.抓住時機，爭取有利空間是台灣發展的首要所在。兩岸力量對比的嚴重不對稱是任何人都無法改變的事實，而且這樣的力量不對稱還將持續與惡化，這是台方需要務實面對與冷靜思考、處理的。從兩岸發展的實際情況看，目前進行兩岸政治協商、建構和平發展的政治框架對台灣是相對有利的，可以爭取到比較有利的談判地位、談判籌碼與談判空間。試想，如果再過10年、20年，兩岸之間的力量對比又將是什麼狀況？這是不言而喻的。總之，站在筆者個人從事台灣問題與兩岸關係研究20多年、真的非常「愛台灣」的視角出發，深切感受到對台灣人民與台灣政黨的利益而言：兩岸政治問題是「談比不談好」、「早談比晚談好」。和平發展的政治框架的建構，對台灣而言，利要遠大於弊。當然，政治框架的建構需要兩岸高層尤其是台灣領導人做「政治決斷」，在戰略上做出正確、明智的決斷！

　　5.兩會互設辦事機構可作為和平發展政治框架內容之一。兩岸兩會互設辦事處的設想與話題由來已久，特別是隨著2008年以來兩岸大交流局面的形成，交流中衍生的問題越來越多，根據台灣海基會提供的一組資料：自2008年6月1日至2012年1月31日，海基會協助處理台商經貿糾紛1342件，較之前同期的223件增長502%，協助處理人身安全8082件，較之前同期的4643件增長74%354兩岸交流的實際，呼喚辦事處早日成立以處理相關問題。2012年5月中旬馬英九在視察海基會新大樓時表示，兩會互設綜合性辦事機構應該提上兩會雙方的議事日程，抓緊推動。應該說，兩會互設辦事機構有助於兩會提高協商與辦事效率，可為兩岸民眾解決更多實際問題與困難，將是兩岸良性互動的重要標誌，可以提升兩岸關係發展水準，

也將是和平發展政治框架的具體內容之一。目前的困難在台方有所顧慮，包括是否涉及政治議題的協商，是否進入「後政」階段，辦事處的定位如何，同時涉及《兩岸人民關係條例》的修訂問題，更有甚者提出了「安全」問題，說是互設機構會讓大陸對台灣資訊的瞭解更加方便。也有人提出要顧忌美國對此的態度，因為美國可能擔心互設機構讓中國大陸對台灣的影響越來越大，從而主張不宜躁進。其實，上述所有問題都不是問題，互設機構的積極作用要遠大於消極影響，尤其對台灣而言，利要遠大於弊，包括政治意涵，因為「從政治面來看，兩會互設辦事處更能彰顯兩岸『互不否定』的重要意涵，也是兩岸關係全面制度化的基礎，意義重大」355。台灣學者認為：「如果兩岸能夠互設辦事處，就表明雙方已經進入到一個『現況承認』的階段」，「雖然這並非是法理上的承認，但已經比互不否認還要更進一步，而且更加符合台灣的利益」。356台灣媒體與學者的評論實際上已經解答了那些人士的擔憂沒有必要。

五、推動建構兩岸關係和平發展的軍事安全框架

軍事安全互信機制肇始於「信心建立機制」，始自於1970年代的歐洲，一些國家為維護邊界和平、減少戰略判斷而在軍事領域採取的必要措施。台海地區軍事安全機制的構想，與歐洲地區的「信心建立機制」雖然概念有關，但意涵不盡相同，一方面在於內涵不同，不僅是關於軍事方面，而且擴大到安全層面；另一方面是雙方的定位不同，是在海峽兩岸之間，不是歐洲的「國與國」之間的互信。

（一）中國大陸在兩岸軍事安全互信機制上的政策立場

2004年5月中台辦、國台辦受權發表的「517聲明」中首次正式提出：「未來4年，無論什麼人在台灣當權，只要他們承認世界上只有一個中國，大陸和台灣同屬於一個中國，摒棄台獨主張，停止台獨活動，即可恢復兩岸對話與談判，平等協商，正式結束敵對狀態，建立軍事互信機制，共同構造兩岸關係和平穩定發展的框架。」357同年12月，兩岸建立軍事互信機制被首次寫入《國防白皮書》，在該書第二章的「國防政策」中強調：「只要台灣當局接受一個中國原則，停止台獨分裂活動，兩岸雙方隨時可以就正式結束敵對狀態，包括建立軍事互信機制進行談判」。

　　2005年4月，在國共兩黨新聞公報提出：「促進終止敵對狀態，達成和平協定」，「促進正式結束兩岸敵對狀態，達成和平協定，建構兩岸關係和平穩定發展的架構，包括建立軍事互信機制，避免兩岸軍事衝突」。

　　2007年10月中共第十七次全國代表大會的政治報告中提出：「在一個中國原則的基礎上，協商正式結束兩岸敵對狀態，達成和平協定，建構兩岸關係和平發展框架，開創兩岸關係和平發展新局面。」

　　2008年12月31日「胡六點」中明確提出：「海峽兩岸中國人有責任共同終結兩岸敵對的歷史，竭力避免再出現骨肉同胞兵戎相見，讓子孫後代在和平環境中攜手創造美好生活。為有利於兩岸協商談判、對彼此往來作出安排，兩岸可以就在國家尚未統一的特殊情況下的政治關係展開務實探討。為有利於穩定台海局勢，減輕軍事安全顧慮，兩岸可以適時就軍事問題進行接觸交流，探討建立軍事安全互信機制問題。我們再次呼籲，在一個中國原則的基礎上，協商正式結束兩岸敵對狀態，達成和平協定，建構兩岸關係和平發

展框架。」358

　　值得注意的是，中國大陸在這裡提出的是「探討建立軍事安全互信機制問題」，還不是達成「軍事安全互信機制」的協定。2010年10月13日，國台辦發言人楊毅表示：「主張兩岸通過適當方式適時就軍事問題包括兩岸軍事部署的相關問題進行接觸交流，探討建立兩岸軍事安全互信機制，以利於穩定台海局勢，減輕軍事安全顧慮。」2011年3月，《中國的國防白皮書》再度宣示：「可以適時就軍事問題進行接觸交流，探討建立軍事安全互信機制問題，以利於共同採取進一步穩定台海局勢、減輕軍事安全顧慮的措施。兩岸應在一個中國原則的基礎上協商正式結束敵對狀態，達成和平協定。」

　　（二）兩岸軍事安全互信機制建構的困難

　　1.歷史因素與戰略環境使然。台海地緣戰略形勢是西太平洋地緣戰略架構的一環，是二戰後形成的，這一地區對抗形勢的形成已經有半個世紀之久。儘管中國大陸在崛起，但美國的作用與角色依然存在。從而台灣的實際角色也依然扮演美國對中國大陸軍力平衡的「前哨」角色。如果兩岸建立軍事互信機制，台灣與美國的軍事關係就可能產生問題。這是台灣方面非常擔心的。

　　2.台灣的安全戰略困境。一方面台方擔心：如果這樣的協定的簽訂，沒有國際的參與或者仲裁，台灣有「被矮化」的可能，特別是在「主權」層面；二是台灣的「國防安全」，一旦這樣的協議簽署使國際社會認為是兩岸之間的協議或者是中國的內部事務，台灣「安全」保障上可能面臨「去集體安全化」，其結果是，不僅「安全」問題沒有保障，而且對美武器採購都會面臨更多的問題，因為「大陸在談兩岸軍事互信機制時，往往也提到兩岸一旦建立軍事互

信機制，台灣就沒有必要再向美國購買武器，要求台灣停止軍購」。359美國也有這樣的想法，認為一旦兩岸軍事關係上接近，就考慮停止軍售台灣，至少是要削減軍售台灣的項目，其內心深處是擔心再賣武器給台灣，核心軍事科技會因此洩露到中國大陸。

3.台灣內部的障礙因素。一是1991年「動員戡亂」的終結，對台灣而言，法理上已經沒有國共內戰的存在。二是台灣軍方樹立「假想敵」的需求，兩岸交流的頻繁，台灣社會民眾難以感到國共內戰持續的氛圍，一旦建立軍事安全互信機制，台灣民眾對大陸的「心理防線」將「蕩然無存」，所以，台灣軍方對軍事安全互信機制最為反對。三是現實政治考慮，台灣內部藍綠之間難以達成共識，特別是民進黨的「反中」立場與長期教育，「台灣社會已形成一種『反中』、『恐共』思想氛圍，只信『導彈瞄準台灣』，不信人類走向和平的大趨勢及大陸領導人對兩岸和平發展大局的熱切。」360，因此，民進黨「推動的本土意識形態，正成為兩岸軍事交流、發展軍事互信機制的障礙」。兩岸互動的戰略對抗，「更可能加速催化台灣的自我認同」，所以，民進黨沒有與中共對抗的歷史情結，卻更不能放棄與大陸對抗形成的原因361。四是台灣軍方的部門利益考慮，擔心「一旦兩岸有軍事互信機制，屆時國防預算、軍事採購、軍事部署等，可能面臨調整或檢討」。362所以，吳敦義認為台灣內部「共識還沒有累積到堅定且一致以前，不可能產生軍事或政治對話的問題」。「我們目前還沒有看到，所謂可以展開軍事對話，建立互信機制或政治對話的時間表」。363

4.兩岸互信不足。不僅是兩岸之間的政治互信的脆弱，而且在軍事互信上也是嚴重不足，特別是台灣軍方認為在解放軍軍事現代化大幅上升的情況下，兩岸軍事力量已經嚴重失衡，如此之下談軍

事安全互信只會使台灣軍事力量永遠處於下風地位。吳敦義稱：「中國大陸還沒有完全消除對我任何敵意前，中華民國不可能捨棄必要的建軍和國防，甚至是必要的軍事採購。這需要彼此互信，消除敵意，後段才存在軍事互信和政治對話，現在則不存在。」364

    5.美國因素。1979年以後，「美國仍是台灣在國際上最主要的支持者，尤以台美之間的安全合作是兩『國』關係的最主要基礎」。365從而，軍事安全互信機制儘管是兩岸之間的機制，但絕非是單純的兩岸之間，牽涉到關鍵少數國家特別是美國的軍事、戰略與安全利益，導致了其複雜性與艱鉅性，所以「美國雖鼓勵兩岸有『信心建立措施』的安排，但仍希望台灣有足夠的自我防衛能力」366。美方智囊團人員甚至談到，「美國現在對於兩岸之間在軍事互信機制裡面，如果涉及區域安全的部分，會有一些疑慮，譬如兩岸共同在南海或東海護衛領土主權的話，美國現在對於這部分仍有些疑慮，不希望兩邊進行這樣的合作」367。台灣前中山科學院院長、退役海軍中將沈方枰就認為：「其實兩岸軍事互信面臨的問題，表面上是飛彈、軍售，真正背後的那隻手，一個是美國，一個是台獨」。因為現在無法擺脫美國的影響368。台灣退役中將胡築生也認為軍事互信「真正的問題，牽涉到美中台三方，關係錯綜複雜，盤根錯節，這才是最主要的問題」。開始是美、台熱、北京冷，近年是大陸熱。台北方面主張先軍事後政治。大陸堅決反對美國介入兩岸，而馬英九是希望美國介入，由於兩岸軍力的不平衡，「台灣希望得到美國的支持，讓台灣更有信心敢與大陸坐下來談」，「如果要台灣拋開美國，可能會是一個死結」。美國「官方說法是樂見其成、不介入，但是就美國國家利益而言，它必然介入」。369包宗和稱：「美國對台灣一些退休將領到大陸去交流表示關注，事實上已經影響到馬政府對兩岸軍事交流的態度」。370

（3）兩岸在軍事安全互信機制問題上的分歧

　　1.關於軍事安全互信機制的基礎問題。是否需要確立軍事安全互信機制建立的基礎與前提，這是兩岸雙方差距不小的地方，大陸方面提出了一個中國原則作為前提，台方不少人主張應該不設定前提，部分學者提出是在「九二共識」、「一中各表」下進行。所以，張亞中認為「兩岸目前最核心的差異，就是政治定位的問題。如果兩岸政治定位不能夠合理解決，即使我們有軍事互信的一些協商措施，也無法建立真正且有效的軍事互信機制」。371事實上，「九二共識」是兩岸達成的共識，也是兩岸人民間的共識，當然也是「兩岸軍人的最大公約數」，捨此，「兩岸軍人何以建立軍事互信」，「哪裡來的兩岸和平穩定」？372羅援指出：「『台獨』，島內必亂；『台獨』，兩岸必戰」。373

　　2.關於軍事安全互信機制與兩岸和平協定的優先順序問題。台方認為，兩岸軍事互信機制的議程優先於兩岸和平協議的議程，原先中國大陸提出結束兩岸敵對狀態、簽訂和平協定時所指稱的和平協議，其實就是結束敵對狀態的協定，這樣的協定相對簡單。但台方過去政策宣示是已經在1991年單方面宣布停止了「動員戡亂」，所以，只要大陸也宣布不再對台動武，兩岸的軍事衝突自然宣告正式結束，無需雙方再簽訂結束敵對狀態的協定。而自從中國大陸正式推動兩岸和平發展後所提出的和平協定，似乎是確立兩岸和平發展框架的和平協定，概念與內涵要大許多，並非單純是結束兩岸敵對狀態類的協定。以此觀之，這樣的和平協議可能是包括政治、軍事、法律、人員等多層面的綜合類和平協議，比較複雜。相對而言，兩岸軍事互信機制就純粹是「軍事方面的信任措施的制度化」而已。因此，兩岸未來似乎有必要先從軍事信任措施做起，在兩岸

軍事互信發展到一定程度後，根據兩岸與國際政治情勢的需要再考慮綜合類的和平協定。夏立平認為：台海兩岸建立軍事互信機制是一個漸進的歷程，「只有雙方在一個中國基礎上結束敵對狀態和簽署和平協定，建立軍事互信機制才能取得突破性進展」。374

3.兩岸軍事安全互信機制建立中美國因素的處理問題。台方認為需要考慮到美國的因素，美國在西太平洋（主要是台灣海峽）具有政治、軍事與戰略利益，美方的智庫曾多次向馬英九的「國安團隊」表達美國關注其在西太平洋的各方面的利益，所以，美國關注兩岸在軍事安全互信方面的任何進展，尤其不希望在兩岸推進這一歷程時美國作用的被邊緣化。中國大陸的立場顯然是立足於由兩岸自己來協商解決與處理，不希望外力的介入。

4.關於政治互信與軍事互信間的關係。克勞塞維茲認為「戰爭乃是一種政治行為的延續」，「戰爭不僅是一種政治行為，而且是一種真正的政治工具」，所以，軍事當然與政治分不開，軍事互信機制可以是一種政策工具，也可以是政治操作的工具。王高成認為「兩岸軍事與政治互信的關係非常密切。理論上來說，應該是相互呼應，因為建立軍事互信的目的也是為政治互信鋪路。參考國外的經驗，軍事互信之所以需要建立，通常都是兩個政治或軍事上矛盾或對峙的國家所發展出來的機制，用以穩定或促進雙邊關係。所以，透過軍事互信的安排，當然是有助於提升政治關係進一步發展，也就是提升雙邊政治互信」。「但在兩岸之間，這個問題有特殊之處。大陸非常堅持一定要以政治互信為兩岸軍事互信的前提」，「大陸所謂的政治互信，即是堅持一個中國的原則，反對台獨，大陸認為這是兩岸政治互信的基礎」。而台灣，「也有我們政治上的堅持」，「也要求大陸必須正視現實，要肯定兩岸對等的地

位」375。傅應川提出：「沒有政治軍事誰先誰後的問題，軍事是政治操作的工具」。376台灣中山科學院前院長、退役海軍中將沈方枰認為：「軍事永遠脫離不了政治：軍事在政治的延伸，所以，軍事互信的基礎一定是政治互信」。377張亞中也認為：「政治互信無法建立，軍事互信機制難以突破」，「政治互信是走向軍事互信的基本條件。其實政治互信不僅是軍事互信的基礎，甚而是一切互信的基礎」，「如果兩岸對於核心議題無法達成共識，軍事互信機制很難建立，即使建立也無法持久」。軍事互信必須要在有政治互信的前提下才能持續長久，但這不表示在政治互信還沒有的時候，軍事互信就不能先行378胡築生也認為：政治互信不足不是軍事互信難以建立的障礙379。應該說，政治互信與軍事互信機制確實是難以完全分開的，兩岸關係的實際情況與西方國家間的「信任措施」不同，西方可以在沒有政治互信的前提下，先行建立「信任措施」，但台灣海峽兩岸的情況恐怕不行，兩岸之間過去的軍事對立與衝突是在政治上對立的情況下出現的，不解決政治互信，沒有政治上的堅固的政治互信，軍事安全互信機制恐怕是難以建立起來的，「先政治，後軍事」恐怕是兩岸關係推進的實際。

（四）兩岸軍事安全互信機制的可能內容

1.在台灣所謂「軍事互信機制」的概念，通常指的是「信心建立措施」（Confidence-Building Measures, CBMS）。1975年簽署的《赫爾辛基最終議定書》的「信心建立措施」，是借由增加軍事活動中的透明化，試圖建立一套避免或者降低因不確定或者誤解導致衝突的架構。軍事互信機制中有諸多措施旨在借由此等措施的建立與執行，逐漸增加雙方的軍事互信，包括「宣示性」、「資訊交換性」、「透明性」與「溝通性」及「綜合性」等安全措施。因此，

其中內容應該包括：交流——透明化措施的通報情況；溝通機制，熱線聯繫；降低敵意措施——撤彈等。

　　周志傑認為：「應該讓台灣民眾認知到大陸不是台灣安全威脅的主要來源」，「從下而上的角度，從兩岸人民之間互信的角度來看，未來十年的關鍵在於，雙方應該達成一個基本的目標，這個目標在於：兩岸人民在相互投射的認知範圍內，彼此不再是安全威脅的主要來源」。因為多數台灣民眾仍視大陸為「安全威脅」的來源。此處的「安全」，除軍事政治上的意涵，亦包含人類安全的概念，比方說醫療、犯罪、詐騙、食品等，甚至在經濟層面亦有此顧慮。所以，他認為「唯有先除去不安全感才有可能建立信心，而後形成互信。所以，由下而上建立民眾的互信，累積社會互信，才有建構上層政治與軍事互信的基礎」。[380]

2.信心建立措施包括廣義與狹義。廣義指包括許多政治、經濟與環境的安排，這些措施可能與安全沒有直接的關聯，但整體上可以間接地對增進區域信心與安全有所貢獻；狹義的信心建立措施則是特指與軍事和安全直接相關的一些增進透明度、減少不信任的措施。基本上，狹義的信心建立措施與軍事互信機制的意思相近。

3.軍事互信機制是信心建立措施中重要也是核心的一環。在後冷戰時期，「信心建立措施」的許多方法被使用於國家間建立戰略關係的做法與手段，以強化彼此軍事交流與合作關係。而軍事安全互信機制是敵對國家或者對立的地區間為了減少敵意、降低緊張關係，透過區域性組織或相互間信任措施與協定等，以建立聯繫管道、公布軍事訊息等方式，確保和平與安全目標的達成。1996年台海危機後，美國柯林頓政府國家安全會議亞洲事務主任李侃如（Kenneth Lieberthal）首次提出推動兩岸軍事互信機制的安排。[381]

4.兩岸軍事安全互信機制內容。應該包括軍事人員交流、非傳統安全合作、危機管控機制、展現善意的軍事動作及建立避免衝突的行為準則等。傅應川提出：兩岸應該「有一個雙方認同的具體措施作為互動的平台與運作的規範」。夏立平認為建立軍事安全互信機制可分為3個階段：第一階段是「單邊建立信任措施和兩岸軍隊的交流」；第二階段是「在兩岸談判結束敵對狀態和簽署和平協定時，可以討論雙方建立軍事互信機制問題」；第三階段是「只有在雙方在『九二共識』基礎上結束敵對狀態和簽署和平協定後，建立軍事互信機制才能取得突破性進展」[382]。

第三章　兩岸關係和平發展制度化的路口選擇

　　推動兩岸關係和平發展制度化需要建構科學與合理的框架，需要選擇合理、可行的推進路徑，這不僅關係到兩岸關係和平發展是否穩定問題，而且關係到兩岸關係制度化建設的成敗與成效，其中增進兩岸政治互信、建立兩岸和平制度化機制、推進兩岸社會一體化工程及營造兩岸和平發展制度化建設良好的外部環境等四方面，是兩岸關係和平發展制度化建設的可行路徑選擇，至為重要。

第一節　鞏固與深化兩岸政治互信

　　海峽兩岸間的政治互信是兩岸關係和平發展的重要基礎，也是兩岸關係和平發展持續化、永久化的政治保證。2008年5月以來，兩岸間的政治互信開始有所建立，但互信的基礎還是相當地脆弱。因此，鞏固與增進兩岸之間，包括官方與民間等各層面的政治互信是確保兩岸關係和平發展持續向前的根本，既有利於確保兩岸民眾的共同利益，也有利於台海地區的和平穩定。

一、互信與政治互信的概念界定

　　何謂互信？互信是指相互之間的信任問題，海峽兩岸之間的互信應可分為廣義與狹義兩種，狹義的互信是指兩岸執政當局（包括執政黨）之間的信任問題，而廣義的互信則是指兩岸之間，包括執

政者、政黨、意見領袖、政治社會團體及人民之間的信任問題。當前一般所指的互信則是侷限於執政當局之間的狹義的定義。而兩岸之間的政治互信則特指兩岸執政當局之間在兩岸基本的、原則性的政治立場的共同點、共同基礎與共同的政治追求等，也有人將之簡化為「反對台獨」、堅持「九二共識」。當然，筆者個人以為，「反對台獨」、堅持「九二共識」只是兩岸間政治互信的核心基礎，但還不是全部，其內涵應該包括對對方的政治態度、對兩岸關係發展的共同的責任及推動「兩岸共同體」的努力等。

二、兩岸政治互信的建立及其重要性

2008年以來，台灣海峽兩岸關係之間出現難得的和平發展的歷史性機會，這機會的出現既是因為由台灣領導人選舉而開啟的台灣政局的重大而積極性的變化，也是因為兩岸雙方間在政治上確立了基本的互信。

（一）兩岸之間政治互信的初步建立

1.2005年的胡錦濤與連戰的「連胡會」以及「國共五項願景」為兩岸出現和平發展機會與建立中國共產黨和中國國民黨之間基本的政治互信奠定了基礎。在雙方簽署的「新聞公報」中，國共兩黨有三點「共同體認」：一是堅持「九二共識」，反對「台獨」，謀求台海和平穩定，促進兩岸關係發展，維護兩岸同胞利益，是兩黨的共同主張；二是促進兩岸同胞的交流與往來，共同發揚中華文化，有助於消弭隔閡，增進互信，累積共識；三是和平與發展是21世紀的潮流，兩岸關係和平發展符合兩岸同胞的共同利益，也符合亞太地區和世界的利益。五項「共同願景」是：促進盡速恢復兩岸

談判，共謀兩岸人民福祉；促進終止敵對狀態，達成和平協定；促進兩岸經濟全面交流，建立兩岸經濟合作交流機制；促進協商台灣民眾關心的參與國際活動的問題；建立黨對黨定期溝通平台。383 正是這「五項願景」與歷史性的「連胡會」，不僅使國、共兩黨「一笑泯恩仇」，而且開啟了海峽兩岸之間的政黨對話與交流，並為兩岸關係的和平發展奠定了基本的政治基礎。

2.2008年3月馬英九當選為台灣新領導人後提出了「不統、不獨、不武」的兩岸政策新主張。馬英九稱：「我的大陸政策是在中華民國憲法架構下，維持台海的現狀，就是不統不獨不武，以台灣為主、對人民有利。」384馬英九個人對「三不」政策的基本解釋是：「不統」的意思是「我不會在任內跟中共討論有關兩岸統一的問題」；「不獨」是「我們不會追求法理上台灣的獨立」；「不武」則是「我們反對使用任何武力來解決台灣問題的方案」。385 台灣學者稱：馬英九的「三不」政策表述，「旨在重申維持兩岸和平、分治、交流現狀，最終是要謀求兩岸和平發展，創造最大的共同利益386」而馬英九在當選後對國共交流及所簽署公報的肯定性的表態則使由國、共兩黨之間的共識轉化為兩岸執政者之間的共識，馬英九稱「連胡公報是重建兩岸關係的起點」，「這就使得國共兩黨互信勢將提升為海峽兩岸互信」。387

3.2008年12月胡錦濤提出的「胡六點」系統闡述的「和平發展」的思想。12月31日上午，中共中央總書記胡錦濤在紀念《告台灣同胞書》發表30週年座談會上，發表了《攜手推動兩岸關係和平發展，同心實現中華民族偉大復興》的重要演講，提出了開創兩岸關係和平發展新局面的六點具體主張，不僅對大陸提出「和平統一、一國兩治」以來的30年的兩岸關係進行了一個系統而深刻的總

結，而且提出了一系列推動兩岸關係和平發展歷程的新主張與新論述，是兩岸關係和平發展時期中國大陸對台政策的指導性綱領，對兩岸關係和平發展新局面的開創、推動建立兩岸政治互信與兩岸互動新局的建構產生巨大的推動作用。

4.兩岸兩會的制度化協商的恢復是兩岸建立基本的政治互信的標誌。

2008年6月，作為兩岸官方對話與談判的「白手套」——海基會與海協會之間交流與對話談判的恢復，則是兩岸重新確立對話基礎、恢復基本政治互信的開始。台灣方面談判代表稱：「過去十數年，兩會交流一直是衡量兩岸關係的指標，今年六月兩會恢復商談，代表兩岸的新起點」388。台灣學者也認為「兩岸回歸制度化協商將促進兩岸關係逐步朝向有利於雙方建立互信的方向發展」。389

5.兩岸關係和平發展態勢的出現既是兩岸政治互信有所建立的結果，又推動著兩岸之間政治互信的加強。香港的媒體認為，「包括大陸、台灣、香港和澳門在內的大中華地區勢必因此而開出百年未見的世紀新局」。390連戰認為兩岸越走越近是一個歷史的驅動，是大勢之所趨。391台灣海基會副董事長兼秘書長高孔廉稱：「兩岸關係是兩岸在發展過程中非常重要的關鍵因素，穩定的兩岸關係，對台灣發展有很大幫助，對大陸也有安定的作用。同時，兩岸關係也是東亞和平穩定的關鍵，在2008年6月『兩會』北京複談之後，兩岸關係有極大的改善，希望這樣的關係能持續發展，讓兩岸成為東亞和國際社會中的穩定因素。」392而即使是政治立場比較偏綠的黃輝珍也承認：「60年前那種針鋒相對、誓不兩立的鬥爭，到今天整個大局勢、大氣候，已經朝向『和』與『通』的方向

發展:『和』就是和平,『通』代表溝通、交流與合作。」這當然是源於兩岸各自內部出現大變化、國際局勢出現大重組的結果,是歷史規律發展的趨向。393

(二)政治互信對兩岸關係和平發展十分重要

1.民進黨執政8年的兩岸關係是「政治關係敵對,民間交流熱絡」,「兩岸官方欠缺直接對話管道,又無法透過仲介機構制度化協商,雙邊在主權宣示與管轄權的行使上出現高度落差」。394其緣由則是兩岸間缺少最基本的共同的政治立場與基本的政治互信。

2.2008年以來四年多的兩岸關係發展的事實則證明,兩岸政治互信對兩岸關係的和平發展十分重要。林碧炤認為:「兩岸關係的機會期還是繼續存在,其中最關鍵的因素是雙方決策階層的互信不斷地提升,這對於和平氛圍的形成有相當大的助益。」395兩岸政治互信的建立由2008年四月中旬博鰲論壇的胡錦濤與蕭萬長的「蕭胡會」正式開始,它「是兩岸分裂分治以來最高層級的在位領導者之會晤,396會晤中蕭萬長提出「正視現實、開創未來、擱置爭議、追求雙贏」的16字箴言,胡錦濤總書記提出了「四個繼續」:將繼續推動兩岸經濟文化等各領域交流合作,繼續推動兩岸週末包機和大陸居民赴台灣旅遊的磋商,繼續關心台灣同胞福祉並切實維護台灣同胞的正當權益,繼續促進恢復兩岸協商。4月底胡錦濤總書記在會見連戰時再度提出了「建立互信、擱置爭議、求同存異、共創雙贏」的16字箴言。可見,互信,特別是政治互信對兩岸關係和平發展是何等的重要!

其一:兩岸政治互信是兩岸關係和平發展的前提與基礎。民進黨執政時期,由於陳水扁當局瘋狂追求「台獨」意識形態,其對大陸政策出爾反爾,致使兩岸間沒有任何互信可言,更使兩岸關係陷

人緊張與僵持局面。馬英九執政後，承認「九二共識」，堅持推動兩岸關係的和平穩定，兩岸間政治互信的建立為兩岸關係的和平發展奠定了基礎。

其二：兩岸政治互信是兩岸關係和平發展的根本保證。兩岸間有了基本的政治互信，才有和平發展的新局面；兩岸間有了能夠不斷增進的政治互信，和平發展的新局面才能不斷地向前發展，並不斷地得到鞏固；兩岸間的政治互信不斷地發展，兩岸軍事互信、安全問題等也才能得到有效的、妥善的處理與解決。

其三：兩岸政治互信是兩岸各方面交流的政治基礎。兩岸由於長達60年的分離，各自的發展道路不盡相同，政治理念與觀念等差異頗大，因而在即使是經濟、民間與社會乃至文化的交流交往中，難免都會存在差異與問題，經濟交流與合作甚至受到政治因素的影響，因此，兩岸政治互信也是兩岸經濟合作、人員往來無法迴避的問題。

其四：兩岸間的敏感問題需要雙方共同來探討與協商解決。特別是台灣民眾關心的「國際參與」，過去一直是兩岸爭議的焦點所在，也是非常敏感的議題，因為兩岸之間有了基本的政治互信，所以，台灣的「國際參與」不僅有所進展，而且有助於互信加強，邵宗海認為：馬英九的「『活路外交』政策讓兩年來兩岸之間不再在『邦交國』的業績競爭上互挖牆腳，而且也厚實了兩岸『政治互信』的基礎」。[397]

三、兩岸間的政治互信的脆弱及其原因

兩岸之間的政治互信雖然有所建立，但也需要承認，這種政治

互信還是相當地脆弱,基礎並不雄厚,也不扎實。

(一)兩岸長期對立形成的結構性矛盾

兩岸過去60多年的分離、衝突與對立所累積起來的結構性的矛盾,因為長期對立與對立下的教育所形成的對立性的社會心理,都不可能在短短的幾年中完全化解,加上兩岸事實上的100年的分離,發展道路的不同,在制度與價值觀方面存在較大的差異。

(二)兩岸關係處於和平發展「初級階段」

兩岸目前尚處於「先經濟」的階段,政治議題還沒有提上議事日程,特別是馬英九團隊的「兩岸政策基本上採『政經分離』思維」,因此,有台灣學者提出:「在國際社會不願台海衝突,以及北京當局謀求『和平發展』環境下,兩岸關係無疑將經歷一段蜜月期。在經貿領域、經貿關係正常化將創造更大的經濟利益,且能共同分享,『共創雙贏』的局面,可能使兩岸經濟交流規模持續擴大,兩岸經貿關係更趨緊密。然而,在政治領域裡,互補互利的議題幾乎沒有,多的是零和博弈關係,兩岸關係的蜜月期可以持續多長,客觀而言仍待觀察。」[398]其理由是由於馬英九「推動兩岸關係的藍圖,強調優先處理兩岸經貿關係正常化問題,再討論『台灣國際空間』和『台海安全』等兩大子議題」。而「兩岸經貿關係正常化所涉及利益是共同的,雙方都有共識,較容易達成,但台灣國際空間及台海安全問題,迄至目前兩岸仍缺乏共識,看來還有很長的路要走」。[399]

(三)台灣藍綠力量在兩岸政策上對立性

台灣內部藍綠政治力量在兩岸政策上存在巨大的分歧也將影響兩岸政治互信的發展。「台灣社會兩極分化終究是兩岸關係穩定發

展的變數」400，黃輝珍認為，「台灣內部面對兩岸關係巨大變化的嶄新局面，源於背景不同、立場互異，加以利益結構因此大幅調整，思想意識因此深刻變換，在政治上難免出現糾葛於歷史與現實的生態激盪」。對於兩岸關係的和平發展，由於「大多數台灣人民普遍有程度不一、或多或少的適應不良問題，潛伏著一種又新奇又疑惑的不安情緒」401。

（四）兩岸交流與認同失調之間的矛盾比較突出

過去人們認知上的一個盲點就是認為「擴大交流、深化交流就是認同」。而「事實上是認知失調的現象十分普遍，而不是互相認同的增加」。

所謂「認知失調」，是「一個人原先的認知，不可能因為新的反例增加而改變自己原先的認知，有時反而會自我強化原先的認知」。402楊開煌認為：兩岸認同問題「是當前兩岸關係中最關鍵的問題」。民族和國家的認同是在近代國家成立的過程中和國家成立之後，經由社會化的管道建構起來的。當認同被建構之後，反過來就成為民族或者國家的情感因素。1895年台灣被日本佔領後，「兩岸之間的認同出現了同民族不同國家的矛盾」。為了重建兩岸之間共同的認同，楊開煌提出：一是重回民族認同是兩岸互信的基礎；二是中國認同是兩岸關係穩定的基礎；三是認同的轉變是兩岸關係質變的基礎403。而隨著兩岸「大交流」時代的來臨，兩岸民眾之間接觸的增多對彼此的瞭解無疑具有非常正面的作用，但需要看到的是，彼此瞭解可能有助於彼此差距的縮小，但也可能會擴大彼此間的認同上的分歧。2009年10月10日馬英九在其「挑戰中成長，重建中進步」的演講中也承認：「兩岸的疑慮不可能旦夕消弭，需要雙方正視現實、循序漸進、擴大互信、求同化異」404。

四、如何鞏固與增進兩岸政治互信

（一）鞏固共同基礎、堅持「反獨」立場

鞏固與加強兩岸共同的政治基礎十分必要，即鞏固兩岸堅持的「九二共識」共同政治基礎。「九二共識」的核心是堅持一個中國原則，反對「台獨」。因此，維護與鞏固兩岸均堅持的「九二共識」的共同政治基礎是兩岸雙方建立與鞏固互信的根本基礎，也是兩岸政治關係在2008年5月20日後走向和緩的基本前提，只有以「九二共識」為基礎，兩岸和平發展的制度性框架才能穩固地建立起來。大陸學者認為「現在兩岸之間的互信還很不充分，但已形成的互信卻是十分關鍵的因素，不僅成為過去兩年來，兩岸關係和平發展的基礎，而且是兩岸關係進一步更持續地和平發展的前提」。[405]台灣媒體認為：無論是台灣領導人「訪問中國大陸，還是兩岸簽署和平協定，都需要能夠有一個堅實的基礎與成熟的環境」，包括「兩岸簽和平協定，須先建立互信」。[406]目前兩岸已經在承認與堅持「九二共識」的基礎上達成一致，這是四年多來兩岸和平發展的根本保證。因此，兩岸雙方有必要繼續堅持這一共同的政治基礎，毫不動搖地堅持這一政治基礎。兩岸都需要堅持反對「台獨」的政治立場，兩岸都需要警惕與遏止「台獨」分裂勢力的可能反撲，毫不動搖地堅持反對「台獨」的政治立場，需要把反對「台獨」作為兩岸一項共同的任務與工作，尤其需要指出的是，「反獨」的共識是2005年列入國共五項「遠景」的內容之一，而五項「遠景」也是馬英九當政後列入國民黨政治綱領中的重要內容。但令人擔憂的是：台灣方面在堅持一個中國的原則立場上出現了態度不堅決、立場有所鬆動的跡象，呈現出把「九二共識」解讀為「一中各表」的越來越強烈的傾向，甚至把「一中各表」與一個中

國的原則相剝離，片面地強調「中華民國」存在的事實，更把「中華民國」與台灣畫等號，「台灣當局對『九二共識』的這種認知，必然將對兩岸關係和平發展構成障礙」。407另外，台灣執政黨對於反對「台獨」的政策立場已經變得異常的模糊，在標榜「尊重民意」、「尊重自由」的思維下，不敢旗幟鮮明地表明反對「台獨」的政治立場。須知，正是大陸多年來堅決的反「台獨」與國民黨過去堅持「一中」、反對「台獨」的政治立場，才維護了國家主權與領土的完整，才使兩岸和平發展成為兩岸的主流民意與發展趨勢。

（二）把握和平發展主題，共同破解難題

兩岸需要共同把握與推動兩岸關係和平發展的主題，共同把和平發展作為發展兩岸關係的重點，在和平的前提下推動兩岸的共同發展，在兩岸共同發展的基礎上進一步求得和平。其中，對一些已經在影響兩岸經濟、文化、社會等交流的政治問題及兩岸關係和平發展中無法避免的政治問題，還是需要通過雙方間的交流、溝通意見，尤其是兩岸的智囊團與學者在「易位思考」中務實地面對客觀存在的政治難題，目前能夠迴避的，給予迴避，目前不能夠迴避的，雙方坐下來設法解決，如果不能取得終極解決方案，就採取階段性的、過渡時期的解決辦法給予處理。

（三）尊重兩岸現狀，尊重對方關切

雙方都要避免觸及與挑戰對方政治上敏感的議題與領域，雙方都需要致力於求同存異，也要致力於求同化異、化異求同。2009年中發生的「達賴喇嘛訪台」與「熱比婭事件」，顯示兩岸之間的結構性問題相當複雜。其根由則是「台灣人民歷經李登輝到陳水扁十餘年的『拚外交』洗禮，已經對於國家主權和國際空間的爭取觀念根深蒂固。這樣的民意訴求，一方面可能成為馬、蕭應對中國的籌

碼，反過來也會成為雙方謀求進一步發展的掣肘」。408 2012年3月23日吳伯雄在北京與胡錦濤的會晤中的表態：意在透過國共平台，向大陸承諾未來4年馬英九與國民黨將與大陸共同維護共同的政治基礎，強化政治互信，這是比較積極的進展。

（四）認知客觀矛盾，排除外來干擾

需要正確認知與正視和平發展時期兩岸關係中存在的問題與矛盾。有學者認為，「經大陸改革開放三十年之後，兩岸關係的最主要矛盾已清楚可見是繫於雙方在政治文化上仍難跨越、且甚可能越發疏離的鴻溝以及由此衍出的最基本衝突：一面是陸對台的領土意識，另面是台的主權（或主體）意識。這兩種意識的衝突，恰構成兩岸無法形成國家認同的根本障礙。在過去六十年乃至百十多年以上的歷史中，兩岸非但不成命運共同體，長期反成命運對抗體」。409陳雲林訪台所舉行的「江陳會」及簽署的協議，為兩岸的共同發展奠定了互利雙贏的物質基礎，但這物質基礎是需要讓台灣民眾能馬上得益與感受得到的。尤其是民進黨的許多支持者來自中南部，是經濟上的弱勢者，對於「三通」的效果會採信綠營的說法，也就是認為三通後台灣經濟會更加衰敗，失業會更為嚴重，自然產生了強烈的危機感。因此，兩岸和平發展的態勢與台灣經濟不能「馬上好」間的落差須引起充分注意，並採取措施給予解決，要讓台灣民眾盡快享受到兩岸間和平發展的「紅利」。

（五）開啟政治對話，推動兩岸治理

1.要運用好既有的國共對話平台。馬英九執政後，「三年來國共交流的成果，原來沒有公權力做後盾而流於紙上談兵，一夕之間，成為新政府研擬對中國大陸政策的重要參考依據，國共政黨交流為兩岸政治關係之發展奠定了基礎」。410國共平台的建立對兩

岸關係和平發展局面的促進功不可沒。所以，連戰也認為從2008年開始，吳伯雄連續5次率領國民黨代表團到北京與胡錦濤總書記會晤，「大家都認為這樣一個聯繫的管道得來不易，一定要維繫下去」。411同時需要正確處理好國共兩黨平台與兩會對話管道間的不同角色與功能，以發揮各自不同的角色與作用。

　　2.考慮推動建立「中華共同體」。兩岸應該設立共同性的委員會，由功能性整合開始，如救災共同委員會等，最終無論在制度化還是社會意識上都逐漸形成「中華共同體」或「兩岸共同體」。需要正視的是，2008年後，「在政治和民族上的異己關係並沒有轉變的跡象。從馬英九的教育、文化政策與整體發展方向戰略規劃中，也沒有看到要強化兩岸認同的這一塊」。即馬英九「也接收了李、陳的主體論述，以強化台灣主體性，不統、不獨、不武做為兩岸關係的基調。」「台灣主體性」已經被轉換成為一種政治論述。因此，「如何增加兩岸之間的認同，如何強化兩岸都是中國一部分的認同，是一項刻不容緩的工作」。412「兩岸共同體」的建設有助於開啟兩岸共同的政治參與。「沒有參與就難有認同」，這是認同的基本道理。通過推動兩岸共同治理，如將福建平潭的開發定位成「兩岸共同體實驗特區」，將「平潭可以做為兩岸和平發展期（或者可以說是統一前）的政治實驗區，它的政治實驗不是統一後的『一國兩治』，而是統一如的『兩岸共同體』413」也許就是一個值得思考的方向。

　　3.開啟兩岸「和平論壇」。目的是為兩岸政治互信的鞏固與增進提供智力支援。目前兩岸間儘管有「國共平台」、兩會管道、海峽論壇等，溝通管道不少，但真正能夠屬於專門探討兩岸政治議題的高層、多方面參與的論壇不多。因此，有必要啟動2005年「連胡

會」時就提出的「兩岸和平論壇」。

第二節　建構兩岸和平制度化的機制

　　台灣海基會副董事長兼秘書長高孔廉在2008年提出：「未來四年將是兩岸關係發展的關鍵時期。綜合經濟合作協定的簽訂，與兩岸和平協定的協商將是未來發展的關鍵。這樣做，一方面可以避免台灣被邊緣化，透過兩岸經貿正常化，追求兩岸經貿雙贏。另一方面也透過軍事互信機制，建構兩岸和平發展框架。」[414]高孔廉有關兩岸和平發展的主張不僅談及到兩岸經貿，而且涉及了兩岸軍事關係與和平協定，應該說是點到了兩岸關係和平發展制度化建設的關鍵與核心。而和平制度化的途徑是進行政治對話與談判，基本內容則包括領導人會晤與互訪、和平宣言或和平協定的簽署以及軍事安全互信機制的建立等。

一、兩岸政治談判面臨的困難與挑戰

　　楊開煌指出：兩岸政治談判的真正難題是兩岸關係的內外結構，外部結構的主因是美國因素，而「內部結構的主因是民進黨因素」。[415]應該承認，兩岸之間之所以至今沒有真正展開政治對話與談判，其中面臨的困難與挑戰確實不少。

　　（一）馬英九團隊對政治談判的顧忌

　　1.馬英九團隊對大陸政策中有關統一目標的淡化。應該說，2008年以來馬英九團隊對大陸政策的基本目標是兩岸和平，這是兩岸關係出現和平發展的重要原因，和平是硬道理，只有兩岸和平，

才有兩岸繁榮，也才能為兩岸的和平統一奠定基礎。但需要指出的是，馬英九團隊的最終目標——統一，一直在刻意地被淡化處理，包括馬英九提出並一直在強調的過於簡化的「三不」（「不統」、「不獨」與「不武」）政策，使馬團隊的對大陸政策只注重於經濟層面而忽略了政治層面。其中代表性言論是賴幸媛的「七項核心利益」說。2010年12月6日，賴幸媛在「兩岸互動與東亞權力關係研討會」上，首度提出了這一核心利益說。包括：一是「民主」，她說這是「台灣首要的核心利益，民主更是面對兩岸關係的基本前提」；二是「主權」，她認為「台灣人民享有主權國家國民應享有的一切權利與義務」；三是「安全」，她提出「中國大陸應該主動撤除對台的武力部署」；四是「對前途的選擇權」，她認為「台灣未來的前途應該由2300萬人民做出民主、自由的選擇」；五是提出「有意義的參與國際空間的權利」；六是所謂「不被歧視的權利」，「有權享有公平競爭的貿易環境，包括參與區域經濟整合的權利，以及與主要交易夥伴國商簽經濟協議的權利」；七是提出「弱勢者的生存權利」，「承諾台灣傳統產業、農業、勞工，有受保護、不被犧牲的權利」416。

　　賴幸媛提出的主張顯示國民黨的「大陸政策趨於忽視兩岸和平利益，偏離求同存異原則」417，「就兩岸終結統一而言，『台灣核心利益論』遠較民進黨的台獨論述傷害更深」，因為其七條件是「以民主、主權、安全、歧視的抽象核心衍生具體的統獨選擇權、國際空間權、弱者生存權。無論是抽象或具體，每一條件均堪與民進黨的台獨訴求媲美」。418該論述有兩大基本背景，一是2010年一年來中國大陸與美國的戰略摩擦和角力；二是國民黨五市選舉中選票的流失。國民黨反思的結果是提出這一主張，事實上是錯誤地解讀了選票流失的原因。台灣《聯合報》社論甚至提出這是因為在

兩岸政策上政治上一手過硬的原因。其實，國民黨真正的隱憂是不敢提出統一的目標，從而「在兩岸問題上缺乏明確的方向和遠大的理想，難以激發選民的熱情和希望」419。應該強調：統一是兩岸共同的責任，推動兩岸關係和平發展，不能不面對兩岸關係的終極目標問題。「兩岸關係的和平發展必須要以共同的方向為前提和基礎，沒有共同方向的和平發展既不長久，也不穩定」。需要兩岸確立共同的統一目標與統一方向等。而馬英九團隊在統一目標上的淡化，當然也就直接影響到其對政治協商的態度。

2.馬英九團隊對政治協商認識上的若干誤差。其中包括：

其一：政治協商「不急論」。認為經濟工作千頭萬緒，文化、社會等交流中存在著一系列問題需要處理，需要分優先、輕重、緩急。事實上，歷經2008～2012年間四年撥亂反正後，需要正視兩岸經濟合作中面臨的政治問題了，政治分歧不解決、不處理實際上就在影響兩岸的經濟合作與社會融合。

其二：條件「不具備論」。即認為兩岸政治協商的條件目前還不具備，包括認為大陸還沒有真正地面對「中華民國」的政治地位問題，必須釐清兩岸之間的政治定位是什麼的問題。應該說，條件是需要去創造的，沒有條件是天生的，或者說是客觀存在的。馬英九團隊推動ECFA協商初期，在台灣內部的支持度不到四成，正是在馬英九團隊大力宣導下，支持ECFA的民眾才超過6成，成為主流民意。民意如流水，民意也是可以引導的。如果以中國大陸沒有面對「中華民國」為理由來拖延政治談判，實在是將此問題當作「前提」而非政治談判的「議題」，大可不必。兩岸政治定位問題其實完全可以模糊化處理。

其三：選票基礎「不足論」。即認為2012年1月14日馬英九當

選的選票領先程度不及2008年的221萬票,只有80萬,國民黨在「立法院」中的席次也沒有第7屆多,所以,在推動上存在困難。實際上,只要馬英九連任成功,只要國民黨的席次在立法機構超過半數,就是馬英九與國民黨的完全執政,也就取得了台灣多數民意的授權與支持。

其四:政治談判「陷阱論」。擔心大陸引誘台方進入政治談判,一旦進入便不能自拔,退無可退。甚至有人提出:因為江澤民、胡錦濤的多次談話均提到「在一個中國的原則下」平等協商,終止兩岸敵對狀態,簽署和平協定。所以,兩岸一旦談和平協議就是台灣承認了一個中國的原則,就是在「主權」問題上讓步,就是台灣去「附和」了大陸的提議。

其五:和平協議「洪水猛獸論」。民進黨前主席蔡英文在馬英九提出未來10年台灣面臨簽署兩岸和平協議問題時,就公開批評馬英九的這個構想未經深思熟慮,會使台灣面臨四個危險:「犧牲台灣主權、改變台海現狀、危及民主價值、破壞戰略縱深」。

其六:國際社會「不支持論」。認為美國要「重返」亞洲以遏止中國大陸「崛起」,「兩岸關係是受國際影響的互動關係,包括美國與中國的競合關係,及日本基於在亞太地區戰略上的考量,對兩岸關係變化的態度,這些因素都會牽動兩岸互動的質與量」。420這樣的觀點實際上是錯誤地理解了美國與中國大陸在戰略上既競爭又合作的關係,把對抗性看得過重,把合作層面給忽略了。

(二)民進黨的一味反對

在兩岸政治談判問題上,民進黨採取了反對的基本立場,這既是民進黨「逢中必反」傳統思維所然,也是因為其一貫的「政治掛

帥」的必然反映。其實，正如民進黨人士所強調：民進黨所面臨的「政治掛帥與經濟發展的尖銳矛盾，已經愈來愈明顯」。因為「面對中國經濟崛起，以及無從逆轉的兩岸交流，台灣已走到必須重整國安論述的關鍵時刻。如何走出『政治高於經濟、安全高於發展』的泛政治化思維，邁向『經濟就是政治、發展才能安全』的新國安思維，是朝野須共同努力的方向。總之正視中國經濟崛起，攸關台灣生死存亡。唯有保持國際競爭力領先，台灣才能確保可長可久的未來」。421此外，民進黨因反對黨身分所產生的反對立場，反對由國民黨與中國大陸談政治議題，並非反對談判的具體內容，因為民進黨認為在野黨的政策立場及做法是為了反對而反對。

（三）台灣民意的不理解

在國民黨過去長期的「反共」教育下，台灣不少民眾對中國大陸缺乏瞭解，甚至產生敵視與敵對的政治立場，談政治色變，似乎兩岸談政治就是談統一，就是談「一國兩治」。特別是台灣社會中「對主權流失的戒懼」422似乎談政治就是放棄「主權」。其實，正如郭正亮所指出：「不管是對主權流失的戒懼，或是對保密防諜的警覺，都是政治掛帥的國安意識」。繼續堅持這樣的思維，「不斷激發人民的憤怒恐慌，並無助於台灣解決兩岸交流困境，還可能使台灣更難因應迅速崛起的中國經濟挑戰」。423為此，周志傑認為「台灣人要擔心的不是大陸如何利用內外形勢與資源來影響台灣，而是台灣人如何在大陸的經濟改革，以及近來溫家寶總理強調『至死方休』的政治改革上，分享自身的經驗，發揮影響力，協助大陸社會力的持續解放與和諧社會的建構」424。

（四）台灣內部尋求共識的困難

台灣內部由於藍綠的高度對立，包括民進黨支持者一部分人的

「台獨」意識形態因素，在兩岸政治對話與談判等議題上的歧見相當大，加上受到選舉政治的影響以及週期性選舉的影響，對政治議題的協商不敢碰觸，唯恐失去選票支持。

（五）國際的氛圍不利

以美國、日本為首的國際社會對兩岸的和平統一確實存在著疑慮與不安，擔心因兩岸的統一而影響其國家利益，特別是美國也一直視台灣為其「盟友」，甚至是美國在「亞洲的民主典範」。應該承認，美國因素是兩岸不能和平統一、甚至不能進行政治談判的外在障礙之一。但其實，美國對兩岸開展政治對話並非完全排斥，美國也公開地鼓勵與支持兩岸進行經濟、政治等方面的對話，因為這樣的對話實際上有利於台海兩岸與亞太地區的和平穩定。

二、兩岸政治對話與談判勢在必行

（一）兩岸政治對話早就展開

2012年4月2日，吳敦義在海南博鰲會議期間提出兩岸要進入政治對話，必須有三個條件：一是兩岸彼此累積足夠的誠意和善意；二是台灣內部一定要達成更強、更高、更一致的共識，「這項特別重要，因為如果這個條件不能做到，對話過程是不會順暢的」；三是「當以上兩個要件接近成熟，還需要民意的支援。」「接受立法院的監督」[425]。吳敦義的三「條件說」實際上反映了馬英九團隊對兩岸政治談判的基本心態與立場。但其實，兩岸政治對話早就展開，政治人物之間的對話難道不就是政治對話嗎？

1.1998年10月14日，海基會董事長辜振甫率團訪問上海，下午在和平飯店8樓和平廳與海協會會長汪道涵進行了會晤。會後，時

任海協會常務副會長的唐樹備在媒體記者會上宣布：「兩岸政治對話，剛才在和平飯店的8樓開始了！」儘管事後台灣海基會將辜汪上海會晤不稱之為「政治對話」，而是定性為「制度性對話」，但次日汪道涵與辜振甫在新錦江4樓的茶聚達成的四點共識中，其中第一點就是：兩會決定進行包括政治、經濟在內的對話，對話的具體安排由兩會負責人另行安排[426]。其後，辜振甫一行訪問北京，時任中共中央總書記江澤民接見了辜振甫一行。台灣《聯合報》在描繪10月18日江澤民、錢其琛會見辜振甫一行時，用了「達到首次面對面政治對話的高潮」的描述[427]。

2.陳雲林訪台具有政治意義。2008年11月陳雲林赴台北參加第二次「江陳會」並與馬英九會晤，這是一個歷史性的訪問，是1949年以來的60年中大陸官方授權最高級別政治人物訪問台灣，是兩岸關係發展中新的里程碑，標幟著兩岸政治關係向前邁出了可貴的一步。所以，江丙坤說：「11：58陳雲林踏上台灣寶島的土地，這一刻不只台灣民眾在看，大陸民眾在看，全世界都在看，這是歷史的一刻。在兩岸交流史上，這一刻整整花了六十年。在台北舉行會談，是兩會成立以來歷史性的一刻，也是兩岸和平、經濟雙贏重要的一刻。」香港媒體的報導是：「在北京的政治布局中，只要陳雲林去了，踏上寶島了，就是在兩岸關係和平發展問題上樹立了一座里程碑[428]。台灣《聯合報》社論稱：「這是六十年來深具里程碑意義的兩岸大事」。[429]特別是11月6日陳雲林與馬英九歷史性的「陳馬會」是富有政治意涵的，不論從現實政治與歷史歷程的角度來看，都是六十年來兩岸交流的盛事。[430]「標幟著兩岸關係已然演進到一個新的層級，在某種程度上講，長遠的象徵意義更大於眼前的具體內容」。[431]

3.兩岸領導人博鰲會晤。2008年4月新當選的台灣副領導人蕭萬長以兩岸共同市場基金會最高顧問的名義出席博鰲論壇，並與胡錦濤總書記會晤；2012年4月初，新當選的台灣副領導人吳敦義同樣以兩岸共同市場基金會最高顧問的名義出席博鰲論壇，與李克強進行會晤。無論是「蕭胡會」還是「李吳會」，談論的主題都是經濟，不談政治，當然不是政治對話，但卻是兩岸高層政治人物的對話，不是政治，凸顯了政治。

（二）政治對話與談判有利於鞏固兩岸和平發展的局面

1.兩岸展開政治對話，有利於破解兩岸關係發展中實際存在的政治難題，有利於打破兩岸政治僵局，實現雙贏，也有利於鞏固與深化和平發展的局面。

2.兩岸展開政治對話，有助於深化兩岸經濟合作。政治對話可以為解決兩岸之間的各種經濟合作問題提供更加堅實的基礎與保障，進一步造福兩岸人民。兩岸關係發展，衍生出大量的法律與政治問題需要解決，需要借助於政治對話機制的建立求得解決。台灣學者李英明就認為：「從兩岸關係的發展過程來看，不可能存在不涉及政治的純粹的經貿關係的發展」。「兩岸關係在一定意義上就是從將政治與經濟進行一定程度的分離，並通過兩岸經貿發展效益來緩解和帶動兩岸的政治關係。兩岸政治關係本身就是兩岸經貿關係發展的題中之意」。李英明甚至強調：「兩岸絕不可能忽視兩岸政治關係的重要性，政治與經濟是『一個銅板的兩面』，兩岸不發展政治關係，就不能保障兩岸經貿關係的成果。」[432]事實上，兩岸經濟議題協商的由易入難，需要雙方不斷地維護、鞏固與深化政治互信作保證。

3.兩岸政治對話的有利條件已經具備。一是經過4年的和平發

展，兩岸政治對話與談判的基本條件已經具備，支持兩岸關係和平發展的台灣民眾占絕大多數，馬英九連任的重要原因是推動兩岸關係和平發展政策，從而取得了多數民意的支持；二是未來近3年台灣沒有選舉因素的干擾，馬英九完全可以與能夠大膽地推動兩岸政治協商歷程，「國民黨的再度執政，是兩岸關係發展中的積極因素，在國共合作的基礎上，為兩岸關係創造新的互利雙贏局面」。433三是台灣民眾對大陸的負面印象在逐漸改觀，通過享受和平發展的成果與利益，台灣民眾實際上支援兩岸進行平等的對話與協商；四是兩岸之間的政治互信初步建立，通過4年的交往，兩岸執政當局彼此間有了基本的互信與建立了交往的基本規則。

4.兩岸政治議題的協商難以迴避。兩岸和平發展的鞏固與持久需要政治對話的路徑的推動和落實，連民進黨前主席蔡英文也表示了「在不設前提的情況下願與大陸對話」。尤其是經濟先行、政治停滯的協商程式有可能讓和平發展的機會不能被充分發揮作用，所以，正如李英明所指出：「事實上，儘管兩岸之間先經後政的主旋律依然未變，但有識之士都希望改變『政治』停滯的局面」。434

（三）兩岸政治對話與談判無法迴避

1.在兩岸關係步入和平發展的軌道與兩岸呈現大交流局面的情況下，兩岸關係面臨著諸多的困難與挑戰，需要通過政治談判給予處理。兩岸間的矛盾表現在：一是兩岸之間固有的歷史性的分歧一直沒有通過協商得到解決與處理；二是長期存在的結構性矛盾，包括「台灣當局政治地位」、台灣的「國際參與」和兩岸之間「軍事安全」問題等，一直沒有能夠有所緩解；三是兩岸民眾之間彼此認同的缺乏影響了兩岸的交流與融合。所以，張五嶽認為兩岸「簽和平協議比中樂透難」，但兩岸進行政治對話無可避免，觸及政治議

題難以迴避。435楊開煌也認為美國的「棄台論」出現是進行政治談判的有利因素,「國民黨應該考慮的是,和平協定與政治談判是兩岸關係無從迴避的議題」。436

　　2.馬英九當局對政治談判的顧忌過於妄自菲薄。蘇起日前撰文認為:「未來台灣不可能一直迴避兩岸關係中的政治問題」,「台灣必須有信心與大陸展開全方位交流,儘量拋開過去一些不必要的顧忌。兩岸隔離上百年,今天雖認識但仍不夠瞭解對方。近年經驗告訴我們,自以為是的過度期待或過度疑慮都不利於兩岸關係的和平發展。所以交流絕對有助於雙方更瞭解對方的想法與疑慮,減少誤解與誤判,進而有利於將來各種議題(包括政治議題)的談判」。437蘇起的分析與判斷切中了兩岸關係中政治談判的核心。

　　3.兩岸政治對話十分必要。需要改變兩岸關係中「政治停滯」現象,讓政治對話與經濟、文化、社會整合並行,為經濟、文化與社會整合注入政治動力,提供可靠保障。台灣中華徵信所總經理張大為認為:「兩岸交流的發展,越來越凸顯制度性障礙制約,需要兩岸當局公權力的互動協商。」438楊開煌指出:「兩岸關係已經不得不進行一些『中層政治』的行政交流」。其表現是兩岸的官員,可以非官員的身分,直接見面、會晤與談判。「有可能從經濟互信、文化互信,逐漸向所謂行政互信發展,這也有助於未來政治互信的建立」。439

　　(四)兩岸政治對話與談判路線圖

　　該如何開啟兩岸政治對話與談判?筆者認為以下路線圖可以思考:

　　1.鞏固彼此政治互信。如前所述,通過兩岸政治互信的鞏固與深化,增強彼此間的信任度。其中,包宗和提出通過客觀表述歷史

特別是國共抗戰史有助於兩岸政治互信。440

2.增強政治對話動力。通過兩岸和平發展，通過和平發展成果更多地惠及兩岸民眾特別是台灣民眾，增強台灣民眾對兩岸關係和平發展的支持，包括對開啟政治協商的支援，用既有成果去鞏固和強化和平發展趨勢。

3.「二軌先行」、「學者嘗試」。兩岸智囊團與研究人員可以先進行政治對話與談判的研究與接觸甚至共同研究，做對話的前期準備工作。

4.「機制先建」、「問題後談」。先行協商建立兩岸政治對話的制度與機制，對話的議題可以根據雙方的意願來協商確定。

5.政治對話先行，政治談判隨後。考慮到台灣民眾對政治談判的若干心理恐懼，考慮到台灣若干政治人物擔心政治談判難以產生立即的效果而影響彼此互信，可以從政治對話開始，不設定對話一定要達成的目標，嘗試進行，等取得一定成果與經驗後再推動政治談判。李英明提出了兩岸談判的「漸進調適」策略，認為這是「兩岸雙方治理兩岸關係的發展策略」，通過不斷探索進行不斷調適：一是「兩岸必須繼續擱置政治爭論，避免沉淪於爭正統、爭主權的衝突漩渦中」；二是「以兩岸經貿關係的成效作為槓桿，設法以彈性和靈活的方式，賦予雙方原有的原則以新的內容，使之適應兩岸關係的深化發展的要求」；三是「在兩岸經貿發展的成效為大多數人所接受時，不失時機地建構兩岸對等對話溝通的平台」。441

三、兩岸和平制度化機制的內容與步驟

（一）兩岸和平制度化機制的基本內容

1.兩岸高層領導人的會晤與互訪。推動兩岸高層領導人互訪,高層領導人平等互動的常態化與制度化,「會極大地增強台海安全的保險係數,提高偶發危機的處理能力」。442

2.兩岸和平協定的簽署。通過協商,在達成共識後簽署兩岸和平協定。

3.兩岸和平宣言的協商與公布。如果兩岸和平協議的協商與簽署存在困難,也可以先行推動兩岸和平宣言的發表。

4.兩岸軍事安全互信機制的推進與建立。通過「二軌」對話、雙方退役將領互訪及海上救難等由低到高的互信措施的落實,推動兩岸軍事安全互信機制的建立。

(二)兩岸和平制度化機制的推進步驟

馬英九團隊目前考慮兩岸關係發展的路線圖是「先經後政、先政後軍」,經濟、文化、政治、軍事四個議題有限性的優先順序。好處是某一議題成功處理的外溢效果,可作為條件的讓步效果。但其實,四個議題猶如車的四個輪子,不應該是先後,而是同時並進,「難易並進,政經並行」。

應該說,無論是兩岸高層領導人會晤、互訪還是和平宣言的發布或者是和平協定的簽署,乃至於軍事安全互信機制的建構,基本上可以哪個條件成熟、哪個先推動進行,不存在必須哪個先行、哪個後進的問題。關鍵取決於兩岸雙方的評估及立場是否取得一致。

四、簽署和平協議或發表和平宣言

(一)胡錦濤首次提出簽訂「和平協議說」

1983年6月26日,鄧小平在會見楊力宇的談話(史稱「鄧六條」)中表示:「要實現統一,就要有個適當方式,所以我們建議舉行兩黨平等談判」,「雙方達成協議後,可以正式宣布」。顯然這裡的「協議」是指和平統一的協定,不是「和平協定」。

1995年1月30日的「江八點」中第三點有關兩岸和平統一談判中「提議,作為第一步,雙方可先就『在一個中國的原則下,正式結束兩岸敵對狀態』進行談判,並達成協議」。顯然,這裡的「協議」是指結束兩岸敵對狀態的協定,與和平協定已經比較接近。

1997年中共十五大政治報告提出,「在一個中國的原則下,正式結束兩岸敵對狀態進行談判,並達成協議」。這裡的「協議」與「江八點」中提出的協議的意涵應該是類似甚至一致的。

2002年中共十六大政治報告對台部分中,沒有提到「協議」兩字。

2005年4月29日,在連戰首次訪問大陸後簽署的國共兩黨「兩岸和平發展共同願景」中的第二條中提出了:「促進終止敵對狀態,達成和平協定——促進正式結束兩岸敵對狀態,達成和平協定,建構兩岸關係和平穩定發展的架構」。同年5月12日在中共與親民黨的會談公報(六點)中的第3點也提出:「推動結束兩岸敵對狀態,促進建立兩岸和平架構——兩岸應通過協商談判正式結束敵對狀態,並期許未來達成和平協定,建立兩岸軍事互信機制,共同維護台海和平與安全,確保兩岸關係和平穩定發展。」

2007年10月15日上午,在中國共產黨第17次全國黨代會開幕式會議上,胡錦濤總書記所做的政治報告中第10部分「推進『一國兩治』實踐和中國和平統一大業」中,正式提出:「在一個中國原則的基礎上,協商正式結束兩岸敵對狀態,達成和平協定。」這具有

相當的新意，從而在台灣也引起的廣泛的關注與討論。

2008年3月4日胡錦濤總書記在全國政協11屆1次會議民革、台盟、台聯委員聯組會議上發表的「牢牢把握兩岸關係和平發展主題，為兩岸同胞謀福祉，為台海地區謀和平」的重要演講，提出：「兩岸雙方共同努力、創造條件，在一個中國原則的基礎上協商正式結束兩岸敵對狀態，達成和平協定，建構兩岸關係和平發展框架，開創兩岸關係和平發展新局面」。

2008年12月31日的「胡六點」中，胡錦濤總書記說：「我們再次呼籲，在一個中國原則的基礎上，協商正式結束兩岸敵對狀態，達成和平協定，建構兩岸關係和平發展框架。」

（二）民進黨執政期間對兩岸和平協定的主張

1.陳水扁當局的有關說法。2003年陳水扁提出兩岸之間建立「和平穩定互動架構協定」，該架構協定類似於和平協定，但提出簽署的前提是「和平原則」、建立「協商機制」、「對等互惠交往」、「建構政治關係」、「防止軍事衝突」。

2.2004年親民黨提出《海峽兩岸和平促進法》草案送「立法院」審議，主張在「四不一沒有」與「九二共識」的前提下，以「台灣不獨、中共不武，雙方保證維持兩岸現狀50年」的條件簽署兩岸和平協定。

（三）馬英九當局對「和平協議」的政策立場

1.馬英九提出「和平協定」主張。在印度戰略學術季刊《印度暨全球事務》（India and Global Affairs）2008年第4期專訪馬英九中，馬英九表示願意努力在任期內儘量完成與北京簽署和平協定。謝鋼提到馬英九提議與中國大陸簽署「和平協定」問題，馬英九

說：「我們與中國大陸建立軍事互信機制或和平協定沒有時間表，兩岸週末包機予大陸觀光客來台，是新政府成立後最優先政策，我們已在今年7月達成目標。下一步是推動海空直航及兩岸經濟關係全面正常化，再來是有關兩岸國際空間及和平協定問題」。「這些問題的協商與解決，皆非短期內即可達成，但我願努力在任期內儘量完成」。馬英九「透露這項攸關兩岸互動的期待」，熟悉決策的國安高層也表示，「兩岸和平協定是馬政府大陸政策的既定目標」，「陳雲林來台的互動和效應，是眼前關鍵的轉折，也是和平協議的前奏指標」！

馬英九雖然在2008年就任後提出了「和平協定」的問題，但4年執政期間，馬英九團隊沒有在「和平協定」上有所推動。直到2011年9月11日金溥聰在美國舉行的國際記者會中表示：如果馬英九連任，「一定會儘量在兩岸之間取得一個善意、異中求同的框架，去推動有利於兩岸和平共存的合作計畫」，「如果兩岸能夠在不傷害台灣主權之下，而且顧及台灣尊嚴之下，兩岸能達成一個和平的協定」。他甚至認為「這是國民黨一直希望兩岸共榮共利的目標」。[443]同年10月的「黃金十年」記者會中馬英九再度提出未來10年內台灣需要務實面對與中國大陸簽署和平協定的問題，「應有鞏固兩岸和平發展基礎、創造更寬廣的『台北－北京－華府』三贏空間之意」。[444]

2.馬英九提出和平協定主張的考量因素。

其一：將兩岸和平協定擺入「黃金十年」政綱目的。一是基於選舉的考慮，「黃金十年」政綱是馬英九競選連任的主要政策，當然是基於選舉的需要提出。考量點包括：政策的連續性，2008年之前就提出過，當選後也提及過，這次不能迴避，特別是論述未來10

年台灣的發展,少不了要碰到和平協定問題;蔡英文提出「中華民國就是台灣」的說法顯示其兩岸政策在向國民黨靠攏,基於選舉中政策的區隔考量,國民黨當然要再提出有別於蔡英文的政策;和平協定已經「去敏感化」,因金溥聰在美國的發言使和平協議在台灣政治社會中不再具有敏感性;同時也是為了爭取泛藍基本群眾的支持。二是為連任後的兩岸政治對話確立一個目標,台灣不少學者多次要求馬英九應抓住連任後的機會,為兩岸和平發展建立一個穩定的框架,兩岸和平協定則是其中的重點。馬英九在會見美國眾議員羅斯坎等表示:「之所以考慮在未來10年內研議與大陸洽簽兩岸和平協定,是希望將兩岸的和解與合作過程制度化,以達到台灣海峽永續和平的目標『和平』是兩岸人民希望看到的結果。」445

其二:建立和平發展框架是「鞏固和平」的核心內容。馬英九說,前四年(2008～2012)他「創造和平」,後四年(2012～2016)是「鞏固和平」。基於兩岸ECFA的簽署只是解決了台灣經濟的邊緣化,為台灣參與東亞經濟整合提供一個路徑,台灣未來的和平穩定還有賴於兩岸和平發展框架的建立,馬英九希望在未來四年內確立這樣的框架,讓和平步入軌道。只有這樣,台灣的和平才有保障,即使民進黨再執政,也不能改變兩岸和平的趨勢,如此台灣的安全是有保障的,馬英九的歷史地位也是無可動搖的。

其三:和平協議是馬英九「兩岸和平、振興中華」的整體思維的核心。當然附加的「公投」則是體現民意的重要方式。

其四:馬英九提出「和平協定」送交「立法院」審議的原因:一是由於「和平協議」事關重大,至少涉及「內政」、「國防」、「外交」及「法治」等,由「立法院」相關委員會把關與監督,可以消除民眾疑慮;二是「立法院」的嚴密監督可以讓朝野政黨在

「立法院」內的激烈辯論中逐漸凝聚共識；三是只有在由這樣的方式中通過的「和平協定」的內容，才不會有政黨輪替就翻案的問題，才是真正的「和解制度化」446其五：馬英九提出「和平協議」的根本用意。是「將兩岸目前的關係，特別是將台灣想要的維持現狀，予以制度化」447，是在「中華民國憲法架構下」的「不統、不獨、不武」現狀的確保與延續，「不對未來做出任何指向」，即沒有指向統一或者「獨立」的問題，或者「只確認不走向法理獨立」，是「不獨」亦「不統」的協議。448香港評論認為：馬英九提出簽署和平協定，是「選舉策略」，目的在：一是回應大陸方面對馬英九搞「和平台獨」的憂慮，向大陸伸出橄欖枝；二是安撫深藍陣營選民對拒統的不滿；三是繼續掌握選舉話語權。449

3.台灣內部圍繞和平協議的紛爭。馬英九提出未來10年台灣需要面對簽洽「和平協議」問題後，台灣的多數民意基本上持支援立場，民調顯示有近6成民眾支援未來簽署和平協定，當然民進黨為首的「台獨」陣營是一片反對，甚至指責和平協議「是主權換和平，是喪權辱國」。對此壓力，馬英九當局不僅在已經提出的「台灣需要」、「民意支援」與「立法院」監督的三個前提下，又加上了「公投」的前提，2011年10月19日晚上，馬英九辦公室發布新聞稿稱：如果未來要推動兩岸和平協議，一定會先交付人民「公投」，如果「立法院」院會通過的提案交付「公投」未過，就不會推動簽署兩岸和平協定。45020日上午，馬英九召開記者會表示，和平協定這個議題涉及層面比兩岸經濟合作架構協定更廣，性質也不同，因此才考慮可以用「公投」的方式。儘管大家對過去的「公投」有一些不同的看法，「但是這無礙於創制、複決可以成為一個確定民意的方式」，未來在3個前提下審慎斟酌與大陸簽訂和平協定的目的，就是鞏固「不統、不獨、不武」的現狀，因為這是超過

8成民眾都支持的現狀。賴幸媛表示簽署和平協定「這一政策目標就是讓不統、不獨、不武的台海現狀『制度化』，創造永久的兩岸和平」。451為了淡化「公投」議題，10月24日馬英九又提出「十大保證」來說明和平協定，即：

「一個架構」：在「中華民國憲法」的架構下，維持台灣海峽「不統、不獨、不武」的現狀，並且在「九二共識、一中各表」的基礎上，推動兩岸和平交流。

「兩個前提」：在「內部民意達成高度共識」及「兩岸累積足夠互信」的前提下，才有推動商簽和平協議的可能。

「三個原則」：「國家需要」、「民意支援」與「國會監督」。

「四個確保」：「確保中華民國主權獨立與完整」、「確保台灣的安全與繁榮」、「確保族群和諧與兩岸和平」、「確保永續環境與公義社會」。452

馬英九稱：有了和平協定，就可以把這3年來促成「兩岸和平繁榮最主要的觀念變成制度與協定，就可以保證更長久的和平與繁榮」。馬英九反駁民進黨的質疑，強調不會犧牲台灣「主權」、不會改變現狀、不會危及「民主價值」，不會「破壞戰略深度」，也沒有時間壓力，沒有時間表。453

（四）和平協議對和平制度化的重要性

1.簽署和平協定的目的是推動兩岸和平制度化。「和平協定」定位為兩岸關係發展中一個階段性的協議，而不是終結性的處理「統獨」的問題協定，所以「和平協定也是兩岸和平發展過程中必須達成的中程目標」。454既是國共兩黨的共識，也是陳水扁曾經

提出過的：2003年陳水扁提出兩岸要建立「和平穩定互動架構的協定」，甚至蔡英文也提出過尋求建立「多層次、多面向的互動架構」。所以說，洽談和平協定應該是兩岸藍、綠、紅的共識。「因為和平協議的簽署不僅意味著兩岸和平的法理化，也能對雙方的政治地位作出應有的界定，這將有利於兩岸關係的長遠發展，也有助於兩岸在國際上的合作雙贏」。455

2.和平協定是兩岸和平制度化的重要內容。和平協議是停戰或者是結束雙方之間的敵對狀態，「不涉及雙方對主權的宣示或治權的主張，只是在行政上認知到要結束彼此敵對，開啟和平的道路」。所以，台灣學者認為即使是在國際上也通常由行政定位協商通過，最多送國會背書，無須公投。456

3.和平協議是兩岸和平制度化的重要指標。和平協定也是兩岸關係和平發展的重要歷程，陳一新認為：和平協定「為兩岸和平發展定下原則、規範、規則與程式的條款」。457對照2011年5月12日馬英九與美國「戰略與國際研究中心」的視訊會議中表示的三道防線之一「促進兩岸和解制度化」，和平協議的提出應該是「兩岸和解制度化」中的不可或缺的一個步驟。

4.和平協定是兩岸和平發展的制度保障。兩岸關係的和平發展需要制度的保障與法治的保障，和平協定便是「讓兩岸關係獲得有力的制度支撐和動力」458。

5.和平協定是為了實現兩岸和平發展、共同繁榮的目標。459無論從長遠還是短中期看，兩岸和平發展都是則是「同步提升兩岸的綜合實力，創造兩岸人民的幸福」。460

五、建構兩岸軍事安全互信機制

（一）建立軍事安全互信機制的重要性與必要性

1.軍事安全互信機制的建立符合台灣戰略利益。台灣當局曾經「視信心建立措施與軍事互信機制為兩岸擱置爭議、和平共存的重要藥方」。461民進黨執政期間，不斷地拋出推動兩岸信心建立措施或軍事互信機制等相關議題。所以，台灣媒體認為：「於今之計，唯有消弭兩岸敵對意識，方能維持台海和平穩定，才是台灣安全的保障。」特別462是進入21世紀後，兩岸軍事力量的失衡，差距在持續擴大，因此，台海情勢的穩定不能建立在傳統的「軍力平衡」的理念上，而馬英九提出的第一道「防線」是「兩岸關係的制度化」，軍事互信機制便是「制度化」在軍事領域的具體實踐。

2.軍事安全互信機制的建立是台灣未來發展的利基。馬英九「三不」政策，「是一種因應現狀的短期對策，絕非國家發展策略」。463只有兩岸建立了軍事安全互信的機制，台灣的「安全」與未來發展才最有根本性保障，軍事互信機制的建立對台灣是有利的，因為隨著兩邊的軍力越來越不平衡，台灣靠什麼來維持自身的安全？購武的成本則是越來越高，透過兩岸軍事安全機制的建立是一個必要與有效的途徑。

3.軍事安全互信機制的建立符合兩岸和平制度化的需求。軍事安全互信機制的建立，「端在兩岸和平環境的建構」464，標幟著兩岸在軍事上對立的結束，當然有利於兩岸和平發展穩定局面的鞏固，是維護兩岸關係和平發展局面的需要。蘇起認為：目前兩岸之間發生戰爭的可能性已經很低，但「還是要防範發生意外與誤判的可能性」，為此，他強調「兩岸現在應逐步建立機制，以降低或消除發生意外與防止發生誤判」465。

4.軍事安全互信機制的建立有利於兩岸軍事安全力量共同維護

整個中國的國家利益。建立一個穩定的兩岸情勢的制度化機制，符合大陸和平發展的政策，也符合台灣當局的兩岸和平與和解政策，也只有建立了機制，兩岸才可能在東海、南海等涉及雙方共同利益的一系列問題採取一致的政策立場與聯合行動，維護國家的主權、領土完整與各方面的利益。

5.軍事安全互信機制建立的必要性在於可以反「獨」。「台獨」分裂勢力及其分裂活動仍是兩岸關係和平發展的最大障礙和威脅，兩岸關係發展還面臨不少複雜因素的制約，為此，海峽兩岸中國人有責任共同終結兩岸敵對的歷史，竭力避免再出現骨肉同胞兵戎相見466。張亞中認為軍事互信機制的建立「重要而且刻不容緩」，因為「在政治人物不斷渲染下，撤飛彈與軍購兩個概念，已經從一個軍事議題透過社會化的過程，變成認同問題」467。而兩岸人民的重疊認同越來越斷裂。冷戰時期，在兩岸對抗的情況下，台灣當然是依賴美國的軍購與保護，但是在兩岸簽署ECFA後的經貿緊密關係下，兩岸之間的敵對意識的不減對兩岸關係和平發展的負面影響相當大。

（二）兩岸軍事安全互信機制建立的路徑

2011年3月31日，國務院新聞辦公室正式公布了《2011年中國的國防》468白皮書，儘管這是自1998年首次發布國防白皮書以來的第七部，然而白皮書還是有諸多的「首次」，其中最突出的是首次闡述了建立兩岸軍事安全互信機制問題，揭示了海峽兩岸和平發展的道路與兩岸和平發展框架的軍事實踐路徑。

1.國防白皮書是兩岸關係和平發展政策在軍事領域的具體化主張。自2005年4月大陸正式提出兩岸關係和平發展思想後，經過兩岸民眾共同努力，2008年3月台灣政局發生積極性變化，兩岸關係

出現了和平發展的新局面。2008年12月31日，胡錦濤總書記在紀念《告台灣同胞書》發表30週年座談會上發表了「胡六點」重要演講，系統闡述了兩岸關係和平發展的大政方針，其中首次正式提出了推動兩岸建立軍事安全互信機制的問題。國防白皮書正是在胡錦濤演講精神的指導下，闡述了建立兩岸軍事安全互信機制，指出兩岸可以適時就軍事問題進行接觸交流，探討建立軍事安全互信機制問題，以利於共同採取進一步穩定台海局勢、減輕軍事安全顧慮的措施。

  2.建立兩岸軍事安全互信機制是兩岸關係和平發展的客觀需要。兩岸關係和平發展新局勢出現以來，台海局勢穩定，兩岸各方面交流頻繁，特別是兩岸經濟合作框架協議的簽署，兩岸經濟層面的制度化框架開始建立。然而也需要看到，兩岸在軍事層面、安全領域的交流現狀遠遠落後於兩岸其他方面，兩岸官方與民間社會上潛在的敵對意識並未完全消除，尤其是兩岸自1949年以來的軍事上的衝突與對立，至今並沒有從法律上給予真正、徹底地解決，從而制約了兩岸關係和平發展的鞏固與深入。從兩岸關係和平發展制度化的客觀需要出發，兩岸推動建立軍事安全互信機制已經是勢在必行，具備了基本條件：一是大陸「制定並實施的新形勢下推動兩岸關係和平發展的方針政策，促進台海局勢保持和平穩定，兩岸關係取得重大積極進展」；二是「兩岸在反對『台獨』、堅持『九二共識』基礎上增進政治互信，開展對話協商，就全面實現兩岸直接雙向、『三通』、推進經濟金融合作等達成一系列協議」；三是建立包括軍事安全互信機制在內的兩岸關係和平發展的框架符合兩岸同胞的利益與願望，也有利於東亞局勢的和平穩定，從而為國際社會所樂見與歡迎。469

3.兩岸軍事安全互信機制的建立是兩岸關係和平發展的鞏固與強化。國防白皮書指出：兩岸統一是中華民族走向偉大復興的歷史必然。而兩岸關係的和平發展則又是走向兩岸和平統一的必經階段。國防白皮書明確提出了兩岸推動建立軍事安全互信機制的必要性、方法與具體步驟。方法是「兩岸應積極面向未來，努力創造條件，通過平等協商，逐步解決歷史遺留問題和兩岸關係發展歷程中的新問題」。具體步驟是「適時就軍事問題進行接觸交流，探討建立軍事安全互信機制問題，以利於共同採取進一步穩定台海局勢、減輕軍事安全顧慮的措施」。白皮書呼籲「兩岸應在一個中國原則的基礎上協商正式結束敵對狀態，達成和平協定」。[470]而海峽兩岸如果能夠達成和平協定，則兩岸關係和平發展的框架則大體奠定，和平發展局勢將得到鞏固與深入。張亞中認為「理解對方的行為、彼此善意的表達、軍事互信的對話」是兩岸軍事互信機制建立前的必要態度與作為。[471]即善意的營造、感性的理解、理性的對話應該是兩岸建立軍事安全互信的基本態度，兩岸建立軍事安全互信機制也可以遵循先易後難的基本步驟，由學者、智庫與退役將領的交流做起，由智囊團經常性接觸到制度性的接觸，從非敏感的活動如海上聯合搜救及相關機制做起。鑑於該議題的敏感，民進黨的反對與美國的關注，馬英九團隊的謹慎，甚至對於退役將領從事交流的「不支援」、「不授權」，可以考慮炒熱該議題，讓台灣社會瞭解並主導社會輿論，讓大家知道該機制的建立，有助於確保台海和平；該機制的建立，將促使台灣擁有一個和平的外在環境，有利於台灣的繁榮昌盛。

第三節　推進兩岸社會一體化工程

兩岸社會一體化工程也是兩岸關係和平發展制度化框架建構的重要路徑，一體化工程包括：民間交往正常化、社會往來正常化及兩岸共同價值的形成等。

一、當前兩岸社會交往中存在問題、成因及其危害性

（一）兩岸社會交往中存在問題

兩岸「三通」後，兩年之間大量的人員往來、資金流動、產業合作與經濟整合，而兩岸經貿關係的正常化、規範化與制度化，無疑地為下一階段兩岸民眾之間大交往奠定重要的物質基礎。但兩岸社會交往中存在的問題也不容忽視。

1.兩岸之間共同認同在減少。隨著兩岸「三通」，兩岸民眾之間認同已經發生高度折裂現象，這一現象並非自兩岸「三通」開始，早在1990年代即已開始，認同的嚴重異化則是近幾年出現的突出現象。台灣社會民眾贊成兩岸交流，但「越交流，越焦慮」；兩岸認同大陸「越讓利，越疏離」。「當前，台灣島內兩岸認同的嚴重撕裂已經在兩岸關係上拉出一條分裂的鴻溝，也在島內部分民眾的腦中播下分裂的毒苗，這就是為什麼台獨勢力在島內至今仍擁有活力的群眾基礎所在」。472楊開煌認為兩岸認同問題「是當前兩岸關係中最關鍵的問題」。473

2.「台灣主體性」的上升。李登輝、陳水扁20年主政期間推動的「台獨」分裂路線及其「去中國化」的教育，已經在台灣社會造就了不少「台灣人不是中國人」的認知，「台灣主體性」已經被轉換成為一種政治論述，因此，「如何增加兩岸之間的認同，如何強

化兩岸都是中國一部分的認同,是一項刻不容緩的工作」。474

3.兩岸民眾之間的不信任感在加大。2008年後,「在政治和民族上的異己關係並沒有轉變的跡象」。475由於李登輝、陳水扁等推動的「去中國化」的政策目標是把對方「異己化」,搞的是「排他性的台灣認同」、「台灣國族主義」教育,加上兩岸社會各自近百年的不同發展道路,台灣不少民眾對大陸的敵對意識依然存在,大陸民眾對台灣的認知也存在一定的偏差,再經過若干事件與媒體的炒作,不信任感油然而生。

(二)兩岸社會交往存在與出現問題的原因

1.百年分離的歷史因素是兩岸社會交往中存在問題的根源。自1895年台灣被割讓以後,兩岸隔絕了50年之久;台灣光復後兩岸只有5年的時間緊密聯繫在一起,但其中又發生了「二二八」事件及國共內戰;1949年後兩岸之間的軍事衝突與政治對立了近40年,直到1987年後才出現有限度的往來,「三通」則只有4年時間。兩岸百年的分離事實上各自走上了不同的社會發展道路,期間,台灣與美國、日本的關係遠比與中國大陸的關係來得密切,因此,要在短時間內實現兩岸正常交往幾乎是不可能的。馬英九2010年元旦祝詞稱:「兩岸人民同屬中華民族,分享與傳承共同的血緣、語文、歷史與文化,但海峽兩岸隔海分治迄今已經60年,期間各自採取不同的政治、經濟、社會制度,生活方式與經驗有很大的不同。」

2.國民黨的政策論述存在巨大矛盾。從2008年馬英九上任以來在教育、文化政策與台灣整體發展方向的戰略規劃中,沒有看到要強化兩岸認同的這一塊,即馬英九接收了李登輝、陳水扁的主體論述,以強化「台灣主體性」的「不統、不獨、不武」做為兩岸關係政策的基本論調。因此,楊開煌批評國民黨:由於認同上的矛盾,

陷入政策論述上的巨大矛盾,表現在:「經濟政策跟北京要」,「在政治論述上是跟著民進黨走」。「國民黨第一個問題就是沒有建立起可以跟民進黨對抗的主體論述,也就是沒有建立起跟民進黨對抗的認同觀」。從而在兩岸關係中,國民黨實際上是「用封閉的心態談開放的政策」,「用對抗的心態談合作」與「用敵對的心態談和平」。476

3.兩岸實際往來產生「你群」與「我群」之別。林濁水認為,由於「三通」,兩岸密切往來,需要把彼此的權利義務規定清楚,就涉及法律的管轄權問題。而兩岸事實上是兩個法律主體,所以,交流的結果是「兩岸越往來,彼此往來越密切,台灣的主體性也會越來越清楚」。477也有台灣學者指出:由於每次去大陸都要簽注,「加深台灣是台灣,大陸是大陸的心理距離」。478

4.政治人物的推波助瀾。張亞中認為:「認同往往是被政治人物所建構。認同往往也做為區別我群與他群的判定標準。」李登輝、陳水扁等推動的政治運動,強化台灣主體性的包裝,作為走向台獨的野心,使得一個中國在台灣變得妖魔化479。楊開煌指出:「兩岸關係的本質是從過去政權的仇恨關係,已經蛻變為社會的敵對關係,雙方的心理層面、社會層面,充滿敵意蔑視和防範,但又無可奈何地面對歷史和現實的糾葛。」480周志傑認為兩岸社會交往產生問題的原因很多,包括「兩岸民眾因政治矛盾、價值差距、歷史隔閡、政客灌輸所累積的對立情緒與不信任感未消」,「現實交流過程中未蒙其利、反受其害的群體與個人亦滋生新的不信任與不安全感」,「兩岸仍持續在傳媒與教育體系中『妖魔化』彼此的制度、價值與史觀」,「政治菁英亦須投民意所好,以鞏固執政基本盤而無意匡正」。481

（三）兩岸社會交往不正常的危害性

1.不利於兩岸民眾之間的正常交流交往。由於交往中存在這樣與那樣的問題，兩岸民眾之間的交往客觀上會受到一定的影響。

2.不利於和平發展局面的鞏固。認同的異化會使兩岸長期對立，「認同的異化，導致部分台灣民眾在思想、心理和行為上出現偏差，他們把阻礙他們實現認同的中國大陸一方視為敵人」。482不僅不利於兩岸和平發展的正常化，而且不利於台灣社會內部的和諧共處，「兩岸政治互信成為決定性因素」。483

3.由認同催生的台灣意識在「台獨」勢力的操弄下，有異化為「台獨」意識的危險，從而既影響兩岸之間正常的交流交往，也破壞兩岸關係的和平發展局面的鞏固。因此，由下而上地建立兩岸民眾之間的互信，「累積社會互信，才能建構兩岸三黨在上層結構中政治、外交、軍事互信的基礎」。484兩岸方能由和平發展走向和諧發展，由利益分享走向價值分享。485

二、推動兩岸社會交往正常化與和諧化

蕭萬長提出：「這2年來兩岸關係有長足進步，民間的支持是不可或缺的力量」，486所以，台灣學者認為「靜默式的社會交流活動正逐漸地牽動兩岸社會的重構」。487

（一）推動兩岸社會關係正常化

1.兩岸經濟關係正常化與制度化後，應該推動兩岸社會關係正常化。趙春山提出：「如果簽署ECFA是兩岸關係的一個分水嶺，則進入後ECFA時期，如何在經貿互動的基礎上，把兩岸關係推向

全面正常化的歷程，可能是兩岸執政當局都必須面對的課題。」488如果說，ECFA是推動兩岸經濟關係的正常化、制度化甚至走向投資與貿易的自由化，那麼，下一階段兩岸交流交往的重點首先應該是兩岸社會文化交流交往的正常化與制度化。

　　2.推動兩岸社會關係正常化已是當務之急。如果說，兩岸經濟關係正常化的標誌是ECFA，那麼兩岸政治關係正常化的指標是兩岸和平協議的簽署，軍事關係正常化指標是兩岸軍事安全互信機制的建立。因為上述兩個指標在目前看來還有比較長的路要走，因此2012年開始先把兩岸社會與文化交流的正常化工作做起來則是比較可行的選擇，最需要做的當務之急又是兩岸社會關係正常化。也許有人會認為，兩岸民間社會的交流那麼廣泛，每年有700萬人次的雙向往來。還不算正常嗎？但需要看到與承認的是，目前兩岸民間社會的交流呈現不對等、無序多於有序、不夠規範等特點。兩岸關係和平發展的要持續，民間社會的交流需要正常化、規範化與制度化，包括兩岸旅遊市場，從往來的人數看確實是在蓬勃發展，但存在問題也很多，需要兩岸官方來規範與引導。

　　3.兩岸社會關係的正常化可以分步推動。需要分步驟、分階段地實現，第一步是社會交往法規上的正常化，去除彼此法律上對對方民眾的歧視性規定與條款，如台方對「陸生就學台灣」法律上的限制，「三限六不」等，對大陸新娘的歧視性的規定與限制等；大陸方面也應該給台灣民眾「國民待遇」，目前有些是「超國民待遇」，有些還是比照外國人。第二步是民間社會交往意識的正常化，視對方為正常的交往物件，而非敵手。第三步是社會交流的制度化，通過兩會協商，簽署若干有助於兩岸社會交流交往的協議，從制度、法理層面給予保障。

（二）做好大陸遊客赴台旅遊工作

1.高度重視「陸客團隊遊台灣」的意義。由於過去半個多世紀的人為對立，海峽兩岸築起了仇恨的高牆，加上民進黨執政時代，大陸被惡意醜化。所以，「對台灣人來說，『大陸人』還是對岸那個與自己不同的族群」489。隨著大陸遊客到台灣，給台灣民眾帶來的不僅是與旅遊相關的產業的發展，而且是大陸民眾的生活、行為方式與思維方式，對民間社會的影響深刻，「開創了兩岸人民直接對話交流的機會，為兩岸和平增添契機」，「最大的意義尚不在商機，而在『人民對話』的契機」，「陸客來台，最重要的感受與領悟，應在歷史的思考與人文的探索」。490可以「創造兩岸社會撇開政治教條、重新相互理解的機會」，「使兩岸不再誤解」，開啟兩岸觀光及其他交流關係，進入發展認同的新階段491。台灣學者也認為陸客到台灣旅遊「對於增進大陸民眾更為深入的瞭解台灣與提升兩岸民眾的互動交流上，均有正面之意義」。492

2.做好大陸遊客赴台旅遊工作。由於兩岸民眾的生活方式有別，思維方式有差異，行為方式也不盡相同，因此，兩岸交流不見得一定與必然產生正面作用，也有可能產生負面與消極影響。為了使正面效應極大化，負面效應極小化，做好大陸遊客赴台旅遊的行前準備工作至為關鍵。目前每年近200萬人次大陸遊客到台灣，既是兩岸社會正常化的表現，又應該是兩岸社會正常化的保證。

3.陸客赴台個人遊有助於兩岸民間社會深入交往與細化與和諧化。

如果說陸客團隊旅遊還難以用心靈去感受、用眼睛細察台灣社會深層的百態，那麼，「個人旅遊代表兩岸真正進入瞭解的時期」，「相互之間終於可以有全新的、全面的認知」，也有人稱

「陸客個人旅遊可以說是『拆牆之旅』這是兩岸和平發展歷史潮流下的必然產物」，「台灣不能成為與外界隔離的孤島，更不能自絕於對岸同血同源的同胞」，兩岸「應是相見一家親。」493蘇起認為陸客個人旅遊「把兩岸交流帶到一個新境界」。494外國媒體稱：「這是兩岸互信的一個強勁新跡象」，台灣的目的，「希望經濟效益能擴及台灣更多的民生產業，讓更多的升斗小民得到實惠」。495台灣媒體認為：「這項開放措舉，對兩岸關係發展的影響頗為深遠」，「激發出兩岸社會價值觀的『矛盾統一』，進而重新形塑兩岸關係」，「將改寫兩岸關係生態，並重組兩岸關係的深層結構496大陸作家韓寒的台灣遊記《太平洋上的風》及重慶兩位70後與80後鐘渝和曾珍在遊覽台灣後所寫繪本《跟我去台北》，都引起社會大眾不小的關注，證明了兩岸民間交流的細化及其重要性。」

三、從追求共同利益到建構共同價值

（一）兩岸在中華文化核心思想上有共同點

兩岸問題的最終解決僅靠「三通」顯然是不夠的。2005年宋楚瑜訪問大陸時說，「三通」之外，還需要第四通——心靈相通，只要心靈相通，一通百通。所謂「心靈相通」，其內涵就是文化、中華文化。楊開煌認為，「為了兩岸關係的和平穩定，兩岸社會的相互理解是首要之務，則文化交流正是承擔此一功能的最佳角色」497。

1.中國大陸在2007年的第十七次全國代表大會的政治報告中就提出「推動社會主義文化大發展大繁榮」的設想，2011年的17屆「六中全會」更是以文化建設為主題，系列提出了推動文化大繁榮、大發展的具體行動綱領。

2.台灣文化是中華文化的重要組成部分。台灣文化是具有台灣特色的中華文化，馬英九提出「振興中華」的主張，其「中華」意涵更多的就是「中華文化」。特別是2011年馬英九的「元旦演講」，提出要讓台灣「成為中華文化的領航者」。台灣學者認為馬英九的演講「清楚地闡述了馬政府的兩岸關係與國家定位」，「是近年來最重要的一篇文告，它的重要性可以與蔣經國宣示『三民主義統一中國』並提」，但核心是「文化中華，政治偏安」498。馬英九提出「具有台灣特色的中華文化」來定位台灣文化的特色及其與中華文化的實質關係，定位台灣文化對中華文化的豐富與發展。其後馬英九的「新春談話」，也要求：「各部會首長，在公開場合談論兩岸關係或相關政策時」，「應稱『對岸』或是『大陸』用詞，避免提到中國，如外交部及其他政府單位也應比照辦理」。馬英九這樣的說法，「在短時間內，在台灣社會可能沒有太大的影響力，但長期時間而言，對教育官方機構的公務人員正視而且回歸憲法的精神和法理，以便名正言順地處理兩岸關係，顯然大有助益」。4992011年10月，馬英九在「黃金十年」中提出「優質文教」的願景，提升「中華文化在世界上的發言權」。

3.兩岸文化交流可以增強兩岸同胞的文化認同與民族認同，凝聚兩岸全體中國人的共同意志，形成共謀中華民族偉大復興的精神力量。因此，如何共同繼承與弘揚中華優秀傳統文化，是增強兩岸民族意識、凝聚兩岸共同意志的重要途徑。俞新天指出：「文化認同至關重要，它是民族認同和國家認同的基礎」，「兩岸需要創建新的集體記憶，來克服過去歷史上舊的分歧，這樣的新的集體記憶會使我們的文化認同走向一致」。如何帶領兩岸的人民逐漸地取得兩岸的文化認同、發展文化認同、深入文化認同，「這個問題需要破題」，就是「兩岸要共同復興中華文化」，「通過共同復興中華

文化這樣的新的共同實踐,來創造我們新的集體記憶」500。她認為:「當中國迅速地在經濟上崛起時,也為復興中華文化創造了新的機會和條件。兩岸愈益加深經濟、社會、人員和文化的往來,其最高任務應當是共同弘揚中華文化,進而促進中華民族的偉大復興」。501吳志揚稱:「體認到兩岸之間的關係,最大的動力還是來自血緣和文化的交流和認同」,認為「文化記憶是串起兩岸認同的語言」。502文化交流可以達成兩個目標:一是讓台灣人民重新認同中國,二是透過文化的力量,讓整個台灣社會能夠再中國化。503

(二)正視兩岸文化交流中的差異性

楊開煌認為「兩岸的文化交流,從廣義的角度看,是從兩岸開放人民相互往來的第一天就已經開始」504。在「兩岸文化交流之討論」505中,楊開煌提出:從兩岸官方對中華文化的重視提出文化議題也將提上兩岸議程,而交流越來越頻繁、認同越來越疏離的原因則在於兩岸文化本身的差異,提出要認識到兩岸文化組成元素上的差異性,一方是中原文化為主,另一方是海洋文化為主等,「兩岸文化的對立性要大於相似性」,而解決之道是兩岸文化交流必須深入到兩岸文化交流的源頭及未來,才能展現深度和創造理解的可能。

(三)塑造與強化兩岸之間共同的價值認同

1.兩岸共同認同是兩岸和平發展的思想靈魂。台灣著名學者陶百川認為,認同而後統一,首先是「認同」,包括意識形態和立國之道的「認」識和「同」意。506在兩岸經濟的交流與合作中,可以達成兩岸共同利益的追求,但「兩岸在發展『共同利益』之後,還必須在文化上尋求『共同價值』,在民族上培養『共同認同』,

才能在未來兩岸統合上創造『共同想像』」。「在中華民族與中華文化的基礎上培育共同價值與共同認同」，「主要的目的在建構精神基礎」，「借由中華民族（文化）這個大框架來建立兩岸和平發展的『精神基礎』，培養台灣人民的中國情感」，507而在建構新的兩岸論述中，中國大陸無疑應該扮演引導者的角色。

2.修復台灣社會中兩岸認同撕裂，是當前與未來兩岸關係發展中「最重要的思想基礎工程與核心目標所在」。508需要「恢復台灣人民的歷史記憶，發揚台灣人民的愛國民族主義，當是國家統一認同運動的第一步」。台灣統派學者認為：「恢復了台灣人民愛國民族主義的傳統，才能恢復兩岸人民共同的國家認同，有了共同的國家認同，才能抗拒外國列強的挑撥、分化，兩岸同胞才能共同締造一個和平統一的中國」。「喚起或恢復台灣同胞的中國意識，是一複雜龐大的系統工程，必須從政治、經濟、文化、宗教、體育等的全面展開」。「喚起台胞中國認同機不可失」。509

3.扭轉台灣社會偏頗的歷史教育觀。自陳水扁執政開始，台灣當局將「台灣史」的教材與「中國史」並列，形成「台灣史」、「中國史」與「世界史」格局，李登輝、陳水扁執政20年期間推行「去中國化」教育政策，使台灣島內在兩岸同屬一個中華民族、同屬一個中國這一本不是問題的政治認同上出現錯亂510。對此，張亞中認為台灣新的歷史教科書呈現的是「和平分裂趨勢」，「台灣經過十幾年來的政治與歷史的社會教育過程，台灣的新國族建構基本上已經完成」。511為此，需要通過兩岸文化、教育交流扭轉台灣社會中的「台獨」史觀，只有這樣，只有凝聚兩岸同屬一個民族、同屬一個國家的共識，才能穩定與深化兩岸關係和平發展。

4.在和平發展中建立兩岸共同的價值觀、共同的認知、共同的

歷史記憶,以及對未來發展的共同前瞻。需要強化兩岸之間、兩岸民眾之間共同認同的培育,所謂「共同」就不是單方面的,楊開煌認為:「認同議題有必要從單向要求台灣認同大陸,調整為大陸也認同台灣是中國,表現出大陸在這方面的器度,認同不是單向的、片面的,應該是雙向的、互補的。」512南方朔也提出:「台灣要往雙重認同的方向走」,「這種雙重認同不是對立式的認同。台灣現在談這個問題,基本上是把台灣認同與中國認同對立起來,如此是違背認同理論的,因為認同的目的是創造團結」。513張亞中指出,在兩岸關係上,「雙重認同」指的是「重疊認同」,就是說,既認同台灣當局的治理,也認同兩岸同屬中國,即從民族認同上,台灣當然是中華民族的一分子,在國族認同上,兩岸同屬一個中國,雙方主權宣示是重疊的。這個立場不能放棄。如果放棄了,兩岸之間就屬於相互主權獨立的異己關係;只要有對整個中國的主權不可分裂的重疊認同在,即使兩岸分治,雙方就不是異己關係。514

(四)兩岸文化交流應列入兩會協商議程

黃光國提出:「要增進兩岸間的認同,必須要經由共同目標的設計和導引」。515因此,在兩會制度化協商方面,兩岸文化教育的交流與合作勢必提上議事日程。賈慶林指出:「我們希望積極推動商簽兩岸文化教育方面的協議,以利於兩岸文教事業發展,提升兩岸文教交流和文化產業合作的水準,增進兩岸同胞相互理解和感情融洽。」516兩會應該就兩岸的教育交流的制度化、規範化進行探討,條件成熟時簽署兩岸文化、教育交流協議。如果一時有困難,建議分階段、分步驟實施,如文化交流協定與教育交流協定分開討論,文化交流協議中的文化創意產業先行一步,教育交流中高

等教育交流的協議先行一步，等等。如果說兩岸經濟框架協議勾畫了兩岸經濟合作的經貿地圖，未來需要通過兩岸文化、教育等一系列協議的簽署，勾畫與經營可以相互充分理解與信賴的「情感地圖」，此其時也！

第四節　營造兩岸關係和平發展的環境

　　兩岸關係和平發展前景、和平發展制度化的建設同樣有賴於兩岸關係和平發展的國際環境與台灣內部政治社會環境與政策環境的營造，因此，兩岸關係和平發展需要得到美國、日本、東南亞及歐洲等相關國家與國際社會理解與支援，也需要台灣政治局勢的穩定，能夠為兩岸關係和平發展制度化持續提供有利的台灣內部環境與政策環境。當然，從根本上講兩岸關係和平發展制度化也需要得到越來越多的兩岸主流民意的擁護與支援，需要兩岸和平發展體現出切實的成效以擴大民意支援基礎。

一、營造台灣政治局勢穩定的環境

　　2008年3月馬英九當選並於5月就任台灣領導人後，台灣政治局勢的發展總體平穩，馬英九團隊執政漸入佳境。在國際金融危機與「莫拉克」災變等重重考驗與挑戰下，國民黨歷經磨難，站穩腳步。民進黨經歷失去政權的重大挫敗後，在新任黨主席蔡英文領導下恢復既有實力，並進而挑戰馬英九的執政地位。藍綠、朝野矛盾依然是制約台灣政局發展的主要矛盾。

（一）2008年以來台灣政局的發展演變

1.馬英九為核心的國民黨基本主導著台灣政局發展。馬英九以高出對手221萬票的絕對優勢當選為台灣新一屆領導人，加上第7屆「立法院」國民黨席次佔有的絕對多數，國民黨基本上主導著4年來台灣政局的演變，儘管13次的「立委」補選有9次以國民黨敗北告終，然無損國民黨通過掌握行政權與「立法權」的雙重優勢推動內外各項政策的落實與實施。馬英九團隊雖然因「莫拉克」災變與國際經濟、金融危機等多種問題而面臨重重執政危機和挑戰，最後也都能夠逐漸一一克服與化解，社會支持度經歷了開高走低、再升高的W字型，執政成績逐漸顯現，執政態勢漸入佳境，台灣政局發展總體平穩。

2.蔡英文領導的民進黨克服失去政權後的渙散狀態，基本盤回籠，且復甦速度不慢。民進黨執政8年後，終於因為陳水扁及其家族的貪腐與推行極端「台獨」路線等，台灣實現二度政黨輪替。失去政權後的民進黨群龍無首，各派系又相爭不下，沒有派系色彩、個人形象清新的蔡英文遂成為民進黨新的黨主席，歷經多次「立委」補選的勝多敗少與縣市長、五市市長選票增長的加持，蔡英文逐漸在民進黨內確立基本的領導權威，並在黨內初選中擊敗蘇貞昌代表民進黨出馬挑戰2012年大選。民進黨內及支持者中出現的「蔡英文現象」是民進黨失去政權後各派系爭鬥與權力平衡的產物，更是民進黨支持者對蔡英文的一廂情願的期待所致。

3.藍綠矛盾依然是制約政局發展的主要矛盾。國民黨與民進黨的嚴重對立及其矛盾是制約與影響台灣政局發展最大最核心的矛盾。國民黨與民進黨兩大政黨矛盾的另一表現形式是朝野矛盾，即執政黨與在野黨之間的矛盾鬥爭。在2011年4月民進黨黨內初選

中,蘇貞昌曾表示:「台灣的政治,一個政黨上台,就有一半的人覺得被拋棄。」應該說,蘇貞昌的評論是對台灣政壇與社會中藍綠兩大政黨及其支持者嚴重對立的經典性描述。藍綠政黨的嚴重對立出現原因是多方面的,一是民進黨出於自身政黨成長的考慮與需要的原因。作為在野黨,在選舉中動員群眾的最好方法是樹立對立,因為有對立就有市場,有市場就有選票。所以,無論在民進黨成立之前的「黨外」時期還是1986年9月民進黨成立之後,作為在野的黨外人士與民進黨在選舉的基本手法是樹立對立,通過塑造與國民黨候選人不同的社會形象甚至雙方之間的衝突來爭取選票。二是民進黨特別是陳水扁在選舉中操弄的簡單「二分法」也是台灣社會嚴重對立的重要原因。2000年陳水扁因連戰與宋楚瑜的分裂而上台,在2004年選舉中面對「連宋合」要如何勝選?繼續操弄對立是非常廉價的策略,於是邱義仁提出了著名的「割喉割到斷」理論,陳水扁運用手中掌握的政權機器,在台灣社會挑起一系列藍綠對立的事件,包括「去中國化」的政策與運動,提出「不是朋友就是敵人」的口號,要求所有人「選邊站」,特別是2004年的兩顆子彈,把台灣社會活生生地一分為二,即「藍天」與「綠地」。民進黨在選舉中樹立與國民黨對立的另一個重要手法是「抹紅」國民黨來分化台灣社會,「就是以國民黨聯合共產黨為伍,而共產黨處心積慮要吃掉台灣的想像,來指控國民黨出賣台灣」517。民進黨競選的優勢正是在於兩岸一直對立的「歷史框架」,即使是2008年以來兩岸關係和平發展的大環境下,民進黨依然指控國民黨「傾中(大陸)賣台」來爭取選票,蘇貞昌就認為目前兩岸和解是「卑微與低下的一味親中」,蔡英文則是提出兩岸不可進行雙邊往來,必須參與國際的多邊往來,否則台灣會變成大陸的邊陲。2011年台灣社會藍綠對立的一個典型是在吳淑珍2月18日入監問題上的對立。綠色支持者

指責馬英九當局在陳水扁生日當天要吳淑珍去監獄報到是「羞辱」陳水扁，泛藍代言人邱毅則是信誓旦旦地指控司法部門早就「套好招」，司法部門只是在走形式「演戲」給人看，吳淑珍不會真的坐牢。凡事「依法行政」的馬英九反而成了「兩邊不是人」。

（二）2008年以來台灣政局發展基本特徵

1.政黨格局兩黨化。台灣政黨政治的主要表現形式是政黨的多樣性與政黨格局二元化，這種二元化在2008年以後更加鞏固了。台灣社會藍綠對立的政治現實與選舉制度的調整造就了藍綠兩大黨政治格局的成型。特別是「立委」選舉制度的改變使兩黨政治成為短時間內難以改變的政治事實。在「立法院」成為台灣政治中心後，「立委」選舉制度由原先的「複數選區單記不可讓渡投票制」調整為「單一選區兩票制」是台灣政黨政治兩黨化的制度性與根本性原因。即由原先的29個選區、225席「立委」選舉制度調整到73個小選區加2個平地與山地少數民族選區、113席「立委」的選舉制度。複數選區的選舉制度有利於小黨的生存與發展，而「單一選區兩票制」則是有利於大黨，造就兩黨政治格局，包括若干對小黨參與選舉規定，「『立委』選制變更，區域選舉從多席次的複數選區改為贏者全拿的單一選區，將小黨趕出區域票的戰場，僅保留政黨票比例代表制的一絲生機，卻又規定需有10席區域候選人才能登記為政黨票，令小黨參加陪榜性質的『不樂之選』」。518

2.政黨鬥爭惡質化。由於藍綠兩大政黨之間的嚴重對立，台灣政局中的政治鬥爭呈現惡質化的趨勢，雙方都難以在選舉結果揭曉後以平常心對待失利，更難以祝福對方。從而在選舉中大多是無所不用其極，負面選舉手法紛紛出籠，「抹黑」、「抹黃」與「抹紅」是慣用手段。即使是在「立法院」中，為了政黨與個人私利，

經常大打出手。紛擾台灣政壇近5年的「首長特別費」問題便是藍綠政治鬥爭惡質化的指標之一。政治鬥爭惡質化，既表現在藍綠兩大政黨之間，也反映在藍綠內部之中，包括民進黨黨內初選中蘇貞昌與蔡英文的競選，什麼「唯一支持」、「謊報年齡」、「蔡媽媽（馬馬）」等紛紛上演，只要把對手打趴下，什麼手段都敢使。所以，蕭萬長認為台灣社會需要「形塑良好的政黨競爭文化」，「許多民主政治的理念與價值都必須加強擴散到社會中所有的次要體系。」519

3.政黨國家認同差異化。任何國家、地區與社會，也許各政黨的政治理念與政策主張嚴重對立甚至相反，但一般而言在國家認同與個人身分認同上差異不大。但台灣社會中的各政黨，在國家認同與個人身分認同上的差異卻是極大，有「中國認同」，有「台灣認同」，也有雙重認同，等等。在可預見的將來，各政黨國家認同的差異將長期存在，甚至成為政治鬥爭的重要原因。

4.政治活動選舉化。選票之上，選舉活動成為台灣政局演變的核心活動與調節槓桿。台灣自光復以來推動地方自治，開啟選舉活動，逐漸建立了一套全面、系統的選舉制度，就各級行政首長而言，自村里長、鄉鎮市長、縣市長、五都市長到「總統」，就「民意代表」而言，從村民代表、到鄉鎮市民代表、縣市議員、五都市議員到「立委」，全部均由直接選舉產生，經過選舉的檢驗。因而台灣社會成為一個選舉社會，甚至是因選舉而「被」高度動用的社會。政治人物、政黨訴求、政策走向都圍繞選舉這個中心進行。由於社會資源配置的遊戲規則就是選舉，選舉的結果決定政黨的成敗，選舉成敗決定權力與資源的分配。從而整個社會都是一切以選舉為中心，一切以選票為考量。選票是政治的王道，哪裡有選票，

那裡就有政治人物在表現，那裡就有政治人物的表態。1986年9月成立的民進黨，是因為選舉而成立，通過選舉而發展，由選舉而壯大，因為是「選舉起家」，對選舉專精。如果說，國民黨在2000年前的施政還講究「永續性」的話，經歷2000年失去政權後的八年，也學到了教訓：沒有政權，就沒有政策。從而將選票的爭取也置於至高無上的地步。

在任何選舉社會，政黨與政治人物重視選舉，看重選舉結果，當然並不奇怪。但奇怪的是台灣社會似乎與其他選舉社會相比，對選舉的重視程度更加特別。「短期的選舉壓力讓政治更民粹化，讓政府、國會無法理性的規劃、討論政策520」政治人物提出的政策一般都著眼於選票的爭取。紛擾幾年之久的國光石化案，在2011年4月由馬英九正式宣布「喊卡」，理由是「世代正義，環保救國」。但依然有許多人懷疑「讓國光石化轉彎的主因，究竟是環保還是選票」？「勢如割喉的總統選舉使國光石化案不能成為一個比例的選擇，而成為一個全有或全無的方案」。521原因就在於五年前大力推動國光石化案的蘇貞昌與蔡英文執政團隊，以反省道歉回過頭來全面反對這個大型投資案，迫使馬英九團隊也由「台灣不能沒有國光石化」轉變為「台灣可以沒有國光石化」，藍綠雙方立場的轉變都「只是對總統割喉選情做出了政治選擇」。522選票至上、選票高於政策的理念在此昭然若揭。對於2012年1月舉行的「總統」、「立委」選舉合併案，藍綠兩大黨也是多基於選票的算計，「民進黨表面痛批，其實是樂見其成523，」因為南部「立委」及多數人的評估是對民進黨有利。所以，陸以正認為：台灣最大的人為災害，就是選舉，「眼看政治人物為爭取選票，不擇手段的醜態，實在噁心」。524前「衛生署長」楊志良在推動二代健保時氣得大罵：「台灣最大的問題，就是年年選舉」。525

5.社會生活泛政治化。由於「統獨」矛盾，由於政治認同與國家認同的根本性的差異，由於頻繁的選舉活動，由於媒體的大肆炒作，或者由於別的原因，台灣社會不僅是個危機社會，更是一個「被」高度動員、高度「政治化」的社會。由於選舉，不僅藍綠對立，南北對立，而且家庭、夫妻、兄弟都因此不和，整個社會經常沉浸在政治氣氛之中。每天晚上的時政談話類節目，經常牽動人們的政治神經，牽動政壇人事變化，牽動政策的調整與變化，牽動政黨政治的發展演變。歷次大規模選舉高達70%甚至80%的投票率，更昭示出台灣社會生活的泛政治化。

6.影響政局矛盾複雜化。台灣政局也是一個矛盾集合體，有藍綠對立、政黨對立、社會對立、族群對立、政策對立等。其中省籍、族群、南北與統獨矛盾在共同制約與影響台灣的政黨政治。

其一：省籍矛盾。台灣社會的省籍矛盾由來已久，其產生與「二二八」事件有關，也與若干政治人物為了謀求選票私利蓄意挑起有關。近年來省籍矛盾有緩和趨勢，但在重大選舉與關鍵時刻，往往還是個敏感問題。2011年3月11日蔡英文宣布參加民進黨「總統」初選時提出的口號是「要把台灣贏回來」，她說「我聽到台灣的聲音」。所謂「贏回來」，其意涵是原先屬於她的東西被別人拿走了，所以，是要拿「回來」，其潛意識與潛台詞還是「台灣屬於民進黨的、不是屬於國民黨與馬英九的」，還是民進黨慣有的思維「民進黨才愛台灣」。

其二：族群矛盾。台灣社會客觀存在閩南、客家、外省與「原住民」等四大族群，四大族群的產生與發展有其歷史與政治背景，也成為政治人物乃至政黨操弄的議題。石之瑜認為「民進黨最終真正仰賴的，還是用想像的族群來分化社會，製造對立」。他說：

「蔡英文不斷強調要調和南北與融合族群,再再隱喻目前的台灣南北對立,族群不合。這是不是生活中的事實並非蔡英文的重點,她的重點是要大家選邊。526」

其三:統獨矛盾。統獨矛盾雖不再是台灣政黨政治發展中的核心矛盾,但統獨意識將在比較長的時期內是台灣政局演變與政黨政治發展中的潛在矛盾。包括蔡英文與民進黨一直指責馬英九的「終極統一」,意在利用統獨矛盾收割選票。石之瑜稱民進黨黨內初選政見發表會主要候選人的兩岸政策雖然不清楚,但「目的很清楚,就是以兩岸的對立來製造國民黨的困擾,侵蝕其選票」。527

其四:南北矛盾。台灣北部與南部客觀存在的經濟發展程度差異,尤其是選舉季節,都使南北矛盾不時凸顯,同時地域矛盾,夾雜省籍、族群與藍綠矛盾,使影響台灣政黨政治的矛盾複雜多樣,加上在國家認同上的分歧巨大,「尤其是在如何處理與中國(大陸)的政治與經濟關係上,因為國家認同或現實利益的不同考量」,使得台灣內部「陷入長期的對立爭論之中」。528

7.媒體作用極端化。由於開放「報禁」後,大量媒體的產生,加上台灣社會的泛政治化,媒體與政黨之間的關係是「扯不清,理還亂」,媒體與政治人物的關係也是各不相同,因此,台灣的媒體與兩黨政治一樣,呈現兩極分化的現象。對於台灣媒體的藍綠立場與偏好,有人認為由於綠色媒體是「真小人」,藍色媒體是「偽君子」,從而媒體生態是7分綠,3分藍。高度競選的媒體生態導致了政黨利用媒體,媒體介入選舉,媒體獲利選舉。「五都」選舉中,藍營廣告支出是2億新台幣,綠營是1億新台幣,由此帶動選舉經濟6億新台幣。媒體對台灣政黨政治與政局、社會的影響不小,「2100全民開講」、「新聞夜總會」、中天的「新台灣星光大

道」、「文茜世界週報」、「台灣大論壇」、三立的「大話新聞」等，立場鮮明，影響不小。

（三）馬英九連任後台灣政局有利於兩岸關係制度化

1.藍綠矛盾。主要有三個重點：一是藍綠矛盾是未來四年台灣政局發展中的主要矛盾，影響與規範台灣政局的發展與演變方向，其中，國民黨是矛盾的主要方面，基本主導政局發展，民進黨是最大的反對黨，是矛盾的次要方面，對馬英九與國民黨的施政形成一定程度的牽制與制約。二是藍綠力量消長基本持平，不會出現重大變動；三是「南綠北藍」的政治生態難有大的變化，南部支持民進黨的民眾較多，北部支持國民黨的民眾是多數。

2.「立法」與行政關係。「立法院」呈現國民黨、民進黨兩大與親民黨、台聯黨兩小四個黨團彼此合縱連橫的格局，王金平的角色依然重要，行政與「立法」部門關係基本延續前四年的格局，基本上是馬英九主導的「行政院」與王金平主導的「立法院」。「行政」與「立法」的矛盾將是台灣政局中僅次於藍綠矛盾的第二大焦點矛盾。

3.國民黨內部矛盾問題。在馬英九成功連任、馬英九團隊政治勢力基本主控國民黨機器與掌握行政資源的情況下，國民黨真正進入「馬英九時代」，焦點在：一是馬英九與王金平的關係，同時關係到「行政」與「立法」的關係；二是國民黨中央與地方派系之間的關係；三是未來政治接班問題，2014後這個問題將更加突出，牽動國民黨內部各方勢力的互動與2016年台灣領導人選舉的成敗。

4.民進黨內部鬥爭加劇。「世代交替」還是「天王再起」關係到民進黨內部權力分配：一是派系之爭加劇，進入「戰國時代」，新系是最大派系，但分南流與北流，謝長廷系、蘇貞昌系及原扁系

（「一邊一國連線」）及「獨派」；二是「蘇系」與「反蘇聯盟」之間矛盾是民進黨內部核心矛盾，新系動向決定矛盾鬥爭的方向；三是蔡英文依然是民進黨內的一大政治力量，不排除東山再起；四是權力分配與兩岸政策調整糾纏在一起，民進黨陷於雙重困境。

二、營造台灣社會有利於和平發展的兩岸政策環境

（一）馬英九團隊對大陸政策動向

1.馬英九在兩岸關係重大問題上表態。

其一：關於海峽兩岸關係之間的定位。馬英九說：「我們基本上認為雙方的關係應該不是兩個中國，而是在海峽兩岸的雙方處於一種特別的關係。因為我們的憲法無法容許在我們的領土上還有另外一個國家；同樣的，他們的憲法也不允許在他們憲法所定的領土上還有另外一個國家，所以我們雙方是一種特別的關係，但不是國與國的關係，這點非常重要」[529]。如何解決兩岸之間的分歧，馬英九的解決之道是「我們雖然不能夠解決這個問題，卻可以做一個暫時的處理，這就是我們在1992年與中國大陸所達成的一個共識，稱為『九二共識』，雙方對於『一個中國』的原則都可以接受，但對於『一個中國』的含意，大家有不同的看法。因為對主權的問題到底能不能解決？如何解決？何時解決？目前可以說都沒有答案。但是我們不應該把時間精力花在這樣的問題上，而應該把重點擺在其他更迫切、更需要雙方解決的專案，這就是我們目前推動的政策」。[530]。

馬英九接受日本媒體「世界月刊」專訪時表示：「根據中華民

國憲法,中國大陸亦為我中華民國領土,在憲法規定上,我方不承認中國大陸為一個國家,因此『無法適用與其他國家保持關係之法律架構』,大陸方面亦然。」馬英九明確指出:他「推動的兩岸政策,除設法使兩岸經貿關係正常化,讓台灣在國際社會獲得合理空間,最後目標是要與大陸『締結和平協定』、『終結兩岸敵對狀態』,使台灣海峽走向真正和平與繁榮的道路,531儘管馬英九談到了「和平協定」與「終結敵對狀態」等,但被認為是未來的政策重點,目前的政策是「在中華民國憲法架構下,維持台海的現狀,就是不統不獨不武,以台灣為主、對人民有利」。532他認為「怎麼樣創造一個和平的台灣海峽,應該是任何台灣施政者非常重要的目標,在贏得和平的過程中,不能夠受到屈辱」。533

其二:關於兩岸武力問題。馬英九說:「大陸對台灣部署導彈已經超過10年,每年以差不多80～100枚的速度增加,對我們的安全造成很大的威脅。所以將來我們發展關係的時候,會要求對方簽署和平協定,在簽署和平協定前,我們會要求他們對這些導彈作一些處理,因為我們不願意在導彈的威脅之下來進行和平談判」。中國大陸對台灣,因為這些導彈還有其他的一些設施,可謂構成一個威脅,但是中國大陸對台灣來說,也是一個機會。一個台灣領導人,要知道如何減少威脅、增加機會,才能追求和平與繁榮534,馬英九同時認為:「中國大陸是威脅,也是機會,我們要把威脅極小化、機會極大化。如何把威脅極小化呢?一方面是促進雙方更密切的交流,使雙方可以用非武力的方式來解決問題」。535

其三:關於兩岸和平協定。印度戰略事務顧問與新德里國立尼赫魯大學國際問題研究所東亞研究中心主任謝鋼博士書面採訪馬英九時,馬英九表示他願意努力在任期內儘量完成與北京簽署和平協

定，並指出台灣加強與美國及日本的關係，旨在致力維護東亞的和平與穩定。536

2.從第二任「就職演說」看馬英九未來四年對大陸政策。

2012年5月20日，馬英九開始第二任期，在「就職演說」中有關對大陸政策部分，有近800字，與兩岸關係有關部分近2000字，通篇演說不到6000字，所以，兩岸關係部分的篇幅不小。

其一：基本原則。提出「中華民國憲法」是「處理兩岸關係的最高指導原則」。537

其二：基本目標。為打造「幸福台灣」創造良好的兩岸關係和平發展環境。

其三：基本內容。主要有七個方面：一是堅持「三不」政策，即在「中華民國憲法架構」下，維持台海「不統、不獨、不武」的現狀；二是堅持「一中各表」的「九二共識」，強調在「九二共識、一中各表」的基礎上，推動兩岸和平發展；三是承認「一中」，但強調「一中」就是「中華民國」；四是提出「主權」與「治權」的區別，認為依據「憲法」，「中華民國」領土主權涵蓋台灣與大陸，目前「政府的統治權僅及於台、澎、金、馬」，認為兩岸之間應該「正視這個現實，求同存異」，建立「互不承認主權、互不否認治權」的共識，「雙方才能放心向前走」；五是闡述「一國兩區」，提出20年來兩岸的「憲法定位」是「一個中華民國，兩個地區」，「這是最理性務實的定位，也是中華民國長遠發展、保障台灣安全的憑藉」；六是提出未來4年兩岸要開拓新的合作領域，繼續鞏固和平、擴大繁榮、強化互信；七是承認「兩岸人民同屬中華民族」，都是炎黃子孫，擁有共同的血緣、歷史與文化，也都同樣尊崇孫中山。

3.馬英九對大陸政策的特點。

其一：在兩岸關係政策與對外政策之間力求平衡。馬英九採取「親美」、「和陸」、「友日」「連結亞太、布局全球」的平衡策略，一方面以ECFA發展與中國大陸的經濟合作，另一方面亦「強化與美國的軍事安全合作」，「以鞏固民主價值同盟，成為推動兩岸和解協商的後盾」。538張亞中認為，馬英九「以兩個『平衡政策』處理國家戰略，嘗試在兩岸的經濟與政治、美國與中共，這兩個相互又是聯動的蹺蹺板上取得平衡」539。儘管馬英九將「以兩岸和解實現兩岸和平」作為「確保台灣安全的鐵三角」之首，但他同時強調三個角「同等重視，平衡發展」，既要推動兩岸的和平、和解政策以實現台海和平，同時又提出「以活路外交拓展國際空間並增加國際貢獻」以及「以國防武力嚇阻外來威脅」來確保台灣的「安全」。台灣的所謂「安全威脅」當然還有非傳統安全及週邊其他國家與地區，但主要的指向恐怕是中國大陸，既然兩岸已經和平、和解，甚至「締造了60年來最和平的台海情勢」，台灣又何須再要採購大量的武器？！所以，「平衡」政策其實也充滿矛盾的一面。

其二：在兩岸經濟與政治層面堅持分開處理方式。即馬英九的兩岸政策事實上採取了政治與經濟「分離化」的策略，經濟政策上堅持推動與中國大陸的交流與合作，但在「政治」與「安全」層面主要依靠美國，經濟上跟大陸要，但政治上堅守不談判立場。一方面，馬英九提出要盡快完成《兩岸經濟合作架構協議》的後續協商，以此引人活水提升台灣的經濟競爭力，另一方面，不僅對兩岸之間未來四年是否開啟政治協商、是否推動軍事安全互信機制建設隻字未提，而且強調了加強台灣軍備建設的重要性，在「防衛固

守、有效嚇阻」的戰略下，以「創新、不對稱」思維，建立量少但質精的堅強武力，強化與週邊國家關係，推動建立制度化的戰略對話合作管道，以捍衛台灣「安全」。

其三：對大陸政策服從與服務於台灣內部問題的解決。馬英九通篇演講是「經濟優先、內政為主」，涉及「民主」、過去四年政績及「台灣是家園」等，但重點主要有二：一是提出「強化經濟成長動能」、「創造就業與落實社會公義」、「打造低碳綠能環境」、「厚實文化國力」與「積極培育延攬人才」等五大支柱，二是提出「鐵三角」概念，而在這兩者之間的關係上，五大支柱是施政目標，「鐵三角」則是手段與策略，或者說是為五大支柱提供良好的內外環境，趙春山就認為：「國安鐵三角支撐國發五支柱」，「國家安全『鐵三角』的主要功能，就是提供一個有利的外部環境來支撐這『五大支柱』」，使其順利達成發展目標，五大支柱與「鐵三角」兩者之間是一種戰略和策略的關係。540

其四：處理未來四年兩岸政治議題的心態相對消極。一方面是馬英九演講的「內政化」，突出「中華民國是台灣」的意涵，另一方面對大陸政策主要以陳述過去4年的既有政策立場為主，對兩岸關係和平發展的前景展望不多，包括兩岸政治對話沒有絲毫表述與文字觸及。為此，連蘇起都認為：「只要條件成熟，未來四年不必完全排斥兩岸政治談判」，因為「政治與經濟很難一刀切割，例如ECFA就有政治意含在內」。541

4.馬英九對大陸政策的積極面向與消極影響。

其一：馬英九對大陸政策中的積極面向。一是堅持了兩岸在「九二共識」上共同的政治立場；二是儘管沒有提出「台灣人也是中國人」，但提出「兩岸人民同屬中華民族」的表述；三是提出了

未來在兩岸關係上要「鞏固和平」，儘管沒有展開如何「鞏固和平」的表述，馬英九也在演說後的記者會中表示「目前沒有與在中國大陸討論和平協議的計畫542」但既然是鞏固和平，和平制度化、和平的法治化應該都是在未來條件成熟後需要推動的，為未來政治對話預留空間；四是提出兩岸要「強化互信」，看到了兩岸互信的重要性；五是提出「未來4年兩岸要開拓新的合作領域」，何謂「新的合作領域」，應該不是已經在協商的ECFA後續四項協定的內容；六是要盡快完成ECFA後續協商；七是提出「一個中華民國，兩個地區」，儘管強調了「中華民國」，但在李登輝提出「兩國論」、陳水扁與民進黨堅持「一邊一國」立場及民進黨大力反對「一國兩區」的背景下，馬英九承認「一中」，提出「一個中華民國」，實際上是對李登輝、陳水扁主政以來對兩岸定位的回歸，是回歸「中華民國憲法」架構範疇，是對兩岸政治定位的清晰化與法律化。蘇起認為是「回歸『憲法一中』架構」543台灣《聯合報》社論認為，「『一國兩區』其實是『一中各表』更加深入憲法法理的一種表達形態」，「『一國兩區』意味著回歸至中華民國憲法來界定兩岸關係的定位」。「回歸憲法的『一國兩區』表述，潛藏著兩岸有可能在互相認知的憲法層次去建立互信的機制544」

　　其二：馬英九對大陸政策表述的消極影響。包括：一是依然提出「不統、不獨、不武」的「三不」政策，沒有提出「要什麼」的願景；二是對未來四年兩岸政治議題的協商沒有展望，缺乏前景；三是鼓吹台灣的「民主」及制度的優越，「為台灣民主喝彩」！奢談「台灣實施民主的經驗，證明中華民族的土壤，毫不排斥外來的民主制度」，甚至對中國大陸內部事務說三道四，要求「中國大陸的政治參與逐步開放」；四是既強調兩岸關係和平發展，又強化對外武器採購的必要性與「合理性」，其政策上的矛盾性比較突出。

（二）民進黨兩岸政策及其走向

1.蔡英文任黨主席以來民進黨兩岸政策主張。

其一：關於兩岸關係定位。一是堅持「台灣主權獨立」，並用所謂的「新本土觀」包裝「台獨」。2009年蔡英文在接受網路媒體訪問時曾表示：「社會最大的共識，在於台灣集體共有一個主權，也就是2300萬人的主權，這個主權是不受任何人影響的，也就是獨立的主權」。「相信當初寫下黨綱的台獨前輩，用意是要確保2300萬人能有一個獨立的主權，任何人都不能干擾這個主權的原作，不論稱為台獨，或者要用其他的名字，這是整體社會最大的公約數」。545可見「主權獨立」是蔡英文兩岸政策的核心。2009年3月22日，蔡英文在台灣《中國時報》時論廣場，發表《以「新本土觀」捍衛台灣》一文，提出：「過去很多人把『本土』作各種簡化，但只要將這個概念稍微擴張，『本土』可以成為『主權』的重置」。「『台灣主體意識』已經成為這個社會的共識。我們應該有足夠的自信，可以把『本土』重新詮釋為一個包容性的觀念，讓這個社會所有的新舊移民不分族群都能共用『本土包容性的『本土觀』可以跟『主權』聯結」。由此可以發現，蔡英文的「新本土」只是「主權」和「國家」的代名詞。其所謂的「新本土觀」實質上只是「台獨」的遮羞布，因此，實質上，蔡英文的兩岸關係定位依然是將「台灣與中國」對立，認為是兩個「主權獨立國家」。

二是堅持用「公投」的方式決定台灣的「統獨」。蔡英文一直堅持台灣的前途應由「公投」決定。早在2000年5月，蔡英文就主張「統獨」問題要由「民主機制」決定，並不排斥以「公投」來決定。2008年9月26日，在民進黨22週年黨慶活動中，蔡英文公開表示：台灣在「主權」議題的處理上應該要確保三個原則：第一，未

來任何的選項都應該開放，任何選項都不能預先排除，包括「獨立」；第二，「台灣人民有權為自己的未來做出決定」；第三，「台灣的未來，只應由台灣人民自己做出決定」。而其在《用「新本土觀」捍衛台灣》一文中亦提出，「在堅持理想與使命的具體手段上應採尊重多元與包容，並據此訴求人民須能自由地對關乎自己土地上的公共議題行使選擇權」。「我們是生命共同體，這個生命共同體的『主權』是我們自己的。要統要獨，必須是我們自己的選擇。重點不在選什麼，重點在，選擇權是我們自己的」。

其二：關於兩岸經貿政策。一是經濟議題「政治化」。蔡英文污衊馬英九是「以台灣主權換取兩岸經貿」。面對國民黨的兩岸經貿開放政策，蔡英文在民進黨政治反擊本能遠高於經濟反擊本事的先天體質下，選擇把複雜的「經濟選擇題」簡化成單純的「政治是非題」，污衊馬英九是「以台灣主權換取兩岸經貿」。2008年11月，第二次「江陳會」即將在台北舉行，蔡英文公然表示反對，並發表《我們為什麼不歡迎陳雲林》一文，硬是把「江陳會」即將簽署的4項經濟性議題與所謂的「主權問題」掛鉤，要馬英九當局在「主權問題」上釐清疑點後，再邀請陳雲林來台。2009年4月，第三次「江陳會」在即，蔡英文故技重施，大肆攻擊馬英九「親中賣台」、「矮化台灣」、「中國國民黨與中國共產黨聯手打壓台灣」等等。

二是強力反對ECFA，把台灣的經濟問題歸咎於馬英九「傾中賣台」。ECFA作為當前兩岸最重要的經濟議題，敏感性強、涉及面廣、影響力久，因而成為民進黨的頭號攻擊目標。民進黨為了反對ECFA，極力誇大ECFA的負面效應，製造民眾恐慌，藉機鼓動支持者的「反中」情緒，販售「台獨」意識。具體做法就是把矛頭對

準國民黨執政並未帶來經濟的「馬上好」，同時又把癥結歸咎於國民黨經濟「傾中」的做法。蔡英文宣稱「十年來台灣的薪資、工資都沒有漲，是因為受到中國大陸與新興國家勞工供給增加的影響所致，東西越來越貴，工資卻漲不起來，甚至工作機會也越來越少了」546。而在2010年4月25日的「雙英辯」中，馬英九與蔡英文圍繞兩岸ECFA議題舉行辯論，馬英九指出台灣不應再閉關自守，蔡英文則指責馬英九「傾中賣台」。蔡英文甚至還在「雙英辯」後拋出馬英九執意簽署ECFA若民進黨在2012年重新執政時，將發動公投予以廢止547之後民進黨又發起「ECFA公投行動聯盟」靜坐活動，批評馬當局「帶領台灣到錯誤偏差方向」，蔡英文下達「催坐令」，要求黨公職積極參與。6月5日，民進黨在高雄市舉辦「人民要做主、ECFA要公投」的集會活動，蔡英文及民進黨籍南部縣市長、議員、「立委」等粉墨登場，極力鼓動民眾的反ECFA情緒。26日，民進黨又舉行了所謂的「反對一中市場，人民公投做主」街頭運動，並決定在兩岸商簽ECFA後提出「複決公投案」。

其三：關於兩岸交流交往。一是以「維護主權獨立」為幌子暴力反對兩岸交流。原本象徵改革形象的蔡英文當選黨主席似乎意味著民進黨要重回中間路線，但是隨著形勢的發展，始終找不到著力點的民進黨出現集體焦慮，再度成為扛著「主權」招牌、一味拒絕兩岸交流、成為「為了反對而反對」的非理性政黨。2008年10月以後，民進黨接連製造了「張銘清事件」、「830百日嗆馬」遊行、「1025反黑心、顧台灣」遊行、「1106台北圍城」等流血衝突，不遺餘力地反對兩岸交流。其中「1106台北圍城」還最終釀成台灣近十年來最嚴重的流血暴力事件，蔡英文也因此被稱為「暴力小英」。2009年蔡英文又在民進黨臨時中常會後宣布，面對馬政府傾中路線，將推動全民保台運動548將2009年定為「社會運動年」，

原先在1996年被撤掉的「社會運動部」招牌又重新登場，並舉行了「517反傾中、保台灣」遊行等。

二是堅持兩岸交流必須納入台灣「國際交往」範疇。此前針對李登輝指稱兩岸關係是「你是你，我是我，但你我是朋友」的說法，蔡英文曾回應表示，「中國是中國、台灣是台灣，命題要清楚，整體對外關係要平衡，不能所有對外只有中國」。549可見蔡英文是要將兩岸交流交往作為台灣「國際交往」的一部分。而蔡英文針對陳雲林代表海協會首次訪台與台灣海基會簽訂協定，也曾出提出五點聲明，其中就包括「兩會協商必須依循國與國之間的慣例」、「陳雲林是中華人民共和國的談判代表」、「馬英九應收回『台灣地區說』，並就中國對台灣的武力威脅、外交打壓、經濟封鎖，向陳雲林要求中國政府向台灣人民道歉」。550之後蔡英文在「雙英辯」中也提出「民進黨的兩岸思維是台灣跟著世界一起走向中國大陸，而國民黨是跟著中國大陸走向世界」。很顯然，蔡英文是要像主權國家一樣以「台灣獨立」的身分發展跟中國大陸的關係。

三是拋出「兩岸對話說」欺騙台灣民眾。蔡英文在「十年政綱」討論會上曾提出，「民進黨中國戰略的四項基本原則，分別是『互惠而非歧視、和平而非衝突、對等而非從屬』、『從全球戰略平衡與區域安全角度思考兩岸關係』、『中國政策的制定與執行必須遵循民主程序』、『堅持以自由、民主與人權的價值作為與中國的最大區隔』」。蔡英文表示「民進黨必須擔負起對外傳遞台灣民意的責任，不能讓包括中國在內的國際社會，只能透過國民黨來理解台灣民意，因此不排除在不預設政治前提的情況下，與中國進行直接且實質的對話」551。在拋出「兩岸對話」論後，蔡英文隔天

在接受採訪時也透露曾觀察過胡錦濤,表示「『胡六點』要求改掉民進黨綱、台灣前途決議文,但黨綱強調,兩千三百萬人決定台灣前途,『這是所有台灣人都該堅持的事』;至於『實質對話』並非『領導人面對領導人』,而是多層次、多面向的對話,民進黨智庫、學者可以在一定程度下和中國交換意見,『不需要一下子就政治程度地坐下來談』。」552但是從所謂的兩岸關係「四項基本原則」,到兩岸對話的前提是「不預設政治前提」,都可以看出,蔡英文其實已經預先設定了發展兩岸關係的前提,即「台灣是一個主權獨立國家」。在這樣的前提下,蔡英文的「兩岸對話說」實際上是根據台灣不可能在隔絕大陸的環境內發展的現實而做出的「出口轉內銷」的政策宣示。蔡英文雖然名義上是要「兩岸對話」,但更多的還是對台灣島內民眾的喊話,尤其是希望可以爭取中間選民對民進黨的支援。

2.蔡英文任黨主席以來民進黨兩岸政策的特點。

其一:用「維護主權」論包裝「台獨」實質。蔡英文曾提出「捍衛台灣主權,這就是民進黨與國民黨最大的不同」。553而民進黨在各種場合批評國民黨和馬英九時也言必稱是為了「維護主權」。但是蔡英文及民進黨故意不說明維護的「主權」究竟是「中華民國主權」還是「台灣國主權」,以此爭取最大多數選民的支持。不過,蔡英文骨子裡的「主權架構」依然是「台灣國」,所以她才會雖然主張馬英九不可在與陳雲林會面時撤走「國旗」,但是民進黨組織的遊行中卻從沒有出現「中華民國國旗」。民進黨才會至今未處理包含「及早正名制憲」的「正常國家決議文」。而為了將民進黨的終極「台獨」理想與民眾的現實需要相聯結,蔡英文甚至提出了「保護主權其實就是保護我們的生活方式」的說辭。554

其二：用宣稱「開放」偽裝「鎖國」政策。由於陳水扁在第二任期內以肆意挑戰兩岸關係底線的方式轉移弊案焦點，給民眾造成了民進黨只有反對兩岸交往政策，只會搞「台獨」的印象。蔡英文為了重塑民進黨的政黨形象，一直宣稱「民進黨的兩岸政策向來是穩健開放，媒體與評論者應該要持論公正」555，也曾宣稱「台灣在轉型，民進黨也需要轉型，今後兩年，民進黨將在『和平交往』、『主權獨立』原則下，發展務實對中政策，尋求全民認同」。556宣稱民進黨不反對兩岸「有尊嚴」交往，加大民進黨與中國大陸交流交往的頻率與幅度，形塑民進黨與共產黨交往的態勢。意在通過塑造民進黨與中國大陸交往的形式，在台灣社會與國際社會造就民進黨有與中國大陸交往的意願，有與中國大陸交往的能力，存在與中國大陸交往的管道，也擁有與中國大陸交往的經驗，借此向台灣內外昭示中國大陸也開始願意與民進黨「打交道」，顯示民進黨也有能力處理三通後的兩岸關係及其發展趨勢，兩岸政策並非馬英九當局的專利。但是從民進黨至今沒有對其黨公職人員訪問大陸進行鬆綁，其「不開放」程度就可見一斑。2010年9月17日，蔡英文在接受台灣《蘋果日報》專訪時還說過「體認政治取向是一回事，穩定又是另一回事，兩岸最重要的是穩定」，「民進黨若執政，會延續前朝政策，不會橫柴入灶（閩南語，指蠻幹）」。557但是僅僅過了十多天，28日她在接受台灣島內電視台專訪時又表示，面對ECFA議題，「政府」若不面對ECFA的負面因素，在野黨只好發動「公投」凝聚共識，依據「民主」程式改變ECFA。

其三：用「階級」的觀點掩蓋「統獨」主張。蔡英文刻意歪曲、炒作是馬英九的兩岸開放政策，特別是ECFA造成了台灣社會所得分配不均，獨厚大財團，剝奪中小企業、中南部、中下階層的

發展計畫，導致失業率上升。為了與國民黨的兩岸政策相區隔，蔡英文不斷強調民進黨的兩岸政策核心價值在於堅持「公平正義」、「照顧弱勢」、區域平衡，追求符合台灣利益與社會分配正義的兩岸經貿交流策略，試圖用「階級」的觀點，渲染台灣的「貧富分化論」，蠱惑沒有分享到兩岸開放利益的民眾。蔡英文曾表示「面對暴衝的國民黨，民進黨只好犧牲自己把國民黨拉回軌道」。558

「以模糊戰略來處理民進黨目前無論在理論語境或實際運作中根本無法解決的兩岸政策問題」，559或者是以漂亮、華麗但空泛、空洞的語彙來糊弄人，以含糊其辭、巧言令色的方式迴避兩岸關係中的實質性問題。

其四：堅持「政經分離化」。民進黨在政治立場上不放棄「台獨」，也不承認「九二共識」，但對於兩岸的經濟交流交往採取相對務實的態度與政策。既以此凸顯民進黨的兩岸政策並非僅是為了反對而反對的立場，而是基於台灣人民實際經濟利益的需要，同時也是為了凸顯民進黨與馬英九當局在兩岸經濟政策上的基本一致，以「經濟議題趨同性」來爭取中間選民特別是經濟選民的支持。

3.民進黨兩岸政策未來走向。敗選後，蔡英文辭去民進黨主席，蘇貞昌以50.47%的選票當選為民進黨新主席。雖然對於要求民進黨調整兩岸政策的呼聲不小，但從實際情況看，未來4年民進黨調整其「台獨」政策與路線的可能性不大。原因有：

其一：「台獨」理念與主張仍然是民進黨內的主流思想。既然蔡英文的兩岸政策論述是基於選舉的需要而進行，其論述就不能不考慮要鞏固選票，民進黨的基本盤一定要顧及，萬萬不能丟。周奕成稱：民進黨的兩岸政策未來十年難有多大調整，要因在民進黨的社會基礎還是相當的牢固，「在未來十年裡面，在兩岸快速的交流

中，民進黨反而會變成一股保守的力量」。560「對民進黨來說，它不僅是一個意識形態的政黨，它更要建立一個意識形態的國家」。「建立一個意識形態的國家，才是民進黨成立的最終目標」。561

其二：民進黨內主流觀點是認為無須根本調整兩岸政策。表現有四：一是對歷次補選民進黨勝選原因的錯誤認知。2008年之後多次選舉的勝選讓民進黨產生無需放棄「台獨」立場也能爭取選票獲得勝利的認知。勝選讓民進黨人士頭腦發熱，其實勝選原因是多方面，由於是補選，投票率偏低，民進黨支持者投票踴躍，而國民黨支持者由於多種原因，缺乏投票積極性。二是對兩岸關係和平發展本質的錯誤認知，誤認為不放棄「台獨」也能夠穩定兩岸關係，誤認為不承認「九二共識」也能與大陸展開兩會協商，甚至拋出以「澳門模式」替代「九二共識」的政治氣球。殊不知，時過境遷，目前兩會協商的許多問題，其深度與難度絕非多年前的「澳門模式」所能處理。三是對中國大陸捍衛國家主權與領土完整的決心與信心的認識不足，誤認為民進黨無需放棄「台獨」立場，中國共產黨因為是「現實主義者」，一定會與掌握台灣政權的政黨「打交道」。誤認為民進黨未來執政的關鍵不在是否承認「九二共識」，根據需要，也可以與中國大陸創造出類似的「對話基礎」，如「一二共識」等。四是對台灣主流民意智慧的低估，誤認為只要在兩岸政策上模糊其詞，就能爭取多數民意支持，顏建發就說：「延續前朝政策」，「延續不意味著接受九二共識，或是九二共識背後的一個中國」，「如果2012年人民選擇民進黨，代表人民是接受民進黨的。屆時當選的候選人或政黨就是遵守民意，與九二共識不相干。」562五是認為蔡英文挑戰馬英九失利，是因為國民黨掌握行政資源、美國與中國大陸幫助馬英九及民進黨選舉策略有誤，不認

為癥結在民進黨不承認「九二共識」。

其三：選舉考量及「台獨」尚有部分利用價值的因素。任何選舉首先要先鞏固基本盤，然後再爭取中間選票。民進黨政策論述的投機心態是既要保住基本盤的支持度，不至因此鬆動鐵票，又需向美國等「交心」，表明其政策不會重蹈陳水扁「台獨」激進路線的覆轍。其選舉策略與手法決定了兩岸政策論述的模糊性、搖擺性與欺騙性。而民進黨社會支援基礎中尚有部分「台獨」主張者的現實，基於選票的需要，讓不少仍然要選舉的政治人物不敢推動調整「台獨」主張，以免選舉時不能當選。

其四：民進黨的兩岸政策主張調整問題與黨內權力分配糾纏在一起。蘇貞昌雖然當選為民進黨主席，但他是一個得票只是微弱過半的弱勢黨主席，加上蘇貞昌個人在兩岸政策論述上的不足，既難以提出根本調整民進黨「台獨」政策的論述主張，又不敢得罪「獨派」，從而難以帶領民進黨在此議題前進，因為兩岸政策的調整是與黨內權力分配糾纏在一起的。

基於民進黨「台獨」主張的難以調整，基於民進黨又是台灣最大的反對黨，做民進黨的政策轉化工作至為必要。因為，要營造兩岸關係制度化建設的環境，至少要讓民進黨不反對兩岸交流，認識到兩岸交流與和平發展制度化建設是台灣民眾甚至民進黨的利益所在。當然，由於民進黨與共產黨沒有如與國民黨般的歷史淵源，作為彼此接觸的起點，兩黨必須從尊重差異開始，路徑為「尊重差異，傾聽理解，化解差異，創造可能」。563

三、美、日等國際環境與因素的新變化與新趨勢

兩岸關係是國際形勢特別是亞太地區形勢下的兩岸關係，兩岸關係從1949年開始就參雜著東西方冷戰、美國因素等在其中，因此，兩岸關係和平發展制度化的建設，受到東亞與亞太地區形勢的環境與相關國際因素影響，其中原因就在於台灣社會是一個「淺碟社會」，是一個危機社會，也是一個相當多元化的社會。

（一）國際社會基本樂見兩岸和平發展

1.美國對兩岸關係和平發展表示歡迎。雖然台灣島內有人不斷炒作，表示美國擔心兩岸走得太近，美國國內也有少數智囊團人士對兩岸和解存在憂慮，但美國政府及智囊主流意見是歡迎四年來兩岸關係和平發展。因為兩岸關係和平發展利於美中雙邊關係平穩發展及亞太地區和平穩定，符合美國的國家利益。雖然兩岸經濟關係日益密切，政治關係趨向緩和，但雙方在政治、軍事等方面存在嚴重的互不信任，在一些難題（如「中華民國」的定位）無法破解的情況下，美國不擔心兩岸走得太近。總體而言，美國台海政策不在歐巴馬政府外交議程「核心議題」內。包括中國大陸與美國戰略合作關係的穩定發展也是其中原因，特別是胡錦濤訪美標幟著「中美關係已進入一個比以前任何時期截然不同的創新階段。此乃『劃時代』的一刻」[564]，「它不但是展開了中美關係一個創新的階段。更重要的，這次胡歐（歐巴馬）會談，很可能是為世界經濟秩序奠定了一個新的基礎」。[565]

2.日本對兩岸關係和平發展持謹慎歡迎態度。日本政府對兩岸關係和平發展是「三不」政策立場：不希望因海峽兩岸衝突而使日本捲入到任何的戰爭中；不希望兩岸有任何針對日本利益的合作行為，不希望日本被孤立在兩岸和平發展的歷程外。

3.東南亞和歐洲國家對兩岸關係和平發展持肯定與歡迎的態

度。同時,它們強調希望分享兩岸關係和平發展的利益。

(二)國際社會對兩岸走向及制度化仍有疑慮

在歡迎兩岸關係和平發展的同時,國際社會,主要是美、日兩國對兩岸關係走向及其他問題仍存疑慮。楊開煌:「日本、美國基於台灣的戰略位置,也不願意看到台灣跟大陸走得太近,他們實際上會有一些鼓勵的動作,希望台灣對大陸交流採取一些剎車的做法。」566

1.美國對台灣政局與社會的影響最大。美國一直視台灣為其「勢力範圍」,迄今堅持按照《與台灣關係法》售台武器,應該說這是冷戰遺緒。對兩岸簽署ECFA,美國的立場是樂見與歡迎,但美國其實是秉持了「二不」政策,即不介入兩岸對話,也不希望對兩岸對話等兩岸關係的發展處在狀況外。雖然近期美國國內學界出現了是否應該「放棄台灣」討論,但要美國真正「袖手」台灣,應有待時日。蘇起在辭去「國安會」秘書長後公開提出馬英九團隊對外政策是「親美」、「友日」、「和陸」。作為一個前官員,公開提出其政策是「親美」,而又被台灣社會與一般民眾視為理所當然,可見美國對台灣一般民眾影響之大。

2.台美政治關係持續平穩發展。對台軍售作為美國應對台海兩岸關係一張「牌」的主動權,是美方所不願意放棄的,美方將牢牢地把握「軍售牌」,在對台軍售上保持其主動性;台美高層人員互訪有望突破;免簽證與司法互助上可能有所進展。

3.美國對台海政策將始終是兩岸關係和平發展前景中最大的變數。特別是在美國重返亞太戰略的實施下,美對台海政策的兩面性突出,美國既表示樂見與支持兩岸和平發展,但對和平發展的前景開始擔憂;既樂見兩岸經濟進一步的合作,又擔憂台灣經濟對大陸

過於依賴；既不反對兩岸人員交往的密切化，又擔憂兩岸社會融合速度過快；既希望大陸在經濟上幫台灣一把，又擔憂台灣政治、安全上對大陸形成依賴，不希望兩岸展開政治、特別是軍事與安全上的對話。所以，兩岸關係中美國作用沒有「邊緣化」也不會「邊緣化」，美國對兩岸政治談判的影響、對兩岸軍事互信機制建立的影響都有關鍵性作用。

4.日本對台灣的影響不小。日本殖民台灣50年，對台灣社會影響極其深入，日本觀光客到台灣在2009年是外來觀光客中最多者，台灣民眾去日本旅遊觀光也是相當普遍，彼此往來的「免簽證」，讓雙方社會交往相當密切。日本對台灣政局的影響表面上不如美國明顯與突出，但日本通過經濟、社會層面影響台灣政局的作用實在不容低估。日本對兩岸關係走向的疑慮也大於美國，特別是日本原來就對馬英九在釣魚島問題上的立場心存疑慮，兩岸關係改善後，日本特別擔心兩岸在釣魚島問題上聯合起來。所以，日本警惕與關注兩岸在釣魚島及附近海域可能出現的合作行為，甚至對類似的呼籲和主張都十分在意。尤其是在中國大陸與日本因東海海域資源爭議（包括釣魚島附近海域）產生嚴重摩擦之際，日方對馬英九團隊在此類問題上的政策立場相當在意。

因此，加大對兩岸關係和平發展國際環境的塑造，加大對兩岸關係和平發展中的國際因素的引導，也是推動建立兩岸關係和平發展制度化的重要路徑。需要加強美、日及東南亞、歐洲等涉台研究機構、智囊團與學者的工作力度，爭取其對兩岸關係和平發展特別是和平發展制度化的瞭解、理解與支援。

第四章　和平發展階段兩岸政治定位研究

　　海峽兩岸之間的政治定位一直是制約與影響兩岸關係發展的核心問題，也將是影響兩岸關係和平發展的關鍵問題。從國共內戰到1949年後的兩岸「劃峽而治」，海峽兩岸執政當局之間在兩岸與國際上一直進行著「中國代表權」之爭，其中既有關係到中國選擇何種發展道路的競爭，也有「誰是中國正統代表」之爭。即使是2008年兩岸關係出現和平發展新局面後，在兩岸涉及政治性與安全性等議題，甚至需要簽訂有約束力的文件，台灣方面依然十分強調「我是誰、你是誰、你我是什麼關係」的問題。「胡六點」提出「兩岸可以就在國家尚未統一的特殊情況下的政治關係展開務實探討」，表明了大陸方面對兩岸政治定位問題所持的基本立場與務實態度。

第一節　兩岸關於政治定位問題的回顧

一、台灣當局在兩岸政治定位問題上的基本主張

（一）2000年前台灣當局的主張與觀點

　　1949年後，在國、共隔海軍事衝突與對立下，台灣國民黨當局既堅持「一個中國」政策，也奉行「漢賊不兩立」的基本立場，對於兩岸政治定位採取號稱其政權是「代表全中國的唯一合法政府」

的政策立場。從1990年代開始至2000年第一次政黨輪替前，國民黨當局提出的有關兩岸政治定位的主張主要有：

1.「一國兩區」。1990年11月26日，「行政院」大陸工作會報通過的「台79陸行字第1523號函中」稱：「台灣地區與大陸地區人民往來有關之事務」567，簡稱「一國兩區」。

2.兩個政權。該主張要點有四：一是「兩岸分裂、分治為兩個政權」。1993年台灣當局在回應大陸提出的《台灣問題與中國的統一》白皮書中提出：1949年10月，國共內戰，由於中共在大陸地區另行『建國』，中華民國政府播遷台灣地區，從此，中國便同時存在兩個互不統轄的政權，在國際間也因此產生了所謂的中國問題568「40多年來，中華民國政府與中共政權在台海兩岸各自行使治權，乃是客觀的事實」。為此，「再度呼籲中共當局，應務實地認識到兩岸分裂、分治的事實，放棄在台海使用武力」。569二是強調「制度之爭是中國分裂分治的本質」，是「兩種不同的政治、經濟、社會制度與生活方式之爭」，「尤其是兩岸經過了40年的分隔之後，在不同制度下，經濟與社會等發展所呈現明顯的差距，具體凸顯了這種『中國往何處去』的爭執，才是台海兩岸分裂分治的本質，也是今日中國分裂的真正原因」。570三是認為「中共不等於中國」，中國一詞，包括地理、政治、歷史以及文化等多重意涵。我們一向主張，大陸與台灣均是中國的領土，台灣固然是中國的一部分，大陸也同樣是中國領土的一部分。自民國38年以來兩岸仍處於分裂、分治的狀態，是不容忽視的事實，中共雖擁有大陸地區的管轄權，但絕對不等於中國，也無權代表全中國，更非代表全中國人民的唯一合法政府571四是「台灣是中華民國的領土」，「中華民國」是國際社會的一員，中共不能代表台灣人民，「中共

政權自成立以來,其治權從未及於台灣,既無權在國際間代表我們,也從未在任何國際組織中為台灣地區人民主張權利或履行義務」。572

　　3.「政治實體」。即「一個中國、兩個對等政治實體」。1990年6月李登輝主持召開「國是會議」,會議中正式提出兩岸分別為「擁有統治權的政治實體」,會議並建議「動員戡亂時期」終止後,將中共定位為「對抗性的競爭政權」。5731991年2月23日「國家統一委員會」第3次會議通過,1991年3月14日「行政院」第2223次會議通過的《國家統一綱領》「前言」中提出:「共同重建一個統一的中國」,在第四部分的「歷程」中提出:「在互惠中不否定對方為政治實體」的主張,「兩岸應摒棄敵對狀態,並在一個中國的原則下,以和平方式解決一切爭端,在國際間相互尊重」。5741991年4月30日,李登輝宣布「戡亂時期」自5月1日結束,公開地承認中共為控制大陸地區的政治實體,表示:「在憲政層次上,不再將中共視為叛亂組織」,「中華民國政府不再在國際上與中共競爭『中國代表權』」,認為「中國只有一個」,但是「台灣與大陸都是中國的一部分」,「中共不等於中國」,「在中國尚未達成最後的統一之前,兩者既處於分治局面,理應各自有平行參與國際社會的權利」。575「中華民國自西元1912年創立以來,在國際間始終是一個具獨立主權的國家,這是個不爭的歷史事實。但是,在兩岸關係的處理上,雙方既不屬於國與國的關係;也有別於一般單純的國內事務。為使兩岸關係朝向良性互動的方向發展,中華民國政府務實地提出『政治實體』的概念,作為兩岸互動的基礎。所謂『政治實體』一詞其含義相當廣泛,可以指一個國家、一個政府或一個政治組織」576

台方的《國家統一綱領》正式以「一個中國、兩個對等政治實體」的架構來定位兩岸關係，其「主要內涵包括：一、中華民國的存在乃是不容否認的事實。二、『一個中國』是指歷史上、地理上、文化上、血緣上的中國。三、兩岸的分裂分治只是中國歷史上暫時的、過渡時期的現象，經由兩岸共同的努力，中國必然會再度走上統一的道路」。「雙方在國際上互相尊重而非彼此排斥」，「四、為兩岸的政治談判預留空間。正因為中國目前是分裂為兩個政治實體，才要經由交流和談判，使它合二為一」。577

　（二）對國民黨當局政治定位主張的分析

　　從上述國民黨當局的基本主張中可以看出：

　　1.國民黨不接受大陸提出的「一國兩治」的主張。認為：「對兩岸目前暫時分裂分治的認定，與中共『一國兩治』的說法，有著絕對不同的內涵。」認為「傳統觀念的中國現已分裂兩個政治實體，即實行社會主義制度的大陸地區，以及實行民主自由體制的台灣地區」。中共定義的「兩制」乃是「任由中共宰制的一種權宜措施，本質上，仍是一種主從關係，一制代表中央，另一制代表地方」。認為：「就政治現實而言，中國目前暫時分裂為兩個地區，分別存在著中華民國政府與中共政權兩個本質上完全對等的政治實體。雖然雙方所管轄的土地、人口與所推行的制度不同，但兩者在互動過程中自應平等對待，並各自在其所管轄的地區域內，享有排他的管轄權，任何一方並無法在對方地區內行使治權。」578

　　2.國民黨既「堅決主張『一個中國』，反對『兩個中國』與『一中一台』」，也提出了兩個並存「國際法人」的主張。認為「在兩岸分裂分治的歷史和政治現實下，雙方應充分體認各自享有統治權，以及在國際間為並存之兩個國際法人的事實，至於其相互

間關係則為一個中國原則下分裂分治之兩區,是屬於『一國內部』或『中國內部』的性質,我們的主張極其務實;這些主張亦與『兩個中國』或『一中一台』的意涵完全不同」。從而主張「並行參與國際活動」。579

3.雙方在一個中國的原則上有共識,但在具體的內涵上有分歧。認為「1912年孫中山先生領導革命所締造的中華民國,已於民國38年暫時分裂為台灣地區與大陸地區,由兩個政治實體分治海峽兩岸並各自有獨立的對外關係,任何謀求國家統一之主張,均不能忽視此一客觀事實之存在」。「『一個中國』是海峽兩岸所共同追求原則,但雙方對其內涵的解釋卻有所不同。中共當局認為『一個中國』即為『中華人民共和國』,並主張將來統一以後,台灣將成為其轄下的一個『特別行政區』」。「我們認為『一個中國』應指1912年成立迄今的中華民國,其主權及於整個中國領土,但自1949年以後未能在中國大陸行使統治權。台灣固為中國之一部分,但大陸亦為中國之一部分,中國是處於暫時分裂之狀態,由兩個政治實體分治海峽兩岸」。「總之,我方之『一個中國』政策,實為『承認分裂、推動交流、追求統一』之政策。因為只有承認分裂,才能面對現實;只有推動交流,才能促進瞭解;只有追求統一,才能解決目前兩岸所存在之問題」。580

(三)民進黨當局對兩岸政治定位的基本主張

民進黨自1991年通過「台獨黨綱」以後,其關於台灣定位的基本立場就是「台灣主權獨立」、「台灣不屬於中國的一部分」,甚至提出通過「住民自決」推動「台灣獨立」,1999年為了選舉通過的《台灣前途決議文》中,儘管不再否認「中華民國」,但依然將「台灣」視為一個「國家」,從而關於兩岸政治定位的一貫立場是

「台灣，中國，一邊一國」。2000年5月20日陳水扁上台執政後，民進黨當局在兩岸政治定位上的基本立場轉向模糊化，但2年後再次清晰地定位為「一邊一國」。

  1.「四不一沒有」。2000年5月20日，陳水扁在「就職演說」中正式提出：「如果中共無意對台用武，本人承諾在任期內不會宣布台獨，不會更改國號，不推動兩國論入憲，不會推動改變現狀的統獨公投，也沒有廢除國統綱領與國統會的問題。」陳水扁「四不一沒有」的公開承諾，是迫於形勢與其剛上台的執政需要，在對大陸政策上基本採取延續李登輝後期的政治路線，用「模糊化」的方式處理兩岸之間的政治定位。

  2.「一邊一國」。2002年8月3日上午，陳水扁在以視訊直播方式向在日本東京召開的「世界台灣同鄉聯合會」第29屆年會致辭中，公然鼓吹「台灣是我們的國家，我們的國家不能被欺負、被矮化、被邊緣化及地方化，台灣不是別人的一部分，不是別人的地方政府、別人的一省，台灣也不能成為第二個香港、澳門，因為台灣是一個主權獨立的國家，簡言之，台灣跟對岸中國一邊一國，要分清楚」。並胡言：「我們長期追求的理想和目標，也是大家共同的理念——公民投票」，「要認真思考公民投票立法的重要性與迫切性」。陳水扁的「一邊一國」論就是「兩國論」，就是「台獨」。儘管在事後民進黨當局一再辯解：把陳水扁8月3日的演講說成是「一邊一國」論，是過度簡化了陳水扁演講的原意，應該是「對等主權論」。其實，無論是「一邊一國」論還是「對等主權論」，其要旨都是「台獨」論，都是「兩國論」的翻版與變種。早在7月21日陳水扁就任民進黨主席的發言中，就曾公開宣布「台灣前途決議文」將是民進黨當局處理兩岸問題的最高指導原則。因此，「一邊

一國」論是民進黨當局在兩岸政治定位上基本立場。

3.「廢統終統」。2006年1月29日，繼元旦提出「積極管理、有效開放」的兩岸緊縮政策之後，陳水扁再度拋出「考慮廢除國統綱領與國統會」的問題。2月27日，陳水扁再度正式提出要「終止國統會運作與國統綱領適用」。陳水扁「終統」真正意圖在於：一方面通過「終統」搞「台獨」，以爭取「台獨基本教義派」的支持；另一方面，通過這樣的舉動，繼續在台灣社會進行「台灣獨立」的社會教育運動，使「台獨」成為台灣民眾的唯一認知與選擇。

4.「正常國家決議文」。2007年9月30日，在第12屆第2次黨代會上，民進黨正式通過《正常「國家」決議文》，主張「早日完成台灣正名，制定新憲法，在適當時機舉行公民投票，以彰顯台灣為主權獨立的國家」。該「決議文」是不折不扣的「台獨」自白書，強調「台灣是主權獨立的國家，與中國互不隸屬，互不治理」。

5.「公投」與「法理台獨」。2008年3月在台灣領導人選舉中，陳水扁當局正式推動「以台灣名義加入聯合國」的「公民投票」，其基本目的不僅是借「公投」爭取選票，而且是借此突出「兩岸兩國化」，通過強化「在台灣的『中華民國』是一個主權獨立的國家」，不挑戰「中華人民共和國在大陸的主權」與「在國際上作為中國的代表」，使雙方在「國際」上並立，兩岸「互不隸屬、互不代表」，在兩岸「政治定位」採取這樣對抗性的做法，強化「台灣主權」，即通過兩岸之間的政治對抗達到台灣「獨立」的目的。[581]

（四）馬英九對兩岸政治定位的基本主張

2008年5月20日馬英九正式就任台灣領導人後，有關兩岸政治定位的主張有以下幾點：

1.兩岸不是「國與國之間的關係」。馬英九說:「我們基本上認為雙方的關係應該不是兩個中國,而是在海峽兩岸的雙方處於一種特別的關係。因為我們的憲法無法容許在我們的領土上還有另外一個國家;同樣的,他們的憲法也不允許在他們憲法所定的領土上還有另外一個國家,所以我們雙方是一種特別的關係,但不是國與國的關係,這點非常重要,所以也不可能取得任何一個外國,包括墨西哥在內的雙重承認,我們一定是保持和平與繁榮的關係,同時讓雙方在國際社會都有尊嚴,這是我們的目標。」582

2.以「九二共識」作為兩岸政治定位分歧的解決之道。馬英九認為「這樣的爭議是屬於主權層面的爭議,目前無法解決,但是我們雖然不能夠解決這個問題,卻可以做一個暫時的處理,這就是我們在1992年與中國大陸所達成的一個共識,稱為『九二共識』,雙方對於『一個中國』的原則都可以接受,但對於『一個中國』的含意,大家有不同的看法。因為對主權的問題到底能不能解決?如何解決?何時解決?目前可以說都沒有答案。但是我們不應該把時間精力花在這樣的問題上,而應該把重點擺在其他更迫切、更需要雙方解決的專案,這就是我們目前推動的政策」。583「總統府」發言人王郁琦說,根據「憲法」增修條文第11條規定:「自由地區與大陸地區間人民權利義務關係及其他事務之處理,得以法律為特別之規定」。兩岸是「自由地區與大陸地區」,也就是台灣地區與大陸地區,兩岸關係不是「國家與國家」關係,也不是「中央與地方」關係,是台灣地區對大陸地區的關係。「從憲法架構下,中華民國就是自由地區,也可稱為台灣地區,涵蓋台、澎、金、馬,對岸就是大陸地區」。兩個地區是對等地區,每個統治地區上面有統治的當局,「我們是台灣當局,他們是大陸當局」。國民黨當局是

以這樣的態度詮釋兩岸的特殊關係，也用這樣的態度看待兩岸的關係。584馬英九接受日本媒體「世界月刊」專訪時表示：「根據中華民國憲法，中國大陸亦為我中華民國領土，在憲法規定上，我方不承認中國大陸為一個國家，因此『無法適用與其他國家保持關係之法律架構』，大陸方面亦然。」馬英九明確指出：他「推動的兩岸政策，除設法使兩岸經貿關係正常化，讓台灣在國際社會獲得合理空間，最後目標是要與大陸『締結和平協定』、『終結兩岸敵對狀態』，使台灣海峽走向真正和平與繁榮的道路」585。

3.兩岸「互不否認」。2008年9月4日上午馬英九辦公室發言人王郁琦召開記者會表示：「中華民國是主權獨立國家，台灣與大陸雖然無法做到相互承認，至少可以做到相互不否認。」至於以地區與地區關係定義兩岸關係，是否出現「矮化主權」的情況？王郁琦表示：「中華民國是主權獨立的國家，這是不容否認的，政府把台灣地區與大陸地區的關係定位為對等關係，所以不會有矮化的問題。」對於馬英九提出這樣的看法是否已經與對岸溝通過？王郁琦表示：馬英九「提出兩岸是特殊關係的觀點，這是馬總統和智庫專家討論出來的結果，這樣的結果相信有助於改善兩岸關係，這樣的觀點是否獲得對岸善意反應，值得繼續觀察」。馬英九認為，「看待兩岸關係必須按照中華民國憲法的架構，以對等的方式定義台灣與大陸地區的關係」。5862008年年底，馬英九正式提出「正視現實，互不否認，為民興利，兩岸和平」的主張。應該說馬英九的說法是在兩岸「互相承認」不可取——那會導致「兩個中國」，有違馬英九一貫的政治理念，也是在兩岸「互相承認」不可得——大陸堅決反對的現實下提出的解決分歧之道。其中，「正視現實」與「互不否認」的關係需要搞清楚：所謂「正視現實」是在要求正視「中華民國政府」的事實存在的目標無法實現的情況下，退而求其

次,「不否認」「中華民國政府」的事實存在,這也是馬英九的最低的目標,是馬英九在兩岸政治定位上的最低目標。

4.兩岸「互不承認主權,互不否認治權」。2011年3月9日,馬英九在海基會成立20週年會議上第一次正式提出兩岸「互不承認主權,互不否認治權」的主張是檢視並實現兩岸和平發展、對等交流的基礎587。台灣媒體甚至稱:「兩岸其實已經以預設務實的方式,承認對方的治權。兩岸的相關官員,在協議及協商過程中,直接的溝通談判,最後才以兩會做為白手套,代表雙方簽署協定。對於這種現象,我們可以稱之為『九二共識』下雙方治權的互不否認。」588

5.「兩岸同屬一中」。2012年3月12日國民黨榮譽主席吳伯雄在北京與胡錦濤總書記的會晤中,明確指出「兩岸同屬一個中國」,兩岸不是「國與國的關係」,吳伯雄同時強調自己是「台灣人也是中國人」。這是國共兩黨首度確認「兩岸同屬一中」。589

6.「一國兩區」。2012年3月22日,國民黨榮譽主席吳伯雄在與中共中央總書記胡錦濤在北京舉行第5次國共高層會晤中,在說明「兩岸同屬一中」時,吳伯雄提出了「一國兩區」的概念,所謂按照台灣現行法律與規定是「一個國家,兩個地區」。22日晚,台「總統府」發言人范姜泰基表示,「一個中國」指的是「中華民國」,在「憲法」與法律的規定之下,兩岸關係就是「中華民國」台灣地區與「中華民國」大陸地區之間的關係。「台灣地區」指台灣、澎湖、金門、馬祖及「政府統治權所及之其他地區」,而「大陸地區」意指台灣地區以外之「中華民國」領土590。23日,范姜泰基再度強調:兩岸關係定位完整說法是「一個『中華民國』,兩個地區」。這一定位在20多年前「修憲」及相關「立法」時就已經

確定，歷經李登輝、陳水扁當政到馬英九，都沒有任何改變。591 台「行政院長」陳冲在「立法院」接受質詢時也回應吳伯雄說法是重述「憲法」規定，認為「中華民國」有兩個地區，一個是台灣地區，一個是大陸地區。592吳伯雄是作為國民黨主席馬英九的代表到北京與胡錦濤總書記會晤，其表態當然是代表馬英九的政策立場，是所謂「受人之托」593加上馬英九辦公室的正式回應，當然也是代表馬英九當局的基本立場。尤其值得注意的是，台灣政治大學副校長林碧炤認為，從法律觀點看，「一國兩區」的「區」，應該是指「法域（legal territories）」，在「憲法」之下，兩岸出現一個很不同、特殊的情況，就是現在治權所及的法域和制定《「憲法」》時的法域是不一樣的。594楊開煌認為「一中兩區」「可以成為兩岸關係和平發展時期的中程安排」，「可能成為台灣人民在維持現狀的無奈選擇下，一個比較正面的兩岸關係思考的期待」。「一中兩區」是「在一中框架下處理兩個法人的問題，包括了彼此定位和互動的方法」。595李英明認為：「一國兩區」是「中華民國憲法」的「法理框架，依此框架，我們才可以宣示，我們的法理主權及於中國大陸地區，而事實主（治）權暫時及於台澎金馬地區」，因此，「一國兩區」是「中華民國憲法」「據此定位兩岸關係的框架」。596

二、中國大陸在兩岸政治定位問題上的基本立場

1.一個中國。「世界上只有一個中國，台灣是中國的一部分。中華人民共和國政府是代表全中國的唯一合法政府」。597要點有三：一是台灣自古屬於中國，抗戰勝利後，中國政府重新恢復了台灣省的行政管理機構。二是國際社會公認台灣屬於中國，「中華人

民共和國成立以來，157個國家先後同中國建立了外交關係，它們都承認只有一個中國，中華人民共和國政府是中國的唯一合法政府，台灣是中國的一部分」。598 三是台灣問題的產生是國共內戰的結果，「1949年10月1日成立了中華人民共和國，中華人民共和國政府成為中國唯一合法政府。國民黨集團的一部分軍政人員退據台灣。他們在當時美國政府的支持下，造成了台灣海峽兩岸隔絕的狀態599。」

2.台灣當局是地方政府。1953年5月12日，周恩來在與印度駐聯合國首席代表梅農會談時指出，「過去在國內戰爭、抗日戰爭與解放戰爭三個時期，我們都主動同蔣介石談。當時蔣介石代表中央政府，我們是地方政府。現在我們代表中央政府，蔣介石頂多也只是地方政府」。600 1990年11月10日楊尚昆在會見台灣《中國時報》記者時說：「我們之所以提國共兩黨商談，首先是考慮到台灣方面的處境。如果不是兩黨談，很難處理台灣是地方政府的問題。避免這一點，我們主張由國共兩黨對等商談。所以，李登輝先生當選國民黨主席時，我們以中共中央總書記名義發了賀電，希望兩岸儘早統一，希望李登輝先生為統一出力。而他當選『總統』時，我們不能祝賀，因為中國只有一個，就是中華人民共和國，中國只有一個政府，在北京，台灣歷來是中國的一個省。這是不可改變的601。」

3.反對「一國兩區」的主張。時任國台辦副主任唐樹備指出：我們注意到台灣當局關於『一國兩區』的提法。這一提法在島內外已引起爭議。我們認為，這一提法和台灣當局過去所提的『一國兩府』一樣，實質上是使兩岸關係變成兩個國家之間的關係。它不可能解決兩岸關係中存在的各種問題，對國家統一是無益的。602

4.反對「一國兩府」的主張。中共對台工作領導人指出：「我們絕不能承認台灣與大陸是平等的兩個政府，因為這就成了兩個中國了。現在台灣又有人挖空心思地想出了一國兩地區要統一，中央政府一定是在北京，是中華人民共和國。這是肯定的，是不能讓步的。這是最重要的原則。為避免台灣人覺得我們把台灣吞併，才提出一國兩治」。「雙方商談時，可以先不談中央、地方問題。不是說沒有這個問題，其實這是最癥結的問題」。603台灣當局迄今並沒有放棄『一國兩府』的立場，在國際上繼續推行彈性外交同時604，大陸方面是將反對「一國兩府」與「兩個中國」並列：「我們堅決反對任何形式的『兩個中國』、『一中一台』或『一國兩府』，堅決反對任何旨在製造『台灣獨立』的企圖和行動」。605中央台辦發言人強調：「我們堅決反對旨在製造『兩個中國』、『一國兩府』和『台灣獨立』的任何企圖和行動。我們絕不坐視『台灣獨立』。」606時任中央台辦副主任唐樹備在會見陳長文時也強調：「處理海峽兩岸交往中應該遵循的五項原則，其中之一是在處理海峽兩岸交往事務中，應堅持一個中國的原則，反對任何形式的『兩個中國』、『一中一台』，也反對『一國兩府』以及其他類似的主張和行為。」607

5.反對兩個「對等政治實體」。唐樹備表示：「我們堅決反對任何形式的『兩個中國』、『一中一台』或『兩個對等政治實體』，堅決反對任何旨在製造『台灣獨立』的言論和行動」。「台灣方面企圖借解決事務性問題，製造所謂『獨立的主權』和『同等的司法管轄權』，達到追求『兩個對等政治實體』的目的」。608唐樹備指出：「台灣當局鼓吹『一國兩區』，大陸與台灣兩個『對等的政治實體』，這實質上仍是搞『一國兩府』，只會導致『兩個中國』或『一中一台』。對此，我們是堅決反對的」。609

6.中國的主權沒有分裂也不能分裂。1995年大陸首次提出儘管兩岸「尚未統一」，但國家主權與領土完整沒有分裂：「雖然台灣與中國大陸迄今尚未統一，但是台灣作為中國領土一部分的地位從未改變，中國對台灣擁有無可爭辯的主權。世界上只有一個中國，台灣是中國的一部分，中華人民共和國政府是代表全中國的唯一合法政府。台灣已經回歸中國50年了，中國人民絕不容許台灣再從中國領土分裂出去」。610「國家主權是不能分割的，中國主權屬於包括台灣同胞在內的全體中國人民。台灣某些人鼓吹『台獨』，其實質是分割國家主權的行動」。611針對1996年將舉行的台灣領導人產生方式的改變，大陸方面指出：「無論台灣領導人產生方式如何改變，都改變不了台灣是中國領土一部分的事實，改變不了台灣領導人只是中國一個地區領導人的事實。」國家的主權屬於該國全體人民。包括台、澎、金、馬地區在內的全中國的主權，屬於包括台灣同胞在內的全體12億多中國人民，而絕不屬於台灣某一部分人，也絕不允許由台灣某一部分人來改變。如果有人企圖以台灣領導人產生方式的變更為由，為其分裂中國的活動披上所謂合法的外衣，這完全是徒勞的。612李鵬表示：「中國人民不但反對任何『台灣獨立』的言行，也同樣反對『分裂分治』、『階段性兩個中國』等違背『一個中國』的言行。由於人所共知的原因，中國大陸與台灣尚未能實現統一，但台灣是中國領土不可分割的一部分，中國擁有對台灣無可爭辯的主權。」台灣當局所謂的『兩岸分裂分治』，是鼓吹中國的主權已經分裂，海峽兩岸是『兩個對等且互不隸屬的政治實體』，已各自成為『獨立的國際法人』……台灣當局根本目的就是要把台灣從中國分裂出去，就是搞台灣獨立6132005年十屆全國人大第三次會議通過的《反分裂國家法》再次強調「儘管兩岸尚未統一，但中國的主權與領土完整不可分割」。

7、「一個中國」原則的表述的演變。1998年1月30日錢其琛代表大陸提出：「世界上只有一個中國，台灣是中國的一部分，中國的主權與領土完整不可分割」。同年10月14日，海協會會長汪道涵在會見辜振甫時宣導的「86字」方針中提出：「台灣的政治地位應該在一個中國的前提下進行討論」。2000年7月大陸再度提出：「世界上只有一個中國，大陸與台灣同屬於一個中國，中國的主權與領土完整不可分割」。大陸與台灣同屬一個中國，「這是符合中國的歷史、照顧兩岸現實，體現了兩岸融合、共用一個中國主權的善意，也是具有前瞻的表述」。是未來兩岸協商的新起點。614

第二節　兩岸與海外學者在兩岸政治定位上的觀點

海峽兩岸學者與港澳及海外學者對兩岸之間的政治定位進行了不少的研究，也提出了若干值得進一步思考的觀點與建議，對兩岸未來協商政治定位議題應該是有幫助的。

一、台灣學者的觀點

台灣學術界近年來在兩岸政治定位問題上，比較有代表性的觀點大致有以下若干種：

1.「一中兩國」。這是新黨曾經提出的觀點，認為在一個中國內部事實上存在著「兩個國家（State）」。

2.「一個中華民族」。李允傑提出：「大陸應思考以『一個中華民族』較具包容性的架構取代傳統狹隘的一中原則，做為兩岸和

平發展期的基礎，並在此基礎上正視『中華民國的定位問題』」。615他認為，「從歷史、文化、血緣的角度詮釋的一中原則，廣義來說就等於『一個中華民族』。經過一世紀的隔閡，兩岸統合的關鍵在台灣人民的『中國感情』，大陸應該理解：『中華民國』是台灣人民與中國感情的臍帶。『中華民國』如果被消滅，『一個中國原則』在台灣即失去依託」。616

3.「一個主權下的兩個中央政府」。張登及認為：兩岸的現狀是「一個主權未分裂的國家，兩個互不否認的中央政府，其實是中共觀念演化邏輯上合理的結果」。617「憲法架構下」、「九二基礎上」，「以台灣為主，對人民有利」是國民黨大陸政策的戰略框架618用馬英九提出的「互不承認主權，互不否認治權」來「規範目前兩岸的政治關係，其實更能彰顯『一個國家，兩個中央政府』的現實」。619

4.「一中共表」。張亞中等提出，認為國民黨所主張的「一中各表」有四個弊端：無力實踐、不利台北、不容北京、沒有互信。所以，台北方面需要改變思維，依據「中華民國憲法」與大陸對話，就「一中」的定義尋求兩岸都可以接受的「共同表述」，其理由是「兩岸均同意目前的憲法為『一中憲法』，雙方均對不分裂整個中國做出承諾，雙方也願意接受彼此為平等的憲政秩序主體。」620

5.「一國兩府」與「一中各表」。陳長文認為可以進行「主權」與「治權」的「雙元論述」。621「一中各表」正是這樣的實踐，它「為兩岸在經濟與文化交流上，建構了一個『創造性的框架』，使得兩岸可以迴避政治上『主權論述』與『治權論述』可能存在的歧異性」。622戴瑞明強調「一個中國，兩個政府」，推動

「共建中國領土由兩岸人民共管的概念」623認為兩岸基於各自「憲法」對主權的重疊主張,「雙方應可基於『主權在民』之原則,建立中國主權由兩岸人民共用的概念」624。

6.「一中兩憲」與「一中三憲」。張亞中提出「一中兩憲」,認為「一個中國的框架裡頭有兩個憲政秩序實體」。625『一中兩憲』是兩岸定位的法理現狀626黃光國提出「一個中國、兩部憲法」概念,在此基礎上,張亞中又提出:「一中三憲、兩岸統合」的觀點。認為兩岸主權宣示重疊、治權分立,兩岸均為平等「憲政秩序主體」,雙方是平等不對稱的權力關係,兩岸在相關事務上,用共同體的統合方式互動以共同治理。627張亞中運用「合中有分、分中有合」的概念,提出「兩岸必須在『主權是合』的基礎上來確定兩岸定位」,「兩岸應在『整個中國』的框架之下來處理兩岸的政治定位」。而「兩岸在治權上是兩個互相分治的政治實體」,「兩岸為分治的憲政秩序主體」628。張亞中認為:兩岸是「整個中國內部的兩個平等的憲政秩序主體」,中國大陸不應該剝奪台灣使用中國這個話語權,應該讓台灣來分享我們也是中國的一部分,也分享中國話語權,所以才有所謂的『台北中國』及『北京中國』這個概念。629「憲法層次關係是兩岸關係定位的必要性質,台北方面很難在這方面讓步」。630

7.「一國一府,互為特區」。楊開煌提出,主要內容有三:一是兩岸關係應該定位在「政治內戰」,以確立兩岸關係仍然屬於憲法下的「一個中國」之共識;二是以「一國一府,互為特區」的平等觀來使兩岸政權定位各自以「府對區關係」,即台灣當局自以為是「中央政府」,將大陸政府視為其「特區政府」,中國大陸也可視台北的「中華民國」當局為其特區政府,但「雙方互不承認對方

為中央政府，但也互不否認對方為特區政府」，在此關係下兩岸的政府官員可以互相見面、接觸與協商。631 三是各自以「府對區關係」提出內部的法律，以規範雙方當局之間的互動，以此化解兩岸未能開啟的政治談判與政治定位的兩難困境。632

　　8.「不完全繼承」。以王曉波為代表，認為中華人民共和國政府對中國的繼承，「不完全繼承是現狀」，國際上還有23個國家的承認沒有繼承，內政上，還有台澎金馬及南沙等沒有繼承。633 其論點是：目前兩岸的現狀是「主權沒分裂」、「治權未統一」。「主權未分裂」，指的是大陸和台灣同屬「一個中國」；「治權未統一」，指的是兩岸目前的現狀就是「一國兩制」或曰「一國兩治」。634 所以，馬英九提出的「不統」，「是指治權的不統，因為到今天為止，兩岸的主權並沒有分裂」；「不獨」是「指主權的不獨」。635 認為「只有承認不完全繼承，兩岸官方才能進行談判。在不完全繼承的情況下，兩岸當然就是內戰的交戰團體，雙方才可以互相官方承認、官方談判」，是「繼承與被繼承的關係上的談判」。而這談判「並不涉及到主權的分裂和所謂主權承認的問題」，因為兩岸當局「互相承認就是國家主權的分裂」。636 王曉波認為，馬英九提出的「互不否認就排除了台灣獨立和兩個中國的問題，如果互相否認就無法達成和平」。637

　　9.「主權重疊，治權分立」。蔡瑋主張結束兩岸之間敵對狀態，主要邏輯是國共內戰並未正式結束，兩岸同屬一個中國，但是對其內涵各有不同的解讀，也就是「主權重疊，治權分立」、638「主權共用、治權分立原則」639 志傑提出：「治權分立」，2005年中國大陸通過《反分裂國家法》，「實已默認兩岸治權分立、內部主權共用」。但是大陸在「外部主權」上，大陸仍沿

襲「內戰團體」論述,所以,「儘管當前兩岸內部主權實質分享確立,但外部主權的零和狀態依舊」。640

10.「兩岸兩國共同體」。周奕成主張中國大陸應該在承認「中華民國」的現實,在此基礎上「建構兩岸的共同體」。641

11.兩岸「親兄弟說」。張亞中提出,認為「民族說」(親戚關係)與「睦鄰說」(朋友關係)均不能正確地反映兩岸關係應有的性質,兩岸「親兄弟說」才應該是兩岸關係的適當定位。642

12.「領土和主權完整的說辭」替代「一中原則」。邵宗海提出,認為從大陸對台政策在「一個中國」具體表述上的演進可以看出,「一中原則」與「中國的主權與領土完整不容分割」是相同意義的說法,從而主張以「領土和主權完整的說辭」替代「一中原則」。643

13.「境內與境外特殊關係」。台灣「陸委會」前副主委童振源在《台灣的中國戰略:從屈從到平衡》書中提出:兩岸關係的定位應該是在「中華民國憲法」下的特殊關係,但非國內關係,而是屬於「中華民國」管轄「境內」與「境外」的「特殊關係」。644 其觀點的依據是:根據「中華民國憲法」與相關法律規定,「中華民國」的領土分為「大陸地區」與「自由地區」,後者是「中華民國」的管轄範圍。由於「中華民國」與中華人民共和國的領土主張絕大部分重疊(後者的領土不包括外蒙古),但是在治權上完全分立,因此兩岸關係並非國內關係,「兩岸互動其實是在中華民國領土內的兩套憲法秩序的互動關係」。童振源認為:「大陸地區」與「自由地區」這兩塊領土本身不會互動,必須由統治這片領土的政府來進行,而依照「中華民國憲法」的規定,兩個地區都是「中華民國」固有領土,但「大陸地區」又是由中華人民共和國統治,在

此情況下,兩岸關係不能算是國內關係,而是一種由「中華民國」管轄的「境內」與「境外」的特殊關係。645

14.「一中各表」。既是國民黨的主張,也是不少台灣學者的觀點,認為:「北京無法承認中華民國,台北也無法承認中華人民共和國,但是可以使用各自表述的方式互不否認。這正是九二共識的核心價值,也是台灣人民能夠接受的原因」。「台灣民眾對九二共識的接受,建立在『一中各表』的認知基礎上」。646

15.各為「政治實體」。1990年代初國民黨提出的《國家統一綱領》中即提出兩岸互不否定為「政治實體」。台灣《聯合報》社論也提出「如果兩岸能夠簽成『和平協議』,應即代表兩岸相互承認為政治實體的問題已告解決647。」

16.「兩個主體」說。邵宗海認為,要終結1949年的中國內戰問題,勢必要回到當初的兩個主體:「中華民國政府」與「中華人民共和國政府」之間政治與軍事對峙的解除。而這樣的定位對雙方來說沒有任何主從的區別。648

17.「類邦聯關係」。李英明提出在「一個中國」框架下,兩岸可以被稱為「一中」框架下的「類邦聯的關係」,「這種類邦聯的關係,早在1949年後,就已經成為現實,只是因為兩岸相互對立否定,而無法獲得穩定的發展」。「兩岸關係能從過去相互隔絕對峙走到今天形成『九二共識』,基本上是以向兩岸類邦聯關係的歸位為基礎的」。649

18.「一中兩憲」。林建甫認為在一個中國的屋頂下,「兩憲」有對等的意涵,「一中兩憲」更是現狀「更貼切的描述」650。

19.「一中不表」。林碧炤提出：「一個中國原則是最根本的政治基礎，在這個基礎上，從『一中各表』和『一中互表』中取得『一中不表』的諒解似乎比較可行。651」

二、中國大陸、港澳及海外學者的觀點

根據李家泉的研究，大陸及港澳、海外學者對兩岸政治定位大體有三類（主權與治權完全統一、主權與治權完全分離、主權統一與治權分開）

132種模式之多。652

1.領土與政權有別。李家泉提出要區分「領土」與「政權」的不同概念，「領土」指一個國家所管轄的土地疆域，它是歷史形成的客觀存在；「政權」是在這塊土地上人為形成的權力實體。根據一國之內「領土」與「政權」的關係，探討兩岸政治定位時，必須兼顧中國領土的完整性與兩岸現政權的平等性，要把台灣作為中國的一個「地區」與歷史在這個地區遺留下來的一個「政權」區別開來。653

2.分層次定位。朱松嶺提出「一個中國、對內各自管轄，對外中國代表權互補」。654認為兩岸政治定位即新舊政府的政治定位，應視情況分為「國內法上的兩岸關係定位」、「國際法上的兩岸關係定位」與「談判中的兩岸關係定位」。提出：「在國際法層面上，兩岸關係問題從來就不是『中華民國』與中華人民共和國的國與國之間的關係。有著幾千年歷史的中國，儘管朝代更替，一直是延續的，既沒有消滅舊的國際法主體，也沒有產生新的國際法主體，兩岸的分立與對峙，從來都是中國內政範疇內的事情」。655

兩岸「在國內法上，新舊政權並存時期兩岸是主權宣示重疊、互相否認的、相互競爭的平等政府」。656「兩岸新舊政權談判存在的基礎是『九二共識』和反對『台獨』，即主權重疊宣示、維護國家主權和領土完整。不管採取什麼符號，無論是政府對政府、民意代表機構對民意代表機構、『白手套』對『白手套』的方式，都必須明確這一前提，這是兩岸談判政治定位的根本依據657。」

3.「主權完整，治權分立」。黃閩認為「主權完整，治權分立」是當前兩岸關係最為客觀和現實的基本現狀，是兩岸關係發展的現實的起點。658「兩岸政治談判是雙邊區域政府的談判，是一國內部事務的具有談判資格的兩個主體談判。首先要確立雙方的談判地位和尊嚴對等」。659他認為：「1949年中華人民共和國成立後，在中國的大陸地區行使治權，原『中華民國』的政府，在中國的台澎金馬區域繼續存在，兩邊區域政府雖然對國家代表權存在對立和爭議，但均堅持反對任何分裂國家的行為，均堅持世界上只有一個中國的立場。在國家尚未統一之前，雙方理解並尊重各自對中國代表權的堅守，是對國家統一、民族復興所願意承擔的政治責任。」660他提出所謂「一中同表」的含意：一是「共同表述」的含義，即兩岸共同表述雙方一致確認的立場；二是表明兩岸的「共同歸屬」含義，即大陸台灣同屬一個中國的歸屬。661從而「在內政範圍的兩岸政治對話就是『一個國家，兩個區域政府（大陸地區和台灣地區）』之間的對話」，「兩岸政治談判應當也可以迴避國際外交範疇的中國代表權問題，在未能達成共同的政治意願之前，保持兩岸國際關係現狀。從法理上說，迴避國家代表權或保持現狀的本質是兩岸對各自在國際上的國家代表權問題予以擱置（互不提起），以避免出現『兩個中國』的尷尬」。662「大陸的善意和政治妥協就是在兩岸談判中把自身也置於區域政府位元階」。黃閩進

而提出「新五句」的表述：「世界上只有一個中國；大陸和台灣同屬一個中國；在兩岸政治談判的範疇內，兩岸政府都是一個完整中國下的區域政府；兩岸政府均一致認同，中國的主權和領土完整不容分割；在國家正式統一之前，並不影響或改變兩岸政府在國際政治外交關係中既已存在的地位。」663

4.主權所有權與主權行使權的分離。聶學林提出，認為中國目前是處於一個主權所有權統一而主權行使權有所分裂的不完全分裂國家，當然也不完全統一664。

5.「主權共用」。夏立平認為「兩岸在國家尚未統一的特殊情況下的政治關係應該考慮到兩岸主權共用」，包括幾種選擇：一是「中國（北京）與中華台北」，二是「中國（北京）與中國（台北）」，三是「中國政府與台灣當局」。665

6.「國家球體理論」。劉國深提出，認為中國是「國際星系」中一個重要的「國家球體」，與世界上絕大多數「國家球體」的球面只有一種顏色代表該國家不同，中國的「國家球體」的表皮是由紅、藍雙色構成，因為中國境內存在著兩個競爭國家代表權的政權，他們分別在不同的空間與場合代表著這個球體，雙方形成事實上「一體兩面」的關係，雙方的政治關係是「領土主權一體，政權差序並存」的政治狀態。666

7.「對等的政治法人」。鄭海麟提出兩岸定位問題在兩岸進入實質的政治性談判之際，最適合同時也是最有可能被雙方接受的應是「對等的政治法人」的定位。667

8.「正視中華民國」。盧卡爾認為考慮兩岸政治定位需要考量馬英九的思考，馬英九作為典型的外省第二代「固有中國情結，但有反共包袱」，「有必須融入台灣本省人主流的強烈想法」，奉行

所謂之「新台灣人主義」，是死也要成為「台灣灰」，「其維護台主體性及中華民國主權的決心應不容置疑」。668

9.「一個國家，兩個國號」。蕭元悟認為，「從憲法表象上看，台灣海峽兩岸是『一個國家，兩個國號。669應該看到「『中華民國憲法』作為『一中憲法』，對於維護國家主權統一的重要意義，是怎麼評估都不為過高的」。670

10.「一個中國，主權重疊，治權分立」。丘宏達對「九二共識」、「一中各表」的觀點是認為，對於「一中」，台灣方面指的是「中華民國」，大陸方面指的是「中華人民共和國」，兩岸有關「一中」的內涵不同，但雙方都承認「一個中國」的原則，雙方的「憲法」都強調主權涵蓋整個中國。這是傳統的國民黨人所持的「一中各表」論述。丘宏達認為「中華民國政府於1991年3月發布《國家統一綱領》，及由國家統一委員會提出『一個中國』的含意，其要點是中華民國主權及於全國，但治權只在台灣地區」。671

11.「法理一中」。許世銓提出：「憲法一中」或者「法理一中」應當可以作為化解在一個中國問題上分歧的一條思路。672

12.「一中框架」下的特殊地區關係。清華大學兩岸法政問題研究中心兼職研究員陳勤浩提出兩岸的定位是「世界上只有一個中國。中國的領土與主權完整不容分割。大陸與台灣在不同的道路上發展出不同的社會制度，形成一個中國框架下平等相處的特殊地區關係」，概括為：「兩岸關係是『一中框架』下平等相處的特殊地區關係」，「特殊」的意涵是由於中國內戰造成了兩岸長達60多年的分隔，使海峽兩岸相處在一個領土和主權完整的國家內部兩個政經體制不同的地區平等而特殊的關係之間。673

第三節　兩岸政治定位問題的理論探索

從兩岸關係發展實際看，兩岸間的政治定位問題的解決既急迫又棘手，既然是關係到兩岸關係發展的核心問題，當然涉及的面向與牽制因素也是經緯萬端，在比較長的時間裡，似乎難以真正、徹底地得到解決，但基於兩岸關係和平發展本身所擁有的「階段性」特徵，探討和平發展階段兩岸之間的政治定位問題，並做務實的「處理」（不是真正的「解決」），保持「創造性的模糊」，[674] 尋找一個過渡性的處理方案，可能性要大得多，似乎可以成為努力的目標與方向。

一、馬英九對兩岸政治定位的基本策略

馬英九團隊目前並不急於與中國大陸正式商談兩岸政治定位問題，無意推動兩岸政治定位問題協商。其考量因素主要有：

（一）兩岸政治定位問題的討論沒有急迫性

在台灣經濟面臨國際經濟危機與「國際經濟參與」面臨邊緣化的情況下，加強兩岸經濟合作、規範人員往來等是馬英九團隊的當務之急，也是兩岸兩會急迫需要協商解決的課題，即使是進入2012年後馬英九第二任期，依然有ECFA的後續4項協商議題談判及社會往來與教育、文化等議題需要優先協商，兩岸政治定位問題的急迫性不高。但其實，兩岸政治定位問題如果能夠有所處理，對兩岸關係和平發展是大有幫助的，邵宗海就認為：「如果兩岸不能相互賦予彼此政治實體的對等地位，那麼即使在一個中國原則的前提下，

也很難使得雙方都能見容於同一國際組織內。」675

（二）兩岸進行政治定位議題討論困難點多風險大

馬英九團隊認為，「胡六點」提出兩岸可以協商國家統一前的特殊情況下的政治關係，這樣的表述比以前是有進步，但是，對台灣來說，這裡有所謂「陷阱」：一是提出「國家統一前」的定義，即如果台灣與大陸談了這個問題，等於同意日後一定是要走向兩岸統一，這會給民進黨等「台獨」力量以反對的藉口；二是所謂「兩岸政治關係」實質是中國大陸一直在講的「台灣當局的政治地位問題」，即是在「中華民國」的政治地位「妾身不明」的情況下來討論「台灣是什麼」，那為何不討論「北京政府是什麼地位？」的問題，這樣的討論等於表示兩岸還沒有開始談的情況下，台北當局的地位就已經被「矮化」了。

（三）目前台灣政治情勢與環境不利於談兩岸政治議題

兩岸還是處於「先經濟」的階段，政治議題的協商時機還不成熟，條件有待創造，如果貿然進行政治談判，民進黨一定會大肆反對，對馬英九施政不利，「未蒙其利，先受其害」。

（四）中國大陸提出探討兩岸政治定位議題有一中前提

即使在一個中國的框架下來討論兩岸政治定位，對台灣也是相對不利的。台方希望的是：一個中國不是談判的前提，而是議題。馬英九團隊主張兩岸暫時擱置政治爭議，強化雙方合作交流，兩岸關係需要建立在互信的基礎上，尤其是在中國大陸經濟快速發展的情況下，台灣的發展無法自外於中國大陸，676為此，台灣的因應之道是如何將中國大陸的崛起「機會最大化」與「威脅最小化」。

二、馬英九的「互不否認」主張有階段性作用

馬英九對兩岸政治定位提出了「互不否認」的主張，後公開提出兩岸「主權互不承認、治權互不否認」。對馬英九的這一觀點，應該給予理性而客觀的分析。

（一）「互不否認」似可作為兩岸政治定位思路之一

1.應該看到「互不否認」主張中的積極成分與意涵。它是以「一中」為基礎，實質是「一個主權，兩個治權」，或者說是「一個主權，兩個治權體」，是馬英九在不追求「兩個中國」情況下的一個選擇。

2.台灣《聯合報》認為：「雖然雙方在法理上互不承認，卻也不能否認雙方在法理上的實際存在」。即「兩岸此時所謂的『對等關係』，其實是『互不承認，但亦互不否認』。否則，談什麼市場准入及司法互助」？[677]

3.兩岸一系列的交流交往在客觀上也是體現了台灣公權力行使的事實。國台辦主任王毅就提及：兩岸交流中也碰到了許多的問題，即使不談和平協定，不談軍事安全互信，即使談經貿關係正常化，進行經貿關係的機制化安排也要碰到與台灣的公權力打交道的問題。而早年的金門協議，包括海基會與海協會所簽署的兩會一系列協定，表面上是兩隻「白手套」在談與簽，但「幕後之手」都在體現公權力，體現著「各自有管轄權的政治實體」。因此，黃嘉樹提出：「大陸接受台灣方面做為談判的對方，與之『談』這件事本身就是對其合法性的承認。但這只是『默示』性的承認」。[678]台灣媒體認為，「與中國大陸和解，台灣的『主體性』才真正得到確立」。兩岸司法互助及共同打擊犯罪協定及若干協定明書業務主管

部門，大陸與台方部門首長就主管業務進行會談，「都代表大陸對我統治權的不否認，這就是尊重」。「兩岸相互尊重治權，是對『主權』最有效的保障」。679

4.兩岸官方之間當然不能互相承認，相互承認了就是「兩個中國」，但也不能否定事實上的存在，否定了事實上的存在，「兩岸如何能與『不存在』的對方交流、協商呢？所以，兩岸除了在法理上『互不承認』外，還必須在事實上『互不否認』，才能在法理的『一個中國』原則下，相互交流」。海外華人學者熊玠的觀點是「『互不否認』在邏輯上也不能推論出『互相承認』的結論680。」

5.從國際法上的「承認」看「互不否認」。根據當前國際法主流學派奧本海派的觀點，「承認」是給予一個特定團體以特定的資格，如承認一個社會為一個主權國家，即是國家承認，承認一個管理當局為代表該國的政府，即是政府承認，還有是對某些政治實體給予某種特別資格的承認，如只承認一個政權為它所控制的國家一部分領土的政府，即是對交戰團體或者叛亂團體的承認，這是承認的種類。至於承認的方式，有「事實承認」與「法律承認」、「明示承認」與「默示承認」。而「互不否認」概念可謂是國際法中「默示承認」概念在兩岸關係中的靈活運用。「互不否認」就是兩岸之間，雙方都認知到對方的事實存在，以預設對方事實存在的方式。

因此，「互不否認」的政治定位作為中國尚未完全統一前的過渡期間或者說是和平發展時期兩岸雙方互動中的一種安排與規則，似乎是可以考慮的。

（二）以「互不否認」定位兩岸政治關係時需要注意問題

1.這樣的定位只能限定於兩岸關係之間。正如一個中國的「新三句」一樣，可以考慮這樣的表述：在兩岸關係之間、在中國完全統一之前，我們認知的兩岸「互不否認」就是指什麼，等等。

2.這樣的定位絕對不能夠適用於國際社會中，包括國際關係與國際組織、國際場合與國際活動中，即可以考慮「一個『互不否認』的定位，內外有別」。因為：一是中國的主權只有一個，主權沒有分割也不可分割，馬英九的說法事實上也認同只有「一個主權」，當然馬英九的說法在於兩岸是「兩個治權」。在國際上由中華人民共和國政府作為中國的代表的事實已經確立，在國際場合中國代表的「唯一性」決定了國際領域不能夠適用「互不否認」，對台灣當局的「國際人格」，中國大陸是一定要「否認」的，因為具有排他性特徵。二是正如兩岸「外交休兵」一樣，可以默認甚至實際在做了，但不可公開去宣揚。三是兩岸自台灣問題產生以來，在國際社會一直是秉持「漢賊不兩立」的基本政策這一政策不能改變。四是「不否認」，含有「默認」的意味，在國際社會可能產生「外溢」的實際效益需要注意。

3.以「互不否認」定位目前兩岸間的政治關係只是一個權宜之計，是當前兩岸和平發展的需要，是一個階段性的定位，並非是終局性的。

三、「九二共識」是兩岸政治定位的恰當表述

（一）「九二共識」就是兩岸政治定位的實際體現

1992年海峽兩岸達成的一個基本共識，在2000年被蘇起命名為「九二共識」。

1.「九二共識」是兩岸政治定位的一種實際表述與具體體現。

其一:「九二共識」符合一個中國的原則。「九二共識」的核心精神要義有二:一是雙方都主張世界上只有一個中國,沒有「兩個中國」,也不是「一中一台」;二是兩岸雙方都承諾一起共同努力,謀求國家走向統一。

其二:「九二共識」是能夠為兩岸雙方所共同認同的表述。1992年兩岸兩會的協商過程表明,「九二共識」這個概念所要表達的是兩岸關於一個中國的現實指稱:一個包括大陸與台灣的領土,居住在這塊土地上的人民,以及存在於其中的一個獨立而不可分割的主權。既反映了兩岸同屬一個中國的事實,也反映了兩岸尚未統一的現狀。「九二共識」的關鍵在於其背後對於一個中國這個客觀存在的指稱是共同的,使得「九二共識」有著堅實的客觀依據。「雙方均從各自的政治立場和兩岸關係的現實出發所達成的『九二共識』雖然是政治妥協,但更是兩岸關係發展進步的產物,是一種避免糾葛的政治智慧,為兩岸關係的進一步發展,留下了模糊的政策空間。」[681]

2.「九二共識」的歷史作用值得重視。

其一:「九二共識」是兩岸關係和平發展的基礎。因為兩岸雙方認同了「九二共識」,雙方能夠「求同存異」,從而推動兩岸關係往前走。

其二:「九二共識」是反對「台獨」的法理依據。馬英九與國民黨當局堅持「一個中國、各自表述」,其表述是「基於保持『中華民國』國體,為兩岸關係交往乃至於未來的政治談判保留一個具有對等高度的政治實體,在台灣看來,這是他們不可妥協和退讓的底線。」[682]

其三:「九二共識」既務實地作為兩岸兩會協商的基礎,又事實上捍衛了國家的主權與領土完整。

其四:「九二共識」既維護了兩岸關係和平發展的機會,也成為亞太地區和平穩定的「定海神針」。

(二)從《反分裂國家法》來看兩岸政治定位

1-《反分裂國家法》對兩岸現狀的定義是「世界上只有一個中國,大陸與台灣同屬一個中國,儘管兩岸尚未統一,但大陸與台灣同屬一個中國的事實並未改變」,這一定義及法案強調兩岸仍然處於「內戰狀態的延續」的表述,大陸強調:兩岸現狀從主權與領土概念來說並沒有分裂,其意涵在於強調台海兩岸現狀沒有分裂,也非「台獨」。依此《反分裂國家法》並未反對當前存在的台灣當局。在法案中提出的六大議題中,也有提出「台灣當局的政治地位」可以討論的說法。

2.《反分裂國家法》中提出兩岸「現狀」,是不希望「台獨」分裂勢力去改變它。所謂「維持現狀」實際上也希望維持「中華民國憲法」關於「一個中國」的相關規定不被改變。需要指出的是,同樣稱「中華民國」,在不同政治人物的話語裡其內涵是不一樣的。陳水扁所謂的「中華民國」其實就是台灣!他說:「中華民國是一個主權獨立的國家,國家的主權屬於2300萬台灣人民,台灣前途的任何改變只有2300萬台灣人民才有權決定。」這樣的說法是中國大陸所不認同甚至是堅決反對的!

3.《反分裂國家法》沒有承認但也沒有否認兩岸「分治」的事實,同時也沒有認為這種「現況」是「分裂國土」,從而明顯地區隔了「中華民國」與「台獨建國」。依此,兩岸的「分治」是個事

實。這樣,兩岸才有可能在許多領域進行合作,如《反分裂國家法》中「共同打擊犯罪」的提出,就是承認了台灣存在的權力機構擁有台、澎、金、馬地區的「管理」。

四、兩岸政治定位問題的理論探索

(一)兩岸政治定位需要國際法視角

1.國家主權的唯一性與國際代表的唯一性決定了中國在國際上的代表只有一個,即中華人民共和國政府。自近代國家與國際法產生以來,一個國家當然只有一個主權,沒有一個國家會有兩個主權的問題。世界上只有一個中國,當然只有一個中國的主權。這是由國際法理論所規範與決定。從有關國際法的國家主權的理論的來看,「主權」、「國家主權」與「人民主權」是三個不完全相同的概念,尤其是「國家主權」與「人民主權」存在聯繫,但又有較大的區別:人民是主權的真正擁有者,「國家主權」應該也是由人民所共有的,但由合法的政府代為行使!所以,主權是國家的主權,對外由政府代表人民來行使國家主權。由哪個政府來代為行使呢?這裡就「存在著主權由一個人民委託的主體來行使的問題」,「只有人民認同並授權的代表國家的合法政府才具有行使主權的合法性」。[683]1949年10月1日中華人民共和國中央人民政府成立後,海峽兩岸的兩個政權不僅互相對立,而且在國際上互相排斥,互相爭奪中國代表權。1949年後至1987年,台灣的「拓展國際外交,與對岸爭的都是名分問題,即中國的合法代表權。至於中國主權,其涵蓋兩岸領土人民,在兩岸間從來不是問題」。[684]1971年聯合國大會的2758號決議,不僅解決了兩岸的兩個政權誰在聯合國代表中國的問題,而且基本解決了誰在國際上代表中國的問題。所以,國際

上由中華人民共和國中央人民政府來作為中國的代表行使中國的主權完全說得通、站得住。而由於中國的主權是由包括2300萬台灣同胞在內的13億中國人民所共有的，兩岸人民共同享有中國的主權，但在國際上是由中華人民共和國中央人民政府作為代表來行使兩岸人民共用的主權。

　　2.國家主權的不可分割性與中國主權在實踐上的不完整性需要正視。「國家主權作為一個完整的實體具有不可分割性685」這是國際法所公認的普遍原則。但國際政治現實也告訴人們：需要客觀地、辯證地看待國家的主權，國家主權在行使與實踐中存在諸多不完善的地方。在國家主權的實際運作中存在諸多的主權被分割與沒有能夠充分行使的問題，如香港與澳門的主權當然屬於中國，但在1997年中國政府對香港恢復行使主權之前與1999年中國政府對澳門恢復行使主權之前，中國政府並沒有能夠充分地行使主權。國家主權原則是近代以來國際社會不斷追求的目標，但是它在國際關係的實踐中始終是存在缺陷的，從來就沒有真正地得到實現686。由於歷史與國際政治的實際，中國的國家主權的行使也存在著缺陷。香港、澳門回歸之前的情況就是一個例證。國際上若干分裂國家的歷史經驗也證明：為了保證國家的統一，分裂的政府都應該承認自己有效管治下的「領土主權」是屬於傳統國家的，自己有效行使的只是傳統國家遺留和當地人民賦予的「主權權利（sovereign rights），」。687

　　3.國家主權的相對性與被限制性。在強調主權是一個不可分割的整體的同時，人們也看到了在國際關係現實中，主權被分割或者在行使中受到限制的現象確實隨處可見，688「部分主權國家的存在和主權受到制約的現象則是國際關係中不完善的現實結果，從根

本上說，這並不表明這些國家不想擁有不可分割的完整主權，而是由於種種歷史和現實的因素造成了他們無法維護主權的不可分割性」。689國家主權在理念上是絕對的、不容質疑的，但在現實的實踐中與歷史的背景中它又是相對的與受到諸多限制的，如台灣的主權在1945年已經由日本歸還中國，但在1949年後，由國共內戰所造成的兩岸對立與分治，事實上沒有能夠讓中華人民共和國中央人民政府對台灣地區行使主權與治權，而是由台灣當局事實上在進行治理，甚至核發體現主權的「護照」等。

4.國家主權的分層次性。國家主權在本質上是一個不可分割的整合理念，但是在組成結構上它又是有層次的，既有核心的價值構成，又有邊緣的表現形式。如發行貨幣應該是一個國家的主權體現，一個國家應該只有一種貨幣，但由於歷史的原因，香港與澳門即使是在中國政府恢復對其行使主權後，還是依然使用「港幣」與「澳門幣」。再如，香港不少居民有權選舉「立法局」議員，但也許該居民卻是擁有與使用著某一個國家的護照。台灣的情況尤其如此。「國家主權原則的不可超越性在根本上體現為一種價值理念和最高準則，但正如人們早就可以看到的那樣，國家主權原則自近代提出以來從來就沒有在國際關係中得到切實的遵守和實現，從來就只是國際社會共同努力加以維護的終極目標」。690國家主權原則確立300多年來，從來沒有在國際關係中真正地得到過充分的實現。691特別是在經濟全球化時代，國家主權尤其面臨著前所未有的挑戰。

5.國家主權與治權的同一性與適度分離性。主權與治權的關係：主權是根本，治權是表現。國家的主權與治權從理論上講應該是具有同一性的特點，但由於國家主權在本質上的不可分割性與構

成上的可分性、在行使過程中的可分性的特點，需要人們把「主權權力」與行使主權的「管理權力」區別開來，需要對「主權實體」和「主權構成」給予適當的分離，因為「主權是一個聚合性的概念，其中領土完整這一主權實體當然是不可分割的，但在此前提下，主權實體內部的不同層次、不同組成部分則可以適當分離，中國必須維護的是主權實體的完整性，這是主權立場的落腳點，而在較低的主權層次或某些與主權相關的具體問題上則可以有一定的靈活性」。692如果能夠確立這樣的國際法理念，再來思考處理台灣當局的政治地位問題可能就會有許多的想像空間。

6.國家繼承與政權繼承以及完全繼承與不完全繼承的問題。1949年中華人民共和國中央人民政府替代「中華民國」政府成為中國的代表，這是政府繼承而非國家繼承，嚴格來說還不是「完全繼承」，而是「不完全繼承」。因為台灣問題並沒有解決，台灣國民黨當局的代表甚至到1971年之前一直在聯合國號稱「代表中國」。美國紐約大學熊玠教授認為，「如果說由於『中華人民共和國』1949年產生而『中華民國』就不存在了的話，那麼從1949年迄今，在台灣是由一個『非中國屬性』的政權有效行使主權，繼續不斷進入第六十年。基於國際法上的時效原則（prescription，一譯先機），台灣在法律上已無中國屬性了。亦即中國人（廣義的中國）對台灣的主權已無提出主張的依據可言」。因此，馬英九「別出心裁地首創兩岸對彼此法律地位『互不否認』的『速寫』說法，用以表達其中複雜的法理奧秘」。主張「台獨」的人士就是「要用中華民國不復存在的說法，為台灣『去中國化』提供學理基礎」。，693熊玠認為：中國大陸傳統的觀點是完全將主權絕對化，完全與治權（即主權的有效行使）脫鉤——亦即將國家與政權混淆。並且完全漠視國際法上主權有完全繼承與不完全繼承之分，

以及主權喪失有完全喪失與不完全喪失之別。中華民國在1949年僅丟掉了中國大陸（即其原來擁有的中國主權不完全喪失），但它保留下來對台灣的（剩餘）主權。這絕非主權的再造1949年10月1日中華人民共和國中央人民政府的成立，是政府繼承在國內法中的完成，而1971年10月25日，則是政府繼承在國際法上的基本實現。從這樣的角度來思考「中華民國政府」的地位，不僅會比較有歷史感，而且比較切合實際，也具有現實意義，因為「中華民國政府」的角色，具有一定的反「台獨」功能，從法理上看，它對「台灣地位未定論」是一種駁斥，對「台灣主權論述」也是一種對抗，也從歷史上聯結著台灣與大陸的本質關係，揭示著兩岸現狀的歷史根源。尤其需要注意的是：一是馬英九在堅持「中華民國」問題上的立場是相當堅定的；二是台灣內部在維護「中華民國」的問題上也有基本的共識，所以2008年後連蔡英文領導的民進黨都以馬英九是否堅持「中華民國」來衡量馬英九的政策是否是「愛台灣」的基本標準，《自由時報》緊盯台灣駐外機構的網站上有無「國旗」的事情。

（二）兩岸政治定位問題具有特殊性

「胡六點」提出：「為有利於兩岸協商談判、對彼此往來作出安排，兩岸可以就在國家尚未統一的特殊情況下的政治關係展開務實探討」。這裡點出了思考兩岸間的政治定位，首先需要考慮到這個問題的獨特點有哪些？

1.「兩岸性」。兩岸之間的政治定位包括三層面的意涵：一是僅限於兩岸之間，由於政治關係的定位是「兩岸」之間的政治關係定位，這樣的定位只能侷限於兩岸關係之間，與國際社會和國際組織無關。二是由兩岸間來協商解決，由兩岸之間人員來進行探討與

協商，無需借助協力廠商來協調或者解決。三是兩岸間的政治定位的適用性也只限定於兩岸之間，絕對不能夠適用於國際社會中，包括國際關係與國際組織、國際場合與國際活動等。在國際上由中華人民共和國中央人民政府作為中國的代表的事實已經確立，在國際場合代表的「唯一性」決定了兩岸間的政治定位不能夠適用於國際場合。

2.「暫時性」與「過渡性」。這是「在國家尚未統一」時期的兩岸間的政治關係定位，或者說是「兩岸和平發展時期」的政治定位，是基於當前與今後兩岸和平發展的需要提出的，是「為有利於兩岸協商談判、對彼此往來作出安排」而進行的定位，帶有階段性的、過渡性定位的特點，或者說只是一個權宜之計，並非是終局性的。經過兩岸關係的比較長時期的和平發展，一旦未來兩岸統一的時機成熟，兩岸最終實現了統一，就會有新的兩岸定位來替代。

3.「特殊性」。儘管一個國家只有一個主權代表，中國的主權只有一個，中國的主權與領土完整自1949年後沒有分割，也不容分割，不可分割，但有鑑於1949年後兩岸事實上存在的兩個政權，既各自對內在行使管理，彼此間在政治上又一直對立甚至敵對，也都曾經彼此否定對方。為了有利於兩岸在各層面的交流合作與協商談判，以具有「特殊性質」的兩岸政治定位來規範兩岸關係和平發展，是可以考慮的一個選擇。

4.「平等性」。既然是兩岸通過協商來確定彼此間的政治定位，既然是通過對話的方式來解決，雙方的政治地位就是平等的，不存在「誰主誰從」、「誰高誰低」、「誰大誰小」、「誰中央誰地方」的問題。

（三）兩岸政治定位中需要堅持的原則

1.兩岸間的政治定位需要有利於兩岸關係的和平發展。凡是有利於兩岸和平發展的，有利於台海地區和平穩定的，有利於兩岸人民共同利益的，這樣的政治定位才能夠是有生命力的。

2.兩岸間的政治定位需要有利於兩岸最終向統一的方向發展，而不是會導致兩岸朝更加分離的方向發展，需要更加有利於兩岸共同價值觀念的塑造與培育，有利於兩岸共同的中華文化的發揚光大，有利於中華民族的偉大復興。

3.兩岸間的政治定位需要不違背一個中國的基本框架，不會在國際社會造成「兩個中國」或「一中一台」。一個中國的原則是中國政府和人民在台灣問題上的最後底線，不能夠有任何的妥協與退讓。因為是否堅持一個中國的原則，關係到是否堅持台灣屬於中國一部分的問題，是涉及到國家主權的大是大非的問題，不能夠有絲毫的馬虎與妥協。

4.兩岸間的政治定位需要兩岸雙方彼此都解放思想，實事求是。既要立足現實，看到兩岸關係發展的實際現狀，又要前瞻未來，為兩岸中國人謀求長遠的美好的發展前景，讓全體中國人都能夠揚眉吐氣，以生為中國人而自豪！

（四）兩岸政治定位的嘗試性表述

可以考慮以「一中兩體」（一個中國、兩個法政實體）、「主權一中、兩岸分治」等定位來解決一中原則下雙方的分歧問題，即從主權概念來說，兩岸同屬於一中，中國的主權沒有分割，都屬於兩岸人民，但在治理權上，兩岸分屬於兩個當局所管理，即「一個中國下的兩岸分治」來定位兩岸在和平發展時期的政治定位。具體的表述似可如下：

一個國家只有一個主權，中國的主權與領土完整自1949年後沒有分割，也不容分割。有鑑於1949年後海峽兩岸事實上存在著兩個各自「獨立」、不相承認與彼此不從屬的政權，既各自對內在行使管理權，彼此間又一直對立甚至敵對，也都曾經否定對方。

為了有利於兩岸雙方在各層面的交流合作與協商談判，經過兩岸之間平等溝通與協商，並經各自權威部門的認可，目前所確定的兩岸政治關係是指在台灣海峽兩岸關係之間、在兩岸關係和平發展時期的政治關係，事實上是一個國家內部的兩岸治權體之間的關係，簡稱：「一國兩治」或「一國兩體」。

這樣的政治關係定位將有利於兩岸關係的和平發展，也將貫穿兩岸和平發展時期的全過程。雙方相信並期待，未來的兩岸中國人在更有智慧的基礎上，一定能夠從根本上解決兩岸彼此間的政治定位，真正結束兩岸政治對立，達成統一，實現中華民族的偉大復興。

五章 台灣的「國際參與」和兩岸「主權共用」理論探討

自近代國家產生以來，由於「主權」的概念一直是與「國家」緊密聯繫在一起的，「外交」或者說是「對外關係」也成為國家主權的主要象徵之一。從而，自1949年國共內戰、形成海峽兩岸關係以來，兩岸在彼此的對外關係中，各自始終堅持「零和」遊戲。在1980年代以前，兩岸在對外領域中的爭奪基本上秉持了「漢賊不兩立」的政策立場，80年代末90年代初，由於台灣推動「務實外交」，特別是1993年起推動「參與聯合國」的「台獨」分裂活動，因此，如何在國際社會鞏固一個中國的框架、限制台灣的「國際活動空間」成為中國大陸反分裂的最後一道防線。由此，「台獨的外交路線是台北重返國際社會之重大障礙之一」695。「台獨」與反「台獨」、分裂與反分裂成為兩岸在國際場域的主要鬥爭方式。而隨著兩岸關係的和平發展，台灣的「國際參與」也有所擴大，兩岸人民如何共用中國的主權也成為學術界需要探討的理論問題。

第一節 中國政府涉台外交政策：演變歷程與特點

1949年迄今，新中國的涉台外交已走過60多年的發展歷程。由於國共內戰、國民黨當局退居台灣以及東西方的冷戰所致，新中國外交中的台灣問題自始就是一個核心問題，台灣問題與新中國外交相伴而生，相伴而行，涉台外交也一直是新中國外交政策中的重要

內容之一。

一、涉台外交政策的演進與發展

1949年中共成立政權至今的60多年中,涉台外交大體經歷了四個階段。由於每個階段所面臨的國內外形勢不同,從而涉台外交政策的任務也不盡相同。

(一)「中國代表權」爭奪戰時期(1949～1979年)

1949年以後中國的外交工作主要任務是獨立自主、保障國家的安全。第一屆中國人民政治協商會議在1949年9月所通過的《共同綱領》總綱第一條規定了新中國外交的總目標為「為中國的獨立、民主、和平、統一和富強而奮鬥」,「外交政策的原則,為保障本國獨立、自由和領土的完整,擁護國際的持久和平和各國人民間的友好合作,反對帝國主義的侵略政策和戰爭政策」。在1954年中國第一部憲法頒布之前,《共同綱領》起著臨時憲法的作用,因此,它所規定的新中國外交政策的目標、原則為新中國的獨立自主的和平外交政策指明了方向。該階段的外交政策與外交工作基本上是圍繞對台政策與工作重點而展開,外交工作是為「解放台灣」服務的。1954年7月,毛主席以中央政治局會議的名義給當時正在參加日內瓦會議的周恩來寫信:「在朝鮮停戰之後,我們沒有及時(約遲了半年時間)地向全國人民提出這個任務,沒有及時地根據這個任務在軍事方面、外交方面和宣傳方面採取必要的措施和進行有效的工作,這是不妥當的。」[696]因此,該階段涉台外交是由國共內戰所延伸的兩岸在國際與外交領域展開的外交爭奪戰,主要在兩條戰線上展開:一是與台灣進行有關建交國的爭奪,爭取國際支持,

以鞏固新生的人民政權，二是兩岸在聯合國代表權問題上的爭奪。1950年6月朝鮮戰爭爆發後，6月27日美國總統杜魯門發表聲明，美國派兵進駐台灣，第7艦隊巡防台灣海峽，阻止中國人民解放台灣。美國對新中國採取的是政治孤立、經濟封鎖、軍事威脅政策。針對美國對新中國的敵視與威脅政策，中國政府採取了針鋒相對的鬥爭，不斷譴責美國干涉中國內政、阻撓中國政府恢復在聯合國的席位以及企圖製造「兩個中國」的行徑。1949年11月15日，周恩來總理分別致電聯合國秘書長賴伊和第四屆聯大主席羅慕洛，鄭重聲明：國民黨當局已經喪失代表中國人民的任何法律的與事實的根據，絕對沒有代表中國人民的資格，強調中華人民共和國中央人民政府才是代表全中國人民的唯一合法政府，中國政府要求聯合國立即取消國民黨當局繼續代表中國人民參加聯合國的一切權利。1950年1月5日，周恩來再次致電聯合國秘書長與聯大主席，指出國民黨當局的代表留在安理會是非法的，要求將其開除出安理會。8月，中國政府還通知聯合國秘書長與聯大各成員國的代表團，中國政府已任命張聞天為中國駐聯合國首席代表，並組團準備出席第五屆聯大。697之後，兩岸在聯合國席次問題上的鬥爭一直沒有停歇。但在美國的阻撓下，新中國恢復聯合國席次的問題在50年代一直被「暫緩討論」擱置起來，60年代又被以所謂「重要問題」（即恢復中國代表權的席位問題是需要聯合國成員三分之二多數才能通過的重要問題）被擱置起來。

直到1971年，由於與中國政府建交的國家已遠遠超過了台灣「邦交國」數目，美國在聯合國的阻撓起不了作用，第26屆聯大最終通過了由「兩阿」（阿爾巴尼亞與阿爾及利亞）等23個國家提案，恢復中華人民共和國中央人民政府在聯合國的一切合法權利，並立即把國民黨代表從聯合國及其一切機構中驅逐出去的提案。恢

復聯合國合法席位對於中國的主權地位的維護具有重要意義,「是新中國成立以來在維護國家主權方面的一次性的突破」。698當台灣的代表被驅逐出聯合國後,立即有20多個國家轉而承認中華人民共和國政府,是為新中國涉台外交的重大勝利,也是美國自1945年以來在聯合國遭到的最慘重的失敗。

(二)營造和平統一的國際環境時期(1979～1993年)

中國政府恢復在聯合國的合法席位後,與中國建交的國家又增加20多個,台灣的對外關係如江河日下,尤其是1972年中日建交、1979年中美建交,台灣國際地位更加孤立。中美建交,既是中國政府外交政策的重大勝利,預示著外交政策的重點向解決台灣問題、實現中國的完全統一調整。鄧小平說:「中美建交,台灣問題解決了一半。剩下一半怎麼辦,靠我們自己。699」

在「和平統一、一國兩治」對台方針政策確立後,隨著統一大業提上議事日程,中共中央提出了80年代三大任務之一是解決台灣問題、實現中國的完全統一。鄧小平指出:「台灣歸回中國的問題已提到日程上來。」「今天是1979年元旦,這是個不平凡的日子。說它不平凡,不同於過去的元旦,有三個特點:第一,今天是我們全國工作的著重點轉移到四個現代化建設上來;第二,今天中美關係實現了正常化;第三,今天把台灣歸回中國、完成中國統一的大業提到具體的日程上來了」。「台灣歸回中國、完成中國統一大業的事情能提到具體日程上來,也是由於在國內和國際的工作中取得重大成果的結果」。700因此,該階段涉台外交工作與政策圍繞台灣回歸中國、完成中國統一大業展開,重點是為和平統一營造良好的國際環境。但在國際形勢開始向有利於和平統一中國方向發展的同時,台灣的政治形勢卻發生了巨大的變化,一方面是堅持一個中

國政策的蔣經國去世，以李登輝為代表的「台獨」分裂勢力掌握了台灣的政權，另一方面是台灣社會的本土化趨勢加快，台灣政治社會中的分離化力量上升，表現在涉台外交形勢上是台灣推動台灣問題國際化的動作加快，各種形式的「務實外交」層出不窮，從而兩岸圍繞台灣「國際空間」問題的鬥爭開始加劇。

（三）開展反分裂、反「台獨」鬥爭時期（1993～2008年）

隨著台灣政治本土化局勢的發展，以李登輝為代表的「台獨」分裂勢力的「台獨」面目日益暴露，並開始在國際社會追求所謂「台灣國際生存空間」的活動，突出的事例是從1993年開始台灣推動「參與聯合國」活動，公開挑戰一個中國的原則。為此，1993年8月31日，中國政府頒布了《台灣問題與中國的統一》白皮書，闡述了中國政府處理涉台外交的具體政策原則立場，指出台灣「參與聯合國」的活動旨在謀求「兩個中國」或「一中一台」。經過多年的涉台外交工作，在國際社會的反「台獨」、反分裂鬥爭取得了不小的成績，也面臨著一些困難與挑戰，錢其琛是這樣表述的：「世界上的所有大國都承諾奉行一個中國的政策，但台灣問題一直是中國外交鬥爭的一個焦點。在各種反華勢力的挑動下，少數國家往往會做出一些違背承諾的行動。1991年～1992年法國向台灣出售武器和1995年美國允許李登輝訪美所引起的外交鬥爭，就是兩個突出的例子。」[701]尤其是1995年5月22日，美國宣布允許李登輝在6月以「私人的、非官方的」名義去美國訪問康乃爾大學。李登輝「訪美」打破了將近17年不准台灣最高層領導「訪美」禁令，嚴重損害中美關係的政治基礎，也為台灣推行「兩個中國」、「一中一台」政策打氣撐腰，助長了台灣和國際反華勢力的囂張氣焰。[702]面對美國的「外交挑釁」，中國政府被迫採取了一系列強有力的反擊措

施，包括推遲國防部長遲浩田訪美、召駐美大使李道豫「回國述職」、在台灣海峽舉行大規模軍事演習，「以打消柯林頓政府以為中方在美稍做姿態後就會吞下李登輝訪美苦果的幻想」。703 正是經過鬥爭，1998年6月30日柯林頓在訪問上海時承諾美國對台「三不政策」，即美國不支持台灣獨立；不支持「兩個中國」、「一中一台」；不支持台灣加入任何必須由主權國家參加的國際組織。「美國總統公開做出上述承諾，這是第一次」。704

該階段涉台外交基本上是圍繞建立國際反「獨」統一戰線而展開的，尤其是2000年陳水扁上台後，民進黨為了維持其執政權地位，採取製造兩岸關係緊張以謀求選票的極端「台獨」路線，瘋狂推行「憲改」、「正名」、「烽火外交」、「入聯公投」等極端「台獨」分裂活動。涉台外交中的反「台獨」鬥爭形勢極為嚴峻，主要工作是積極應對民進黨「烽火外交」，堅決反對與遏止陳水扁當局推動「入聯公投」活動，反對任何形式的「台獨」分裂活動，進一步鞏固與強化國際社會一個中國的大框架。對於台灣的「國際參與」，1995年1月30日江澤民在《為促進中國統一大業的完成而繼續奮鬥》的重要演講中明確指出：「我們反對台灣以搞『兩個中國』、『一中一台』為目的所謂『擴大國際活動空間』的活動。」因為「進行這類活動並不能解決問題，反而會使『台獨』勢力更加肆無忌憚地破壞和平統一的歷程。只有實現和平統一後，台灣同胞才能與全國各族人民一道，真正充分地共用偉大中國在國際上的尊嚴與榮譽」。而「對於台灣同外國發展民間性經濟文化關係，我們不持異議」。705

（四）維護兩岸和平發展機會期時期（2008年5月～迄今）

2008年3月，台灣政治形勢發生重大積極性變化，第二度政黨

輪替。5月20日,承認「九二共識」的馬英九正式執政後,兩岸關係出現了難得的和平發展的歷史性機會,涉台外交政策的重點也轉到了如何在國際上進一步營造兩岸和平發展的環境,培育有利於和平發展的因素,以維護兩岸和平發展機會。2008年12月31日胡錦濤總書記發表的《攜手推動兩岸關係和平發展,同心實現中華民族偉大復興》演講,提出了涉台外交的方向、目標、原則與方法,基本方向是「重視解決」「台灣同胞對參與國際活動問題的感受」,目標是為了「兩岸在涉外事務中避免不必要的內耗」,原則是「不造成『兩個中國』、『一中一台』」,方式方法是對有關台灣參與國際組織活動的問題,「通過兩岸務實協商作出合情合理安排」,對於「台灣同外國開展民間性經濟文化往來的前景,可以視需要進一步協商」[706]。

賈慶林也指出:「我們主張兩岸在涉外事務中避免不必要的內耗,理解和重視台灣同胞關心參與國際活動的問題,願意通過兩岸協商作出合情合理的安排。[707]」和平發展時期涉台外交的主要任務是在國際社會維護兩岸關係和平發展新態勢。在反對任何形式的「台獨」分裂活動、維護、鞏固與發展國際社會一個中國大框架的同時,努力維護兩岸關係中來之不易的和平發展的成果,爭取國際社會對兩岸和平發展局面的理解與支持,2008年以來兩岸在國際場合針鋒相對的爭鬥趨向緩和。

二、涉台外交政策的特點

(一)解決台灣問題、捍衛國家主權與領土完整始終是涉台外交的本質要求

國家主權是國家最重要的屬性，是國家獨立自主地處理內外事務的權力。為此，中國人民政治協商會議通過的《共同綱領》明確提出：「中華人民共和國外交政策的原則為保障本國獨立、自由和領土完整」。由於國共內戰，國民黨退據台灣，台灣問題便始終成為涉台外交的核心與關鍵性問題。如美軍第七艦隊侵入台灣海峽後，1950年6月28日，周恩來發表聲明強烈譴責美國對中國領土的侵略，並於8月24日向聯合國安理會提出控訴，幾經波折，以「武裝侵略台灣案」措辭在9月9日被安理會決議通過列入議程。中國政府任命的特派代表伍修權受聯合國秘書長邀請於11月24日到達紐約聯合國總部，28日在安理會作了發言。這是新中國的聲音首次響徹在聯合國講壇[708]。再如在1958年「金門之戰」中，美國企圖干涉中國主權與領土完整，命令第七艦隊採取「預防性措施」，試圖在台灣海峽蓄意製造國際事端。為此，中國政府向美國的行為提出嚴重的警告，並且宣布12海浬的領海權，制止了美國侵犯中國領海的企圖。而從1955年8月1日開始到1970年2月20日，中美在日內瓦（後在華沙）舉行的大使級會談中，中國政府始終堅持這一原則：美國政府保證立即從中國領土台灣和台灣海峽地區撤走其一切武裝力量，直到1978年底美國接受中國政府提出的「斷交」、「廢約」、「撤軍」的建交三原則。在90年代反分裂、反「台獨」鬥爭中，中國政府和人民也自始至終把捍衛國家的主權與領土完整擺在十分突出的位置，江澤民明確指出：「維護中國統一事關中華民族的根本利益，中國人民將義無反顧地捍衛國家主權和領土完整，絕不允許任何人以任何方式把台灣從中國分割出去。」[709]江澤民在慶祝中國共產黨成立80週年大會上的演講中堅定地表示：「中國共產黨人維護國家主權和領土完整的立場是堅定不移的……結束中國大陸同台灣分離的局面，實現中國的完全統一，是中國共產黨人義

不容辭的使命。710」

（二）解決台灣問題、實現中國完全統一始終是涉台外交政策的主要目標

解決台灣問題、實現國家的完全統一涉及國家核心利益，因而是外交工作中的核心問題。62年來，在新中國的外交政策與外交工作中，台灣問題顯得特別重要，是新中國外交62年中最重要的核心問題。如1949年4月30日，毛澤東在為中國人民解放軍總部發言人起草的《為英國軍艦暴行發表的聲明》中指出：「外國政府如果願意同我們建立外交關係，它就必須斷絕同國民黨殘餘力量的關係，並且把它在中國的武裝力量撤出去。」711為了維護中國的主權、領土完整，中國對與別國建交提出了有關台灣問題的特殊條件：「凡與國民黨反動派斷絕關係，並對中華人民共和國採取友好態度的外國政府，中華人民共和國中央人民政府可在平等、互利及相互尊重領土主權的基礎上，與之談判建立外交關係。」712

在中國政府的涉台外交中，尤其重視其中的美國因素，1955年4月萬隆亞非會議上，周恩來發表聲明：中國人民同美國人民是友好的，中國人民不要同美國打仗，中國大陸政府願意同美國政府坐下來談判，討論緩和遠東緊張局勢，特別是台灣的緊張局勢的問題。在其後的中美《上海公報》、《建交公報》甚至《八一七公報》談判中，台灣問題始終是中美談判中的一個根本性的問題。對此，鄧小平總結道：「中美關係中的關鍵問題是台灣問題」，「台灣問題解決了，中國同美國之間的疙瘩也就解開了」713。「中美關係也有個障礙，就是台灣問題，就是海峽兩岸中國統一的問題」。對台灣問題，「美國歷來是介入的……所以台灣問題，一直是中美建交談判中最重要的問題」。714

（三）兩岸關係發展狀況及需要始終是制訂涉台外交政策與任務的基本依據

海峽兩岸關係發展狀況與涉台外交密不可分，兩岸關係發展的狀況決定了涉台外交政策的方向與任務，當兩岸在政治上對立、軍事上衝突時，決定了涉台外交的本質在於鬥爭，而當兩岸關係出現緩和、交流與合作時，涉台外交中合作、互助的方向與任務也隨之湧現。這是由台灣問題涉及中國國家的核心利益、中國的完全統一關係到中華民族偉大復興的民族利益所決定的。因此，從國家戰略看，兩岸關係的位階應該要高於涉台外交的位階。

（四）維護台灣民眾在海外的利益是涉台外交工作的基本內容之一

涉台外交既強調捍衛國家主權與領土完整的政治問題，也開始注重保護在海外中國人的經濟、生命等民生利益。尤其是改革開放後，涉台外交政策中的重要任務之一是保護在海外的台灣同胞的生命與利益，如1990年8月2日伊拉克入侵科威特，經過中國政府與使館人員努力，到8月29日，將5000多中國同胞撤到安全的地方，其中台灣同胞有100多名。[715]胡錦濤總書記在《告台灣同胞書》發表30週年座談會上的演講中也明確指出：「我們一貫致力於維護台灣同胞在國外的正當權益。我們駐外使領館要加強同台灣同胞的聯繫，誠心誠意幫助他們解決實際困難。」[716]

三、涉台外交的政策原則

通過60多年的涉台外交實踐，若干原則逐漸成為中國政府處理涉及台灣問題所必須堅持的政策原則。

（一）一個中國的原則

1.中國政府反對「台獨」或「一中一台」。新中國建立後在與各國的建交談判中，始終堅持中華人民共和國政府是代表中國的唯一合法政府的立場，反對任何導致「兩個中國」或者「一中一台」的言論和行為。這一原則不僅在兩岸開展外交爭奪戰的「漢賊不兩立」時期，即使是在提出和平統一中國的階段，也始終堅持不變。鄧小平指出：「我們不贊成台灣『完全自治』提法。自治不能沒有限度，既有限度就不能完全『完全自治』就是『兩個中國』，而不是一個中國。制度可以不同，但在國際上代表中國的，只能是中華人民共和國。」717針對1980年代中日交涉的「光華寮事件」，鄧小平就一針見血地指出：「光華寮問題的實質是一個中國還是『兩個中國』，或者是『一中一台』」。718為了捍衛一個中國的原則，中國政府堅決反對台灣自1993年起推動的「參與聯合國」活動，鄧小平說：「現在台灣有人想搞『一國兩府』，連聯合國的局面都想改變，實際上還是搞『兩個中國』。現在聯合國只承認中華人民共和國政府是中國唯一的合法政府，台灣是中國的一部分。」719「我們允許包括美、日在內的各國同台灣繼續保持民間貿易、商務、投資等等關係。但『中華民國』的旗子總要降下來才行。我們不允許有什麼『兩個中國』720。」

2.中國政府也堅決反對搞「雙重承認」。如1994年南非「非國大」執政後，並未按照原先承諾與台灣「斷交」，與中國大陸建交，而是希望實現「不會因與中國建交而與台灣斷交」的局面。李登輝也力圖以南非作為台灣推行「雙重承認」、「兩個中國」政策突破口。時任「外長」錢復甚至在「立法院」表示「台灣準備接受南非對海峽兩岸的『雙重承認』」。對此，外交部發言人立即發表

談話給予批駁，指出台灣的言行是不顧民族大義、分裂中國的圖謀。中國政府讚賞南非總統曼德拉和「非國大」承諾堅持一個中國、按照聯合國慣例解決對華關係問題的立場。721在李登輝的金錢攻勢下，11月18日，曼德拉召開記者會稱：南非正在努力解決與中國的外交問題，但「我們一直與台灣有外交關係，除非台灣做出一些事情，向我證明應該取消這種關係，否則我看不出什麼道義上的力量，能夠取消這一外交關係，我準備保留它」。對曼德拉公開奉行「兩個中國」政策的態度，江澤民主席在11月30日給曼德拉去信說：「要實現兩國建交，就必須妥善解決台灣問題。台灣問題事關中國的主權和領土完整，牽繫著中華民族的根本利益和12億中國人民的感情。中國絕不會接受雙重承認中國與世界上159個國家建立了外交關係，成功地解決了台灣問題。相信閣下會以政治家的遠見卓識，推動中、南非關係朝著正確的方向發展。」722正是在中國政府堅持一個中國原則的政策立場十分鮮明的情況下，南非才轉而明確承諾與台灣「斷交」、「廢約」、「撤館」，不再與台灣保持「任何形式的官方關係」，並在1998年1月1日與中國大陸正式建立外交關係。

（二）中國必須統一的原則

涉台外交始終堅持中國必須統一的政策原則，鄧小平說：統一問題，「首先是個民族問題，民族感情的問題。凡是中華民族子孫，都希望中國能統一，分裂狀況是違背民族意志的」。723如果中國政府在國家統一問題上失去原則立場，江澤民強調：「人民就沒有理由信任我們，任何中國政府都應該下野，自動退出政治舞台，沒有別的選擇。724」

（三）台灣統一問題屬於中國的內政原則

台灣問題是由於國共內戰所造成與引起的中國的內政問題，為此，中國政府堅持台灣統一問題屬於中國的內政的原則，主要包含四方面內容：

　　1.堅決反對台灣問題的國際化。突出例子是中國政府反對美國在聯合國推動的「紐西蘭提案」。1955年解放軍開始進行沿海島嶼的軍事行動後，美國總統艾森豪在解放軍攻佔一江山島次日的1月19日，對記者發表談話，鼓吹「通過聯合國的斡旋」，「停止中國沿海的戰鬥」，1月28日，紐西蘭向聯合國安理會提案，聲稱「中國的行動可能危及國際和平與安全的維持」，要安理會出面干預台灣海峽問題。[725]為了打破美國通過「紐西蘭提案」將台灣問題國際化的企圖，中國政府通過蘇聯在安理會提出「美國在中國的台灣和其他島嶼地區對中華人民共和國的侵略行為」的提案，要求安理會譴責美國對中國的侵略行為，並要求美國從台灣和其他一切中國領土撤退。最後迫使安理會不得不無限期地擱置對「紐西蘭提案」的討論。[726]

　　2.台灣統一問題由兩岸中國人自己解決。1960年5月22日，毛主席主持召開中央政治局常委會議研究對台灣問題總方針，這一總方針後來被歸納為「一綱四目」，「一綱」就是台灣寧可放在蔣氏父子手裡，不能落到美國人手中。[727]鄧小平也強調：「解決台灣歸回中國，完成國家統一的問題，是中國的內政[728]。1979年中美建交，主要是解決了台灣問題，美國承認台灣是中國的一部分。解決了這個問題，才取得了中美新關係的建立，並使之繼續得到發展」。[729]

　　3.反對外國干涉中國的內政，反對外國對台售武。鄧小平指出：「關於美國繼續向台灣提供防禦性武器問題，我們明確表示了

我們的意見。我們為什麼不贊成,就是這無助於我們同台灣商談和平統一中國的問題。」730 1991年4月,法國擬向台灣出售6艘「拉斐特」護衛艦,時任外交部長錢其琛對此嚴正指出:「向台灣賣武器涉及中國的主權與安全,這是一個原則問題。」731 6月1日,李鵬總理會見法國通用電氣阿爾斯通公司董事長德喬治時再度強調:「中國領導人重視中法關係,但堅決反對法國向台售武。」732 1992年11月18日,法國向台灣出售60架「幻影2000」戰鬥機。為此,中國大陸宣布:撤銷部分擬議中與法國大型合作項目,如廣州地鐵、大亞灣核電站二期工程、購買法國小麥等;不再與法國商談新的重大經貿合作專案;嚴格控制兩國副部長級以上人員往來;立即關閉法國駐廣州總領事館。733 最後迫使法國於1993年12月28日於中國政府簽署《聯合公報》:「法國政府承諾今後不批准法國企業參與武裝台灣」。734

4.解決台灣問題、實現中國完全統一的方式由中國人自己決定。在美國提出中國政府解決台灣問題只能用和平方式時,鄧小平指出:「我們不能承擔這麼一個義務:除了和平方式以外不能用其他方式來實現統一中國的願望。我們不能把自己的手捆起來。如果我們把自己的手捆起來,反而會妨礙和平解決台灣問題這個良好的願望。」735 中國政府堅持以和平的方式來解決台灣問題、實現國家的完全統一,但「如果我們承諾我們根本不使用武力,那就等於將我們的雙手捆縛起來,結果只會促使台灣根本不跟我們談判和平統一。這反而只能導致最終用武力解決問題」。736

(四)堅持原則性與務實靈活性相結合原則

鄧小平指出:「我們對台灣問題的解決是採取現實態度的。」「我們尊重台灣的現實」。737 從而在涉台外交中,在堅持原則性

立場的同時注重靈活性,如1991年10月2日,外交部國際司司長秦華孫與韓國外交部次官李時榮在紐約簽署關於中國大陸、中國台北(Chinese Taibei)的身分加入APEC。加入名稱不盡相同,大陸是以主權國家身分,台灣與香港是以經濟體的身分。738這樣,中國大陸、香港與台灣三方均參加亞太地區經濟合作組織,「三贏」局面出現。再如中國政府在堅定不移追求國家統一目標的同時,考慮到實際情況,對於台灣問題解決的時間,鄧小平也強調:「至於時間的問題,中國是有耐心的」。739

第二節　馬英九的「活路外交」理念與主張

對外關係是內部政治的延續,不同的理念、不同的社會基礎決定了對外政策的不同內容與特色,形成了不同形態的對外交往關係活動。作為台灣領導人,馬英九個人理念、馬英九所代表的社會階層是與陳水扁所代表的社會基礎不盡相同的,這是其對外關係政策主張轉變的社會思想基礎。陳水扁是「台獨」政權的代表,追求「台獨」政治意識形態目標決定了其對外政策的目標是「台獨外交」,搞「烽火外交」;而馬英九是「不台獨」的代表,他所代表的社會基礎是「反台獨」,所以馬英九提出了「活路外交」的政策主張。

一、「活路外交」政策的主要內容

(一)「活路外交」的戰略

從馬英九的「就職演說」與其以後的一系列談話，可以看出「他有一套大戰略」，重點有：一是中國大陸日益崛起，在世界其他國家都與中國大陸加強關係的同時，台灣不可能不與大陸打交道，以免自外於東亞的經濟整合過程；二是台北應該同時與北京和華府加強經貿關係，邁向互利雙贏；三是台灣有必要與中國大陸改善關係，尋求擴大「國際空間」、參加國際組織與國際建制，以在全球治理的時代略盡綿薄之力；四是台灣一方面要與大陸改善關係，另一方面要取得美國的安全承諾，以確保「國家安全與國家利益」，[740]目的是「為台灣日漸窒息的國際空間找到新的開拓機會」。[741]

（二）馬英九對外政策的理念

由於陳水扁當局的「烽火外交」使「台灣民眾的納稅錢，成為少數政客的『外交黑金』，弊案禍及台灣外，使台灣的國際信譽掃地」。[742]所以，馬英九提出的新的對外政策基調是「兩岸和平、外交休兵」的理念，以「和解合作」取代「焦土對抗」，這一基本理念為台灣的對外關係提出了新的策略與發展方向。

1.「活路外交」模式。早在2006年3月23日，馬英九在哈佛大學演講時就提及「國際參與的暫行架構」一詞，希望兩岸能夠在「暫行架構」的基礎上，找出讓兩岸在國際上「共活」或「共存」辦法。[743]同年4月3日，馬英九在與陳水扁見面時，又一次提起「暫行架構」，並指出「暫行架構」即是「modus vivendi」。[744]這是拉丁文，原意為「活路模式」。此後「活路模式」一詞被爭相提及。馬英九核心幕僚、曾任「國安會」秘書長的蘇起則表示：「暫行架構」包含模式、暫行辦法、暫行架構、正式或非正式的協議等多元意義，可以為兩岸保留模糊空間，讓雙方「各自解讀」，為未來的

談判留下解釋空間。745 2007年6月1日，馬英九在台灣政治大學舉辦的「模擬聯合國」會議時，提出「四E」「活路外交」模式，即「Engagement（交往）、Economy（經濟）、Elasticity（彈性）、Equality（平等）」，稱：「若國民黨能在明年執政，就要和中共談判與交往，找到雙方都可以接受的平衡點，不管雙邊關係或參與國際組織，兩岸不必衝撞，避傷感情及消耗資源」746。概括來說，所謂「活路外交」模式就是以經濟為後盾，堅持「務實」「彈性」原則，拓展台灣與國際組織及各國家（地區）間的活動空間。

2.從「外交休兵」到「兩岸休兵、外交共榮」。馬英九在5月20日「就職演說」中首次提出「和解休兵」主張，呼籲：「兩岸不論在台灣海峽或國際社會，都應該和解休兵，並在國際組織及活動中相互協助、彼此尊重。」兩岸人民同屬中華民族，本應各盡所能，齊頭並進，共同貢獻國際社會，而非惡性競爭、虛耗資源747。8月4日馬英九再次提出兩岸在雙邊關係上做到『和解休兵』。748 8月26日馬英九接受墨西哥媒體採訪再度進一步提出「外交休兵」的概念：「我們現在的政策是對於有邦交的國家全力來維護，還不急著去增加邦交國，因為我們希望與大陸達成一個外交休兵的共識，也就是說雙方不再去爭取對方邦交國的承認，這樣的話，雙方可以減少許多無謂的惡性競爭以及資源虛耗，如果能夠做到這一點，那麼我們的邦交國就不會增加，但也不會減少，然後讓我們與國外的交往恢復到正常而沒有惡性競爭的狀態」749。「希望大家在外交上不要再做惡性的競爭，大家繼續維持邦交國，但是對無邦交的國家還是可以發展非外交關係，如此和平共存，這才是雙方國際相處最理想的方式」。750正在非洲訪問的蕭萬長也呼應：「外交休兵不是外交休假，不是外交投降，是希望兩岸不要再進行惡性競爭、陷入彼此挖牆角、耗費能源的窘境。」751

針對外界質疑「外交休兵」是否是「自我矮化」與「一廂情願地繳械投降」，9月4日「外長」歐鴻鍊進一步說明：「外交休兵」的名詞「用壞了」，其實應該是「兩岸休兵、外交共榮」，「休兵」只是避免與大陸在「外交」戰場上惡鬥，外界誤解了。752經過內部檢討，「外交休兵」的確「用得不是很恰當」，應該是「兩岸休兵，外交共榮」，才是外交休兵的精神所在。753

　　3.維護「主權」、經濟實力、平等尊嚴、彈性務實的對外關係原則。早在2005年6月2日，馬英九就提出「維護主權、平等尊嚴」的觀點。時隔兩年，在政治大學「模擬聯合國」活動上，他對此觀點又有進一步闡釋，詳細論述如何在「維護主權、經濟實力、平等尊嚴、彈性務實」的「外交」原則下拓展台灣的生存空間。所謂「彈性務實」有兩種解讀，一是台灣參加國際組織的名稱保有彈性，「中華民國」、「台灣」或是「中華台北」都是可能的選項。尤其是對世界衛生大會或世界衛生組織要「採取不同的策略」，重點在「確實參與」。754二是2007年11月20日他所提出：在不損及台灣利益下，不反對「邦交國」發展與其他國家（地區）間關係的策略。

（三）馬英九對外政策的主張

　　1.兩岸在「邦交國」問題上不再爭鬥。要點有四：

　　其一：兩岸先暫時「凍結邦交國」數目，維持現狀。馬英九說：「活路外交」的本質是務實主義，是「替中華民國外交尋找出路，考慮兩岸互動的現實，在國際社會中找到雙方可互動的模式」。他強調「活路外交」是希望兩岸關係和解休兵，不要挖對方邦交國，惡性競爭、浪費資源。「外交休兵與活路外交不是台灣在求中國大陸，而是大家都鬆一口氣，不只是台灣在邦交國的外交官

鬆一口氣，中國大陸的外交官也鬆一口氣」755。

其二：不推動「凱子外交」，不做「冤大頭」，兩岸都不搞金錢拉攏。馬英九稱：「外交休兵、和解，不是外交休息，而是我們不必再從事無謂的惡性競爭。」他提出「從較為務實的角度改善援外政策」，「理性訂定援外的目標、策略與標準，不再從事讓專業外交人員與一般國民產生反感的『金援外交』」。「如果台灣在國際社會從事『Dollar Diplomacy』（金錢外交），甚至是『Checkbook Diplomacy』（支票外交），相信很難受到世人的尊重」。756

其三：不搞「雙重承認」。歐鴻鍊表示至於一旦進入到政治議題，兩岸有無可能在國際上追求「雙重承認」？他坦承：「不可能」，因為這牽涉到「主權」的問題，大陸不可能接受。757

其四：兩岸互助互惠，加強與「邦交國」關係。馬英九強調珍惜邦交國的情誼，信守相互的承諾758提出「『和解休兵』不是要大家都去休假，而是說雙方不要在對方的邦交國去進行惡性競爭，不浪費資源來挖對方的邦交國，同時在自己的邦交國處理對方人民的相關事務時，能秉持人道原則」759。

2.以「活路外交」模式，解決台灣在國際組織中的參與問題。馬英九表示，台灣要以「經濟外交」為後盾，在「主權平等」的前提下，積極參與經濟性質為主的國際組織（如世界銀行、國際貨幣基金等）和國際活動。他提出：「聯合國專門機構中，像WHO以及WTO，都和台灣人民的生活福祉有密切關係，和主權問題關係並不大。」應該「讓台灣有機會能參與國際活動」。760

3.拓展與相關國家和地區之間的實質關係。主要是台灣與美國、日本、東南亞及歐洲的關係。

其一：重建台美互信機制，馬英九認為，對美關係是台灣「對外關係中最重要的一環」，美國在台灣安全中「扮演最後保證者的角色」，與台灣的「生存發展有絕對的關係」。761馬英九提出「要強化與美國這一位安全盟友及交易夥伴的合作關係」。基本目標是發展出「沒有意外的關係」，「要盡可能地建立高層互信」，為此，要讓美方瞭解改善兩岸關係不影響「與美方在安全與軍事方面的關係」；要維持基本的台美「軍購」；要「積極爭取機會與美方簽署自由貿易協定」。762

其二：改善台日關係，支持「美日安保」。馬英九表示支持「美日安保」作為維護東亞的重要機制，鼓勵台灣與日本建構企業策略聯盟，共同開發中國大陸市場，希望與日本簽訂《台日自由貿易協定》。763就任後馬英九強調：他一貫「主張和平理性解決釣魚台」問題，他不是一個「反日派」，希望做一個「知日派」與「友日派」。764

其三：拓展亞太地區其他國家與地區的關係。馬英九對亞太地區的關注，始自台北市長任內。2006年5月9日，馬英九提出「東協加四」（即中國大陸、韓國與日本外，加上台灣）765構想，希望台灣能加入東協，以發揮東協更大的整合力量。2007年他承諾，若當選，將與亞太地區各國分別簽訂《自由貿易協定》，十分期望自己的構想能夠實現。馬表示，希望與澳大利亞、紐西蘭甚至俄羅斯等亞太國家建立多層次合作關係。

其四：深化對歐關係。台灣和歐洲的經濟關係一直以來十分密切，馬英九擔任台北市長期間，曾多次率團訪歐招商。在競選「外交白皮書」中，也體現出馬英九對台歐關係的重視，提出要強化與歐洲國家的雙邊關係；吸引歐洲企業赴台投資，同時鼓勵台商前往

歐洲經商；加強與歐盟及歐洲議會交往。馬英九提出「歡迎歐商和台商建立策略聯盟，一方面在台灣投資，一方面開發中國大陸市場」766。

二、「活路外交」主張的實質及策略

（一）目的與實質

1.「活路外交」主張的目的。不容否認，馬英九對外政策主張的實質在於追求台灣未來發展的空間，其政策重點在於通過追求「台灣經濟國際化」，以擴大台灣「國際生存空間」。馬英九認為，新的「活路外交」重點是要替台灣經濟找活路，「外交」不是只為「外交」，也要為經濟、為工商界開拓商機。為此，台灣「外交部」積極推動國際技術合作業務的轉型，以台灣具有競爭力的優勢進行科技援外，如，台灣與尼加拉瓜辦理「運用地理資訊系統（GIS）加強環境永續合作」計畫，協助進行災害防治、生態保護與考古調查。

2.「活路外交」主張的實質。馬英九「活路外交」主張理念的推展，事實上將台灣的對外政策的最終目標調整為「確保並提供台灣生存與永續發展之良好環境」。767因此，馬英九「活路外交」的基本目標在於維護「中華民國（台灣）」事實上「獨立」的現實，以改善海峽兩岸之間的關係為基礎與前提，通過謀求兩岸政治關係的和緩化，達成兩岸在多邊國際組織中的「相互諒解」與支持，在雙邊「邦交國」關係中「休兵」、「維持現狀」，以及通過兩岸經濟關係的正常化來搞活、搞好台灣經濟，並通過參與地區和國際經濟組織，展現台灣的「經濟實力」，謀求與凸顯「中華民

國」在國際上的事實存在與活動空間,「替中華民國外交尋找出路」。768

(二)策略與途徑

馬英九推動其對外政策主張的策略途徑的基本構想是,「台灣是不是在國際社會上每一個場域,都要與中國大陸對立與衝突,有沒有可能找出雙方互動、對話的模式?也就是說當台灣在兩岸關係上開始與對岸和解休兵時,在外交上是否也能擴大延伸乃至於比照」?769蘇起在總結了近20年來海峽兩岸關係發展的四個階段特別是1988年至1995年期間台灣不僅取得「經濟成長」年均8%、「邦交國」由21個增加到31個、且取得美國的F16戰機與法國的幻影戰機等,提出兩岸政治和解與台灣的軍事、「外交」的成長,「可以同時並進,而不一定相互排斥」。770其策略與途徑似可歸納為以下兩點:

優先穩定與處理好兩岸關係。主要通過四步達成:

其一:強調兩岸關係與國際上互動間的關係,以改善兩岸關係作為突破口,尋求打破兩岸在國際社會爭鬥的局面。2008年8月3日,馬英九稱:兩岸關係在整體「外交」關係中扮演重要的角色,即「活路外交」是建立在兩岸「外交休兵」的基礎上。「成功的基本要素就是兩岸之間已經建立一定程度的共識,雙方願意改善兩岸關係」。「希望大家在外交上不要再做惡性的競爭,大家繼續維持邦交國,但是對無邦交的國家還是可以發展非外交關係,如此和平共存,這才是雙方國際相處最理想的方式」。771

其二:以兩岸間的良性互動擴及國際場合的互動。他提出台灣人民希望在國際間得到更多的空間,但這不可能一個晚上達成,希望「把兩岸關係改善的成果或經驗,延伸到外交領域,讓大家能夠

從新的角度、新的出發點來思考」。兩岸應該有機會在國際場域達成某些共識，創造雙贏772。馬英九提出要和大陸方面研究，增加台灣「國際空間」，不是以零和遊戲做基礎，而是以務實主義為基礎，將主題定位在為台灣海峽帶來和平與繁榮上。773

其三：以不破壞兩岸關係為前提追求台灣對外的活動空間。馬英九說：「不能只從外交看外交，要從兩岸互動看外交」，「活路外交」與以往推動的「務實外交」在精神上是一致的，都是以務實主義為原則，「活路外交」的關鍵在於兩岸關係是否有互信與共識。774

其四：再以台灣獲得「國際活動空間」來進一步和緩兩岸關係。馬英九說：未來「要與大陸就台灣國際空間與兩岸和平協議進行協商。台灣要安全、要繁榮、更要尊嚴！唯有台灣在國際上不被孤立，兩岸關係才能夠向前發展」。775他提出「兩岸不論在台灣海峽或國際社會，都應該和解休兵，並在國際組織及活動中相互協助、彼此尊重」。「以世界之大、中華民族智慧之高，台灣與大陸一定可以找到和平共榮之道」。776

2.在「九二共識」基礎上追求台灣「國際空間」。馬英九主張在「九二共識」基礎上追求「外交休兵」。蘇起表示：唯有「九二共識」，才是台灣「外交」的「活路」。777而當外界質疑「活路外交」太理想化，或者是中國大陸不願意，怎麼辦？馬英九說：「活路外交與外交休兵成功的基本要素是兩岸間已經建立一定程度的共識，認為可以擱置爭議、建立互信與求同存異，這是雙贏。」從「蕭（蕭萬長）胡（胡錦濤）會」、「連（連戰）胡（胡錦濤）會」與「吳（吳伯雄）胡（胡錦濤）會」與兩會複談等兩岸高層互動的相關發展，可以看出兩岸互信已經逐漸建立，且這些活動的最

重要特色，就是雙方願意在九二共識的基礎上恢復協商，互信明顯增加。至於中國大陸為什麼要接受「外交休兵」這樣的倡議？歐鴻鍊表示，因為台灣的新政策是維持現狀，是互利的，台灣不改變現狀，中國大陸沒理由不接受，對大陸而言，兩岸關係也遠比多一兩個邦交國重要；再者，民調顯示八成民眾支援維持現狀，有民意基礎，「外交休兵」就是維持現狀，落實「主權」在民。目前兩岸共識的議題是「先易後難」、「先貿易後政治」。台方主動釋放善意，給對方一個訊息，台灣願意往這方向走，未來可以透過兩岸兩會或國共平台討論台灣「國際空間」。

三、「活路外交」主張的特點

（一）一定程度的務實性

馬英九批評民進黨執政以來所採取的「衝撞式烽火外交路線」使台灣的國際形象一落千丈，從「民主模範」、「經濟奇蹟」跌落至「麻煩製造者」，同時也令台灣「外交」陷入邊緣化困境。他認為，台灣要走出困境，必須改變原有模式，執行「活路外交」，並以經濟作為「外交」的強有力後盾。「活路外交」思維的務實性，首先表現在著眼於經濟，它立足於經濟，用經濟實力說話；不主動地挑釁兩岸關係，在此基礎上，期待能與大陸進行經濟議題的協商，以求為開拓台灣市場提供更大的發展空間；拓展台灣在亞太地區的影響及發展對歐關係，不斷尋求與東盟合作，發展「10＋3＋1」模式，以拓展台灣經濟對亞太經濟的影響力，同時致力於將台灣經濟實力影響擴大至歐洲範圍；如此放眼世界，積極參與國際經濟性組織，例如世界銀行、國際貨幣基金等，藉以向全世界展示台灣的實力，打破「外交」困境，提高台灣在「國際」上地位。最終

擴大台灣的「國際生存空間」。務實性其次還表現在：一是馬英九主張兩岸不在雙邊或者多邊的國際組織方面互相衝撞與互耗資源，而是互相協助，共同發展，他認為捍衛台灣的「外交」利益，「決心、勇氣、智慧，三者缺一不可」。主張摒棄民進黨以意識形態搞「外交」、以民粹手法操弄「外交」的不當做法；二是跳脫「邦交國」的數字「迷思」，不為維持「邦交」而任意地被「邦交國」金錢勒索；三是不以金錢去爭取新的「邦交國」。「外長」歐鴻鍊稱：「爭取邦交國不是優先外交作為，會將資源用在全力鞏固既有邦交國上。」778這是鑑於在國際政治現實上，由於過去陳水扁當局採取「金援維繫邦交」的做法，讓不少「友邦」背棄中國大陸而與台灣「建交」，但也讓台灣「面臨被友邦獅子大開口勒索的困境」。779四是馬英九提出台灣的「駐外」人員「應該把工作方向轉到『經貿行銷』、『文化行銷』及『形象行銷』」，由於「活路外交」大幅減少兩岸在國際領域的爭鬥，從而「促進台灣與他國實質關係最重要的工作」，是「現代外交官的使命」，要多做經貿行銷工作，「讓台灣產品能夠廣被使用，進一步爭取商機，讓當地對台灣的文化與形象有更正確認識」。780

（二）比較大的靈活性

1.「參與國際活動」時台灣方面的名稱務實處理、保持彈性，馬英九表示參加國際組織或活動台灣之名稱，保有彈性，只要利於加入，「中華民國」、「台灣」、「中華台北」都可予以考慮。

2.提出若不損及台灣利益，不反對「邦交國」發展與其他國家或地區間關係。如此既可為台灣進行「國際」活動提供便利，有可能緩解「外交」困境；又可為國際組織及各個國家（或地區）處理與台關係時，保有彈性，避免「政治雷區」。對參與世界衛生組

織，馬英九認為：「目前沒有比『中華台北』更好的名稱」。馬英九競選辦公室發言人羅智強稱：馬英九的「外交」政策是「彈性務實」，以「實質參與」作為最高考量，名稱當然有最大彈性，原則是「正式國名最優先，但若正式國名行不通，須採取其他務實名稱，相較於非政府組織，政府組織進入門檻高，奧運模式是我國目前參與國際組織的最大上限」。這是因為馬英九認識到國際形勢如此，台灣只能在大環境框架下尋求突破。[781]2008年5月20日馬英九正式提出「尊嚴、自主、務實、靈活」四大原則作為處理對外關係與爭取「國際活動空間」指導原則。[782]

3.追求可能與實際的利益。如馬英九當局「暫緩推動重返聯合國，轉而在出席WHA上得到中共的善意回應，這種外交戰略的調整，其實就是一種戰場的選擇」。「與其在難度最高的聯合國大門外碰得頭破血流，讓自己更加孤立，還不如另外選擇一個可以建立灘頭堡的戰場」。「比起之前烽火外交害得自己焦頭爛額，至少台灣現在真的開創了一些新的機會」[783]。

（三）隱匿的「中華民國」主體性

在對外關係的政策主張中，馬英九從未正面談及「台灣主體性」，但仔細分析仍可尋出隱匿的「中華民國」主體性的蛛絲馬跡。一是他所提出的「維護主權、平等尊嚴」的「外交」原則中，所謂「主權」其實就是指「中華民國」「主權」；二是參與國際組織與活動的原則，以是否符合台灣利益與尊嚴為考慮標準；三是提出台灣民眾出境旅行、經商、從事國際活動或遭遇困難時，能獲得他國平等對待，所謂「平等」隱含有「中華民國主體性」意味；第四，賴幸媛稱「新政府的兩岸政策核心理念」是在中華民國的憲政架構下，維持著『不統、不獨、不武』的台海現狀[784]。強調「中

華民國」「憲政」,無非是要凸顯所謂「主體性」。

（四）較強的模糊性

馬英九對外政策主張中的用詞表述,許多內容有模稜兩可之處,預留很大迴旋空間。例如,提出「平等」原則下,不以什麼名稱參與國際組織。此處「平等」並未詳細論述,預留了想像空間。再如,處理與「邦交國」的關係,採用「雙重互不否認」這一模糊詞語,留下許多猜測空間。從而有部分學者認為。「雙重互不否定即肯定」,進而解讀為「雙重承認」;部分人認為,「承認」英文為「accept」（接受）,顯然「不否認」與「接受」乃是兩碼子事。

（五）對外政策與兩岸政策的相互關聯性

馬英九主張「在兼顧尊嚴的前提下,從共同利益出發,以『九二共識』為基礎,在『互不否認』的情況下,與對岸展開務實協商,尋求彼此可以雙贏的平衡點」785。這是因為,馬英九認識到兩岸必須就台灣的「國際空間」問題進行談判。台灣要突破「外交」困境必須從兩岸關係的改善著手,台灣「外交」政策的上位是大陸政策。他認為以往台灣爭取國際支持成效不彰的重要原因之一就是其他國家在兩岸情勢沒有改變前,不改變他們原有的立場與政策。同時,馬英九又認為大陸為了遏止「台獨」必須給台灣「國際活動空間」:「馬關條約」割讓台灣、「二二八事件」與「中華民國退出聯合國」是「台灣悲情」的三大來源,其中台灣的「外交」空間遭受打壓最為嚴重,因此很多人支持「台獨」,「假如中共再持續打壓下去,不只台獨分子,連我們這些人都要站出來反抗了」。「如果台灣在國際社會繼續受到孤立,兩岸關係就不可能達到有意義的成長,這兩者之間已經掛起來,變成相互依存的關

係」。786馬英九認為，通過兩岸談判方式可以解決台灣「國際空間」問題，理由在：一是其「三不」（「不統」、「不獨」、「不武」）政策與大陸提出兩岸關係「和平發展」主題有共同之處，大陸也沒有完全否認其「三不」政策；二是馬英九「活路外交」政策並不對大陸形成挑釁，台灣的「國際空間」不足以威脅大陸的發展空間，台灣現有的23個「邦交國」與大陸所擁有的171個建交國相比，不是一個等級。

四、各方對「活路外交」主張的反應及其制約因素

（一）台灣內外各方對「活路外交」的反應

1-肯定與支持馬英九對外政策主張的居多。應該說，馬英九提出的「活路外交」政策及「外交休兵」的政策措舉，具有一定合理的內涵及積極意義。其指導思想與陳水扁搞分裂的兩岸對抗性思維是完全不同的，因為馬英九是以合乎時代精神的「雙贏思維」來規劃與處理台灣的「國際空間問題」787，有值得肯定的地方。有學者撰文認為，「外交休兵，消極面指的是，雙方不去挖對方邦交國，但允許在對方邦交國設立代表處；積極面指的是，雙方應該拒絕對方邦交國的建議，以免破壞互信的建立。所以，外交休兵非但不是外交休克，反倒是為了維護台灣的利益」。788也有人認為高票當選的馬英九確實有條件推動「活路外交」，一則是「民進黨執政時期對外替台灣撐開了較大的戰略迴旋空間，在野的民進黨也仍然是馬政府對外有用的籌碼」，二則是馬英九「本人是溫和型的領袖，內外信任度本來就高」，三則是「馬政府的選民基礎及國會實力穩固」。台灣學者趙春山指出：一年來，馬英九當局在「外交」

方面是有成效的，主要表現在兩個方面：一是由民進黨對過去的「烽火外交」、以求亂中取利的做法，轉變為「活路外交」，「即以有限的資源，拓展台灣的『國際空間』，讓台灣的對外關係能夠『恢復常態』」；二是馬英九當局的「外交」作為，「有效地改善了台灣的國際形象，由過去的trouble maker（麻煩製造者），轉變為peace maker（和平締造者）」。789連民進黨人士也承認馬英九的做法，「堅持捍衛中華民國主權及尊嚴，深化中華民國在台灣的內涵，強調民主的價值」，「對內帶領台灣面對經濟發展及公平的挑戰，對外處理兩岸及外交問題」。790

2.台灣內部反對聲音也不小。因貪腐被關在台北看守所的陳水扁稱：「台灣的對外關係，要靠自己，不是靠中國。外交是國家主權的象徵，一個主權國家必須有獨立自主的外交空間，否則外交無法獨立自主，不是一個主權國家。」791他認為「外交休兵，就是擱置主權、放棄主權」，「面對中國的『三光』策略」，「只有採『攻擊式外交』，台灣才能存活」。792民進黨則認為，馬英九上台以來，在「外交」上做了許多調整，包括取消歷年來向聯合國申請入會，也包括「外交」上的消極作為，並且一再強調「互不否認」，「遺憾的是，馬英九的互不否認只換來自我否認」，馬英九在國際乃至兩岸官方互動的場合上，仍然是被否認的狀態。793也有人提出，「鑑於國際社會的現實，兩岸如有相互的保證及我合理的參與國際空間，應該是一個可以討論的外交戰略，但六十年來，外交一直是一個寸土必爭的戰場，中共打壓從未手軟」。「台灣過去的外交經驗是：不能完全寄望於盟友，現在馬政府卻是史無前例地、過度溫良恭讓地寄望於對方，行得通嗎？保證在哪裡？代價是什麼？國人不能無疑」794也有台灣媒體對馬英九當局的對外政策新策略基本肯定的同時，也提出了疑問：「究竟是增進了台灣的國

家尊嚴，還是讓渡了部分主權地位，可能會引發爭議。而且時日一久，台灣參與模式的上限是否會鞏固成一種難以掙脫的『次主權』地位，反而阻擋了實現完全主權尊嚴的機會，甚至形成台灣的國際空間由中共決定的慣例」。795

3.美國學界多表肯定。多數美國學者認為兩岸「外交休兵」，「理論上這是一個很好的很重要的想法」。796美國國際戰略研究中心研究員葛來儀認為「馬英九的外交休兵政策在理念上是符合台灣利益的」，也符合北京和國際社會的利益！797布魯金斯學會東北亞政策研究部主任、前美國在台協會理事主席卜睿哲稱：「外交休兵」「實際上這是一個很重要的提議。因為中國每挖走台灣一個邦交國，台灣人民就對中國產生十分負面的反應，當這種負面態度發生時，就降低改善兩岸環境和氣氛的可能。改善兩岸環境和氣氛是馬英九很想做的事，所以他正試圖消除一個可能會影響他目標的障礙。798」

（二）制約「活路外交」成效的因素

在看到馬英九對外政策主張有一定的發展前景的同時，也需要注意有若干因素將影響馬英九對外政策主張的實施及其成效。

1.民進黨等「台獨」勢力的反對與惡意中傷。民進黨主席蔡英文在美國紐約訪問時，批評馬英九當局處理「外交休兵」的問題草率，「很少聽到休兵是自己宣布的」，對「友邦」來說，「聽到我們要外交休兵，可能也一時措手不及，不知道要怎樣面對這樣的情勢」。799《自由時報》等極端「台獨」勢力則批評「外交休兵」是「出賣了台灣的主權」、「喪權辱國」。陳水扁則聲稱：「馬英九說要『外交休兵』，有人擔心『外交休兵』就是『外交休克』、『外交輸誠』、『外交投降』，有人更擔心『外交休兵』只是第一

步,接下來就是『外交昏迷』,再下來就是『外交窒息』,最後是「外交死亡」。800

　　2.兩岸關係中固有矛盾及彼此對主權問題的堅持。台灣的「國際活動空間」是兩岸關係中固有的三大矛盾之一,也是比較敏感的問題,兩岸為此爭鬥了半個世紀,期待在有限的時間裡要有大的突破難度不小。而兩岸目前的接觸與商談尚處於「先經濟」與「先易」階段,還沒有真正步入「後政治」與「後難」的協商,難以對台灣的「國際空間」問題達成「提出解決方案」,從而影響兩岸在國際場合建立真正和平、和解的信心與機制。而各自在主權問題上的堅持也影響彼此互信。馬英九以維護「中華民國主權與尊嚴」的基本立場,將制約其「外交休兵」主張的順利實現。其「外交休兵」的本質目的仍然要大陸做讓步,以便減少其在「固邦」問題上的壓力,從而維持其「邦交國」的數目。如2008年8〜9月,馬英九強調以「尊嚴」、「自主」、「務實」與「靈活」原則推動台灣「有意義參與」聯合國機構組織,重點「爭取有意義參與攸關台灣2300萬人民福祉的聯合國專門機構」,放棄過去爭取「會員國」資格,而是「參與」聯合國專門機構,也注重彈性處理台灣參與名稱,不再固守「台灣」或者「中華民國」,帶有鮮明的「馬英九特色」,從而被台灣媒體稱作台灣推動「參與聯合國」活動「最溫和的一次」,但其行為無疑依然是在推動「中華民國」主權的宣示活動。大陸的立場當然是「堅決反對」,主張由「兩岸中國人協商解決」。801馬英九團隊其實也還是非常在意「邦交國」的數目,台灣「外交部」2009年度機密預算編列38億多元,比2008年度減列約19億,外界質疑馬政府「外交」不力,然而仔細觀察預算書,在「外賓邀訪接待」、「國際合作」以及「國際會議及交流」等預算編列,足足比2008年度多出20多億,此舉顯示「外交部極力鞏固友

邦關係的目標」。802

　　3.兩岸各自內部的分歧與種種顧慮。台灣內部對「外交休兵」的意見並不一致，不僅泛綠陣營大肆抨擊，而且連泛藍內部也有不小的雜音，《中國時報》、《聯合報》等主流媒體基本持肯定的立場，認為有利於兩岸關係和平穩定與對外實質關係的拓展，但也認為馬團隊有可能過於一廂情願，太早「掀開底牌不利於談判中的討價還價」。而大陸內部也有顧慮，主要有：一是國際社會可能誤會中國大陸是否開始願意接受或者是容忍「兩個中國」、「一中一台」或者是「台灣獨立」？二是大陸讓步的善意可能形成不可逆轉的結果，由於台灣政黨輪替的常態化，是否成為日後執政的民進黨以利用既成的事實「做為台獨張本」？三是台灣以某種方式、某種身分參與國際組織是否給「台獨」可趁之機地宣傳兩岸永久分裂的正當性？四是引發「是否默認了『中華民國』主權的客觀現實」的質疑？美國學者葛來儀就說：中國大陸「默認休兵」，「這麼做本身就會暗示他們承認台灣主權的合法性」。803

　　4.「活路外交」前景也取決於兩岸之外的協力廠商或國際社會。對建交問題，兩岸可以互相不主動去「挖角」，但如果協力廠商主動要求與大陸建交而與台灣「斷交」怎麼辦？台灣方面「固邦」方式的轉變仍然存在較多的變數，不搞「金錢外交」的主張能否為其「友邦」完全接受，能否長期落實都是存在不確定性。而「凍結邦交國數目」的提議也只是「暫時」，並非是根本的解決方案。至於多邊的國際組織，還涉及相關國家與國際組織的規章與意見，需要協商，難以一蹴而成，勢將是一個漸進與長期的解決過程。

第三節 兩岸和平發展與台灣的「國際參與」

2008年以來兩岸關係的和平發展為台灣的「國際參與」營造了良好的環境，兩岸之間的良性互動的外溢效果開始擴展到了國際場域，不僅台灣的「國際參與」有所擴大，而且兩岸在國際場合也開始初步的互動，反過來有利於兩岸之間政治互信鞏固與和平發展局面的維繫與發展。

一、2008年以來台灣「國際參與」的擴大

2008年5月以後，馬英九提出了以「外交休兵」為主要內容的對外政策具體主張，這一主張是在陳水扁當局推動的「烽火外交」活動挫敗後台灣對外政策的必然的、唯一的選擇，也是兩岸關係和平發展的產物。兩岸在國際場合與國際舞台上由過去互相競爭的「零和」遊戲轉變到「停止內耗」的「雙贏」思維，符合兩岸人民的根本利益，符合台灣社會經濟發展的需要，擴大了台灣的「國際參與」，開闢台灣對外關係新天地。4年來的台灣對外關係發展的實踐證明，「大陸政策推動得順利，台灣就有更大的國際空間」[804]「證明了『外交休兵』是能讓兩岸互利雙贏的」。馬英九提出的「『活路模式』有助於推動台灣與其他國家的實質關係與爭取國際空間的努力」。[805]

（一）台美互信開始建立

在台美關係上，「活路模式」政策主張所顯現的效果特別明顯。馬英九稱：「活路外交」就是「不從事與會面無關的活動，讓

無邦交國放心」，台灣的路才會走得更寬廣。806所以，馬英九低調「過境」美國，就是不希望操作無意義的過境外交，而是要修補破裂的台美關係，不破壞兩岸現在的和解氛圍807由於與美國建立起了基本的互信，儘管馬英九是始終低調地「西進西出」美國，但美方則是不斷地擴大馬英九在「過境」美國時的活動範圍。特別是在馬英九第一任期的四年中，美國軍售台灣總計3筆180億美元的武器裝備。

（二）台灣與無邦交國家提升實質關係

台灣「駐新加坡」前代表史亞平稱：由於「民進黨兩岸政策不明確，東南亞國家也不樂見台獨造成區域緊張」，但馬英九所「主張不統、不獨、不武，活路外交讓台新關係恢復互信、關係正常化」，「過去推不動的，現在情況改變了」。她說：「活路外交就是兩岸和解、穩定區域和平，對於推動對外關係有加分效果，新加坡也表達高度歡迎」。甚至當國民黨榮譽主席吳伯雄先前訪問新加坡，台方不再「敲鑼打鼓辦外交」，台灣與新加坡雙方界定吳伯雄訪問是「政黨交流」，這讓新加坡很自在。808台灣與日本的關係也在不斷提升，在北海道札幌設立了第6個辦事處。

（三）台灣與「邦交國」關係穩定

4年來，台灣方面的23個「邦交國」都維持著與台灣既有的關係，兩岸沒有互相拉攏與挖走對方一個，更無需去從事「金錢外交」。歐鴻鍊稱，由於台方不斷重申兩岸「外交休兵」，不僅巴拿馬、巴拉圭「都感受到兩岸之間的新氛圍，與台灣的邦誼更為穩固」。809而且使「金錢外交」「從此成為歷史名詞」。810在國際社會中，台灣事實上處於守勢，這是由彼此力量對比所決定的，即台方處於弱勢，所以，不失分就是得分。馬英九2011年8月14日公

開稱台灣「掌握到至少有3個邦交國曾想與大陸建交,但遭到拒絕。」811

(四)台灣順利參與若干國際組織的活動

1.順利參與APEC會議。連戰作為台方代表參加APEC2008年秘魯利馬會議、2009年新加坡會議與2010年日本橫濱會議及2011年的美國夏威夷會議,特別是胡錦濤與連戰多次會晤的模式,被形容是「高度彈性原則的運用和體現,確認不排除和台灣作為經濟體而與其領導人的代表有海外接觸」。812

2.台方參加世界衛生大會。台灣媒體稱:「中華台北」「成為世衛大會觀察員,證實了外交休兵成效,確認了活路外交的可行性。」813迄今連續參加了4屆。因此,2009年10月10日馬英九表示:「一年多來推動活路外交,兩岸同時釋出善意,終止長期以來爭取建交的惡性鬥爭」,台灣與「邦交國」關係漸趨穩定,與無邦交國間的互信增強,「台灣國際地位更逐漸提升」。814

3.台灣參加了若干政府間國際組織,如政府採購協定（GPA）。台灣獲得免簽證的國家與地區達到127個,對台灣民眾而言,這是最大最實在的「國際活動空間」的擴大;台灣的「國際能見度」、「國際參與度」與「國際好感度」都有提高。因此,台灣成為所謂東亞地區「和平締造者」而不再是「麻煩製造者」。台灣「陸委會」副主委高長表示,兩岸之間和解政策提高了台灣在國際場合的能見度,例如,2008年的APEC會議在秘魯舉行,新加坡與台灣方面舉行「雙邊會談」,中國大陸原本有些想法,但新加坡表示,胡錦濤都可以與連戰會談,新加坡為什麼不可以與台方人員會晤?高長稱:「這顯示,兩岸關係只要有突破,就會鼓勵其他國家與台灣交往,發展雙邊關係。」815

二、台灣「國際參與」取得新進展的原因

（一）馬英九推行「活路外交」政策

馬英九的「活路外交」主張使兩岸交往的思維由過去的相互對立與對抗轉變為和平與合作，彼此不再是猜忌與懷疑，而是建立互信。馬英九不僅承認「九二共識」，而且提出兩岸間關係不是「國與國」之間關係，他說：「我們基本上認為雙方的關係應該不是兩個中國，而是在海峽兩岸的雙方處於一種特別的關係⋯⋯但不是國與國的關係，這點非常重要，所以也不可能取得任何一個外國，包括墨西哥在內的雙重承認，我們一定是保持和平與繁榮的關係，同時讓雙方在國際社會都有尊嚴，這是我們的目標。」816由此兩岸之間交往的思維由原先的對立與對抗轉變為和平與合作。馬英九對媒體公開承認，他相信有台灣的「邦交國」提出與大陸建交的請求，但大陸卻是婉拒了。這顯示了大陸以具體的行動在善意回應台灣方面提出的「外交休兵」政策。對於台灣能夠參與世界衛生大會，他也承認是與大陸的善意分不開的。

（二）兩岸關係的和平發展

陳雲林在接任海協會會長前表示：兩岸「和解休兵」等議題只有在「兩岸關係和平發展中尋求解決辦法」。2008年5月以來海峽兩岸關係的和平發展，是台灣對外關係政策大調整的基本背景與條件，正是兩岸間的和平發展為雙方在國際社會的「停止內耗」創造了條件，提供了可能，因為馬英九承認「九二共識」，兩岸關係就能和平發展，因為馬英九把對大陸的政策定位於對外關係的「上位的政策」，才使「外交休兵」主張成為可能，甚至成為現實。馬英九在會晤前「監察院長」錢復時曾引用錢復的話：「大陸政策是外

交政策的上位政策」。儘管民進黨指責並反對馬英九當局推動的「外交服膺於兩岸關係的政策方略」817，但無可否認，台灣參與國際活動，「其中最大的障礙是兩岸關係的惡質化」。馬英九以「活路外交」為思考主軸，提出兩岸「外交休兵」，「不再與中共在國際場域進行零和競爭」818，「從兩岸和解切入，推動活路外交，確是找到了突破台灣外交困境的癥結」。819台灣淡江大學教授李本京認為，「活路外交」就是「務實外交」，所謂「務實」就是放下意識形態及虛幻的面具。馬英九採取「尊嚴」、「務實」、「靈活」的「外交」策略，「便是以兩岸相互利益為經，維持台海安定為緯，再尋求兩岸雙贏的平衡點」。820蘇起也曾公開表示：先前8年，民進黨的「外交」是「烽火外交」，而對大陸的政策是一路紅燈，馬英九當局的做法是不斷拿捏紅燈、黃燈、綠燈的分寸，同時小心維持大陸政策不同燈號與「活路外交」之間的動態平衡。這個做法的目的就是希望在「三大（美國、中國大陸、日本）之間難為小」的大環境中，建構一個能夠讓台灣擁有更大安全與尊嚴、更多自主空間的新格局。8212008年12月28日，馬英九出席「行政院」高階主管大陸工作研習營時表示：兩岸和解會延伸到外交戰場，雙方已經體認應該避免任何割頸、割喉式競爭，否則會後患無窮，他舉例說包括連戰出使APEC會議，台灣大學教授羅昌發被任命為世界貿易組織「爭端解決小組」成員等，「這些都有助於建立兩岸和平架構」。822對民進黨執政八年與馬英九上任後四年做一個對比就可以發現，由於民進黨推動「烽火外交」，其結果卻是「遍地烽火」，華府稱之為「撞牆外交」823。而由於馬英九「首先在兩岸關係上積極作為，化開了雙方的心結，建立了彼此的默契，很快就在外交空間上見到了成效，國際觀感與待遇方面也獲得了改善」。這就證明：「只有改善兩岸關係」，台灣的「外交問

題才能逐漸解決」，「大陸政策做得好，台灣就有更大的國際空間」。824因此，馬英九的「外交休兵」能否真正見效及持久化，也端賴兩岸關係和平發展是否能夠持久化。中美洲哥斯大黎加總統阿里亞斯在2010年2月1日公開透露，巴拿馬總統馬丁內利曾經希望循哥斯大黎加模式與台灣「斷交」，轉而與中國大陸建交，但是中國大陸卻是「興趣缺缺」，「還要巴拿馬少安勿躁」。尤其值得注意的是，馬丁內利提議與中國大陸建交時，恰好是台灣方面已經承諾捐贈價值2200萬美元買行政專機以後。825

（三）台灣對外關係與兩岸關係形成良性互動

1.李登輝與陳水扁當政時期兩岸在國際場合的惡性鬥爭。李登輝推動的「務實外交」最終目標在於「確保台灣主權之完整」826，因此，兩岸在國際場域的鬥爭不斷上演。因李登輝的認知與兩岸現實存在明顯的差距，結果是「務實外交」不僅沒有帶領台灣走出「外交困境」，反而日益邊緣化。民進黨執政時期推動所謂「國際活動空間」的擴大是帶有「政治性的、有主權訴求的、官方性質的空間」，即要國際社會承認台灣的「獨立國際人格」地位，承認台灣「獨立」於中國的國際法主權，「這是一種企圖分離中國主權的所謂生存空間」。827因此，中國大陸在國際場域的反「台獨」、反分裂活動一直堅持。

2.馬英九當局所追求的「國際活動空間」是在承認「九二共識」的基礎上所進行，並非完全是追求「獨立」於中國之外的主權行為，模糊了雙方在主權問題上的爭執，所以，與民進黨的「烽火外交」有較大的區別，從而，台灣對外關係與兩岸和平發展已經成為互為因與果的關係，並且開始了良性循環，而非民進黨當政時期的惡性循環。由於兩岸之間和平發展，造就了台灣提出並推動「活

路外交」的對外政策，由於台灣方面推行「外交休兵」政策，從而也更加有利於兩岸關係的和平發展，而兩岸間的和平發展的強化，又再度促進台灣對外關係新進展，如提升APEC與會人員層級等，因為台灣參與了WHA，從而不再在聯合國大會「提案入聯」，反過來又有利於兩岸間的和平發展。馬英九從台灣獲邀參加世界衛生大會強調：「一個和諧善意的兩岸關係，和台灣的國際參與是相輔相成」，「兩岸如果在國際上相互協助，彼此尊重，對兩岸關係一定有重要幫助」。[828]兩岸在國際社會停止內耗也使和平發展的兩岸關係得到鞏固。台灣《中國時報》的社論指出：「整體基調上，『活路外交』與『兩岸和解』是一體兩面，都是力圖讓兩岸從零和式的殊死戰走向和平共存、彼此體諒、相互尊重。[829]『活路外交』的主要機會，則須建立在兩岸的『外交休兵』」。所以，馬英九說，他提出「外交休兵」，不是只為了台灣自己的「邦交」[830]，也是為了兩岸未來的前景，如果實施，「相信台灣的路會越來越寬，海峽兩岸的路也會越來越寬。」[831]

三、台灣「國際參與」中存在的問題

（一）兩岸之間的協商與溝通存在困難

台灣的「國際參與」問題是一個涉及國家主權的敏感問題，是需要兩岸坐下來認真研究與探討的系統工程，但由於兩岸關係和平發展尚處於「初級階段」，兩岸之間有許多急待解決的難題還沒有展開協商，兩岸之間尚未展開政治對話與協商，難以就雙方在國際場合的合作與共同需要進行系統探討，從而使台灣的「國際參與」難以取得與達成全面性的解決方案，只能「就事論事」，個案處理。

（二）民進黨與「台獨」勢力的制約

民進黨與「台獨」勢力對馬英九推動「活路外交」的否定與反對，對台灣的「國際參與」問題的解決形成牽制與「寒蟬效應」。2011年4月民進黨人士借所謂世界衛生組織內部函件中有關「中國台灣省」字眼大做文章，既攻擊世界衛生組織與中國政府，又打擊馬英九團隊推動台灣參與國際組織活動的努力與成績。此舉不僅暴露出民進黨為了選舉不擇手段的惡劣行徑，而且彰顯出其昧於國際政治現實的鴕鳥心態。一是民進黨漠視了兩岸同屬一中的國際政治事實，尤其漠視了兩岸同屬一中是台灣參與國際組織活動的前提與基礎。自1971年聯合國大會2758號決議通過並生效以來，堅持一個中國的原則立場已成為國際社會、絕大多數國家與政府的普遍共識與遵循原則，是任何「台獨」勢力都無法改變的國際政治現實，也是連陳水扁在掌握台灣政權機器時都不得不公開承認的「台獨做不到，就是做不到，不能自欺欺人」的表白根由。否則，如何解釋陳水扁當局當時所極力推動「正名制憲」與「烽火外交」為何寸步難行卻反而使台灣的「國際空間」是越來越小並使自己成為麻煩製造者呢？兩岸同屬一中是民進黨等「台獨」勢力所必須正視的國際政治現實。尤其是作為聯合國下屬專門組織——世界衛生組織，堅持與遵循聯合國規定，堅持一個中國原則完全符合聯合國憲章，也是台方參與國際組織的活動所需要面對的現實。其實，也正是因為2008年5月以來馬英九團隊明確承認了體現一個中國原則立場的「九二共識」，堅持了「兩岸同屬一個中國」的政策立場，兩岸執政當局在堅持「九二共識」、反對「台獨」核心問題上有共同的政治基礎，兩岸不僅恢復了兩會之間的協商與談判，簽署了16項經濟、民生等方面的協議，推動了兩岸關係和平發展，而且通過兩岸平等協商，解決了若干台灣民眾所關心的參與國際組織活動的議

題，台灣方面能夠以「中華台北」的名義，以觀察員的身分連續三年參加世界衛生大會，正是以兩岸同屬一中為基礎的，而不是通過台灣方面的參與破壞和造就了國際社會一個中國的格局和框架。二是台灣參與國際組織活動是與兩岸關係發展水準相適應的，在目前兩岸經濟、民生問題急待解決，兩岸尚未展開政治對話與談判的時空背景下，兩岸無法對台灣參與國際組織的活動做全面與系統的規劃與協商，出現一些並不能夠讓所有人都能夠滿意的情況與案例也在所難免，儘管誰都不希望出現不利於兩岸關係和平發展的事件。

（三）台灣的「國際參與」涉及一系列複雜和敏感的問題

既是因為台灣「國際參與」本身議題的敏感，也因為涉及國際組織的章程、規定的制約及其他國家的立場和態度等，同時也與兩岸之間的政治互信、兩岸關係和平發展的程度等形成彼此關聯的關係。2010發生的「東京影展事件」就是一個典型。10月23日，第23屆東京影展上，因發生主辦方違反慣例介紹台灣參展方，致使中國大陸電影代表團退出電影節的事件。事後，日本方面雖然向中國大陸表示道歉，但此事卻在台灣引起了巨大的反響，因選舉因素的影響，藍綠及媒體將之炒作為「大陸打壓」。所幸兩岸有關當局頭腦冷靜，均以大局為重，事件未能擴大發酵。「該事件不可避免地給正在加速和平發展的兩岸關係造成陰影和阻礙；同時，也令人驚醒到兩岸關係的錯綜複雜性以及固有結構性矛盾的深刻性」。[832]該事件的「背後，凸顯的是近20年來台灣對所謂『國際地位』和『國際生存空間』的追求與躁動」。尤其是從1990年代以來，兩岸在此問題上一直爭拗不斷，「在台灣別有用心的政治人物和政治勢力的操縱下，這種爭拗與衝突很容易成為煽動民粹情緒的導火線，成為台獨勢力的『動員令』與『被打壓』的悲情題材」。[833]「究其根

本，就是經濟上逐漸富裕起來的台灣民眾在獲得政治民主後，自信心高度膨脹，強烈追求自身的國際地位和政治身分所致」。834也包括「台灣國家化」運動的影響，「台灣主體性」高漲等等。而兩岸關係的複雜性在於：由於內戰因素等造成的兩岸分離與政治對峙，兩岸數十年在國際舞台的「中國代表權」的博弈，「大多數台灣民眾難以理解或者說無法全面瞭解這種錯綜複雜的兩岸及國際政治博弈的內涵」。835而說到底，這是因為兩岸關係和平發展處於「初級階段」，台灣的「國際參與」尚難以一步到位解決。

四、台灣「國際參與」擴大的積極作用

　　1.有利於兩岸關係和平發展的局面鞏固。兩岸在外交與國際領域的「停止內耗」甚至互助，對兩岸政治互信的建立、鞏固與發展是有利的，對兩岸和平發展局面起到了積極的促進作用。

　　2.有利於台灣民心與民意改變對中國大陸的傳統看法。適當擴大台灣的「國際活動空間」，特別是與台灣民眾利益攸關的「國際參與」已經被炒作成大陸是否表達善意的指標，在不違背一個中國框架下適當做出讓步，對爭取台灣民心是有利的。

　　3.維護與鞏固了台灣與大陸同屬於一個中國的主權地位。通過兩岸之間協商，或者是通過大陸的讓步、表示善意，台灣參與了若干的國際活動，不僅沒有違背一個中國的原則，而且在國際社會鞏固了一個中國的大框架，確認台灣與大陸都是中國的有機組成部分。

　　4.避免了兩岸在國際場合的無謂的惡性競爭。一方面，節省了不少的外交資源，避免了有些國家以建立邦交為名進行的勒索兩岸

的行為，另一方面，有利於提升中國大陸的國際形象，兩岸互相鬥爭不僅對兩岸都有傷害，消耗資源，而且有損國際形象。

5.取得了國際社會的肯定與支持。在台灣與大陸兩方中，在有關「國際參與」問題上，台灣已經被界定為「弱」的一方，大陸則是「強」的一方，大陸在某些問題上的適度讓步，有利於爭取國際社會與國際輿論的肯定和支持。

6.有助於馬英九鞏固執政地位。通過台灣「國際活動空間」的適度拓展，強化馬英九「活路外交」政策與策略的正確，有利於鞏固馬英九的執政地位與領導地位。

第四節　和平發展時期兩岸如何「共用一中」主權

兩岸關係和平發展階段是最終解決台灣問題、實現中國完全統一前的一個過渡時期，因此，和平發展時期台灣的「國際參與」、兩岸在國際場合的良性互動乃至於合作，既要與兩岸關係和平發展階段的基本特徵相吻合，又要為兩岸「共用一中」進行嘗試、逐漸地擴大「共用一中」主權的實踐，以最終實現中國的統一。

一、台灣與學術界主要觀點

（一）台灣主要觀點

1.「中華民國」是「國際法主體」。台灣國民黨執政當局對台灣「國際參與」的基本定位是「中華民國」是「國際法的主體」，顧維鈞稱：「爭取外國承認並防阻他國因承認中共政權而與我斷

交，自然也成為五十餘年來我國外交工作的重要目標。」836

  2.「中華民國」擁有國際法「部分主體」。此種觀點主要出現在70年代台灣國民黨當局被迫退出聯合國之後，主要理由：一是1949年到1971年之前是「中華民國」是中國在聯合國的代表，目前依然擁有23個「邦交國」，也參加了27個政府間國際組織，所以應該是「國際法中的部分實體」；二是從美國對華政策看，美國與台灣簽訂「共同防禦條約」，同時又與中國大陸政權在1955年起在日內瓦及華沙進行大使級會談，構成了一種以間接方式接受並承認台海兩岸各有一個政權的事實，而在台灣的政權還繼續得到美國的承認，承認它代表中國837三是美國國會1979年通過的「與台灣關係法」第4條：「凡當美國法律提及或涉及外國的其他民族、國家政府或類似實體時，上述詞語含意中應包括台灣，此類法律亦應適用於台灣。」這實際上使得美國依然視台灣的統治機構為一事實上政府。8381979年「自斷交以來，美國在『台灣關係法』的基礎上，繼續推動與我關係，確將台北視為一政治實體。換言之，美國雖承諾一個中國，與中共簽訂建交公報與八一七公報，但在執行對華政策上時卻仍實施隱性一個中國一個政府一個政治實體的政策」。839「台灣關係法雖確認美國與我方是非官方關係，但卻顯示我方是一政府或政治實體」。840

  3.「中華民國」擁有「法理主權」。馬英九反覆強調：「兩岸人民關係條例將『台灣』和『大陸地區』都放在中華民國的架構下。這是台灣單方面的『法理現實』」。841馬英九的「兩區論」與新「兩區論」也是這樣的觀點，馬英九接受《聯合報》專訪：「一個中國就是中華民國」，「民進黨講什麼『一國兩區，我是區長』都是歪曲事實。台灣與大陸的關係就是中華民國底下的台灣，

與中華民國底下的大陸地區馬的聲明可以說是他對『兩區論』的最新檢視。」

（二）台灣學術界的主要觀點

1.國際上「一中各表」。以黃光國為代表，提出政治學上的「主權」可以從「實質主權」和「國際承認」兩方面來看。「實質主權」又稱為「管轄權」，「它是以有效統治作為國家存在之要件」，包括：「用民主合法的程式取得政權，行政命令之執行，擁有司法審判權，保有自己的關稅，發行本身的錢幣，對外簽訂條約等等」。就這個層面而言，「中華民國在台澎金馬當然擁有實質主權」。842然而，一個國家還必須得到國際承認，才算是一個正常國家。「對於承認中華民國的國家而言，我們當然是主權獨立的國家」。「不論對方是否承認『中華民國』，我們都應當堅持自己主權國家的地位。這是國際關係中的『一中各表』」。但是，對兩岸政治現實更為周延的描述方式應當是「一中兩憲」：中共在大陸地區施行中華人民共和國憲法，「我們在台澎金馬實施『中華民國憲法』，這兩部憲法都是建立在『一個中國』的原則之上，各有其有效統治地區」。只要台灣堅持「一中兩憲」的原則，雙方便可以「對等政治實體」的立場，展開平等的協商和談判。843黃光國提出：將來雙方如果要簽訂和平協定，台灣的名稱不能採取「亞銀模式」，像「中國香港」（HongKong, China）那樣，被稱為「中國台北」（Taipei, China）；也不能採取「奧運模式」，自稱為「中華台北」（Chinese Taipei），但卻被翻譯成「中國台北」。而應當用「對等模式」，雙方分別稱為「台北中國」（Taipei China）和「北京中國」（Beijing China）。這是兩岸關係的「一中各表」。844

2.區別主權與治權。王曉波提出：因為兩岸的主權沒有分裂，

所以，馬英九說的「不統」是指治權的不統，而不是主權的不統；因為兩岸治權沒有統一，所以，「不獨」是指主權的「不獨」，而不是治權的「不獨」。落實在「外交」上，則是馬英九提出的「不追求雙重承認」、「不參加聯合國」，而只是以「中華台北」名義參與聯合國的週邊組織；落實在兩岸關係上，則是「互不承認，互不否認」。845美國紐約大學熊玠認為：如果「完全將主權絕對化，完全與治權（即主權的有效行使）脫鉤——亦即將國家與政權混淆。並且完全漠視國際法上主權有完全繼承與不完全繼承之分，以及主權喪失有完全喪失與不完全喪失之別。中華民國在1949年僅丟掉了中國大陸（即其原來擁有的中國主權不完全喪失），但它保留下來對台灣的（剩餘）主權。這絕非主權『再造』」。846

　　3.政府繼承而非國家繼承。認為中華人民共和國政府替代「中華民國政府」只是改朝換代，不是國家變換，熊介認為：「如果說由於『中華人民共和國』1949年產生而『中華民國』就不存在了的話，那麼從1949年迄今，在台灣是由一個『非中國屬性』的政權有效行使主權，繼續不斷進入第六十年。基於國際法上的時效原則（prescription，一譯先機），台灣在法律上已無中國屬性了。亦即中國人（廣義的中國）對台灣的主權已無提出主張的依據可言。」因此，他認為馬英九「別出心裁地首創兩岸對彼此法律地位『互不否認』的『速寫』說法，用以表達其中複雜的法理奧秘」。847

　　4.「國史新論」。台灣「國史館長」林滿紅提出，認為1952年的「中日和約就是界定台灣主權地位的國際條約」，「台灣的國史必須定位為中華民國史」，且目前在台澎金馬的主權，「必須回到中日和約來加以界定，以中日和約為本，就可以釐清『台灣人是誰』的身分問題」。她指出，根據「中日和約」第10條，「中華民

國國民包括台澎金馬既有居民（如前『總統』李登輝一代的『老台灣人』）及其後裔、1949年後從大陸移住台澎，且具有中國國籍者（如故「總統」蔣經國等『新台灣人』）及其後裔」。「主權就是領土和人民的所有權，中日和約證明台澎主權已由日本移轉給中華民國」。她認為「1978年中華人民共和國在北京與日本另簽中日和平友好條約，隻字未提台灣，證明1952年中日和約有關主權方面的規定依然有效，這是遵循國際法的『處分原則』，已經處分的就一了百了，不因中日斷交、中共與日本另簽條約就失去效力」。848 她認為「台灣的地位包括主權歸屬及外交關係的定與未定，應該從中日和約進行事實上的釐清」。林滿紅的「國史新論」是為台灣「國際」法律地位定調，對其「國史」論述，馬英九「有相當程度的認同與支持」，2008年6月馬英九透過「總統府」副秘書長葉金川指示國史館籌畫展覽，盼以「循序漸進」的方式讓國內外瞭解這段史實，「強調1952年簽訂中日和約之後，台澎主權已由日本移轉給中華民國，台灣就是一個主權獨立的國家，它的名字是中華民國，領土涵蓋台澎金馬」。849

5.「實體參與」模式或「副會員」。周志傑提出，認為兩岸政治協商台灣的「國際參與」問題，可行的做法是將「九二共識」適度外部化，「兩岸共有主權」，依各自「憲法」互不視彼此為「他國」，將各自「國際」交往行為視為內部「治權」分享的外部延伸，「主權並無分裂之虞」。「在具體操作上，將目前台灣以『實體』參與多邊組織所累積的個案加以通案化，形成『實體模式』」，即「大陸預設治理台灣的『當局』是具有部分國際人格之『特類實體』」。850他認為大陸應該「無法再忽視台灣具有外交能力與實際參與多邊組織之必要性的事實」，大陸應以「九二共識」為基礎，為台灣創設一個參與國際組織與國際活動的適當身

分,「讓台灣成為一個介於合作非締約方與締約方之間的一種角色」。851基本途徑是由兩岸通過協商出一個「大陸放心、台灣開心」的模式。其中模式之一是「副會員」,由「台灣」為申請方,由大陸在已經有副會員設置的組織中,提議修改有關章程中副會員的定義:一是由代表該地區領土的政權作為申請方,二是其地位類似於締約方。他認為該模式對大陸的意義在維持「一中」框架,突破台灣政黨輪替的障礙。因此身分載明於章程中,要麼按此履行義務,要麼退出。對台灣的意義在於台灣是有別於中華人民共和國代表團的個別締約方,二是雖然是副會員,而申請方是台灣民眾選出的政府代行;三是權利與義務幾乎等同會員,比觀察員更上層樓,符合「有意義之參與」。852

    6.一個中國、兩個「憲政」實體。張亞中提出,基於「兩岸定位最大的爭議在於對主權歸屬的認知」853,他「主張自己主權涵蓋對方的『主權宣示』,其實就是保證對不分裂整個中國的宣示」。854而「一中兩憲」與「一中三憲」不同之處在:「一中兩憲」「純粹是個兩岸目前現狀定位的客觀描述,是一個在法理上維持兩岸不分裂的靜態概念」,而「一中三憲」則不僅描述了兩岸的法理現狀,而且也提供了兩岸走向「和平統一」的方向與規範,是一個既靜態、又為動態的架構。「一中三憲」與「一國兩治」的異同在於,「一國兩治」純粹是統一後的政治安排,而「一中三憲」是有助於走向統一的統一前、也可以是成為統一後的政治定位安排。這個代表「整個中國」的「第三憲」,本身是一個促使兩岸從現狀步入統合的「憲政」規範,是一種「統合式的憲法」。855因為兩岸目前的法理現狀為「一中兩憲」,當兩岸簽署和平基礎協定,包括雙方承諾不分裂整個中國、兩岸為憲法上的平等關係時,其實就已經進入「一中三憲」,即和平統一、一國兩治的機制。各

項統合政策都是在豐富「一（整）個中國」的內涵、讓「第三憲」逐漸取代兩岸「兩憲」的功能。856「兩岸未來可以透過不同的政治性協定，共同分享原本就是屬於兩岸中國人民的主權」。857

7.「鑲嵌主權」論。李英明提出，認為「在全球化衝擊下，主權內涵屬性不斷演化，從絕對主義主權向相對主權轉化，從相對主權進而成為互賴主權，甚至轉成鑲嵌主權。當今世界已變成由國際協定、組織和種種非政府組織緊密交織而成的治理網路，它們共同鑲嵌並透過犬牙交錯的全球治理網路來展現能力。就因為國家或政府的背景條件是聯結而非分離，是互動互賴而非孤立，是種種建制而非自由空間，那麼強調自主、排斥和反對任何干預的主權主張，並沒有太大的實質意義」858。所以，他認為「可以稱這樣的主權叫做鑲嵌主權。國家政府作為一個單位，在全球治理網路中行動能力的大小，端視它與全球治理網路鑲嵌聯繫的廣度和深度」。859「這種鑲嵌主權也可以叫做新主權，新主權是關聯性的而非獨善其身的表現；新主權是一種交往聯結行動的能力，而不是一種排斥、反對和抵制的權利。將新主權理解為交往能力而非只是自主權，那麼主權就不只包括權利，更包括責任與義務」。860因為主權屬性的演變就是「主權不是用來堅持並獨善其身的權力，而是用來承擔責任和義務的能力」。861

8.「兩岸分治」說。耿曙認為一個中國在台灣已經「被妖魔化」，對台灣民眾而言，「一個中國」的中國就是中華人民共和國，與台灣無關，所以，在還不成熟階段過分強調「一個中國」，反而會增加台灣民眾的疏離感，因此不適合作為構築兩岸共識的起點。他認為：「未來大陸促成兩岸統合的關鍵，一在強化文化的認同，二在建構制度平台」，不刻意強調「一個中國」，反能脫身泥

沼,大步走向「一個中國」。所謂「制度平台」,就是要先承認兩岸「分治分立」的事實,承認兩岸在基本制度與生活方式,仍然有所不同的「政治實體」,再在這個基礎上求同存異,推行「一中兩憲」、「基礎協定」等構想,而「凸顯雙方共同的文化基礎,更是釜底抽薪的辦法,繞過兩岸幾十年的分治分立,直接從傳統文化把兩岸聯結起來,建構兩岸共同的文化認同」。862

9.主權所有權與使用權分開。王群洋提出,認為台灣與大陸在參與國際活動及亞太區域整合的歷程中,受制於西方國家所規範之傳統「主權國家863」觀念,導致兩岸持續在國際場域競爭,且互有折損。在多極國際體系的發展中,而前述『中國機會』為中國大陸所帶來的國際影響力,使得大陸有實力在國際社會中,漸進調整傳統『主權國家』觀念,在國際組織中創造新的行為主體及國際規範,以使兩岸均可參與國際組織之活動,進而能在多層次與多面向合作,即一軌、二軌或兩者結合或多軌並進的框架中,或在多邊或雙邊國際與區域組織內進行功能性的分工合作。為排除來自美國、日本與歐盟等的可能干擾因素,台灣的「國際參與」可先從在由中國大陸主導的亞洲區域組織內,例如東盟、東盟加一、與加三到「上海合作組織」入手,在「九二共識」前提下,「協助台灣成為有決議權之會員體」。如果現階段尚有困難,則可參考國際間有效率的多邊組織之實例,即「將會員國的主權之使用權與所有權分開處理。兩岸在『九二共識』的前提下,共用中國主權的使用權,以促成台灣參與國際組織之可能性,特別是『東協』」。864

（三）香港與大陸學者觀點

1.「一個主權、一個民族、兩個政治實體」觀點。邱震海提出,認為「兩岸均堅持自己代表中國主權,從而出現『主權重疊和

政治實體分裂」的怪圈」。而兩岸面臨的最大的問題在於：「一個主權如何共用？主權共用是否能變相成為主權再造？中華民國作為政治實體，是否將在主權共用的過程中變成主權實體，以至於造成客觀上的『兩個中國』」？865他提出：「比較現實的可能是，兩岸在未來三年裡完成一份由雙方最高當局所宣導的和平協定，對政治實體和主權等敏感問題均予以模糊化，但凸顯雙方在民族和『中國』身分方面的認同，以及共同承諾不分裂雙方共同擁有的中國。這是雙方共同的底線和互動基礎，也是保證馬英九卸任後兩岸政治關係不可逆轉的基礎」。866

  2.「次國家政府行為體」。李景治、陳志敏等提出，認為：根據國際社會的一般共識，「國際空間」是指一個特定的行為主體在參與國際事務時的活動空間。867從參與國際事務的行為主體的性質劃分，「國際空間」包括兩個層次：一個是具有國際法主體地位的行為主體即國家，在參與國際性的政治、經濟、軍事、外交、司法以及民事活動時所享有的權利空間；另一個是不具有國際法主體地位的行為主體如獨立、部分獨立或者不獨立的非國家行為者參與國際事務的活動空間，獨立的非國家行為者如國際組織，部分獨立的非國家行為者指一些跨國公司，不獨立的非國家行為者是指次國家政府。868在民族國家形態和國家中心主義仍然是時代主流的當代，國際關係體系的基本行為者仍然是主權國家，因此，非主權行為者如次國家政府，它們的國際行為能力來源於中央政府的許可或默認。「根據其在國際體系中被普遍認知的實際地位是地區政治經濟體這一事實」，台灣「實際上是以次國家行為者的身分參與國際事務」。869「由於國際認知的複雜性，由於兩岸在歷史關係和法理關係上的特殊性，不能簡單地以地方政府性質的次國家政府來界定台灣統治當局，它在國際社會中已經具有某種程度的對外自主性

和國際影響,決定了它作為特殊的次國家政府的地位。」870他們甚至引用杜恰切克(Ivo Duchacek)的「平行外交」理論,稱次國家政府從事平行於中央政府的國際活動,這些活動具有某種自主性。871

二、台灣「國際參與」和兩岸「國際合作」的路徑與模式

(一)路徑之一:落實ECFA的外溢效益

1.ECFA的簽署鞏固了台灣「國際參與」的基本條件。台灣「國際參與」的基本條件是兩岸關係的和平發展,ECFA的簽署鞏固與加強了兩岸間的政治互信,從而ECFA簽署對台灣「國際參與」的政治與外溢效應也是相當明顯的。美國國務院前官員謝淑麗稱:「大陸和台灣之間經濟相互依賴程度的加深很可能令局勢更加穩定。從台灣自身的安全來說,這完全是件積極的事……當然對美國自身的國家安全利益來說也是如此。」872外電的評論則是「這意味著雙方已經翻過了60年互相敵視、對抗和進行外交戰的一頁」。873

2.ECFA的簽署及其落實本身是台灣擴大「國際參與」特別是參與東亞經濟合作的重要組成部分。中國大陸作為全球第二大經濟體,作為東亞經濟整合中居有領導地位的經濟體,是台灣參與東亞經濟合作的不可或缺的對象,從而,兩岸簽署ECFA其意義不僅是台灣參與了兩岸之間經濟整合,而且實際上是台灣解決了參與東亞經濟合作的核心,是台灣參與東亞區域經濟合作的相當重要的內容,台灣與中國大陸之間的貿易占到台灣外貿的42%,所以在

ECFA簽署及台灣未來幾年與新加坡及紐西蘭等簽署經濟夥伴協議後，台灣便與相關國家地區的貿易量占到一半以上。

  3.ECFA的簽署也有助於打消相關經濟體與台灣發展經濟夥伴協議的顧慮。在兩岸簽署ECFA之後，日本與台灣簽署「投資協定」，新加坡宣布與台灣共同研究協商簽署經濟夥伴協議，紐西蘭也與台灣宣布了共同研究ECFA。東南亞不少國家如印尼、菲律賓甚至印度，都表示願意與台灣發展更緊密的經貿關係。由此，「台灣的區域經濟地位也會跟著改變和提升」[874]。高長表示：兩岸簽署經濟協議對台灣最重要的影響，在於有助於台灣與其他國家洽簽FTA。如果ECFA這一步沒有跨出去，台灣與其他國家簽署FTA的機會等於零；而兩岸簽署ECFA，將可提高其他國家與台灣簽署FTA的意願。這樣的講法，不等於台方要求大陸承諾允許台灣與其他國家就FTA或類似協議進行談判，因為尋求大陸的「同意」，等於意味著大陸在這個問題上有合法的發言權，「這會損害台灣主權」。

  （二）路徑之二：由參與東亞區域經濟合作入手

  1-參與東亞合作是台灣經濟發展的客觀需要。2008年台灣對大陸出口總額995億美元，占台灣總出口的39%，對東盟出口總額是389億美元，占15.2%，對日本出口175億美元，占6.9%，對韓國出口總額87億美元，占3.5%。2009年台灣對大陸出口總額836億美元，占41.1%；對東盟301億美元，占14.8%；對日本145億美元，占7.1%；對韓國73億美元。台灣對東亞的出口總額達到總出口的65%。可見台灣參與東亞區域整合的必要性。韓國與美國的FTA在幾經波折後於2011年11月12日經過美國國會審查通過，在韓國國會批准後於2012年1月1日生效。這是繼2011年7月歐盟與韓國FTA生效後，韓國積極推展自由貿易的另一個重大突破。韓國是台灣的主要

出口競爭對手，韓國以經濟全面自由化來促進貿易增長，尤其是韓國與美國及韓國與歐盟的FTA都是高度自由化的貿易協定，在3至5年內97%的貨品關稅降為零，促進貿易的效果將會相當可觀，對台灣產業特別是出口產業的衝擊顯而易見。一方面韓國與台灣的產業類別相似，屬於競爭性關係，另一方面，美國與歐盟是台灣的第3大與第4大交易夥伴，與韓國貨品在美國、歐盟享受零關稅比，台灣的貨品仍然需要課5～10%的關稅，競爭劣勢不言而喻。據台灣經濟主管部門的統計，美韓FTA影響台灣出口的金額有新台幣3500億元，歐韓FTA影響金額為1500億元。875受到衝擊的產業包括塑膠、紡織、石化、機械、金屬製品等。台灣要應對，需要做好內部貿易全面自由化的準備，由於選票考慮，全面的自由化需要時間與領導人魄力。「應該拋開選舉因素的羈絆，以堅定的意志，積極落實推動ECFA的後續協商，盡速為建成兩岸自由貿易區完成路徑圖的規劃」。876

　　2.擴大「國際經濟參與」是台灣的主流民意所在。台灣民眾也希望台灣在改善兩岸關係後，能進一步加強國際化，而不是被吸納到中國大陸經濟體系裡，逐漸失去自主性，離國際社會也愈來愈遠，這會讓民眾的不安全感增強。台灣與他國簽署FTA，便是為了產生平衡效果，一方面降低對中國大陸市場的依賴，一方面也化解民眾的不安。

　　3.台灣過去一直在尋求與他國簽署FTA，但進展有限，只有巴拿馬、瓜地馬拉、尼加拉瓜、洪都拉斯與薩爾瓦多五國。台灣雖然在2002年加入WTO，但近年來世界各地除了進行在WTO的多邊框架下的經貿自由化外，紛紛投入區域經濟結盟，簽署雙邊的經濟協定蔚為風潮，至2009年10月1日，全球已經簽署266個FTA。「在這

個自由貿易區塊紛紛成形的時代，沒有它，可能會失去很多機會」。台灣與巴拿馬等5個中南美國家簽署有FTA，但其貿易量占不到台灣全部對外貿易總量的1.33%。877

4.馬英九團隊參與東亞經濟合作的基本方向。馬英九表示由他本人領軍自由貿易協定小組，下一階段對外關係的重點是推動台灣參與東亞合作，首選是與新加坡及紐西蘭簽署投資與貿易便利化協定，通過與新加坡的經濟協定打開東盟大門，因為「隨著東南亞各國經濟迅速發展，東協儼然成為舉世最生氣勃勃的新興國家集團」。878在與東南亞相關國家協商經濟協議的同時，台方希望和美國的TIFA諮商及與日本的ECFA也要開始談起來。

5.台灣參與東亞區域經濟合作，與ECFA之間沒有必然的邏輯上的因果關係。因為，無論是兩岸經濟協定還是台灣與相關國家簽署FTA，都是台灣參與東亞經濟合作的一個環節，能否簽署取決於要簽署的FTA是否互利雙方，東亞國家會考慮其經濟利益，台灣也何嘗不是如此！日本有希望與台灣簽署FTA的動力與利益所在，但內部的阻力不小；印尼也有與台灣協商FTA的考慮，但內部工商界反對的聲音很大。

6.台灣的「國際經濟參與」，既需要中國大陸的理解與不反對，也需要得到美、日等支援。目前美、日等樂見兩岸關係的良性進展，鼓勵甚至支持兩岸經濟關係的進一步發展，也鼓勵台灣擴大「國際參與」；美國期待兩岸和平發展的態勢持續，減少衝突的機率，也不反對建立兩岸和平穩定的機制，但不希望這樣的發展從根本上改變亞太地區既有的格局，因此支持台灣參與東亞合作以求得平衡。

（三）路徑之三：從東亞區域經濟合作到「國際共同參與」

1.基本前提:兩岸關係和平發展。兩岸和平發展與台灣的對外關係或者說是兩岸的「國際參與」是相輔相成的關係。台灣參與東亞地區經濟合作的基本前提是兩岸關係和平發展,這是基礎與前提。

2.基本途徑。

其一是從東亞區域經濟合作到東亞區域合作,從「國際經濟合作」到「國際共同參與」,從次區域到區域再到全球。依照循序漸進的原則,逐步推進台灣的「國際參與」和兩岸共同參與國際活動。如台灣首次參加中國一東盟博覽會便是一個好的開始,2011年11月21日開幕,台灣非正式會員,但首次由「外貿協會」出面籌設「台灣精品館」,是為「台灣第一次正式參與東盟的相關活動」,88個攤位,以「台灣館」主題館名義展出,有台灣65家著名品牌,包括華碩、宏碁、美利達、台積電等,展出141件技術與設計含量高的創新商品。879台灣與日本均以「區域外」成員參展。由台灣《工商時報》籌備的「台灣特色商品展」2011年10月22日在廣西南寧華南城開館於「中國一東盟博覽會輕工業展」。880

其二是從經濟、民生到安全、政治領域。先由經濟類、民生類組織參與後逐步擴大到涉及安全與政治方面的活動。

其三是從雙邊到多邊。先由台灣與有關國家和地區的雙邊經貿、文化、民生等關係逐步擴大到多邊國家與地區參加的國際與區域組織。

其四是從單方參與到兩方共同參與、合作參與。由兩岸各自參與的區域與地區組織的活動擴大到兩岸合作參與和共同參與。五是從非政府組織到相關政府間國際組織。先由國際非政府組織開始再根據條件成熟與否試點參與、參加政府間的有關國際組織的活動

等。

其五是台灣的「國際參與」要「重參與、輕名分」。台灣的「國際參與」要重實質而輕名分，「國際參與的主角應該是我們靈活的企業、活力的民間組織，以及拔尖的學術科研機構」881。而從台灣參與APEC及WTO等國際經濟組織活動看，都「凸顯了一個事實：那就是在目前國際政治現實之下，實質參與遠比名稱爭執來得重要」。882

3.基本原則。

其一：符合兩岸民眾與民心的需求。兩岸尤其是要考慮台商的利益需要，兩岸簽署FTA也是順應了台商產業轉移的客觀需要。

其二：符合兩岸關係和平發展的基本要求。即台灣的「國際參與」不能損害兩岸關係和平發展的大局，要有利於兩岸關係的和平發展。

其三：遵循或者說是不違背WTO的相關規定。由於兩岸都是國際WTO的成員，台灣參與國際經濟、貿易方面的活動當然需要遵循至少是不違背WTO的遊戲規則。

其四：遵照循序漸進的準則。任何事物的發展不可能一蹴而就，需要按照循序漸進的基本原則逐步推進，才能穩步前進。

其五：設想一套基本的規則。為了使台灣的「國際參與」走得穩、走得遠，兩岸有必要通過適當的方式與途徑對台灣的「國際參與」制定一套基本的規則。總之，台灣的「國際參與」需要與兩岸和平發展的程度相適應。在兩岸和平發展時期，要對台灣的「國際參與」做一個處理（未必是徹底解決）是有可能的。

三、擴大台灣「國際參與」和推動兩岸「國際合作」的理論思考

大陸與台灣的關係，是一個國家內的兩個地區之間的關係，本來屬於中國的內政，理應適用國內法，但由於多種原因與影響，實際上卻涉及形形色色的國際法問題。

（一）關於涉台「外交」的性質

兩岸和平發展新局面的出現使新時期涉台「外交」的性質有所改變，思維也應有所調整。以往兩岸關係中的敵對性質決定了兩岸在國際場合鬥爭是敵對的關係，而在兩岸關係出現和平發展的良性互動關係後，兩岸在國際場合的關係由過去的對立、對抗向合作、互助轉變，思維方向由「零和」向「雙贏」轉化，兩岸關係政策的位階高於對外關係政策。兩岸的和解不僅在海峽兩岸關係之間進行，而且必須擴大與外溢到兩岸在國際場域的互動。因為兩岸在國際場域的良性互動，反之又能夠促進兩岸之間政治互信的鞏固與和平發展局面的深化。蔡瑋稱：「在兩岸關係日漸改善、相關國家又都樂觀其成的前提下，兩岸外交爭鬥如能緩解，兩岸如能就台灣國際活動空間達成某種共識與默契，這將會對兩岸關係的良性發展增添助力，避免雙方資源的無謂浪費，外國，尤其是美國、日本對兩岸關係牽制的外部影響力量或會降低。[883]」

（二）關於台灣「國際參與」的步驟、程度與方式

1.「協同說」。即台灣的「國際參與」的進展需要與兩岸關係和平發展的程度相同步，也需要與兩岸關係和平發展的基本狀態相適應，台灣參與國際組織活動的步伐與歷程要與兩岸關係和平發展的水準及程度互相適應、互相一致。因為目前兩岸關係和平發展尚

處於「初級階段」，在兩岸經濟、民生等問題急待解決、兩岸尚未展開政治對話與談判的時空背景下，兩岸事實上也無法對台灣參與國際組織的活動做全面與系統的規劃和協商，從而出現一些並不能讓所有者都能夠滿意的情況與案例也在所難免。

2.「協調說」。即台灣「國際參與」的未來發展有賴兩岸和平發展局面的鞏固與深化，需要兩岸關係和諧地發展。其實，也正是因為2008年5月以來馬英九團隊明確承認了體現一個中國原則立場的「九二共識」，兩岸執政當局在堅持「九二共識」、反對「台獨」的核心問題上有了共同的政治基礎，兩岸之間才出現了和平發展的局面，才有基礎與條件解決了台灣民眾所關心的參與國際組織活動的若干議題，台灣方面能夠以「中華台北」的名義，以觀察員的身分已經連續4年參加世界衛生大會，正是以兩岸關係和平發展為前提與基礎的。

3.「協商說」。即兩岸平等協商解決與處理有關問題。台灣學者提出：「相互尊重最主要體現在兩岸尚未統一前的國際空間的安排：台灣尊重中國大陸在國際舞台崛起的事實，大陸尊重台灣國際空間的需要。台灣數百年來的殖民歷史讓台灣人民始終缺乏安全感，北京如果能理解台灣人民在國際空間的尊嚴需求，並予以尊重，將改變台灣人民對於中國政府的刻板印象。」[884]民進黨甚至李登輝主政時代的基本立場是台灣問題的國際化，「例如WTO的參與就是透過國際的周旋，而非兩岸事先協商而成功」。[885]2005年《反分裂國家法》制定後，連戰、宋楚瑜相繼訪問大陸，確認雙方同意台灣「參與國際活動」必須先取得中國大陸的同意，並寫入雙方簽署的公報。馬英九當選後對連胡公報加以追認，所以，連民進黨人士都認為：「由兩岸共商台灣參與國際活動，便成了國共共

識。於是台灣參與國際的途徑進入一個全新的階段――從直接訴求國際途徑轉變為兩岸協商途徑。」886

　　4.淡化主權意涵。當前國際政府間組織與非政府間組織發展迅速，1956年國際組織的總數是1117個，慣常的政府間國際組織是132個。到1991年國際組織達到28200個，慣常的政府間國際組織則增加到3569個。887如此多的國際組織特別是非政府組織，難以通過一個「放諸四海皆準」的規則來規範台灣方面的「國際參與」，因此，可行的辦法似乎是「兩不」：台灣不以含有「主權」意涵的名稱、身分、旗幟去參與；不參與政府間國際組織。而對政府間國際組織的參與，則須通過兩岸協商來解決與處理。蘇起就認為應該淡化主權意涵，因為「在全球化的時代，不再被視為具有絕對的排他性，反而強調相互合作與包容」。「各國越來越強調跨國合作而不談主權」。如果「一味強調主權，或擔憂主權受傷，反而違反當前全球化趨勢，並傷害台灣利益」。888

　　（三）關於兩岸人民在國際社會「共用一中」主權

　　1.「共有一中」。樹立兩岸人民「共有一中」的概念，中國是兩岸中國人共同的家園，中國的主權及其榮光是兩岸中國人所共有，兩岸人民「共有一中」主權既是過去，也是現在，更是將來。

　　2.「共用一中」。推行兩岸人民「共用一中」的思維，因為主權屬於人民，中國的主權屬於兩岸全體中國人，所以，兩岸人民共同享有中國的主權，從而錢其琛的新三句似乎可以擴展為「世界上只有一個中國，大陸與台灣同屬於中國，中國的主權屬於兩岸全體人民，為兩岸全體人民所共有、共用。」889。

　　3.「共用一中」。實施兩岸人民「共用一中」的政策與行為，人民是國家的主體，中國的主權理應由兩岸中國人共用。

4.「共護一中」。實行兩岸人民共同維護「一中」主權,中國的主權中國人享用,也應由兩岸中國人共同捍衛與維護,因此,擴大與拓展台灣的「國際參與」必須不能傷害與破壞一個中國原則,不能損害中國的主權與領土完整,不能破壞兩岸關係和平發展的基礎。為此,兩岸均需要堅持一個中國原則的基本立場,堅持「九二共識」的共同政治基礎,反對任何形式的「台獨」分裂活動,不在國際場合出現「兩個中國」或者「一中一台」,無論一個中國的內涵到底是什麼,無論兩岸雙方在一個中國內涵問題上存在多大的分歧,雙方都需要毫不動搖地堅持一個中國的大框架。

(四)建立兩岸在國際場合互動的規則

1.建構兩岸在國際場合互動規則的重要性。

其一:兩岸之間在國際場合的互動問題,已經成為兩岸之間發生矛盾與衝突的焦點。由於兩岸之間的政治問題客觀上將是在比較長的時間裡難以根本解決,兩岸之間的結構性的矛盾長期存在,而兩岸的涉外領域又將是最容易體現兩岸矛盾與衝突的場所。

其二:「國際參與」是台灣民眾重要關切點,台灣社會已經是比較發達的工商業社會,加上台灣的對外交往程度廣且深,台灣民眾相當在意在國際上的參與度。

其三:台灣的「國際參與」和兩岸在國家場合的互動如果處理不佳、不善將有可能成為兩岸和平發展的障礙點。

2.如何建立兩岸在國際場合互動的規則?

其一:從維護兩岸和平發展大局出發,在未來兩岸政治談判沒有開啟或者沒有達成協議前,兩岸相互理解對方的政策行為,不故意衝撞既有的兩岸默契及國際慣例。

其二：建立起「危機管控機制」。建立兩岸涉外事件處理熱線，以便在第一時間做出反應，減少可能出現的負面與消極影響。

其三：建議由兩岸退休「大使」建立定期的交流機制。就兩岸在國際社會與國際場合的合作事宜進行「二軌對話」。

其四：兩岸的智庫與學者進行理論探索。不僅建立機制性的溝通管道，而且著手探討建構兩岸關係和平發展時期雙方在國際舞台互動的遊戲規則。

3.兩岸建構國際場合互動規則應秉持準則。

其一：中國只有一個，沒有「兩個中國」、「一中一台」的問題。台灣與大陸同屬於一個中國。

其二：在體現主權的國際組織中，代表中國的主權代表只有中華人民共和國政府。

其三：兩岸之間的關係是兩個平等、不對稱的政權之間的關係。但各自、獨立地對內行使著部分的主權的表現——治權（管轄權）。

（五）關於兩岸在國際社會的「不完全代表」問題

2008年3月28日，馬英九表示：「兩個統治當局（指大陸與台灣），分別統治傳統中國的一部分領土，雙方都主張對所有領土有法理上的管轄權，實際上有效的管轄權只有它的一部分，我們只限於台澎金馬，他們只限於外蒙以外的其他領土。」[890]著名國際法教授丘宏達認為，因為「一個國際法人並不一定需要享有全部國家通常享有的國際權利、義務與權[891]所以，台灣作為一個「實體」，享有了部分國際權利等。對享受權利與負擔義務具有完全能力的，稱為完整的國際法人，對享受權利與負擔義務僅具有部分能

力的，稱「不完整的國際法人」。892交戰團體也可以成為「不完整的國際法人」。893

　　如果對台灣的「實體地位」及其「國際參與」能夠從這樣的思路出發，或許可以尋求到比較合理的解決辦法。

　　一個國家只有一個政府對外代表國家進行正常與合法的外交活動，但國家主權與外交承認事實上卻又存在不一致性與差異性。「外交承認」也稱國際承認，有兩種含義，一是指一個主權國家承認另一個主權國家（一般指新建立的國家，有時也包括更改政體或國名的國家），二是指承認一個主權國家的新政權（一般指政權更迭後的新政權）為這一主權國家的合法政府。台灣海峽兩岸對外關係的實際情況是，世界上絕大多數的國家都承認中華人民共和國政府，但目前還是有23個國家對台灣給予了「外交」承認，台灣頒布的「護照」在世界上絕大多數國家都能夠暢通無阻。台灣在非「邦交國」設立了各種形式的機構，協調和處理各種雙邊交往中的具體問題，其名稱大都為「代表處」、「辦事處」等。截止2009年台灣在非「邦交國」共設立了89個「代表處」和「辦事處」。台灣在國際上包括若干國際組織中也擁有一席之地，目前，台灣加入的政府間國際組織或其下屬機構共27個，另外還在20個國際組織或其下屬機構持有觀察員身分。台灣在國際社會中也十分活躍。2001年，台灣參加的政府間國際會議達179次，非政府間國際會議更多達1110次，2002年，共締結各種形式的條約、協定超過47件894。《以2006年為例，台灣參加國際會議、國際活動次數總共有132次。分別與土耳其、巴拿馬、日本、加拿大、韓國、法國等33個國家及APEC和歐盟2個國際組織簽訂各類協定共計57件，其範圍包括反恐與防制洗錢、技術合作、金融合作、醫療合作、航空、勞工、援贈

等項目。與韓國、菲律賓、波蘭及馬紹爾群島簽訂防制洗錢情報交換諒解備忘錄；與法國、荷蘭、土耳其、越南簽訂金融諮詢交換協定；與印尼、諾魯、聖文森等國簽訂農業技術合作協定。這些條約的訂立也顯示了台灣與外部世界互動關係的日益頻繁和多樣化。簽證是一項官方性質的涉外行為，在正式外交關係中屬於領事級的職能，台灣獲得一些國家和地區對其「護照」免簽的事實可被視做其對外交往中受限制的某些突破。共有包括加拿大、韓國、日本、英國在內的127個國家和地區給予台灣「護照」免簽的待遇。

四、擴大與解決台灣「國際參與」應堅持的原則

（一）台灣的「國際參與」不能以追求「台獨」為目標

所謂台灣「國際空間」，就是台灣的「外交權」，屬於主權的一部分。國家主權始終不變的核心要素是在國際上的獨立自主性和在國內的最高權威性。獨立自主性主要體現為外交權、締結國際條約的權力、維護國家安全的權力等。所以，外交是主權中最敏感的、核心部分。鄧小平指出：「國家的主權、國家的安全要始終放在第一位」。895因為，「在一般意義上，國際組織是主權國家政府間為了實現特定的目標，根據共同認可的國際公約、條約或協定而成立的履行有關規則的常設性的超國界機構」。896「國際組織建立在主權國家基礎上。除少數國際組織接納某些非獨立國家的政治實體和地區為成員外，國際組織的主要成員均是獨立的主權國家和主權國家的合法政府」。897台灣問題是中國的內政問題，但事實上，「在兩岸關係處於緊張狀態時，兩岸當局都程度不同地求助於國際社會，尤其是以贏得美國方面於己有利的表態，為外交勝算」。898因此，有台灣學者就指出：1949年後至1987年，台灣的

「拓展國際外交，與對岸爭的都是名分問題，即中國的合法代表權。至於中國主權，其涵蓋兩岸領土人民，在兩岸間從來不是問題」。而李登輝「深知台北在代表權爭議上贏不了北京，加上他的日本情結，場所理論，以為解套之道，就是透過推銷『雙重承認』、『雙重代表』，改變兩岸外交之爭的本質，使其由代表權之爭變為主權之爭」。「說白了，就是分割中國主權，讓台灣透過外交承認與加入國際組織，取得獨立的地位，自中國分裂出去」[899]。民進黨當政時期，台灣的對外關係以「台獨」為終結目標，一個中國的原則受到嚴峻挑戰，雙方在國際場域的鬥爭誓不兩立，進行激烈的對抗。

如果堅持以「台灣主權」為出發點，兩岸的「國際參與」和合作只能無解。

台灣「國際外交的受挫，基本上和兩岸之間在主權認知的差距息息相關」，2008年國民黨重新執政後，「以九二共識模糊主權，讓國際參與有所突破」。[900]

如果台灣方面能夠堅持一中原則，確認不搞「台獨」，相信台灣的「國際參與」會越來越大，而不是越來越小。台灣學者也承認：從國際組織的觀點來看，「台灣的『國際參與』當然是為了與國際社會成員共同解決重要的國際政治、經濟、安全及其他相關問題」。但實際上台灣方面「最想獲得的並不是問題的共同解決，而是主權的彰顯」。從而，「在兩岸目前無法取得主權共識或是建立足夠互信之前」，台灣「參與這類國際組織的機會仍然極低」。所以，對台灣當政者來說「究竟彰顯主權抑或實質對話，才是國際參與的目的」[901]？也有學者強調：「在終極統一到來之前的歷史階段中，台灣與其地位相適應的『國際活動空間』應該反映的是全球

化時代的相互依存性，它應以保障台灣人民的福祉為目標，以確保中國主權不致分裂為底線」。902

（二）台灣的「國際參與」不能破壞國際社會的「一中」框架

台灣作為中國一部分，事實上是得到國際社會廣泛認可與堅定支持的，如果是以追求「台灣獨立」為目標的「國際參與」，其過程就是破壞現有的國際格局，在東亞與亞太地區製造麻煩，其結果也是無法實現。2000年陳水扁上台後的所作所為，無非是到處碰壁，甚至頭破血流，落得「麻煩製造者」的罵名。以致陳水扁都被迫公告：「台獨是自欺欺人，做不到就是做不到！」這是最好的歷史表徵。

（三）台灣的「國際參與」不能破壞與影響兩岸和平發展

台灣學者承認：「兩岸關係的改善與良性互動，連帶著在國際間也產生溢出效果」，「兩岸的和解為外交提供了活路」，「沒有兩岸和解，怎會有這些成果？」「兩岸關係和緩對兩岸是雙贏的策略，因為兩岸都以和平發展為施政目標。如果缺乏善意與互信，兩岸可能回到發展停滯、你爭我奪的困境」。903兩岸和平發展是台灣擴大「國際參與」的基礎，鞏固和平發展的局面有利於台灣的「國際參與」的擴大，因此，台灣的「國際參與」不能影響和平發展的局面，對此台灣學者都承認：「台灣的任何國際參與都建立在兩岸關係緩和的基礎上，若是想要抽離這個客觀環境，採取片面作為而思有所突破，將是難度極高的嚴峻挑戰」。904「台灣國際戰略成敗的關鍵還是在兩岸關係的良性發展」。905

（四）台灣的「國際參與」不能背離台灣自身的實力

國際政治本來就是實力原則。台灣的「國際活動空間」的擴大

應該堅持與其自身實力基本相符的原則，黃嘉樹就認為：「台灣任何負責任的執政者都應該對國際格局和台灣自身的國際影響力有實事求是的認知，不能提出與其身分不相稱的要求。」906嚴震生也提出：「如果我們參與國際社會的目的是為了共同解決問題，而不是吸引媒體的焦點，就必須確定」「有足夠有效參與國際組織的專業人才，並在各項會議中作出積極實際的貢獻，爭取重要國家對台灣參與及專業的認同」。這意味著當局需要「編列足夠的活動及人事預算」，從而衝擊當局「預算及支出」907，最終可能得不償失。應該說，這樣的思考是相當理性的，且是符合實際的、真正「愛台灣」的思考！

參考書目

一、論著

1.包承柯、倪永傑編：《兩岸關係的現實與未來》，香港《台商》雜誌社2011年7月版。

2.蔡朝明主編：《馬總統執政後的兩岸新局：論兩岸關係新路向》，（台灣）兩岸遠景交流基金會2009年5月版。

3.蔡瑋：《「中華民國」與聯合國》，台灣政治大學國際關係研究中心1993年4月版。

4.陳建仲：《藍綠對決下的兩岸關係》，台灣海峽學術出版社2008年9月版。

5.陳孔立：《走向和平發展的兩岸關係》，九州出版社2010年6月版。

6.陳啟懋：《探尋轉型中的世界——陳啟懋文集》，世界知識出版社2009年10月版。

1.陳水扁：《關不住的聲音》，台灣財團法人凱達格蘭基金會，2009年4月版。

8.陳水扁：《台灣的十字架》，台灣財團法人凱達格蘭基金會，2009年3月版。

9.陳毓鈞：《馬英九的變與兩岸大勢》，台灣博揚文化事業公司2010年11月版。

10.陳志敏：《次國家政府與對外事務》，長征出版社2001年版。

11.淡江大學國際研究學院編：《世界新格局與兩岸關係：和平與發展的展望》，台灣時英出版社2006年3月版。

12.淡江大學國際研究學院編：《世界新格局與兩岸關係：對話與互動的展望》，台灣時英出版社2008年6月版。

13.淡江大學國際研究院編：《世界新格局與兩岸關係——和平與合作的進展》，台灣時英出版社2009年8月版。

14.鄧文聰：《和解：籌設具有中華民族特色的一國兩治民主實驗區》，台灣商訊文化事業公司2011年9月版。

15.21世紀基金會主辦《ECFA時代新情勢高峰會大會手冊》，2010年7月版。

16.方鵬程：《台灣海基會的故事》，台灣商務印書館公司2005年6月版。

17.范伯倫：《有閒階級論》（蔡受百譯），北京：商務印書館1997年版。

18.蓋伊·彼得斯：《政治科學中的制度理論：「新制度主義」》（第二版王向明、段紅偉譯），上海世紀出版集團2011年6月版。

19.郭偉峰主編：《胡錦濤與兩岸關係新思維》，香港中國評論學術出版社2005年11月版。

20.國台辦新聞局編：《兩岸關係與和平統一》，九洲圖書出版社1999年7月版。

21.海峽兩岸關係協會編：《兩岸對話與談判重要文獻選編》，九州出版社2004年7月版。

22.胡錦濤：《攜手推動兩岸關係和平發展，同心實現中華民族偉大復興——在紀念「告台灣同胞書」發表30週年座談會上的演講》，人民出版社2009年版。

23.胡為真：《美國對華「一個中國」政策之演變——從尼克森到柯林頓》，台灣商務印書館2003年10月版。

24.黃嘉樹、林紅：《兩岸「外交戰」—美國因素制約之下的國際涉台問題研究》，中國人民大學出版社2007年版。

25.黃仁偉、劉傑：《國家主權新論》，時事出版社2004年1月版。

26.黃仁偉等：《中國和平發展道路的歷史選擇》，上海人民出版社2008年12月版。

27.江澤民：《在慶祝中國共產黨成立八十週年大會上的演講》，人民出版社2001年7月版。

28.江澤民：《論有中國特色社會主義》（專題摘編），中央文獻出版社2002年版。

29.江澤民：《全面建設小康社會，開創中國特色社會主義事業新局面》，人民出版社2002年11月版。

30.江澤民：《江澤民文選》（第3卷），人民出版社2006年版。

31.紀欣：《「一國兩治」在台灣》（增訂本），台灣海峽學術出版社2004年7月版。

32.金正昆：《外交學》，中國人民大學出版社2004年7月版。

33.卡爾・多伊奇：《國際關係分析》（周啟明等譯、吳寶璐等校），世界知識出版社1992年2月版。

34.李登輝：《李登輝執政告白實錄》，台灣印刻出版社2001年版。

35.李建榮：《解凍兩岸20年：兩岸時事評論家李建榮的第一手觀察》，台灣天下遠見出版公司2011年3月版。

36.李雷鳴、陸紅梅主編：《蘭勳桂馥——滬台交流交往20年》，上海人民出版社2008年10月版。

37.李景治等：《中國和平發展與建構和諧世界研究》，中國人民大學出版社2011年3月版。

38.李慎明：《全球化背景下的中國國際戰略》，人民出版社2011年2月版。

39.李中邦：《日本影響兩岸關係的Know-how——官民兩手相互為用與國際政治謀略》，台灣海峽學術出版社2009年1月版。

40.麗莎・馬丁、貝思・西蒙斯編：《國際制度》（黃仁偉、蔡鵬鴻等譯），上海世紀出版集團2006年3月版。

41.林碧炤主編：《兩岸「外交休兵」新思維》，（台灣）兩岸交流遠景基金會2008年8月版。

42.林碧炤、林正義主編：《美中台關係總體檢：「台灣關係法」30年》，台灣巨流圖書公司2009年10月版。

43.劉國深等：《台灣政治概論》，九州出版社2006年11月版。

44.劉慶祥主編：《兩岸和平發展與互信機制之研析》，台北：秀威資訊科技公司2010年6月版。

45.陸以正：《從台灣看天下》，台灣三民書局2006年4月版。

46.盧曉衡主編：《中國對外關係中的台灣問題》，經濟管理出版社2002年版。

47.羅奈爾得傑普森：《制度、制度的影響與制度主義》，薛曉源、陳家剛主編：《全球化與新制度主義》，社會科學文獻出版社2004年11月版。

48.羅伯特・基歐漢：《局部自由化世界中的自由主義、權力與治理》（門洪華譯），北京大學出版社2004年版。

49.羅致政主編：《ECFA大衝擊：台灣的危機與挑戰》，新台灣「國策」智庫公司2010年6月版。

50.呂耀東：《中國和平發展與日本外交戰略》，社會科學文獻出版社2010年11月版。

51.《毛澤東外交文選》，中央文獻出版社、世界知識出版社1994年12月版。

52.倪世雄：《結交一言重，相期千里至———一個中國學者眼中的中美建交30年》，復旦大學出版社2009年8月版。

53.倪世雄等：《當代西方國際關係理論》，復旦大學出版社2001年7月版。

54.甯騷主編：《2006—2008年台海形勢研究報告》，九州出版社2006年9月版。

55.彭懷恩：《台灣政治發展（1949—2009）》，台灣風雲論壇

有限公司2009年10月版。

　　56.錢其琛：《外交十記》，世界知識出版社2003年10月版。

　　57.丘宏達：《現代國際法》，台灣三民書局1995年11月版。

　　58.全國台灣研究會編：《民進黨大陸政策演變》，2001年9月版。

　　59.全國台灣研究會編：《台灣2008》，九州出版社2009年4月版。

　　60.全國台灣研究會編：《台灣2009》，九州出版社2010年版。

　　61.全國台灣研究會編：《台灣2010》，九州出版社2011年5月版。

　　62.全國台灣研究會編：《台灣2011》，九州出版社2012年5月版。

　　63.全國台灣研究會學術研討會：《兩岸關係現狀與前瞻》（論文集），全國台灣研究會2009年6月版。

　　64.全國台灣研究會學術研討會：《兩岸關係和平發展與機會管理》（論文集），九州出版社2009年8月版。

　　65.全國台灣研究會學術研討會：《兩岸特色：理論建構與路徑探索》（論文集），九州出版社2011年8月版。

　　66.全國台灣研究會學術研討會：《未來四年：台灣政治格局與兩岸關係前瞻》（論文集），全國台灣研究會2012年3月版。

　　67.全國台灣研究會編：《全國台灣研究會2012年學術年會論文集》，2012年6月版。

68.上海台灣研究所編印：《上海台灣研究》（一），2001年4月版。

69.上海台灣研究所編印：《上海台灣研究》（二），2002年5月版。

70.上海台灣研究所編印：《上海台灣研究》（三），2003年5月版。

71.上海台灣研究所編印：《上海台灣研究》（四），2004年4月版。

72.上海台灣研究所編印：《上海台灣研究》（五），2005年10月版。

73.上海台灣研究所編印：《上海台灣研究》（六），2006年10月版。

74.上海台灣研究所編印：《上海台灣研究》（七），2007年12月版。

75.上海台灣研究所編印：《上海台灣研究》（八），2008年12月版。

76.上海台灣研究所編印：《上海台灣研究》（九），2009年12月版。

77.上海台灣研究所編印：《上海台灣研究》（十），2010年12月版。

78.上海台灣研究所編印：《上海台灣研究》（十一），2011年12月版。

79.上海台灣研究所、上海市台灣研究會編：《第二屆兩岸關

係和平發展學術研討會論文集》，2011年11月版。

80.上海台灣研究所、上海交通大學台灣研究中心編：《兩岸關係學術研討會》論文集，2010年1月版。

81.邵宗海：《兩岸關係——兩岸共識與兩岸歧見》，台灣五南圖書公司1998年7月版。

82.邵宗海：《兩岸協商與談判》，台灣新文京開發出版公司2004年9月版。

83.邵宗海：《新形勢下的兩岸政治關係》，台灣五南圖書出版公司2011年10月版。

84.盛九元主編：《東亞經濟格局變動與兩岸經貿關係發展》，吉林人民出版社2006年11月版。

85.施明德：《常識——一個台灣人最好知道的事》，台灣財團法人施明德講座基金會2011年8月出版。

86.蘇起、鄭安國主編：《「一個中國，各自表述」共識的史實》，台灣「國家」政策研究基金會2006年9月版。

87.唐樺：《兩岸關係中的交往理性》，九州出版社2011年9月版。

88.唐永紅：《兩岸經濟一體化問題研究——區域一體化理論視角》，鷺江出版社2007年10月版。

89.台灣「陸委會」編：《大陸工作法規彙編》，1995年版。

90.童振源：《台灣的中國戰略》，台灣新銳文創、秀威資訊科技公司2011年10月版。

91.王傑主編：《國際機制論》，新華出版社2002年1月版。

92.王銘義：《北京・光華路甲9號：駐京採訪箚記》，台灣INK印刻文學生活雜誌出版公司2012年4月版。

93.王逸舟：《當代國際政治析論》，上海人民出版社1995年版。

94.王逸舟、譚秀英主編：《中國外交六十年》，中國社會科學出版社2009年9月版。

95.「外交部」「外交年鑑編輯委員會」編：《「中華民國」98年「外交」年鑑》，2009年版。

96.吳寄南：《冷戰後的日台關係》，上海世紀出版集團2009年8月版。

97.吳得源：《「一中（各表）」的國際構成與作用――制度與建構論觀點》，台灣政治大學國際關係研究中心2009年3月版。

98.吳建德、王海良、朱顯龍、王瑋琪、夏立平、張蜀誠主編：《兩岸關係新論》，台灣麗文文化事業公司2012年2月版。

99.吳秀玲主編：《兩岸關係60年》，台灣大學國家發展研究所兩岸關係研究中心2011年12月版。

100.蕭元悟：《台灣問題：政治解決策論》，三聯書店（香港）2010年7月版。

101.香港《2010海峽兩岸與台港關係》學術研討會材料，2010年6月版。

102.「行政院大陸委員會」編：《台灣與大陸地區人民關係條例暨相關許可辦法》（修訂八版），2004年7月版。

103.謝益顯主編：《中國當代外交史》，中國青年出版社1997年8月版。

104.許世銓：《十年觀察：激盪中的台灣問題》，九州出版社2007年5月版。

105.徐博東主編：《台灣政局發展與兩岸關係》，台海出版社2008年3月版。

106.徐博東主編：《新世紀的台海思考》，台海出版社2007年6月版。

107.嚴安林、邵育群主編：《兩岸關係和平發展研究》，華東師範大學出版社2010年10月版。

108.嚴安林、黃中平：《民進黨對外關係研究》，台灣水牛出版社2006年2月版。

109.顏聲毅：《當代中國外交》，復旦大學出版社2004年9月版。

110.楊潔勉等：《世界格局中的台灣問題：變化和挑戰》，上海人民出版社2002年1月版。

111.楊開煌：《出手——胡政權對台政策初探》，台灣海峽學術出版社2005年5月版。

112.楊開煌：《新局：對胡六點之解讀》，（台灣）海峽學術出版社2009年10月版。

113.楊立憲：《台海觀潮20年》，台海出版社2007年10月版。

114.游盈隆主編：《近二十年兩岸關係的發展與變遷》，台灣海基會出版、聯經出版公司經銷，2008年3月版。

115.俞正樑：《當代國際關係學導論》，復旦大學出版社1996年版。

116.俞新天等：《強大的無形力量——文化對當代國際關係的作用》，上海人民出版社2007年4月版。

117.俞新天、周忠菲、趙念渝主編：《全球化與兩岸關係新發展》，香港經濟導報出版社2006年6月版。

118.余克禮主編：《新時期對台方針政策重要文獻彙編》，中國社會科學院台灣研究所2007年版。

119.約翰・魯尼主編：《多邊主義》（蘇長和等譯），浙江人民出版社2003年版。

120.章念馳主編：《一心一意——2008年的東亞所》，上海東亞研究所2008年12月版。

121.章念馳主編：《戒驕戒躁——2009年的東亞所》，上海東亞研究所2009年12月版。

122.章念馳主編：《再接再厲——2011年的東亞所》，上海東亞研究所2011年12月版。

123.張亞中：《全球化與兩岸統合》，台灣聯經出版事業公司2003年4月版。

124.張亞中：《統合方略》，台灣生智文化事業公司2010年6月版。

125.張亞中主編：《一中同表或一中各表》，台灣生智文化事業公司2010年3月版。

126.張亞中主編：《兩岸政治定位探索》，台灣生智文化事業

公司2010年6月版。

127.張文生主編：《兩岸政治互信研究》，九州出版社2011年10月版。

128.張維為：《重塑兩岸關係的思考》，瑞士日內瓦亞洲研究中心2007年7月版。

129.鄭海麟：《台灣問題考驗中國人的智慧——探討兩岸和平統一重要的法律與政治問題》，香港海峽兩岸關係研究中心2000年4月版。

130.周繼祥主編：《520後的中共對台政策》，台灣大學國家發展研究所兩岸關係研究中心2009年6月版。

131.周忠菲：《「台獨」的國際背景》，九州出版社2009年11月版。

132.周志懷主編：《台灣2007》，華藝出版社2009年1月版。

133.周志懷主編：《台灣2008》，九州出版社2009年4月版。

134.周志懷主編：《台灣2009》，九州出版社2010年4月版。

135.周志懷主編：《台灣2010》，九州出版社2011年5月版。

136.周志懷主編：《台灣2011》，九州出版社2012年5月版。

137.周志懷主編：《新時期對台政策與兩岸關係和平發展》，華藝出版社2009年1月版。

138.周志懷主編：《兩岸關係：共同利益與和諧發展》，九州出版社2010年11月版。

139.周志懷主編：《台灣研究優秀成果獎獲獎論文彙編》

（2010卷），九州出版社2011年8月版。

140.朱雲漢、賈慶國主編：《從國際關係理論看中國崛起》，台灣五南圖書

出版公司2010年9月版。

141.朱維瑜：《世界年鑑2003》，台北，「中央」通訊社2002年版。

142.中共中央文獻研究室編：《一國兩治重要文獻選編》，中央文獻出版社1997年5月版。

143.中國社會科學院近代史研究所譯：《顧維鈞回憶錄》第7分冊，北京：中華書局1988年版。

144.中國社會科學院台灣研究所、現代國際關係研究所、北京市台灣事務辦公室、北京市台灣經濟研究中心編：《台灣問題重要文獻資料彙編》，紅旗出版社1997年4月版。

145.中央政策委員會編：《中國國民黨大陸政策參考資料彙編》，2001年6月版。

146.中央政策委員會編：《中國國民黨大陸政策參考資料彙編》，2002年9月版。

147.Stephen Krasner, "Structural Causes and Regime Consequences: Regimes As Intervening Variables", International Organization, Vol.36, 1982.148.Webster's Third New International Dictionary, 1993.

二、重要網站

國務院台灣事務辦公室，http://www.gwytb.gov.cn/.

人民網，http://www.people,com.cn/.

新華網，http://www.xinhuanet.com/.

中國華藝廣播公司網站，http://www.chbcnet.com/.

台海網，http://www.taihainet.com/.

香港中國評論新聞網，http://www.chinareview.com/.

香港鳳凰網，http://www.ifeng.com/.

台灣行政院大陸委員會http://www mac.gov.tw/.

海峽交流基金會http://www.sef.org.tw/.

中時電子報http://news,chinatimes.com/.

聯合新聞網http://udn.com/NEWS/main.html.

三、報刊

1.大陸方面：

《人民日報》

《人民日報》（海外版）

《解放日報》

《參考消息》

《人民政協報》

《台灣研究集刊》

《台灣研究》

《現代台灣研究》

《台灣週刊》

《海峽經緯》

《毛澤東鄧小平理論研究》

《北京聯合大學學報》（人文社會科學版）

《世界知識》

《台灣工作通訊》

《台灣民情》

《上海外事》

2.台灣方面：

《聯合報》

《中國時報》

《中央日報》

《中央日報》網路版（WWW.cdnews.biz）

《旺報》

《自由時報》

《聯合晚報》

《民眾日報》

《新生報》

《新新聞週報》

《天下》

《遠見》

《財訊》

《亞太和平月刊》

《海峽評論》

《中華戰略學刊》

《綜合競爭力》

《兩岸共同市場基金會通訊》

《遠景基金會季刊》

3.香港、澳門方面：

《明報》

《信報》

《星島日報》

《東方日報》

《都市日報》

《中國評論》

《台商》

《新華澳報》

《九鼎》月刊

4.海外：

新加坡《聯合早報》

馬來西亞《南洋商報》

後記

　　兩岸關係和平發展的制度化研究是台灣研究與兩岸關係研究中的一個重大理論問題，也是正在進行中的一個實踐，絕不是一篇論文或者一本書可以完全論定，從而越是在書稿即將完成之際，這樣的感受就越是強烈與深刻。因此，本書的研究與寫作只是對兩岸關係和平發展制度化探討的一個開始。已經有了不少同仁，相信未來還會有更多的同仁投入到這個重大理論問題的探討中來。

　　感謝國際問題研究院學術委員會各位委員的支持和鼓勵，感謝楊潔勉院長對本人從事這一課題研究的支持和幫助，感謝所內與院內同仁諸多的協助，感謝肖楊和季伊昕兩位元在說明查找資料上的辛苦工作，同時也要感謝家人對本人研究工作的無悔支持和付出。

　　文中的不當之處，請學術界各位先進批評指正！

　　嚴安林

[1]陳斌華、查文曄、顏昊：《讓兩岸關係和平發展之路走得更穩健——專訪中國國民黨榮譽主席吳伯雄》，《參考消息》2011年5月30日，第11版。

[2]周志懷：《開創兩岸關係和平發展新局的挑戰與動能》全國台灣研究會編：《進一步開創兩岸關係和平發展新局》（論文集），2010年6月，第2頁。

[3]《思想者論壇——兩岸未來十年願景》，香港《中國評論》2010年12月號，第59頁。

[4]陳斌華、查文曄、顏昊：《讓兩岸關係和平發展之路走得更穩健——專訪中國國民黨榮譽主席吳伯雄》，《參考消息》2011年5月30日，第13版。

[5]徐斯儉：《熱絡互動下的脆弱和平》，台灣《旺報》2011年9月30日，C6。

[6]《思想者論壇——兩岸未來十年願景》，香港《中國評論》2010年12月號，第58頁。

[7]童振源：《民共兩黨應務實面對彼此》，台灣《旺報》2012年5月1日，C5。

[8]李承禹：《兩岸關係的發展與困境》，劉慶祥主編：《兩岸和平發展與互信機制之研析》台北：秀威資訊科技公司2010年6月版，第53-54頁。

[9]包承柯、倪永傑編：《兩岸關係的現實與未來》，香港《台商》2011年7月，第5-8頁。

[10]周志懷主編：《新時期對台政策與兩岸關係和平發展》，

華藝出版社2009年1月版,第3-9頁。

[11]周志懷主編:《新時期對台政策與兩岸關係和平發展》,華藝出版社2009年1月版,第10-19頁。

[12]上海社科院:《毛澤東鄧小平理論研究》,2009年第6期。

[13]香港《中國評論》月刊2011年8月號,第39-42頁。

[14]香港《中國評論》2011年7月號,第23-28頁。

[15]廈門大學台灣研究院:《台灣研究集刊》2008年第4期。第1-6頁。

[16]廈門大學台灣研究院:《台灣研究集刊》2010年第4期,第8-6頁。

[17]全國台灣研究會學術研討會:《兩岸關係和平發展與機會管理》(論文集),九州出版社2009年8月版,第20-24頁。

[18]周志懷主編:《新時期對台政策與兩岸關係和平發展》,華藝出版社2009年1月版,第100-110頁。

[19]周志懷主編:《新時期對台政策與兩岸關係和平發展》,華藝出版社2009年1月版,第155-166頁。

[20]全國台灣研究會學術研討會:《兩岸關係和平發展與機會管理》(論文集)。九州出版社2009年8月版,第43-49頁。

[21]香港《中國評論》月刊2011年11月號,第10-14頁。

[22]全國台灣研究會編:《全國台灣研究會2011年學術年會》(論文集),2011年7月,第15篇

[23]香港《中國評論》月刊2011年8月號第29-34頁。

[24]中國社會科學院台灣研究所：《台灣研究》2009年第3期，第7-12頁。

[25]廈門大學台灣研究院：《台灣研究集刊》2009年第2期，第8-14頁。

[26]香港《中國評論》月刊2012年4月號第4-8頁。

[27]中國社會科學院台灣研究所：《台灣研究》2009年第4期，第1-6頁。

[28]全國台灣研究會編：《全國台灣研究會2011年學術年會》（論文集），2011年7月，第1篇

[29]周志懷主編：《新時期對台政策與兩岸關係和平發展》，華藝出版社2009年1月版，第194-198頁。

[30]周志懷主編：《新時期對台政策與兩岸關係和平發展》，華藝出版社2009年1月版，第199-212頁。

[31]周志懷主編：《新時期對台政策與兩岸關係和平發展》，華藝出版社2009年1月版，第213-225頁。

[32]全國台灣研究會編：《兩岸持續合作的動力與機制》（論文集），2011年3月，第1-16頁。

[33]全國台灣研究會編：《兩岸持續合作的動力與機制》（論文集），2011年3月，第22-34頁。

[34]全國台灣研究會學術研討會：《兩岸關係和平發展與機會管理》（論文集），九州出版社2009年8月版，第84-92頁。

[35]全國台灣研究會學術研討會：《兩岸關係和平發展與機會管理》（論文集），九州出版社2009年8月版，第50-58頁。

[36]周志懷主編：《新時期對台政策與兩岸關係和平發展》，華藝出版社2009年1月版，第167-176頁。

[37]香港《中國評論》月刊2012年5月號，第39-42頁。

[38]張亞中主編：《兩岸政治定位探索》。台灣生智事業公司2010年6月版，第1-59頁。

[39]全國台灣研究會編：《進一步開創兩岸關係和平發展新局》（論文集），2010年6月，第1-8頁。

[40]包承柯、倪永傑編：《兩岸關係的現實與未來》，香港《台商》雜誌社2011年7月版，第66-70頁。

[41]全國台灣研究會學術研討會：《兩岸特色：理論建構與路徑探索》（論文集），九州出版社2011年8月版，第64-68頁。

[42]全國台灣研究會編：《進一步開創兩岸關係和平發展新局》（論文集），2010年6月，第9-19頁

[43]全國台灣研究會編：《全國台灣研究會2011年學術年會》（論文集），2011年7月，第39-47頁。

[44]全國台灣研究會編：《全國台灣研究會2011年學術年會》（論文集），2011年7月，第48-54頁。

[45]全國台灣研究會編：《進一步開創兩岸關係和平發展新局》（論文集），2010年6月，第52-57頁。

[46]全國台灣研究會編：《進一步開創兩岸關係和平發展新局》（論文集），2010年6月，第58-60頁。

[47]劉慶祥主編：《兩岸和平發展與互信機制之研析》台北：秀威資訊科技公司2010年6月版，第53-87頁。

[48]蕭元愷著的《台灣問題：政治解決策論》，三聯書店（香港）2010年7月版。

[49]香港《中國評論》2012年3月號，第34-37頁。

[50]全國台灣研究會編：《進一步開創兩岸關係和平發展新局》（論文集），2010年6月，第74-79頁。

[51]香港《中國評論》2012年3月號，第38-41頁。

[52]香港《中國評論》2011年12月號，第11-14頁。

[53]全國台灣研究會編：《進一步開創兩岸關係和平發展新局》（論文集），2010年6月，第61-63頁。

[54]俞新天主編：《上海台灣研究》第10輯，上海台灣研究所2010年12月版，第33-37頁。

[55]香港《中國評論》2011年7月號，第17-22頁。

[56]全國台灣研究會編：《兩岸持續合作的動力與機制》（論文集），2011年3月，第289-314頁。

[57]周志傑：《再尋兩岸關係深化的動力》，香港《中國評論》2011年6月號，第12-13頁。

[58]全國台灣研究會編：《兩岸持續合作的動力與機制》（論文集），2011年3月，第17-21頁。

[59]黃嘉樹：《關於兩岸政治談判的思考》香港《中國評論》2010年12月號，第4-8頁。

[60]包承柯、倪永傑編：《兩岸關係的現實與未來》，香港《台商》雜誌社2011年7月版，第15-18頁。

[61]香港《中國評論》月刊2011年8月號，第25-28頁。

[62]包承柯、倪永傑編：《兩岸關係的現實與未來》，香港《台商》雜誌社2011年7月版，第54-65頁。

[63]包承柯、倪永傑編：《兩岸關係的現實與未來》，香港《台商》雜誌社2011年7月版，第71-73頁。

[64]包承柯、倪永傑編：《兩岸關係的現實與未來》。香港《台商》雜誌社2011年7月版，第190-205頁。

[65]廈門大學台灣研究院：《台灣研究集刊》2011年第3期，第1-5頁。

[66]全國台灣研究會學術研討會：《兩岸特色：理論建構與路徑探索》（論文集），九州出版社2011年8月版，第69-77頁。

[67]張亞中主編：《兩岸政治定位探索》台灣生智文化事業公司2010年6月版，第375-389頁。

[68]俞新天主編：《上海台灣研究》第11輯，2011年12月，第46-50頁。

[69]廈門大學台灣研究院：《台灣研究集刊》2009年第2期，第32-41頁。

[70]廈門大學台灣研究院：《台灣研究集刊》2010年第1期，第44-49頁。

[71]徐千茹的《以史鑑今：從「北元」看「中華民國」的定位》，香港《中國評論》2011年7月號，第43-48頁。

[72]香港《中國評論》月刊2011年9月號，第4-10頁。

[73]張亞中主編：《兩岸政治定位探索》台灣生智文化事業公司2010年6月版，第391-417頁。

[74]香港《中國評論》月刊，2011年9月號，第19-25頁；2011年10月號，第22-28頁。

[75]廈門大學台灣研究院：《台灣研究集刊》2011年第2期，第1-9頁。

[76]鄧文聰：《籌設具有中華民族特色的「一國兩治」民主實驗區》，香港《中國評論》2011年3月號，第25頁。

[77]鄧文聰：《籌設具有中華民族特色的「一國兩治」民主實驗區》，香港《中國評論》2011年3月號，第31頁。

[78]香港《中國評論》月刊2011年2月號，第45-50頁。

[79]周志懷主編：《海峽兩岸持續合作的動力與機制》（論文集），九州出版社2012年3月版。第88-104頁。

[80]張亞中：《異化的九二共識》，香港《中國評論》月刊2012年3月號，第13-17頁。

[81]廈門大學台灣研究院：《台灣研究集刊》2010年第6期，第10-17頁。

[82]《北京聯合大學學報》（人文社會科學版）2011年第1期，第59-63頁。

[83]廈門大學台灣研究院：《台灣研究集刊》2010年第6期，第1—9頁。

[84]張文生主編：《兩岸政治互信研究》，九州出版社2011年10月版，第43-53頁。

[85]全國台灣研究會編：《進一步開創兩岸關係和平發展新局》（論文集），2010年6月，第20-32頁。

[86]張文生主編：《兩岸政治互信研究》，九州出版社2011年10月版第84-100頁。

[87]廈門大學台灣研究院：《台灣研究集刊》2011年第2期，第10-17頁。

[88]張亞中：《全球化與兩岸統合》，台灣聯經出版事業公司2003年版，第231頁。

[89]周志懷主編：《台灣研究優秀成果獲獎論文彙編》（2010卷），九州出版社2011年8月版。

[90]全國台灣研究會學術研討會：《兩岸關係和平發展與機會管理》（論文集），九州出版社2009年8月版，第12-19頁。

[91]廈門大學台灣研究院：《台灣研究集刊》，2010年第4期，第24-37頁。

[92]中國社會科學院台灣研究所：《台灣研究》2010年第1期，第7-11頁。

[93]俞新天、周忠菲、趙念渝主編：《全球化與兩岸關係新發展》，香港經濟導報出版社2006年6月版。

[94]吳金城：《兩岸經濟一體化的制約因素與整合途徑》台灣中華戰略學會：《中華戰略學刊》2009年秋季刊，2009年9月30日。

[95]唐永紅：《兩岸經濟一體化問題研究——區域一體化理論視角》，鷺江出版社2007年10月版，第202-203頁。

[96]吉林人民出版社2011年9月版。

[97]周志懷主編：《台灣研究優秀成果獲獎論文彙編》（2010卷），九州出版社2011年8月版，第190-199頁。

[98]《北京聯合大學學報》（人文社會科學版）2011年第1期，第64-70頁。

[99]中國社會科學院台灣研究所：《台灣研究》2011年第2期，第20-25頁。

[100]中國社會科學院台灣研究所：《台灣研究》2008/年第5期，第5-11頁。

[101]香港《中國評論》月刊2011年8月號，第18-21頁。

[102]俞新天主編：《上海台灣研究》第10輯，上海台灣研究所2010年12月版，第75-78頁。

[103]俞新天主編：《上海台灣研究》第10輯，上海台灣研究所2010年12月版，第79-82頁。

[104]俞新天主編：《上海台灣研究》第10輯。上海台灣研究所2010年12月版，第100-107頁。

[105]全國台灣研究會編：《進一步開創兩岸關係和平發展新局》（論文集），2010年6月，第184-195頁。

[106]蕭萬長：《兩岸共同市場的挑戰與前景》俞新天、周忠菲、趙念渝主編：《全球化與兩岸關係新發展》，香港經濟導報出版社2006年6月版，第3頁。

[107]張亞中：《ECFA、兩岸經濟共同體與大中華經濟圈競爭力》，《綜合競爭力》創刊號2009年10月，第84-87頁。

[108]蔡宏明：《「十二五」規劃兩岸經貿新藍圖》，香港《中國評論》2011年6月號，第44-47頁。

[109]周志懷主編：《海峽兩岸持續合作的動力與機制》（論文集）九州出版社2012年3月版，第216-226頁。

[110]吳建德、王海良等主編：《兩岸關係新論》台灣麗文文化事業公司2012年版，237-243頁。

[111]中國社會科學院台灣研究所：《台灣研究》2010年第5期，第1-2頁。

[112]香港《中國評論》月刊2011年12月號，第24-28頁。

[113]俞新天主編：《上海台灣研究》第10輯，上海台灣研究所2010年12月版，第1-10頁。

[114]中國社會科學院台灣研究所：《台灣研究》2010年第2期，第5-9頁。

[115]全國台灣研究會學術研討會：《兩岸特色：理論建構與路徑探索》（論文集），九州出版社2011年8月版，第268-277頁。

[116]全國台灣研究會編：《進一步開創兩岸關係和平發展新局》（論文集），2010年6月，第88-95頁。

[117]《北京聯合大學學報》（人文社會科學版）2011年第1期，第71-76頁。

[118]周志懷主編：《海峽兩岸持續合作的動力與機制》（論文集），九州出版社2012年3月版，第248-258頁。

[119]全國台灣研究會編：《進一步開創兩岸關係和平發展新局》（論文集），2010年6月，第96-102頁。

[120]香港《中國評論》月刊2012年5月號,第52-53頁。

[121]吳建德、王海良等主編:《兩岸關係新論》台灣麗文文化事業公司2012年版,337-350頁。

[122]吳建德、王海良等主編:《兩岸關係新論》台灣麗文文化事業公司2012年版,307-314頁。

[123]周志懷主編:《海峽兩岸持續合作的動力與機制》(論文集)九州出版社2012年3月版,第248-258頁。

[124]全國台灣研究會編:《全國台灣研究會2011年學術年會》(論文集),2011年7月,143頁。

[125]中國社會科學院台灣研究所:《台灣研究》2011年第3期,第29-33頁。

[126]香港《中國評論》月刊2011年12月號,第36-39頁。

[127]廈門大學台灣研究院:《台灣研究集刊》2011年第5期,第1-10頁。

[128]中國社會科學院台灣研究所:《台灣研究》2011年第1期,第1-6頁。

[129]香港《中國評論》月刊2012年5月號,第26-30頁。

[130]華東師範大學兩岸交流與區域發展研究所等編:《兩岸關係和平發展的機會與挑戰學術研討會論文集》,2011年10月29日—11月2日,第236-242頁。

[131]全國台灣研究會編:《全國台灣研究會2011年學術年會》(論文集),2011年7月,第82-94頁。

[132]中國社會科學院台灣研究所：《台灣研究》2010年第5期，第3-7頁。

[133]吳建德、王海良等主編：《兩岸關係新論》，台灣麗文文化事業公司2012年版，307-314頁。

[134]嚴安林、邵育群主編：《兩岸關係和平發展研究》，華東師範大學出版社2010年10月版.第220-237頁。

[135]華東師範大學兩岸交流與區域發展研究所等編：《兩岸關係和平發展的機會與挑戰學術研討會論文集》，2011年10月29日—11月2日，第93-113頁。

[136]周志懷主編：《海峽兩岸持續合作的動力與機制》（論文集），九州出版社2012年3月版第115-149頁。

[137]華東師範大學兩岸交流與區域發展研究所等編：《兩岸關係和平發展的機會與挑戰學術研討會論文集》，2011年10月29日—11月2日，第243-264頁。

[138]廈門大學台灣研究院：《台灣研究集刊》2010年第6期，第34-42頁。

[139]嚴安林、邵育群主編：《兩岸關係和平發展研究》，華東師範大學出版社2010年10月版，第187-206頁。

[140]周志懷主編：《海峽兩岸持續合作的動力與機制》（論文集），九州出版社2012年3月版，第35-41頁。

[141]中國社會科學院台灣研究所：《台灣研究》2011年第3期，第1-5頁。

[142]廈門大學台灣研究院：《台灣研究集刊》2010年第2期，

第22-29頁。

[143]全國台灣研究會編：《進一步開創兩岸關係和平發展新局》（論文集），2010年6月，第211-226頁。

[144]廈門大學台灣研究院：《台灣研究集刊》2010年第4期，第1-7頁。

[145]廈門大學台灣研究院：《台灣研究集刊》2009年第1期，第22-30頁。

[146]趙黎青的《再論先軍後政實現胡馬會》.香港《中國評論》2011年6月號，第33-42頁。

[147]夏立平：《對兩岸政治軍事議題談判的幾點思考》，香港《中國評論》2011年6月號，第27-32頁。

[148]中國社會科學院台灣研究所：《台灣研究》2011年第1期，第7-11頁。

[149]廈門大學台灣研究院：《台灣研究集刊》2010年第5期，第1-6頁。

[150]俞新天主編：《上海台灣研究》第10輯，上海台灣研究所2010年12月版，第46-51頁。

[151]周志懷主編：《海峽兩岸持續合作的動力與機制》（論文集）。九州出版社2012年3月版，第72-81頁。

[152]廈門大學台灣研究院：《台灣研究集刊》2011年第5期，第31-39頁。

[153]吳建德、王海良等主編：《兩岸關係新論》，台灣麗文文化事業公司2012年2月版，第275-285頁。

[154]吳建德、王海良等主編：《兩岸關係新論》，台灣麗文文化事業公司2012年2月版，第295-304頁。

[155]劉慶祥主編：《兩岸和平發展與互信機制之研析》，台北，秀威資訊科技公司2010年6月版，第161-199頁。

[156]劉慶祥主編：《兩岸和平發展與互信機制之研析》，台北，秀威資訊科技公司2010年6月版，第201-242頁。

[157]劉慶祥主編：《兩岸和平發展與互信機制之研析》，台北，秀威資訊科技公司2010年6月版，第89-115頁。

[158]劉慶祥主編：《兩岸和平發展與互信機制之研析》，台北，秀威資訊科技公司2010年6月版，第21-52頁。

[159]包承柯、倪永傑編：《兩岸關係的現實與未來》，香港《台商》雜誌社2011年7月版，第99-105頁。

[160]陳文政：《台灣推動兩岸軍事互信機制的進展與美國的角色》，林碧炤、林正義主編：《美中台關係總體檢：台灣關係法30年》，第163-198頁。

[161]陳文政：《台灣推動兩岸軍事互信機制的進展與美國的角色》，林碧炤、林正義主編：《美中台關係總體檢：台灣關係法30年》，第165頁。

[162]劉慶祥主編：《兩岸和平發展與互信機制之研析》，台北，秀威資訊科技公司2010年6月版，第243-252頁。

[163]全國台灣研究會學術研討會：《兩岸特色：理論建構與路徑探索》（論文集），九州出版社2011年8月版，第218-255頁。

[164]全國台灣研究會學術研討會：《兩岸特色：理論建構與路

徑探索》（論文集），九州出版社2011年8月版，第256-263頁。

[165]香港《中國評論》月刊2012年2月號，第17-21頁。

[166]中國社會科學院台灣研究所：《台灣研究》2009年第3期，第1-6頁。

[167]中國社會科學院台灣研究所：《台灣研究》2008年第4期。

[168]台灣《海峽評論》2011年第11期，第57-58頁。

[169]華東師範大學兩岸交流與區域發展研究所等編：《兩岸關係和平發展的機會與挑戰學術研討會論文集》，2011年10月29日～11月2日，第279-284頁。

[170]張亞中主編：《兩岸政治定位探索》，台灣生智文化事業公司2010年6月版，第285-293頁。

[171]俞新天主編：《上海台灣研究》第10輯，上海台灣研究所2010年12月版，第38-45頁。

[172]香港《中國評論》2012年6月號，第4-10頁。

[173]全國台灣研究會學術研討會：《兩岸特色：理論建構與路徑探索》（論文集），九州出版社2011年8月版，第78-115頁。

[174]台灣《海峽評論》2011年第11期，第59-51頁。

[175]華東師範大學兩岸交流與區域發展研究所等編：《兩岸關係和平發展的機會與挑戰學術研討會論文集》，2011年10月29日～11月2日，第56-64頁。

[176]上海台灣研究所、上海市台灣研究會編：《第二屆兩岸關

係和平發展學術研討會論文集》，第19-28頁。

[177]吳建德、王海良等主編：《兩岸關係新論》，台灣麗文文化事業公司2012年版，401-414頁。

[178]香港《中國評論》月刊2012年4月號，第23-27頁。

[179]張文生主編：《兩岸政治互信研究》，九州出版社2011年10月版，第232-249頁。

[180]全國台灣研究會學術研討會：《兩岸關係和平發展與機會管理》（論文集），九州出版社2009年8月版，第135-140頁。

[181]嚴安林、邵育群主編：《兩岸關係和平發展研究》.華東師範大學出版社2010年10月版，第95-102頁。

[182]嚴安林、邵育群主編：《兩岸關係和平發展研究》，華東師範大學出版社2010年10月版，第162-174頁。

[183]周志懷主編：《新時期對台政策與兩岸關係和平發展》，華藝出版社2009年1月版，第187-193頁。

[184]《北京聯合大學學報》（人文社會科學版）2011年第1期，第55-58頁。

[185]全國台灣研究會學術研討會：《兩岸特色：理論建構與路徑探索》（論文集），九州出版社2011年8月版，第172-176頁。

[186]廈門大學台灣研究院：《台灣研究集刊》2010年第1期，第50-58頁。

[187]嚴安林、邵育群主編：《兩岸關係和平發展研究》，華東師範大學出版社2010年10月版，第144-161頁。

[188]包承柯、倪永傑編：《兩岸關係的現實與未來》，香港《台商》雜誌社2011年7月版，第105-113頁。

[189]中國社會科學院台灣研究所：《台灣研究》2011年第3期，第45-49頁。

[190]全國台灣研究會學術研討會：《兩岸關係和平發展與機會管理》（論文集），九州出版社2009年8月版，第127-134頁。

[191]廈門大學台灣研究院：《台灣研究集刊》2010年第6期，第18-24頁。

[192]廈門大學台灣研究院：《台灣研究集刊》2010年第4期，第38-46頁。

[193]嚴安林、邵育群主編：《兩岸關係和平發展研究》，華東師範大學出版社2010年10月版，第130-143頁。

[194]包承柯、倪永傑編：《兩岸關係的現實與未來》，香港《台商》雜誌社2011年7月版，第114-121頁。

[195]包承柯、倪永傑編：《兩岸關係的現實與未來》，香港《台商》雜誌社2011年7月版，第148-159頁。

[196]香港《中國評論》月刊2011年11月號，第35-41頁。

[197]全國台灣研究會學術研討會：《兩岸特色：理論建構與路徑探索》（論文集），九州出版社2011年8月版，第205-217頁。

[198]浙江大學台灣研究所編：《海峽經緯》2011年第3期，第21-29頁。

[199]香港《中國評論》月刊2011年6月號，第4-7頁。

[200]吳建德、王海良等主編：《兩岸關係新論》台灣麗文文化事業公司2012年2月版，第111-115頁。

[201]香港《中國評論》月刊2011年12月號，第21-23頁。

[202]浙江大學台灣研究所編：《海峽經緯》2011年第3期，第6-12頁。

[203]張文生主編：《兩岸政治互信研究》，九州出版社2011年10月版，第129-138頁。

[204]香港《中國評論》月刊2011年11月號，第4-9頁。

[205]吳建德、王海良等主編：《兩岸關係新論》。台灣麗文文化事業公司2012年2月版。第95-103頁。

[206]廈門大學台灣研究院：《台灣研究集刊》2008年第3期，第1-6頁。

[207]香港《中國評論》2012年3月號，第42-46頁。

[208]中國社會科學院台灣研究所：《台灣研究》2011年第3期2，第50-54頁。

[209]中國社會科學院台灣研究所：《台灣研究》2010年第4期，第45-51頁。

[210]全國台灣研究會編：《進一步開創兩岸關係和平發展新局》（論文集），2010年6月，第167-177頁。

[211]中國社會科學院台灣研究所：《台灣研究》2009年第3期，第49-53頁。

[212]周志懷主編：《海峽兩岸持續合作的動力與機制》（論文

集），九州出版社2012年3月版，第170-178頁。

[213]周志懷主編：《海峽兩岸持續合作的動力與機制》（論文集），九州出版社2012年3月版，第179-187頁。

[214]嚴安林、邵育群主編：《兩岸關係和平發展研究》，華東師範大學出版社2010年10月版，第55-69頁。

[215]全國台灣研究會編：《進一步開創兩岸關係和平發展新局》（論文集），2010年6月，第178-183頁。

[216]彼得‧蓋伊：《政治科學中的制度理論：「新制度主義」》（王向明、段紅偉譯），世紀出版集團2011年6月版，第15頁。

[217]彼得‧蓋伊：《政治科學中的制度理論：「新制度主義」》（王向明、段紅偉譯），世紀出版集團2011年6月版，第140頁。

[218]鄧小平在中共中央十一屆三中全會上的演講，1978年12月18日～22日。

[219]林文程：《台海兩岸在安全合作上的重要性與挑戰》、《兩岸共同市場基金會通訊》2003年6月號，第17頁。

[220]國務院台灣事務辦公室：《台灣工作通訊》2004年9月號，第1頁。

[221]國務院新聞辦：《中國的和平發展道路》，《人民日報》2005年12月23日。

[222]王中平：《「和平崛起」與台灣問題》，香港《中國評論》2004年2月版，第38頁。

[223]《江澤民文選》第3卷，人民出版社2006年，第564頁。

[224]李景治：《中國和平發展與建構和諧世界研究》，中國人民大學出版社2011年3月版，第273頁。

[225]胡錦濤：《攜手推動兩岸關係和平發展.同心實現中華民族偉大復興——在紀念「告台灣同胞書」發表30週年座談會上的演講》，人民出版社2009年版。

[226]胡錦濤：《在紀念辛亥革命100週年大會上的演講》，《人民日報》2011年10月10日版

[227]王崑義：《碎片化的民進黨及其繼起的戰略》，香港《中國評論》2008年7月號，第22頁。

[228]《希望進一步推動兩岸的良性互動——訪陸委會主委賴幸媛》，香港《中國評論》2008年8月號，第58頁。

[229]馬英九8月26日接受墨西哥太陽報系集團董事長瓦斯蓋茲專訪，台灣「中央社」2008年9月3日台北電台。

[230]社論：《天機莫測：民進黨促成了胡蕭會》，台灣《聯合報》2008年4月17日，A2版。

[231]社論：《天機莫測：民進黨促成了胡蕭會》，台灣《聯合報》2008年4月17日，A2版。

[232]李明賢等：《馬：這次勝選給台灣帶來新時代》。台灣《聯合報》2008年3月29日，A3版。

[233]李明賢等：《馬：這次勝選給台灣帶來新時代》，台灣《聯合報》2008年3月29日，A3版。

[234]陳芳明：《維持現狀就是維持和平》，台灣《聯合報》

2011年9月11日，A4。

[235]蘇起：《兩岸寫新頁：尋找最大公約數》，台灣《中國時報》2010年9月27日，A2。

[236]《思想者論壇——台灣青年如何看待兩岸關係》，香港《中國評論》2011年6月號，第69頁。

[237]郭震遠：《共同努力行穩致遠》，香港《中國評論》2011年1月號，第10頁。

[238]《思想者論壇——未來一年馬政府大陸政策的走向與挑戰》，香港《中國評論》2011年3月號，第70頁。

[239]郭震遠：《增進兩岸互信，深化和平發展》，香港《中國評論》2010年11月號，第22頁。

[240]社論：《把握發展方向，深化和平發展》，香港《中國評論》2011年1月號，第1頁。

[241]社論：《把握發展方向，深化和平發展》，香港《中國評論》2011年1月號，第1頁。

[242]蕭元愷：《台灣問題：政治解決策論》，三聯書店（香港）2010年7月版，第53頁。

[243]社論：《把握發展方向，深化和平發展》香港《中國評論》2011年1月號，第1頁。

[244]黃仁偉等：《中國和平發展道路的歷史選擇》，上海人民出版社2008年12月版，第48頁。

[245]鄭保國：《大陸對台「和平發展」政策的內涵、目標與挑戰》，香港《中國評論》2011年7月號，第28頁。

[246]社論：《完成國家統一，實現民族復興》，台灣《海峽評論》2011年1月號，第1頁。

[247]樂美真：《關於台灣工作的戰略思考》，《兩岸關係和平發展的機會與挑戰學術研討會論文集》，第44頁。

[248]郭震遠：《共同努力.行穩致遠》，香港《中國評論》2011年1月號，第9頁。

[249]張育京：《思想者論壇——兩岸政治與經濟關係展望》，香港《中國評論》2011年2月號，第71頁。

[250]葉望輝：《分析美國在兩岸關係中所扮演的角色》，游盈隆主編《近20年兩岸關係的發展與變遷》，台灣海基會編，台灣聯經出版事業公司經銷2008年3月版。

[251]吳建國：《台灣必須發展兩岸政策的新思維》，香港《中國評論》2011年5月號，第12頁。

[252]社論：《把握發展方向，深化和平發展》，香港《中國評論》2011年1月號，第1頁。

[253]胡利奧·利奧斯：《21世紀的中國》，西班牙《中國政策觀察》網站，2010年7月26日，見《參考資料》2010年8月23日第160期，第3頁。

[254]劉曉霞：《楊開煌提一國一府一特區》，台灣《旺報》2012年4月7日，A3。

[255]社論：《是否接受九二共識，民進黨不容迴避》，台灣《旺報》2011年8月2日，A2。

[256]托斯丹·范伯倫：《有閒階級論》（蔡受百譯，北京：商

務印書館1997年版，第138頁。）

[257]羅奈爾得·L·傑普森：《制度、制度的影響與制度主義》.薛曉源、陳家剛主編：《全球化與新制度主義》，社會科學文獻出版社2004年11月版，第265頁。

[258]羅奈爾得·L·傑普森：《制度、制度的影響與制度主義》.薛曉源、陳家剛主編：《全球化與新制度主義》，社會科學文獻出版社2004年11月版，第269頁。

[259]〔美〕羅伯特·基歐漢：《局部自由化世界中的自由主義、權力與治理》（門洪華譯），北京大學出版社2004年版，第135頁。

[260]羅奈爾得·L·傑普森：《制度、制度的影響與制度主義》薛曉源、陳家剛主編：《全球化與新制度主義》，社會科學文獻出版社2004年11月版，第265頁。

[261]羅奈爾得·L·傑普森：《制度、制度的影響與制度主義》。薛曉源、陳家剛主編：《全球化與新制度主義》，社會科學文獻出版社2004年11月版，第267頁。

[262]王逸舟：《當代國際政治析論》，上海人民出版社1995年版，第369頁。

[263]王逸舟：《當代國際政治析論》，上海人民出版社1995年版，第369頁。

[264]王傑主編：《國際機制論》，新華出版社2002年1月版，第3頁。

[265]Stephen Krasner, "Structural Causes and Regime

Consequences: Regimes As Intervening Variables" International Organization, Vol.36, 1982, p.186.

[266]約翰・羅傑主編：《多邊主義》（蘇長和等譯），浙江人民出版社2003年版，第108頁。

[267]羅奈爾得・L・傑普森：《制度、制度的影響與制度主義》，薛曉源、陳家剛主編：《全球化與新制度主義》，社會科學文獻出版社2004年11月版，第265頁。

[268]李鵬：《兩岸關係和平發展的機制化需求與建構》，廈門大學《台灣研究集刊》2009年第2期，第9頁。

[269]郭震遠：《增進兩岸互信.深化和平發展》，香港《中國評論》2010年11月號，第22頁。

[270]包承柯：《兩岸關係和平發展中九二共識與一個中國的再思》。《兩岸關係和平發展的機會與挑戰學術研討會論文集》。華東師範大學兩岸交流與區域發展研究所、上海海峽兩岸法學研究中心、法律系編，2011年10月29-11月2日，第52頁。

[271]陳孔立：《建立共識推動兩岸和解制度化》，台灣《旺報》2011年7月19日，C6。

[272]社評：《現狀是什麼？》，台灣《旺報》2010年9月25日。

[273]唐樺：《兩岸關係中的交往理性》，九州出版社2011年9月版，第118頁。

[274]張五嶽：《兩岸政治互信深化並不等同政治議題談判的評析》，台灣《亞太和平月刊》2012年5月號，第2頁。

[275]張五嶽：《兩岸政治互信深化並不等同政治議題談判的評析》，台灣《亞太和平月刊》2012年5月號，第2頁。

[276]馬英九：《兩岸關係改善，深受美國肯定》，http://www.chinareviews, com 2011-07-13。

[277]康子仁：《賴幸媛：馬政府大陸政策走在正確道路》，http://www.chinareviews.com 2011-07-01。

[278]《思想者論壇——兩岸未來十年願景》，香港《中國評論》2010年12月號，第58頁。

[279]社論：《連任就是承擔更大責任的開始》，台灣《中國時報》2012年1月15日，A23。

[280]陸以正：《從台灣看天下》。台灣三民書局2006年4月版，第77頁。

[281]吳亞明：《海峽兩岸關係協會成立20週年紀念大會在京舉行》，《人民日報》2011年12月17日，第4版。

[282]郭震遠：《增進兩岸互信，深化和平發展》，香港《中國評論》2010年11月號，第21頁。

[283]《思想者論壇——歷史課綱修訂與台灣的國族認同問題》，香港《中國評論》2010年12月號，第77頁。

[284]蕭萬長：《投資台灣的未來——在工商協進會第23屆第2次理監事聯席會議致辭》，台灣《兩岸共同市場基金會通訊》2010年冬季號，第14-15頁。

[285]蕭萬長：《投資台灣的未來——在工商協進會第23屆第2次理監事聯席會議致辭》，台灣《兩岸共同市場基金會通訊》2010

年冬季號，第15頁。

[286]台灣《中央日報網路版》，www.cdnews.biz，2011年4月22日訪問。

[287]台灣《中央日報網路版》，www.cdnews.biz，2011年4月22日訪問。

[288]吳榮義：《ECFA與台灣、中國經貿關係——未來台灣經貿該何去何從》，羅致政主編：《ECFA大衝擊：台灣的危機與挑戰》，新台灣「國策」智庫公司2010年6月版，第30頁。

[289]葉明德：《藉江陳會善意調整經濟戰略》，台灣《聯合報》2008年11月3日，A11。

[290]蔡宏明：《兩岸關係的新情勢與新政府的新作為》，台灣《遠景基金會季刊》第9卷第3期。

[291]張樹棣語，台灣《中國時報》2008年10月24日。

[292]蕭萬長：《投資台灣的未來——在工商協進會第23屆第2次理監事聯席會議致辭》，台灣《兩岸共同市場基金會通訊》2010年冬季號，第16頁。

[293]羅致政主編：《ECFA大衝擊：台灣的危機與挑戰》序3，新台灣「國策」智庫公司2010年6月版

[294]《美學者稱ECFA提高台GDP》，台灣「中央社」2011年4月14日台北電。

[295]薛理泰：《ECFA對台灣影響深遠》，香港《信報》2010年7月5日。

[296]丁廣欽：《ECFA時代：展望產業新局》，台灣21世紀基

金會主辦《ECFA時代新情勢高峰會大會手冊》，2010年7月，第14頁。

[297]高長、王正旭：《兩岸關係的回顧、新情勢與前瞻》.台灣《遠景基金會季刊》第9卷第3期第185頁。

[298]李英明：《透過ECFA，讓台灣成為經濟大籃子》，台灣《旺報》2011年9月2日C5。

[299]蔡增家：《兩岸ECFA的國際效應》，台灣《中國時報》2010年7月6日，A16。

[300]參見新華通訊社主辦《參考資料》2010年7月13日第311期，第2頁。

[301]《WTO總幹事：ECFA助台灣融入全球經濟》，台灣「中央社」2010年7月5日台北電。

[302]張顯超：《兩岸ECFA後續經貿合作的推展與歷程評估》，上海台灣研究所編：《兩岸關係和平發展學術研討會（論文集）》，2011年7月11日，第130頁。

[303]劉震濤、鄭振清：《ECFA與兩岸經濟關係的發展趨勢》，香港《2010海峽兩岸與台港關係》學術研討會，2010年6月1～2日。

[304]童振源：《ECFA成效與檢討》，上海台灣研究所編：《兩岸關係和平發展學術研討會（論文集）》，2011年7月11日，第112頁。

[305]日本《產經新聞》2010年6月30日，轉引自《參考消息》2010年7月1日，第8版。

[306]林隆潤：《ECFA時代：展望產業新局》，台灣21世紀基金會主辦《ECFA時代新情勢高峰會大會手冊》，2010年7月，第29頁。

[307]台灣「中央社」2010年6月29日重慶電。

[308]吳亞明：《海峽兩岸關係協會成立20週年紀念大會在京舉行》。《人民日報》2011年12月17日，第4版。

[309]李英明：《以ECFA與九二共識催生投保協議》，台灣《旺報》2011年9月30日，C7。

[310]蔡宏明：《「十二五」規劃兩岸經貿新藍圖》，香港《中國評論》2011年6月號，第45頁。

[311]王建民：《海峽經濟區：從ECFA到兩岸經濟共同體（CEC）》，香港《中國評論》2011年2月號。第32頁。

[312]王建民：《海峽經濟區：從ECFA到兩岸經濟共同體（CEC）》，香港《中國評論》2011年2月號，第33頁。

[313]王建民：《海峽經濟區：從ECFA到兩岸經濟共同體（CEC）》，香港《中國評論》2011年2月號，第33頁。

[314]王建民：《海峽經濟區：從ECFA到兩岸經濟共同體（CEC）》，香港《中國評論》2011年2月號，第34頁。

[315]王建民：《海峽經濟區：從ECFA到兩岸經濟共同體（CEC）》，香港《中國評論》2011年2月號，第34頁。

[316]王建民：《海峽經濟區：從ECFA到兩岸經濟共同體（CEC）》，香港《中國評論》2011年2月號，第32-37頁。

[317]楊開煌：《兩岸關係新里程碑，論兩岸「經合會」》，台

灣《海峽評論》2011年2月號,第51頁。

[318]楊開煌:《兩岸關係新里程碑,論兩岸「經合會」》,台灣《海峽評論》2011年2月號,第52頁。

[319]《思想者論壇——未來一年馬政府大陸政策的走向與挑戰》,香港《中國評論》2011年3月號,第71頁。

[320]張延廷:《我國國家安全目標與國家戰略之芻議》,劉慶祥主編:《兩岸和平發展與互信機制之研析》,台北:秀威資訊科技公司2010年6月版,第35頁。

[321]張延廷:《我國國家安全目標與國家戰略之芻議》,劉慶祥主編:《兩岸和平發展與互信機制之研析》,台北:秀威資訊科技公司2010年6月版,第35頁。

[322]張延廷:《我國國家安全目標與國家戰略之芻議》,劉慶祥主編:《兩岸和平發展與互信機制之研析》,台北:秀威資訊科技公司2010年6月版,第35頁。

[323]蕭萬長:《兩岸共同市場的理念與實踐》,http://www2.tku.edu.tw/-ti/new-inf/shiou.pdf.

[324]奕父:《五都選舉、政黨反思與兩岸關係》,台灣《海峽評論》2011年2月號,第45頁。

[325]李英明:《為兩岸政治對話創造條件》」,台灣《旺報》2011年3月15日,C6。

[326]李英明:《為兩岸政治對話創造條件》,台灣《旺報》2011年3月15日,C6。

[327]高天賜:《選舉觀察:藍綠皆出,橘聰明投票定勝負》

http://www.chinareviews.com 2011-11-13.

[328]張鐵志：《兩岸經濟交流與藍綠的新社會基礎》，台灣《中國時報》2011年7月6日，A14。

[329]社論：《在地經濟是戒急用忍的翻版》，台灣《中央日報》網路版2011年8月9日，www.cd。

[330]張鐵志：《兩岸經濟交流與藍綠的新社會基礎》，台灣《中國時報》2011年7月6日，A14。

[331]李英明：《兩岸情感地圖，少恐懼多希望》，台灣《聯合報》2011年4月19日，A15。

[332]李英明：《兩岸情感地圖，少恐懼多希望》，台灣《聯合報》2011年4月19日，A15。

[333]李英明：《兩岸情感地圖，少恐懼多希望》，台灣《聯合報》2011年4月19日，A15。

[334]周志傑：《再尋兩岸關係深化的動力》，香港《中國評論》2011年6月號，第13頁。

[335]卡爾·多伊奇：《國際關係分析》（周啟明等譯、吳寶璐等校），世界知識出版社1992年2月版，第267頁。

[336]單玉麗：《海峽兩岸經濟合作的模式演進、影響因素與推動策略》，全國台灣研究會編：《進一步開創兩岸關係和平發展新局》（論文集），2010年6月，第194頁。

[337]周志傑：《社會互信是兩岸由經入政的橋樑》，台灣《旺報》2012年3月19日，C6。

[338]余克禮：《正視台灣認同危機，深化兩岸和平發展》，香

港《中國評論》2011年3月號,第23頁。

[339]《思想者論壇——認同與兩岸關係》,香港《中國評論》2009年9月號,第61頁。

[340]《思想者論壇——認同與兩岸關係》,香港《中國評論》2009年9月號,第60-61頁。

[341]《思想者論壇——認同與兩岸關係》,香港《中國評論》2009年9月號,第61頁。

[342]蕭元愷:《台灣問題:政治解決策論》,三聯書店(香港)2010年7月版,第24頁。

[343]蔡瑋:《有關兩岸文化合作的幾點思考》,香港《中國評論》2010年11月號,第8頁。

[344]李英明:《為兩岸文教ECFA創條件》,台灣《旺報》2012年2月17日,C6。

[345]周志懷:《開創兩岸關係和平發展新局的挑戰與動能》,全國台灣研究會編:《進一步開創兩岸關係和平發展新局》(論文集),2010年6月,第7頁。

[346]李英明:《為兩岸文教ECFA創條件》,台灣《旺報》2012年2月17日,C6。

[347]黃嘉樹:《關於兩岸政治談判的思考》,香港《中國評論》2010年12月號,第7頁。

[348]《思想者論壇——認同與兩岸關係》,香港《中國評論》2009年9月號,第57頁。

[349]徐青:《台灣主要政黨應如何與大陸建立及深化互信》,

香港《中國評論》2011年1月號，第26-27頁。

[350]社評：《加速建構兩岸經濟命運共同體》，台灣《旺報》2011年12月7日，A2。

[351]吳亞明：《海峽兩岸關係協會成立20週年紀念大會在京舉行》，《人民日報》2011年12月17日，第4版。

[352]張五嶽：《兩岸政治互信深化並不等同政治議題談判的評析》台灣《亞太和平月刊》2012年5月號，第3頁。

[353]《思想者論壇——馬「政府」兩岸關係論述的變與不變》，香港《中國評論》2011年6月號，第60頁。

[354]高楊：《互設辦事處，兩會可處理更多兩岸事務》，《人民政協報》2012年5月26日，B1。

[355]社評：《兩會互設辦事處，速解政治難題》，台灣《旺報》2012年3月14日，A2。

[356]林鈺祥：《互設辦事處應納入兩會協商》，台灣《旺報》2012年3月22日，C5。

[357]《中台辦國方辦受權就當前兩岸關係問題發表聲明》，全國台灣研究會編《台灣2004》，九州出版社2005年7月版，第413-14頁。

[358]胡錦濤：《攜手推動兩岸關係和平發展，同心實現中華民族偉大復興》，全國台灣研究會編：《台灣2008》，九州出版社2000年4月版，第339-340頁。

[359]《思想者論壇：兩岸如何建立軍事互信》，香港《中國評論》2011年1月號，第59頁。

[360]社論：《國軍、共軍都是中國人軍隊》，台灣《旺報》2011年6月16日，A2。

[361]傅應川：《兩岸軍事互信機制的議題及其未來走向》，香港《中國評論》2011年1月號，第41頁。

[362]林正義：《美國與台灣軍事合作：威脅的評估與因應》，林碧炤、林正義主編：《美中台關係總體檢：台灣關係法30年》，第227頁。

[363]《專訪行政院長吳敦義：尚未見兩岸政治對話時間表》，台灣《旺報》2011年8月15日，A3。

[364]《專訪行政院長吳敦義：尚未見兩岸政治對話時間表》，台灣《旺報》2011年8月15日，A3。

[365]吳釗燮：《美國在兩岸關係中的平衡者角色：以民進黨執政時期為例》，林碧炤、林正義主編：《美中台關係總體檢：台灣關係法30年》，第54頁。

[366]林正義：《美國與台灣軍事合作：威脅的評估與因應》，林碧炤、林正義主編：《美中台關係總體檢：台灣關係法30年》，第227頁。

[367]《思想者論壇：兩岸如何建立軍事互信》，香港《中國評論》2011年1月號，第59頁。

[368]《思想者論壇：兩岸如何建立軍事互信》，香港《中國評論》2011年1月號，第60頁。

[369]《思想者論壇：兩岸如何建立軍事互信》，香港《中國評論》2011年1月號，第61頁。

[370]《思想者論壇——兩岸未來十年願景》,香港《中國評論》,2010年12月號,第62頁。

[371]《思想者論壇:兩岸如何建立軍事互信》,香港《中國評論》2011年1月號,第63頁。

[372]羅援:《兩岸軍人都是中國軍人》,《兩岸關係和平發展的機會與挑戰學術研討會論文集》2011年10月,第1頁。

[373]羅援:《兩岸軍人都是中國軍人》,《兩岸關係和平發展的機會與挑戰學術研討會論文集》2011年10月,第2頁。

[374]夏立平:《對兩岸政治軍事議題談判的幾點思考》,香港《中國評論》2011年6月號,第31頁。

[375]《思想者論壇:兩岸如何建立軍事互信》,香港《中國評論》2011年1月號,第58頁。

[376]《思想者論壇:兩岸如何建立軍事互信》,香港《中國評論》2011年1月號,第63頁。

[377]《思想者論壇:兩岸如何建立軍事互信》,香港《中國評論》2011年1月號,第59頁。

[378]《思想者論壇:兩岸如何建立軍事互信》,香港《中國評論》2011年1月號,第62頁。

[379]《思想者論壇:兩岸如何建立軍事互信》,香港《中國評論》2011年1月號,第61頁。

[380]《思想者論壇——兩岸未來十年願景》,香港《中國評論》2010年12月號,第58-59頁。

[381]李登輝:《李登輝執政告白實錄》,台北印刻出版社2001

年版，第296頁。

[382]夏立平：《對兩岸政治軍事議題談判的幾點思考》，香港《中國評論》2011年6月號，第31頁。

[383]張榮恭：《構築兩岸雙贏新局：國民黨政府大陸政策的理念與實踐》，蔡朝明主編：《馬總統執政後的兩岸新局：論兩岸關係新路向》，2009年5月，第46-47頁。

[384]台灣《自由時報》2008年11月20日，第2版。

[385]馬英九接受墨西哥太陽報系集團董事長巴斯克斯專訪，台灣「中央社」2008年9月3日台北電。

[386]高長、王正旭：《兩岸關係的回顧、新情勢與前瞻》，台灣《遠景基金會季刊》，第9卷第3期，第186頁。

[387]張榮恭：《構築兩岸雙贏新局：國民黨政府大陸政策的理念與實踐》，蔡朝明主編：《馬總統執政後的兩岸新局：論兩岸關係新路向》，2009年5月，第49頁。

[388]張樹棣語，見台灣《中國時報》2008年10月24日。

[389]蔡宏明：《兩岸關係的新情勢與新政府的新作為》，台灣《遠景基金會季刊》第9卷第3期，第199頁。

[390]《思想者論壇：兩岸關係新變化與香港的口色定位》，香港《中國評論》2008年9月號，第77頁。

[391]《兩岸愈走愈近是歷史趨勢——訪中國國民黨榮譽主席連戰》，香港《中國評論》2008年9月號，第56頁。

[392]高孔廉：《未來四年是兩岸發展的關鍵期》，《台商》月刊雜誌2008年第9期，第23頁。

[393]《正確把握兩岸關係健康發展的基本原則——訪台灣綜合研究院董事長黃輝珍》，香港《中國評論》2009年9月號，第34頁。

[394]高長、王正旭：《兩岸關係的回顧、新情勢與前瞻》，台灣《遠景基金會季刊》第9卷第3期，第168頁。

[395]林碧炤：《共創兩岸和平共榮新路向的戰略思維》，蔡朝明主編：《馬總統執政後的兩岸新局：論兩岸關係新路向》，2009年5月，第25頁。

[396]高長、王正旭：《兩岸關係的回顧、新情勢與前瞻》」，台灣《遠景基金會季刊》第9卷第3期，第185頁。

[397]邵宗海：《馬英九大陸政策的「期中考」》，新加坡《聯合早報》2010年5月22日，第14版。

[398]高長、王正旭：《兩岸關係的回顧、新情勢與前瞻》，台灣《遠景基金會季刊》第9卷第3期，第190頁。

[399]高長、王正旭：《兩岸關係的回顧、新情勢與前瞻》，台灣《遠景基金會季刊》第9卷第3期，第187頁。

[400]《正確把握兩岸關係健康發展的基本原則——訪台灣綜合研究院董事長黃輝珍》，香港《中國評論》2009年9月號，第37頁。

[401]《正確把握兩岸關係健康發展的基本原則——訪台灣綜合研究院董事長黃輝珍》，香港《中國評論》2009年9月號，第34-35頁。

[402]《思想者論壇——認同與兩岸關係》，香港《中國評論》

2009年9月號，第63頁。

[403]《思想者論壇——認同與兩岸關係》，香港《中國評論》2009年9月號，第57頁。

[404]台灣「中央社」2009年10月10日台北電。

[405]郭震遠：《增進兩岸互信，深化和平發展》，香港《中國評論》2010年11月號，第22頁。

[406]社論：《兩岸簽和平協議，須先建立互信》，台灣《中國時報》2011年9月15日。

[407]社論：《兩岸要增強共識基礎》，福建社會科學院《現代台灣研究》2009年第5期。

[408]高長、王正旭：《兩岸關係的回顧、新情勢與前瞻》，台灣《遠景基金會季刊》第9卷第3期，第190頁。

[409]盧卡爾：《盱衡二十年內兩岸關係之大局》，香港《中國評論》2009年9月號，第12頁。

[410]高長、王正旭：《兩岸關係的回顧、新情勢與前瞻》，台灣《遠景基金會季刊》第9卷第3期，第183頁。

[411]陳斌華、查文曄、顏昊：《讓兩岸關係和平發展之路走得更穩健——專訪中國國民黨榮譽主席吳伯雄》，《參考消息》2011年5月30日，第13版。

[412]《思想者論壇——認同與兩岸關係》，香港《中國評論》2009年9月號，第56頁。

[413]張亞中：《平潭的未來定位：「兩岸共同體實驗特區」》，香港《中國評論》2010年12月號，第32頁。

[414]高孔廉：《未來四年是兩岸發展的關鍵期》，《台商》月刊雜誌2008年第9期，第23頁。

[415]楊開煌：《騰沖會議推動兩岸大共識》，台灣《旺報》2012年3月20日，C7。

[416]李明賢：《賴幸媛提出核心利益說》，台灣《聯合報》2010年12月7日，A2。

[417]朱磊：《國民黨的方向與國家統一的理想》，香港《中國評論》2011年1月號，第5頁。

[418]戚嘉林：《台灣需有「中國認同」與中國史觀》，香港《中國評論》2011年4月號，第35頁。

[419]朱磊：《國民黨的方向與國家統一的理想》，香港《中國評論》2011年1月號，第5頁。

[420]曾復生：《兩岸和平協定：現實挑戰與未來機會座談會》，台灣《旺報》2011年10月24日，A6。

[421]郭正亮：《政治掛帥，國安恐中症》，台灣《聯合報》2011年6月16日，A19。

[422]郭正亮：《政治掛帥，國安恐中症》，台灣《聯合報》2011年6月16日，A19。

[423]郭正亮：《政治掛帥，國安恐中症》，台灣《聯合報》2011年6月16日，A19。

[424]《思想者論壇——兩岸未來十年願景》，香港《中國評論》2010年12月號，第59頁。

[425]陳秀蘭：《兩岸政治對話，吳敦義提三條件》，台灣《旺

報》2012年4月3日，A3。

[426]《辜汪對話達成四點共識》，國台辦新聞局編：《兩岸關係與和平統一》，九州圖書出版社1999年7月版，第192頁。

[427]台灣《聯合報》1999年10月19日，A2。

[428]香港《東方日報》2008年10月29日，第5版。

[429]台灣《聯合報》2008年11月3日，A2版。

[430]台灣《中國時報》2008年11月7日，A3版。

[431]蕭元愷：《台灣問題：政治解決策論》，三聯書店（香港）2010年7月版，第25頁。

[432]李英明：《為兩岸政治對話創造條件》，台灣《旺報》2011年3月15日，C6。

[433]蕭元愷：《台灣問題：政治解決策論》，三聯書店（香港）2010年7月版，第25頁。

[434]李英明：《為兩岸政治對話創造條件》，台灣《旺報》2011年3月15日，C6。

[435]劉曉霞：《張五嶽：簽和平協議比中樂透難》，台灣《旺報》2012年3月20日，A14。

[436]楊開煌：《騰沖會議推動兩岸大共識》，台灣《旺報》2012年3月20日，C7。

[437]蘇起：《兩岸寫新頁》，台灣《中國時報》2010年9月27日，A2。

[438]張大為：《陸對台讓利轉向，我應正視因應》，台灣《旺

報》2011年11月11日，C6。

[439]《思想者論壇——兩岸政治與經濟關係展望》，香港《中國評論》2011年2月號，第72頁。

[440]《思想者論壇——兩岸未來十年願景》，香港《中國評論》2010年12月號，第61頁。

[441]李英明：《為兩岸政治對話創造條件》，台灣《旺報》2011年3月15日，C6。

[442]蕭元愷：《台灣問題：政治解決策論》，三聯書店（香港）2010年7月版，第25頁。

[443]劉曉霞：《金：馬不排除簽兩岸和平協定》，台灣《旺報》2011年9月13日，A8。

[444]社評：《兩岸和平協定是探索而非終局》，台灣《旺報》2011年10月19日，A2。

[445]慶正：《馬：兩岸和平協定，絕非談統一》，台灣《旺報》2011年10月19日，A6。

[446]陳一新：《兩岸洽簽和平協定的機會與挑戰》，《兩岸關係和平發展的機會與挑戰學術研討會論文集》，2011年10月，第26頁。

[447]陳一新：《兩岸洽簽和平協定的機會與挑戰》，《兩岸關係和平發展的機會與挑戰學術研討會論文集》，2011年10月，第27頁。

[448]陳一新：《兩岸洽簽和平協定的機會與挑戰》，《兩岸關係和平發展的機會與挑戰學術研討會論文集》，2011年10月，第27

頁。

[449]郭一鳴：《馬英九的「和平協議」是選舉策略》，香港《都市日報》2011年10月20日，A5。

[450]台灣「中央社」2011年10月20日台北電。台灣「中央社」2011年10月20日台北電。

[451]慶正：《賴幸媛：將不統不獨不武制度化》，台灣《旺報》2011年10月19日，A6。

[452]錢震宇、陳文星等：《洽簽和平協定，馬提十大保證》，台灣《聯合報》2011年10月25日，A3。

[453]倪鴻祥：《神明面前談兩岸和平協定，馬英九宣誓》，http://www.chinareviews.com 2011年10月25日。

[454]社評：《一味反對和平協議，難逃繼續在野命運》，台灣《旺報》2011年10月22日，A2。

[455]社論：《兩岸關係30年：大融洽大發展》，香港《中國評論》2009年1月號，第1頁。

[456]張亞中：《兩岸和平協定：現實挑戰與未來機會座談會》，台灣《旺報》2011年10月24日，A7。

[457]陳一新：《兩岸洽簽和平協定的機會與挑戰》，《兩岸關係和平發展的機會與挑戰學術研討會論文集》，2011年10月，第25頁。

[458]社論：《「黃金十年」需要兩岸深入合作與制度保障》，香港《中國評論》月刊2011年11月號，第1頁。

[459]社論：《「黃金十年」需要兩岸深入合作與制度保障》，

香港《中國評論》月刊2011年11月號,第1頁。

[460]曾復生:《兩岸和平協定:現實挑戰與未來機會座談會》,台灣《旺報》2011年10月24日,A6。

[461]陳文政:《台灣推動兩岸軍事互信機制的進展與美國的角色》,林碧炤、林正義主編:《美中台關係總體檢:台灣關係法30年》,台灣巨流圖書公司,第164頁。

[462]社論:《國軍、共軍都是中國人軍隊》,台灣《旺報》2011年6月16日,A2。

[463]社論:《國軍、共軍都是中國人軍隊》,台灣《旺報》2011年6月16日,A2。

[464]傅應川:《兩岸軍事互信機制急待推動》,台灣《旺報》2012年2月16日,C7。

[465]慶正:《蘇起:兩岸和解若斷,台灣先倒楣》,台灣《旺報》2011年9月11日,A8。

[466]《2010年中國的國防》,《人民日報》2011年4月1日,第10版。

[467]《思想者論壇——兩岸如何建立軍事互信》,香港《中國評論》2011年1月號,第62頁。

[468]《2010年中國的國防》,《人民日報》2011年4月1日,第10-12版。

[469]《2010年中國的國防》,《人民日報》2011年4月1日,第10版。

[470]《2010年中國的國防》,《人民日報》2011年4月1日,第

10版。

[471]《思想者論壇：兩岸如何建立軍事互信》，香港《中國評論》2011年1月號，第62頁。

[472]社論：《關於締造：修復與破解台灣的兩岸認同撕裂危機》。香港《中國評論》5月號，第1頁

[473]《思想者論壇——認同與兩岸關係》，香港《中國評論》2009年9月號，第64頁。

[474]《思想者論壇——認同與兩岸關係》，香港《中國評論》2009年9月號，第56頁。

[475]《思想者論壇——認同與兩岸關係》，香港《中國評論》2009年9月號，第56頁。

[476]《思想者論壇——認同與兩岸關係》，香港《中國評論》2009年9月號，第57頁。

[477]《思想者論壇——兩岸未來十年願景》，香港《中國評論》2010年12月號，第60頁。

[478]《思想者論壇——台灣青年如何看待兩岸關係》，香港《中國評論》2011年6月號，第70頁。

[479]《思想者論壇——兩岸未來十年願景》，香港《中國評論》2010年12月號，第60頁。

[480]楊開煌：《期待馬總統的兩岸政策論述》，台灣《海峽評論》2011年3月號，第50頁。

[481]周志傑：《再尋兩岸關係深化的動力》，香港《中國評論》2011年6月號，第13頁。

[482]社論：《共同締造：修復與破解台灣的兩岸認同撕裂危機》，香港《中國評論》2011年5異化，第1頁。

[483]張大為：《陸對台讓利轉向，我應正視因應》，台灣《旺報》2011年11月11日，C6。

[484]周志傑：《再尋兩岸關係深化的動力》，香港《中國評論》2011年6月號，第14頁。

[485]社論：《完成國家統一，實現民族復興》，台灣《海峽評論》2011年1月號，第3頁。

[486]林琮盛：《蕭萬長：兩岸共創全球品牌》，台灣《旺報》2011年8月13日，A3。

[487]陳重成：《全球化下的兩岸社會交流與互動：一個從他者轉向自身的歷程》，台灣《遠景基金會季刊》第9卷，2008年第1期。

[488]趙春山：《後ECFA建構兩岸和平共處5原則》，台灣《聯合報》，2010年5月22日。作者提出兩岸「雙方也有必要針對和平發展時期的兩岸共處之道，嘗試建立一些原則性的規範。例如，在擱置主權爭議的前提下，兩岸可以在政治上尊重對方現行的憲政體制，在軍事上承諾不以武力解決彼此的爭端，在經濟上以平等互惠來共創雙贏，在社會發展上不干涉對方選擇的道路，以及在國際社會上相互扶持、和平共處等。我們認為，兩岸只有建立一套共同的遊戲規則，才有可能使雙方的關係朝向全面正常化的方向發展」。

[489]江素惠：《「自由行」開啟兩岸「拆牆之旅」》，香港《東方日報》2011年6月20日，A5。

[490]社論：《自由，真行！》，台灣《聯合報》2011年6月28

日，A2。

[491]社論：《建立愛台灣新典範》，台灣《旺報》2011年5月14日，A2。

[492]范世平：《開放陸客來台自由行政策對兩岸關係之影響》，台灣《亞太和平月刊》2011年第6期，第9頁。

[493]江素惠：《「自由行」開啟兩岸「拆牆之旅」》，香港《東方日報》2011年6月20日。

[494]蘇起：《兩岸關係的新階段》，台灣《聯合報》2011年7月3日，A4。

[495]拉爾夫·詹寧斯：《信任新跡象：台灣向大陸遊客開放個人游》，美國《基督教科學箴言報》網站，2011年6月27日，轉引自《參考消息》2011年6月30日，第13版。

[496]社論：《陸客自由行將重新型塑兩岸關係》，台灣《工商時報》2011年6月12日，A2。

[497]《思想者論壇——兩岸政治與經濟關係展望》，香港《中國評論》2011年2月號，第71頁。

[498]《思想者論壇：辛亥百年論「中華民國」與兩岸關係》，香港《中國評論》2011年5月號，第61頁。

[499]《思想者論壇：辛亥百年論「中華民國」與兩岸關係》，香港《中國評論》2011年5月號，第67頁。

[500]劉曉丹、梁棟：《俞新天晤中評社：文化認同需要破題》，http://www.chinareviewnews.com 2011年10月27日。

[501]俞新天：《兩岸共同復興中華文化的思考——紀念辛亥革

命百年》,《兩岸關係和平發展的機會與挑戰學術研討會論文集》,2011年10月,第13頁。

[502]羅祥喜:《吳志揚:兩岸最大動力系血緣與文化認同》,http://www.chinareviewnews.com,2011年06月16日。

[503]《思想者論壇——兩岸政治與經濟關係展望》,香港《中國評論》2011年2月號,第71頁。

[504]楊開煌:《兩岸文化交流之討論》,《兩岸關係和平發展的機會與挑戰學術研討會論文集》2011年10月,第4頁。

[505]楊開煌:《兩岸文化交流之討論》,《兩岸關係和平發展的機會與挑戰學術研討會論文集》2011年10月,第3-10頁。

[506]新亞洲文化基金會公司編:《中國當代政論選》,香港新亞洲出版社1987年3月版,第388頁。

[507]李允傑:《從共同利益到共同價值:ECFA後兩岸關係發展路徑芻議》,香港《中國評論》2011年1月號,第39頁。

[508]社論:《共同締造:修復與破解台灣的兩岸認同撕裂危機》,香港《中國評論》2011年5月號,第1頁。

[509]戚嘉林:《台胞認同中國化之時代機會》,台灣《海峽評論》2011年2月號,第55頁。

[510]余克禮:《正視台灣認同危機,深化兩岸和平發展》,香港《中國評論》2011年3月號,第21頁。

[511]《思想者論壇——歷史課綱修訂與台灣的國族認同問題》,香港《中國評論》2010年12月號,第76頁。

[512]《思想者論壇——認同與兩岸關係》,香港《中國評論》

2009年9月號，第64頁。

[513]《思想者論壇——歷史課綱修訂與台灣的國族認同問題》，香港《中國評論》2010年12月號，第74頁。

[514]《思想者論壇——歷史課綱修訂與台灣的國族認同問題》，香港《中國評論》2010年12月號，第77頁。

[515]黃光國：《從「反中」到「共同體」：兩岸認同的折裂與修復》，香港《中國評論》2011年3月號，第14頁。

[516]吳亞明：《海峽兩岸關係協會成立20週年紀念大會在京舉行》，《人民日報》2011年12月17日，第4版。

[517]石之瑜：《民進黨為何還是能贏取選票》，http://www.chinareviewnews.com 2011年04月24日。

[518]潘翰聲：《合併選舉，扼殺小黨發展》，台灣《中國時報》2011年4月21日，A17。

[519]蕭萬長：《21世紀的台灣：政治、經濟及社會》，台灣《兩岸共同市場基金會通訊》2010年冬季號，第7頁。

[520]社論：《合併選舉嚴重考驗憲政運作》，台灣《中國時報》2011年4月20日，A17。

[521]社論：《讓國光石化轉彎的是環保告訴選票》，台灣《聯合報》2011年4月24日，A2。

[522]社論：《讓國光石化轉彎的是環保告訴選票》，台灣《聯合報》2011年4月24日，A2。

[523]社論：《合併選舉嚴重考驗憲政運作》，台灣《中國時報》2011年4月20日，A17。

[524]潘翰聲：《合併選舉，扼殺小黨發展》，台灣《中國時報》2011年4月21日，A17。

[525]社論：《合併選舉嚴重考驗憲政運作》，台灣《中國時報》2011年4月20日，A17。

[526]石之瑜：《民進黨為何還是能贏取選票》，http://www.chinareviewnews.com 2011年4月24日

[527]石之瑜：《民進黨為何還是能贏取選票》，http://www.chinareviewnews.com 2011年4月24日.

[528]羅致政主編：《ECFA大衝擊：台灣的危機與挑戰》，新台灣國策智庫公司2010年6月版，第3頁。

[529]馬英九8月26日接受墨西哥太陽報系集團董事長巴斯克斯專訪，台灣「中央社」2008年9月3日台北電。

[530]馬英九8月26日接受墨西哥太陽報系集團董事長巴斯克斯專訪，台灣「中央社」2008年9月3日台北電。

[531]台灣《自由時報》2008年10月8日，A2。

[532]台灣《自由時報》2008年11月20日，A3。

[533]台灣《自由時報》2008年11月20日，A3。

[534]馬英九接受墨西哥太陽報系集團董事長巴斯克斯專訪，台灣「中央社」2008年9月3日台北電。

[535]馬英九接受墨西哥太陽報系集團董事長巴斯克斯專訪，台灣「中央社」2008年9月3日台北電。

[536]台灣「中央社」2008年10月17日新德里電。

[537]《馬英九演說全文》，台灣《聯合報》2012年5月21日，A3。

[538]曾復生：《應對亞太變局，美國有對策了嗎？》，台灣《旺報》2011年10月26日，C6。

[539]張亞中：《馬政府，小心摔下蹺蹺板》，台灣《聯合報》2008年10月6日，A11。

[540]趙春山：《國安鐵三角支撐國發五支柱》，台灣《聯合報》2012年5月21日，A14。

[541]李明賢：《蘇起：條件若成熟，不必排斥政治談判》，台灣《中國時報》2012年5月22日，A2。

[542]倪鴻祥、王宗銘：《馬英九：沒有與大陸討論和平協議的計畫》，香港中國評論新聞網，ht-tp：//www.chinareviewnews.com 2012年05月20日。

[543]李明賢：《蘇起：條件若成熟，不必排斥政治談判》，台灣《中國時報》2012年5月22日，A2。

[544]社論：《從五二〇演說看兩岸三黨互動》，台灣《聯合報》2012年5月21日，A2。

[545]林修全：《「主權獨立」社會最大公約數》，台灣《聯合晚報》2009年1月15日，A2版。

[546]蘇文：《蔡英文：民進黨再站起來將來會更好》，台灣《民眾日報》2008年7月2日.第2版。

[547]林修全：《蔡英文：2012若重返執政公投廢止ECFA》，台灣《聯合晚報》2010年4月28日。

[548]《反制傾中民進黨將推全民保台運動》,台灣《民眾日報》2009年2月9日,第2版。

[549]朱真措:《許信良:持續忽略中國,民進黨難再起》,台灣《中國時報》2009年6月29日,A4。

[550]李彥謀:《中國壓境民進黨齊造「反」》,台灣《新新聞週報》2008年11月6日~11月12日,總第1131期,第43頁。

[551]朱真措:《蔡:不排除與中直接實質對話》,台灣《中國時報》2010年5月3日,A2版。

[552]林政忠:《蔡英文:我觀察過胡錦濤》,台灣《聯合報》2010年5月4日,A4版。

[553]台灣《中時晚報》2008年9月9日,第2版。

[554]《中國評論》思想者論壇:《民進黨面臨的挑戰與未來發展方向》,香港《中國評論》2009年1月號,第78頁。

[555]楊偉中:《找回十一年前的民進黨魂》,台灣《新新聞週報》2009年6月11日~6月17日總第1162期,第13頁。

[556]李欣芳:《蔡英文:發展務實對中政策》,台灣《自由時報》2010年5月16日,A6版。

[557]呂存誠:《蔡英文稱若執政會延續當前兩岸政策》,《台灣週刊》2010年第38期,第15頁。

[558]楊偉中:《找回十一年前的民進黨魂》,台灣《新新聞週報》2009年6月11日~6月17日,總第1162期,第13頁。

[559]社論:《蔡英文新兩岸論述:模糊戰略,目的清晰》,香港《中國評論》2011年4月號,第1頁。

[560]《思想者論壇——兩岸未來十年願景》,香港《中國評論》2010年12月號,第63頁。

[561]王崑義:《民進黨終究無法擺脫台獨束縛》,台灣《旺報》2012年4月11日,C7。

[562]《思想者論壇——民進黨大陸政策的彈性空間有多大》香港《中國評論》2011年1月號,第70頁。

[563]奕父:《五都選舉、政黨反思與兩岸關係》,台灣《海峽評論》2011年2月號,第47頁。

[564]熊玢:《劃時代「風雨故人來」的一刻》,台灣《海峽評論》2011年2月號,第11頁。

[565]熊輪:《劃時代「風雨故人來」的一刻》,台灣《海峽評論》2011年2月號,第13頁。

[566]《思想者論壇——兩岸政治與經濟關係展望》,香港《中國評論》2011年2月號,第72頁。

[567]台灣「陸委會」編:《大陸工作法規彙編》,1995年。

[568]台灣《中央日報》1993年9月15日,第2版。

[569]台灣《中央日報》1993年9月15日,第2版。

[570]《台海兩岸關係說明書》,台灣《中央日報》1994年7月6日,第3-4版。

[571]台灣《中央日報》1993年9月15日,第2版。

[572]台灣《中央日報》1993年9月15日,第2版。

[573]《台海兩岸關係說明書》,台灣《中央日報》1994年7月6

日，第3-4版。

[574]台灣「陸委會」編：《大陸工作法規彙編》，1995年。

[575]《台海兩岸關係說明書》，台灣《中央日報》1994年7月6日，第3-4版。

[576]《台海兩岸關係說明書》，台灣《中央日報》1994年7月6日，第3-4版。

[577]《台海兩岸關係說明書》，台灣《中央日報》1994年7月6日，第3-4版。

[578]《台海兩岸關係說明書》，台灣《中央日報》1994年7月6日，第3-4版。

[579]《台海兩岸關係說明書》，台灣《中央日報》1994年7月6日，第3-4版。

[580]台灣「陸委會」公布《一個中國政策說帖》，台灣《中央日報》1994年7月3日，第2版。

[581]劉慶祥：《導論》，劉慶祥主編：《兩岸和平發展與互信機制研析》，台北：秀威資訊科技公司2010年6月版，第2頁。

[582]馬英九8月26日接受墨西哥太陽報系集團董事長巴斯克斯專訪，台灣「中央社」2008年9月3日台北電。

[583]8月26日馬英九接受墨西哥太陽報系集團董事長巴斯克斯專訪，台灣「中央社」2008年9月3日台北電。

[584]台灣「中央社」2008年9月3日台北電。

[585]台灣《自由時報》，2008年10月8日，A3。

[586]陳思豪：《兩岸現狀，馬：互不承認主權互不否認治權》，台灣「中央社」2008年9月4日台北電。

[587]台灣《聯合報》2011年3月10日，A2。

[588]社論：《繼續尋求兩岸互動框架》，台灣《新生報》2011年6月29日，第2版。

[589]《國共兩黨首度共同確認「兩岸同屬一中」》，http://news.sina.com.cn/c2012-03-25/004924169274.shtml。

[590]愧鴻祥：《馬政府：兩岸維持九二共識、一中各表》，http://www.chinareviews.com 2012年3月23日。

[591]中評社台北3月23日電，《馬政府：兩岸定位，20年來無任何改變》，http://www.chinare-views.com 2012年3月23日。

[592]中評社台北3月23日電，《一國兩區，陳沖：「憲法」規定》，http://www.chinareviews.com 2012年3月23日。

[593]中評社台北3月23日電，《吳伯雄幕僚：登陸發言，都是受人之托》，http://www.chinare-views.com 2012年3月24日。

[594]蘇起：《一國兩區，談越多越清楚》，http://www.chinareviews.com 2012年3月25日。

[595]楊開煌：《一國兩區到一中兩區》，台灣《旺報》2012年4月3日，C7。

[596]李英明：《接受憲法，勇敢說一國兩區》，台灣《聯合報》2012年3月27日，A15。

[597]李鵬答義大利《時代》週刊記者問，《人民日報》1991年9月13日，第1-2版。

[598]國務院台灣事務辦公室、國務院新聞辦公室：《台灣問題與中國的統一》，全國台灣研究會編：《台灣1993》，中國友誼出版公司1994年8月版。

[599]國務院台灣事務辦公室、國務院新聞辦公室：《台灣問題與中國的統一》，全國台灣研究會編：《台灣1993》，中國友誼出版公司1994年8月版。

[600]《周恩來關於對台工作的論述》，中央台辦研究局編。

[601]楊尚昆會見台灣《中國時報》記者時的談話，《人民日報》1990年11月10日，第3版。

[602]見國務院台辦發言人唐樹備就「一國兩區」問題發表的談話，見《人民日報》（海外版）1990年9月28日，第4版。

[603]楊尚昆會見台灣《中國時報》記者時的談話，《人民日報》1990年11月10日，第2版。

[604]李鵬在七屆人大第四次會議上《政府工作報告》，姜殿銘主編：《台灣1991》，中國友誼出版公司1992年6月版，第412頁。

[605]1992年12月16日吳學謙在海協會成立一週年座談會上演講，北京市台灣事務辦公室等編：《台灣問題重要文獻資料彙編》，紅旗出版社1997年4月版，第166-167頁。

[606]《中央台辦負責人受權談話》，姜殿銘主編：《台灣1991》，中國友誼出版公司1992年6月版，第415頁。

[607]《唐樹備會見陳長文的談話》，《人民日報》（海外版）1991年4月30日，第4版。

[608]王兆國在海協會第一屆理事會第三次會議上的演講，《人

民日報》（海外版）1994年1月14日，第4版。

[609]唐樹備答香港記者問，見北京市台灣事務辦公室等編：《台灣問題重要文獻資料彙編》，紅旗出版社1997年4月版，第313頁。

[610]《李鵬在首都各界紀念台灣光復50週年大會上的演講》，姜殿銘主編：《台灣1995》，九州出版社1996年6月版，第380頁。

[611]錢其深接受台灣、香港記者採訪，《新華社每日電訊》1995年10月27日，第2版。

[612]李鵬：《完成統一中國大業是全體中國人民的共同願望》，姜殿銘主編：《台灣1996》，九州出版社1997年7月版，第379-380頁。

[613]李鵬：《完成統一中國大業是全體中國人民的共同願望》，《人民日報》，姜殿銘主編：《台灣1996》，九州圖書出版社1997年7月版，第377頁。

[614]黃閩：《「一中共表」是未來兩岸政治互信的新座標》，香港《中國評論》2011年2月號，第8頁。

[615]李允傑：《從共同利益到共同價值：ECFA後兩岸關係發展路徑芻議》，香港《中國評論》2011年1月號，第37頁。

[616]李允傑：《從共同利益到共同價值：ECFA後兩岸關係發展路徑芻議》，香港《中國評論》2011年1月號，第38頁。

[617]張登及：《「一國兩府」小突破，兩岸猶待大格局》，台灣《聯合報》2011年6月25日，A17。

[618]張登及：《「一國兩府」小突破，兩岸猶待大格局》，台

灣《聯合報》2011年6月25日，A17。

[619]張登及：《「一國兩府」小突破，兩岸猶待大格局》，台灣《聯合報》2011年6月25日，A17。

[620]張亞中、謝大寧、黃光國：《無法建立互信的「一中各表」》，台灣《旺報》2010年1月2日，A1。

[621]陳長文：《別把「一國兩府」丟進冰庫》，台灣《聯合報》2011年7月19日，A17。

[622]陳長文：《別把「一國兩府」丟進冰庫》，台灣《聯合報》2011年7月19日，A17。

[623]戴瑞明：《如何面對「一個中國」問題——從「互不承認」到「互不否認」到「尊重現實」》，香港《中國評論》2011年4月號，第16頁。

[624]戴瑞明：《如何面對「一個中國」問題——從「互不承認」到「互不否認」到「尊重現實」》，香港《中國評論》2011年4月號，第15頁。

[625]《思想者論壇——認同與兩岸關係》，香港《中國評論》2009年9月號，第62頁。

[626]張亞中：《一中三憲：重讀鄧小平的「和平統一、一國兩治」》，香港《中國評論》2009年8月號，第12頁。

[627]張亞中：《找尋真正符合兩岸利益的全域路線》，台灣《旺報》2011年8月5日，C6。

[628]《思想者論壇——兩岸未來十年願景》，香港《中國評論》2010年12月號，第64頁。

[629]《思想者論壇——認同與兩岸關係》,香港《中國評論》2009年9月號,第63頁。

[630]張亞中:《一中三憲:重讀鄧小平的「和平統一、一國兩治」》,香港《中國評論》2009年8月號,第10頁。

[631]《思想者論壇:辛亥百年論「中華民國」與兩岸關係》,香港《中國評論》2011年5月號,第68頁。

[632]楊開煌:《兩岸和平發展時期啟動政治接觸之設想（上）》,香港《中國評論》2011年9月號,第19頁。

[633]《思想者論壇:辛亥百年論「中華民國」與兩岸關係》,香港《中國評論》2011年5月號,第68頁。

[634]社論:《論「九二共識」與「一中各表」》,台灣《海峽評論》第229期,第1頁。

[635]《思想者論壇:辛亥百年論「中華民國」與兩岸關係》,香港《中國評論》2011年5月號,第68頁。

[636]《思想者論壇:辛亥百年論「中華民國」與兩岸關係》,香港《中國評論》2011年5月號,第68頁。

[637]《思想者論壇:兩岸和平統一的前景與障礙》,香港《中國評論》2009年2月號,第72頁。

[638]蔡逸儒:《馬英九的困境》,新加坡《聯合早報》2009年3月11日,第15版。

[639]蔡逸儒:《台灣的國際活動空間與兩岸外交休兵》,香港《中國評論》2009年1月號,第26頁。

[640]周志傑:《再尋兩岸關係深化的動力》,香港《中國評

論》2011年6月號，第16頁。

[641]《思想者論壇——兩岸未來十年願景》，香港《中國評論》2010年12月號，第63頁。

[642]張亞中：《讓「兄弟說」成為兩岸定位的表述》，張亞中主編：《兩岸政治定位探索》，台灣生智文化事業公司2010年6月版，第305頁。

[643]邵宗海：《解決兩岸政治談判中「台灣定位」的問題》，張亞中主編：《兩岸政治定位探索》，台灣生智文化事業公司2010年6月版，第301頁。

[644]張凱勝：《童振源：兩岸是境內與境外特殊關係》，台灣《旺報》2011年9月30日，A17。

[645]童振源：《台灣的中國戰略》，台灣新銳文創秀威資訊科技公司2011年10月版，第203-204頁。

[646]陳芳明：《「一中各表」是台灣的底線》，台灣《聯合報》2012年1月9日，A15。

[647]社論：《北京可思主動邀訪馬英九總統》，台灣《聯合報》2012年1月16日，A2。

[648]邵宗海：《不迴避兩岸政治定位新局》，台灣《旺報》2012年1月19日，C7。

[649]李英明：《大陸對台「三合一」論述組合》，台灣《聯合報》2012年3月13日，A15。

[650]林建甫：《一中兩憲優於一國兩區》，台灣《旺報》2012年4月12日，C7。

[651]林碧炤：《共創兩岸和平共榮新路向的戰略思維》，蔡朝明主編：《馬總統執政後的兩岸新局：論兩岸關係新路向》，兩岸交流遠景基金會2009年5月，第30頁。

[652]李家泉：《關於台灣的政治定位問題》，參見張亞中主編：《兩岸政治定位探索》，台灣生智文化事業公司2010年6月版，第405頁。

[653]李家泉：《建構兩岸和平發展框架設想》，參見張亞中主編：《兩岸政治定位探索》，台灣生智文化事業公司2010年6月版，第405頁。

[654]朱松嶺：《論「中華民國」被宣告死亡與兩岸政治定位》，全國台聯編《台灣民情》2011年第1-2期，第63頁。

[655]朱松嶺：《論「中華民國」被宣告死亡與兩岸政治定位》，全國台聯編《台灣民情》2011年第1-2期，第70頁。

[656]朱松嶺：《論「中華民國」被宣告死亡與兩岸政治定位》，全國台聯編《台灣民情》2011年第1-2期，第71頁。

[657]朱松嶺：《論「中華民國」被宣告死亡與兩岸政治定位》，全國台聯編《台灣民情》2011年第1-2期。

[658]黃閩：《「一中共表」是未來兩岸政治互信的新座標》，香港《中國評論》2011年2月號，第8頁。

[659]黃閩：《論「中華民國」被宣告死亡與兩岸政治定位》，香港《中國評論》2011年2月號，第9頁。

[660]黃閩：《論「中華民國」被宣告死亡與兩岸政治定位》，香港《中國評論》2011年2月號，第11頁。

[661]黃閩：《論「中華民國」被宣告死亡與兩岸政治定位》，香港《中國評論》2011年2月號，第11頁。

[662]黃閩：《論「中華民國」被宣告死亡與兩岸政治定位》，香港《中國評論》2011年2月號，第11頁。

[663]黃閩：《論「中華民國」被宣告死亡與兩岸政治定位》，香港《中國評論》2011年2月號，第11頁。

[664]聶學林：《兩岸政治關係定位之我見》，張亞中主編：《兩岸政治定位探索》，台灣生智文化事業公司2010年6月版，第407頁。

[665]夏立平：《對兩岸政治軍事議題談判的幾點思考》，香港《中國評論》2011年6月號，第29頁。

[666]劉國深：《強化兩岸政治互信之道：國家球體理論的提出》，張亞中主編：《兩岸政治定位探索》，台灣生智文化事業公司2010年6月版，第218頁。

[667]鄭海麟：《台灣問題考驗中國人的智慧——探討兩岸和平統一重要的法律與政治問題》，香港海峽兩岸關係研究中心2000年4月版，第128-129頁。

[668]盧卡爾：《盱衡二十年內兩岸關係之大局》，香港《中國評論》2009年9月號，第14頁。

[669]蕭元愷：《台灣問題：政治解決策論》，三聯書店（香港）2010年2月版，第60頁。

[670]蕭元愷：《台灣問題：政治解決策論》，三聯書店（香港）2010年2月版，第11頁。

[671]黃塘：《台灣關於「九二共識」的爭議》，台灣《海峽評論》2011年2月號，第56頁。

[672]許世佺：《民進黨兩岸政策與「一中表述」》，香港《中國評論》月刊2012年3月號，第7頁。

[673]陳勤浩：《台灣「大選」後的兩岸和平歷程路線圖》，香港《中國評論》月刊2012年3月號，第40頁。

[674]黃嘉樹：《關於兩岸政治談判的思考》，香港《中國評論》2010年12月號，第4頁。

[675]邵宗海：《兩岸關係——兩岸共識與兩岸歧見》，台北五南圖書公司1998年7月版，第385-386頁。

[676]劉慶祥：《導論》，劉慶祥主編：《兩岸和平發展與互信機制之研析》，台北：秀威資訊科技公司2010年6月版，第2頁。

[677]社論：《互不否認是兩岸關係中心支柱》，台灣《聯合報》2009年4月27日，A2。

[678]黃嘉樹：《關於兩岸政治談判的思考》，香港《中國評論》2010年12月號，第5頁。

[679]社論：《建立愛台灣新典範》，台灣《旺報》2011年5月14日，A2。

[680]《胡錦濤與馬英九的共識與分歧》，台灣《海峽評論》2009年2月號，第2頁。

[681]黃閩：《「一中共表」是未來兩岸政治互信的新座標》香港《中國評論》2011年2月號。第8頁。

[682]黃閩：《「一中共表」是未來兩岸政治互信的新座標》，

香港《中國評論》2011年2月號，第8頁。

[683]黃仁偉、劉傑：《國家主權新論》，時事出版社2004年1月版，第8頁。

[684]張麟徵：《30年來台灣國際空間細說從前》，台灣《海峽評論》2009年1月1日第217期，第22頁。

[685]黃仁偉、劉傑：《國家主權新論》，時事出版社2004年1月版，第4頁。

[686]黃仁偉、劉傑：《國家主權新論》，時事出版社2004年1月版，第5頁。

[687]蕭元惜：《台灣問題：政治解決策論》，三聯書店（香港）2010年7月版，第125頁。

[688]黃仁偉、劉傑：《國家主權新論》，時事出版社2004年1月版，第134頁。

[689]黃仁偉、劉傑：《國家主權新論》，時事出版社2004年1月版，第135頁。

[690]黃仁偉、劉傑：《國家主權新論》，時事出版社2004年1月版，第44頁。

[691]黃仁偉、劉傑：《國家主權新論》，時事出版社2004年1月版，第7頁。

[692]黃仁偉、劉傑：《國家主權新論》，時事出版社2004年1月版，第311頁。

[693]熊玠：《「胡六點」的特殊構想與馬英九的兩岸「特殊」關係》，台灣《海峽評論》2009年第2期，第35-36頁。

[694]熊玢：《「胡六點」的特殊構想與馬英九的兩岸「特殊」關係》，台灣《海峽評論》2009年第2期，第36頁。

[695]蔡瑋：《中華民國與聯合國》，台北，政治大學國際關係研究中心1993年4月版，第131頁。

[696]中央台辦研究局編：《毛主席關於對台工作的一些指示》，2009年。

[697]顏聲毅：《當代中國外交》復旦大學出版社2004年9月版，第347頁。

[698]黃仁偉、劉傑：《國家主權新論》時事出版社2004年1月版，第276頁。

[699]《鄧小平在十一屆三中全會上的演講》，中央台辦研究局編資料，1978年12月18-22日。

[700]《鄧小平在政協座談會上的演講》，《人民日報》1979年1月2日，第1版。

[701]錢其琛：《外交十記》，世界知識出版社2003年10月版，第291頁。

[702]錢其琛：《外交十記》，世界知識出版社2003年10月版，第307頁。

[703]錢其深：《外交十記》，世界知識出版社2003年10月版，第308頁。

[704]錢其深：《外交十記》，世界知識出版社2003年10月版，第308頁。

[705]江澤民：《為促進中國統一大業的完成而繼續奮鬥》，

《人民日報》1995年1月31日，第1-2版。

[706]胡錦濤：《攜手推動兩岸關係和平發展，同心實現中華民族偉大復興》，《解放日報》2009年1月1日，第1-2版。

[707]吳亞明：《海峽兩岸關係協會成立20週年紀念大會在京舉行》，《人民日報》2011年12月17日，第4版。

[708]謝益顯主編：《中國當代外交史》，中國青年出版社1997年8月版，第77-78頁。

[709]江澤民：《全面建設小康社會，開創中國特色社會主義事業新局面》，人民出版社2002年11版，第46頁。

[710]江澤民：《在慶祝中國共產黨成立八十週年大會上的演講》，人民出版社2001年7月11版，第45頁。

[711]《毛澤東外交文選》，中央文選出版社、世界知識出版社1994年12月版，第85頁。

[712]1949年9月29日通過的《中國人民政治協商會議共同綱領》第56條，參見中國人民政治協商會議全國委員會文史資料研究委員會編：《五星紅旗從這裡升起：中國人民政治協商會議誕生記事暨資料選編》，文史資料出版社1984年版。

[713]《鄧小平同雷根會談時的談話》，《人民日報》1984年4月29日，第2版。

[714]《鄧小平談中美關係和中國統一》，《人民日報》1986年11月13日，第2版。

[715]錢其琛：《外交十記》，世界知識出版社2003年10月版，第73-74頁。

[716]胡錦濤：《攜手推動兩岸關係和平發展，同心實現中華民族偉大復興》，《解放日報》2009年1月1日，第2版。

[717]《鄧小平會見美國新澤西州西東大學教授楊力宇時的談話》，中國社會科學院台灣研究所等編：《台灣問題重要文獻資料彙編》，紅旗出版社1997年4月版，第11頁。

[718]《鄧小平會見日本民社黨第八次訪華團的談話》，《人民日報》1987年9月12日，第4版。

[719]《鄧小平會見美國新澤西州西東大學教授楊力宇時的談話》，中國社會科學院台灣研究所等編：《台灣問題重要文獻資料彙編》，紅旗出版社1997年4月版，第31頁。

[720]《鄧小平會見美國眾議院訪華團的談話》，《人民日報》1979年1月3日，第3版。

[721]錢其深：《外交十記》，世界知識出版社2003年10月版，第271頁。

[722]錢其琛：《外交十記》，世界知識出版社2003年10月版，第274頁。

[723]《鄧小平文選》第3卷，人民出版社1993年版，第170頁。

[724]江澤民：《論有中國特色社會主義》（專題摘編），中央文獻出版社2002年版，第13頁。

[725]謝益顯主編：《中國當代外交史》，中國青年出版社1997年8月版，第84頁。

[726]謝益顯主編：《中國當代外交史》，中國青年出版社1997年8月版，第84-85頁。

[727]《毛主席關於對台工作的一些指示》，中央台辦研究局編。

[728]《鄧小平會見美國眾議院訪華團的談話》，《人民日報》1979年1月3日，第3版。

[729]《鄧小平會見美國客人時的談話》，中國社會科學院台灣研究所等編：《台灣問題重要文獻資料彙編》，紅旗出版社1997年4月版，第8頁。

[730]《鄧小平會見美國時代出版公司總編輯多諾萬的談話》，中國社會科學院台灣研究所等編：《台灣問題重要文獻資料彙編》，紅旗出版社1997年4月版，第3頁。

[731]錢其深：《外交十記》，世界知識出版社2003年10月版，第293頁。

[732]錢其深：《外交十記》，世界知識出版社2003年10月版，第293頁。

[733]錢其深：《外交十記》，世界知識出版社2003年10月版，第301-302頁。

[734]錢其深：《外交十記》，世界知識出版社2003年10月版，第303頁。

[735]《鄧小平會見27位元美國記者的談話》，《人民日報》1979年1月6日，第3版。

[736]《鄧小平同美國廣播電視界雷諾茲的談話》，《世界知識》1979年第5期。

[737]《鄧小平會見美國眾議院訪華團的談話》，《人民日報》

1979年1月3日，第3版。

[738]錢其深：《外交十記》，世界知識出版社2003年10月版，第142-144頁。

[739]《鄧小平會見27位元美國記者的談話》，《人民日報》1979年1月6日，第3版。

[740]陳一新：《從馬總統中美洲行看美中台關係》，台灣《新新聞週報》2009年6月4-10日，總第1161期，第21-22頁。

[741]社論：《爭取外交空間，非休兵才有活路》，台灣《中國時報》2008年8月29日，A19。

[742]《卷首語：「外交休兵」、「活路外交」與兩岸關係》，香港《中國評論》2008年9月號，第3頁。

[743]全國台灣研究會編：《台灣藍綠政要言論輯錄：2002年6月～2006年6月》，2006年11月版，第16頁。

[744]全國台灣研究會編：《台灣藍綠政要言論輯錄：2002年6月～2006年6月》，2006年11月版，第18頁。

[745]張景弘：《馬英九主張加入世銀國際貨幣基金》，台灣《聯合報》2007年6月2日，第2版。

[746]張景弘：《馬英九主張加入世銀國際貨幣基金》，台灣《聯合報》2007年6月2日，第2版。

[747]《馬英九就職演說》，台灣《聯合報》2008年5月20日，A2。

[748]2008年8月4日馬英九在「外交部」演講，台灣「陸委會」網站，http://www.Mac.gor.tw.2008年4月6日。

[749]馬英九8月26日接受墨西哥太陽報系集團董事長巴斯克斯專訪,台灣「中央社」2008年9月3日台北電。

[750]馬英九8月26日接受墨西哥太陽報系集團董事長巴斯克斯專訪,台灣「中央社」2008年9月3日台北電。

[751]李光儀:《歐:應稱兩岸,共存共榮》,台灣《聯合報》2008年9月8日,A4。

[752]香港鳳凰網,http:news,ifeng.com/Taiwan/1/200809/0905-351-766341.shtml,2008年9月9日訪問。

[753]李光儀:《歐:應稱兩岸,共存共榮》,台灣《聯合報》2008年9月9日,A4。

[754]2008年8月4日馬英九在「外交部」演講,台灣「陸委會」網站,http://www.mac.gov.tw.2008年8月6日訪問。

[755]2008年8月4日馬英九在「外交部」演講,台灣「陸委會」網站,http://www.mac.gov.tw.2008年8月6日訪問。

[756]2008年8月4日馬英九在「外交部」演講,台灣「陸委會」網站,http://www.mac.gov.tw.2008年8月6日訪問。

[757]香港鳳凰網,http:news, ifeng.com/T aiwan/1/200809/0905-351-766341.shtml,2008年9月9日訪問。

[758]《馬英九就職演說》,台灣《聯合報》2008年5月21日,A2。

[759]2008年8月4日馬英九在「外交部」演講,台灣「陸委會」網站,http://www.mac.gov.tw.2008年8月6日訪問。

[760]2008年8月4日馬英九在「外交部」演講,台灣「陸委會」

網站，http://www.mac.gov.tw.2008年8月6日訪問。

[761]2008年8月4日馬英九在「外交部」演講，台灣「陸委會」網站，http://www.mac.gov.tw.2008年8月6日訪問。

[762]2008年8月4日馬英九在「外交部」演講，台灣「陸委會」網站，http://www.mac.gov.tw.2008年8月6日訪問。

[763]台灣《民眾日報》2007年11月22日，第2版。

[764]2008年8月4日馬英九在「外交部」演講，台灣「陸委會」網站，http://www.mac.gov.tw.2008年8月6日訪問。

[765]台灣《民眾日報》2007年11月22日，第2版。

[766]2008年8月4日馬英九在「外交部」演講，台灣「陸委會」網站，http://www.mac.gov.tw.2008年8月6日訪問。

[767]夏國華：《兩岸和平發展的雙贏戰略：「接觸」與「嚇阻」之研析》，劉慶祥主編：《兩岸和平發展與互信機制之研析》，台北：秀威資訊科技公司2010年6月版，第94頁。

[768]2008年8月4日馬英九在「外交部」演講，台灣「陸委會」網站，http://www.mac.gov.tw.2008年8月6日訪問。

[769]2008年8月4日馬英九在「外交部」演講，台灣「陸委會」網站，http://www.mac.gov.tw.2008年8月6日訪問。

[770]蘇起：《國際、兩岸總體情勢與國家安全》，蔡朝明主編：《馬總統執政後的兩岸新局：論兩岸關係新路向》，（台灣）兩岸遠景交流基金會2009年5月版，第7頁。

[771]馬英九8月26日接受墨西哥太陽報系集團董事長巴斯克斯專訪，台灣「中央社」2008年9月3日台北電。

[772]台灣「中央社」2008年8月4日電。

[773]http://news, phonixtv.com/taiwan/1/2007/03/0312-351-86718.shtml，2007年3月訪問。

[774]台灣「中央社」2008年8月4日電。

[775]《馬英九就職演說》，台灣《聯合報》2008年5月21日，A2。

[776]《馬英九就職演說》，台灣《聯合報》2008年5月21日，A2。

[777]《「九二共識」「活路外交」？扁批：死路一條》，台灣《自由時報》2007年6月：2版。

[778]林庭瑤：《「外共」：以中華台北申衛，彈性大》，台灣《中國時報》2008年6月3日，A2。

[779]陳洛薇：《休兵，恐更孤立無援》，台灣《中國時報》2008年8月17日，A2。

[780]陳洛薇：《馬勉新駐外人員，加強經貿行銷》，台灣《中國時報》2008年9月20日，A2。

[781]李明賢：《馬批：「台灣名義強入世衛」》，台灣《聯合報》2008年4月5日，A2。

[782]《馬英九就職演說》，台灣《聯合報》2008年5月21日，A2。

[783]社論：《台灣，應對自己更有信心》，台灣《中國時報》2009年5月1日，A19。

[784]《希望進一步推動兩岸的良性互動——訪「陸委會」主委賴幸媛》,香港《中國評論》2008年8月號,第56頁。

[785]《馬英九蕭萬長外交政策》,http://www.mal9.net,2008年6月1日訪問。

[786]2008年8月4日馬英九在「外交部」演講,台灣「陸委會」網站,http://www.mac.gov.tw,2008年8月6日訪問。

[787]《卷首語:「外交休兵」、「活路外交」與兩岸關係》,香港《中國評論》2008年9月號,第3頁。

[788]賴嶽謙:《外交休兵檢驗兩岸的試劑》,台灣《聯合報》2008年9月8日,A11。

[789]《思想者論壇:馬政府執政週年:回顧與展望》,香港《中國評論》2009年6月號,第68頁。

[790]李文忠:《還能期待馬政府維新?》,台灣《中國時報》2008年9月3日。

[791]陳水扁:《關不住的聲音》,(台灣)財團法人凱達格蘭基金會2009年4月,第229頁。

[792]陳水扁:《關不住的聲音》,(台灣)財團法人凱達格蘭基金會2009年4月,第138頁。

[793]周永鴻:《兩岸局勢的變與不變——兼論兩岸關係的困境》,上海台灣研究所、上海交通大學台灣研究中心編《兩岸關係學術研討會》論文集,2010年1月16日,第42頁。

[794]李文忠:《還能期待馬政府維新》,台灣《中國時報》2008年9月3日,A12。

[795]《敲鑼打鼓爭取入聯，絕非務實外交》，台灣《中國時報》2009年9月22日，A15。

[796]《美國專家評馬英九的外交休兵政策》，美國之音電台2008年8月25日。

[797]《美國專家評馬英九的外交休兵政策》，美國之音電台2008年8月25日。

[798]《美國專家評馬英九的外交休兵政策》，美國之音電台2008年8月25日。

[799]林少予：《蔡批「外交休兵」》，台灣《聯合報》2008年9月9日，A4。

[800]陳水扁：《台灣的十字架》，台灣財團法人凱達格蘭基金會2009年3月版，第76頁。

[801]新華社2008年8月28日北京電。

[802]台灣《聯合晚報》2008年9月8日，第3版。

[803]《美國專家評馬英九的外交休兵政策》，美國之音電台2008年8月25日。

[804]陳一新：《從馬總統中美洲行看美中台關係》，台灣《新新聞週報》2009年6月4～10日總第1161期，第23頁。

[805]李明賢：《馬：活路外交讓無邦交國放心》，台灣《聯合報》2009年6月5日，A2。

[806]李明賢：《活路外交讓無邦交國放心》，台灣《聯合報》2009年6月5日，A2。

[807]陳洛薇：《馬：兩岸高層互信，各維邦交數》，台灣《中國時報》2008年8月14日，A11。

[808]史亞平：《ECFA簽署後，台新談FTA》，台灣《聯合報》2009年11月10日，A4。

[809]陳洛薇：《外交休兵馬英九：我邦交國不會再增》，台灣《中國時報》2008年8月16日，A16。

[810]周天瑞：《迎馬英九優異出訪歸來》，台灣《新新聞週報》2009年6月4日～10日，第1161期，第6頁

[811]劉曉霞：《馬：陸回絕3邦交國建交請求》，台灣《旺報》2011年8月15日，A18。

[812]蕭元愷：《台灣問題：政治解決策論》，三聯書店（香港）2010年7月，第222頁。

[813]鄧中堅：《活路外交建構拉美新主軸》，台灣《聯合報》2009年6月1日，Al3。

[814]台灣「中央社」2009年10月10日電。

[815]《高長：活路外交，台灣保住兩友邦》，台灣《聯合報》2010年3月21日，A12。

[816]馬英九8月26日接受墨西哥太陽報系集團董事長巴斯克斯專訪，台灣「中央社」2008年9月3日台北電。

[817]《台海失衡發展，迫美劃紅線》，台灣《自由時報》2008年8月28日，第3版。

[818]范淩嘉：《兩岸和解，一通百通》，台灣《聯合報》2008年8月24日，A4。

[819]趙春山：《馬感歎……攘外難，安內更難》，台灣《中國時報》2009年5月2日，A18。

[820]李本京：《馬英九出訪之實質意義》，台灣《新新聞週報》2009年6月4-10日總第1161期，第21頁。

[821]《蘇起：兩岸已遠離戰爭，完成階段性任務》，http://www.chinareviewnews.com 2010年2月11日。

[822]蕭元悟：《台灣問題：政治解決策論》，三聯書店（香港）2010年7月，第222頁。

[823]陳一新：《外交休兵：兩岸不當冤大頭》，台灣《聯合報》2009年6月3日，A15。

[824]周天瑞：《迎馬英九優異出訪歸來》，台灣《新新聞週報》2009年6月4-10日，總第1161期，第6頁。

[825]《哥國總統爆料：巴拿馬擬與台斷交，北京拒收》，http://www.chinareviewnews.con 2010年2月4日。

[826]夏國華：《兩岸和平發展的雙贏戰略：「接觸」與「嚇阻」之研析》，劉慶祥主編：《兩岸和平發展與互信機制之研析》，台北：秀威資訊科技公司2010年6月版，第94頁。

[827]李景治等：《中國和平發展與建構和諧世界研究》，中國人民大學出版社2011年3月版。

[828]《馬談「國際」參與，兩度提中華民族》，台灣《中國時報》2009年5月1日，A5。

[829]社論：《替台灣外交多找幾條活路》，台灣《中國時報》2008年8月13日，A11。

[830]社論:《台灣「活路外交」,兩岸「共生外交」》,台灣《聯合報》2008年8月11日,A2。

[831]陳洛薇:《外交休兵,馬英九:我邦交國不會再增》,台灣《中國時報》2008年8月16日,A16。

[832]社論:《求同存異,堅持和平發展不動搖》,香港《中國評論》2010年12月號,第1頁。

[833]社論:《求同存異,堅持和平發展不動搖》,香港《中國評論》2010年12月號,第1頁。

[834]社論:《求同存異,堅持和平發展不動搖》,香港《中國評論》2010年12月號,第1頁。

[835]社論:《求同存異,堅持和平發展不動搖》,香港《中國評論》2010年12月號,第1頁。

[836]中國社會科學院近代史研究所譯:《顧維鈞回憶錄》第7分冊,北京,中華書局1988年版,第407頁、第433頁。

[837]胡為真:《美國對華「一個中國」政策之演變——從尼克森到柯林頓》,台灣商務印書館2003年10月版,第36頁。

[838]胡為真:《美國對華「一個中國」政策之演變——從尼克森到柯林頓》,台灣商務印書館2003年10月版,第95頁。

[839]胡為真:《美國對華「一個中國」政策之演變——從尼克森到柯林頓》,台灣商務印書館2003年10月版,第127頁。

[840]胡為真:《美國對華「一個中國」政策之演變——從尼克森到柯林頓》,台灣商務印書館2003年10月版,第209頁。

[841]黃光國:《兩岸間的「法理現實」與「政治現實」》,香

港《中國評論》2009年1月號，第19頁。

[842]黃光國：《兩岸間的「法理現實」與「政治現實」》，香港《中國評論》2009年1月號，第19頁。

[843]黃光國：《兩岸間的「法理現實」與「政治現實」》，香港《中國評論》2009年1月號，第20頁。

[844]黃光國：《兩岸間的「法理現實」與「政治現實」》，香港《中國評論》2009年1月號，第20頁。

[845]社論：《完成國家統一，實現民族復興》，台灣《海峽評論》2011年1月號，第2頁。

[846]熊介：《「胡六點」的特殊構想與馬英九的兩岸「特殊」關係》，台灣《海峽評論》2009年第2期，第36頁。

[847]熊介：《「胡六點」的特殊構想與馬英九的兩岸「特殊」關係》，台灣《海峽評論》2009年第2期，第35-36頁。

[848]陳洛薇：《主權歸屬：台北賓館從史實定調》，台灣《中國時報》，2009年4月12日，A1。

[849]陳洛薇：《主權歸屬：台北賓館從史實定調》，台灣《中國時報》，2009年4月12日，A1。

[850]周志傑：《再尋兩岸關係深化的動力》，香港《中國評論》2011年6月號，第22頁。

[851]《思想者論壇——兩岸未來十年願景》，香港《中國評論》2010年12月號，第63頁。

[852]《思想者論壇——兩岸未來十年願景》，香港《中國評論》2010年12月號，第59-60頁。

[853]張亞中：《論兩岸與中國的關係》，香港《中國評論》2009年3月號，第9頁。

[854]張亞中：《一中三憲：重讀鄧小平的「和平統一、一國兩治」》，香港《中國評論》2009年8月號，第12頁。

[855]張亞中：《一中三憲：重讀鄧小平的「和平統一、一國兩治」》，香港《中國評論》2009年8月號，第14頁。

[856]張亞中：《一中三憲：重讀鄧小平的「和平統一、一國兩治」》，香港《中國評論》2009年8月號，第15頁。

[857]張亞中：《一中三憲：重讀鄧小平的「和平統一、一國兩治」》，香港《中國評論》2009年8月號，第15頁。

[858]李英明：《決戰2012需要新主權》，台灣《聯合報》2011年4月2日，A19。

[859]李英明：《決戰2012需要新主權》，台灣《聯合報》2011年4月2日，A19。

[860]李英明：《決戰2012需要新主權》，台灣《聯合報》2011年4月2日，A19。

[861]李英明：《決戰2012需要新主權》，台灣《聯合報》2011年4月2日，A19。

[862]《思想者論壇——認同與兩岸關係》，香港《中國評論》2009年9月號，第61頁。

[863]王群洋：《中國大陸的崛起與台灣政治發展》，北京聯合大學台灣研究院《八年來台灣政治發展的省思與前瞻》研討會論文。

[864]王群洋：《中國大陸的崛起與台灣政治發展》，北京聯合大學台灣研究院《八年來台灣政治發展的省思與前瞻》研討會論文。

[865]邱震海：《兩岸政治互動及潛在風險》，新加坡《聯合早報》2009年1月29日，第22版。

[866]邱震海：《兩岸政治互動及潛在風險》，新加坡《聯合早報》2009年1月29日，第22版。

[867]李景治等：《中國和平發展與建構和諧世界研究》，中國人民大學出版社2011年3月版，第293頁。

[868]李景治等：《中國和平發展與建構和諧世界研究》，中國人民大學出版社2011年3月版，第293頁。

[869]李景治等：《中國和平發展與建構和諧世界研究》，中國人民大學出版社2011年3月版，第293頁。

[870]李景治等：《中國和平發展與建構和諧世界研究》，中國人民大學出版社2011年3月版，第293頁。

[871]Ivo D.Duchacek, The Territorial Dimension of Politics: Within, Among, and Across Nation，參見李景治等著《中國和平發展與建構和諧世界研究》，第295頁。

[872]《台灣和中國將簽署貿易協定》，美國《華爾街B報》2010年6月240，轉載自《參考消息》2010年6月26日，第8版。

[873]埃菲社北京／台北6月29日電，轉引自《參考消息》2010年7月1日，第8版。

[874]李英明：《TPP台灣搭橋，兩岸雙贏》，台灣《旺報》

2011年11也11日，C7。

[875]社評：《深化兩岸產業合作因應美韓FTA》，台灣《旺報》2011年11月21日，A2。

[876]社評：《深化兩岸產業合作因應美韓FTA》，台灣《旺報》2011年11月21日，A2。

[877]林建甫、周信佑：《ECFA簽訂後台商的商機與應對》，台灣《兩岸共同市場基金會通訊》2010年冬季號，第25頁。

[878]陸以正：《從台灣看天下》，台灣三民書局2006年4月版，第16頁。

[879]陳秀蘭：《中國一東盟博覽會，台灣首度參展》，台灣《旺報》2011年10月22日，A7。

[880]陳秀蘭：《台灣特色商品展，廣西自治區主席盛讚》，台灣《旺報》2011年10月23日，A5。

[881]朱雲漢：《美中共管東亞，台灣如何避免選邊》，台灣《旺報》2011年12月10日，A5。

[882]社論：《兩岸和解與活路外交》，台灣《中央日報》（網路版）2011年8月20日。

[883]蔡瑋：《中共2009年外交白皮書文評析》，台灣《亞太和平月刊》2009年3月號，第5頁。

[884]李允傑：《從共同利益到共同價值：ECFA後兩岸關係發展路徑芻議》，香港《中國評論》2011年1月號，第38頁。

[885]林濁水：《從「胡六點」看中國大陸的對台戰略》，香港《中國評論》2009年2月號，第33頁。

[886]林濁水：《從「胡六點」看中國大陸的對台戰略》，香港《中國評論》2009年2月號，第34頁。

[887]黃仁偉、劉傑：《國家主權新論》，時事出版社2004年1月版，第66頁。

[888]蘇起：《主權問題的迷思》，台灣《聯合報》2011年4月7日，A4。

[889]張亞中：《一中三憲：重讀鄧小平的「和平統一、一國兩治」》，香港《中國評論》2009年8月號，第12頁。

[890]馬英九：《這次勝選，給台灣帶來新時代》，台灣《聯合報》2008年3月29日，A2。

[891]丘宏達：《現代國際法》，台灣三民書局1995年11月初版，第248頁。

[892]丘宏達：《現代國際法》，台灣三民書局1995年11月初版，第248頁。

[893]丘宏達：《現代國際法》，台灣三民書局1995年11月初版，第248頁。

[894]朱維瑜：《世界年鑑2003》，台北中央通訊社2002年版，第143頁。

[895]《鄧小平文選》第三卷，人民出版社1993年10月版，第348頁。

[896]黃仁偉、劉傑：《國家主權新論》，時事出版社2004年1月版，第65頁。

[897]黃仁偉、劉傑：《國家主權新論》，時事出版社2004年1

月版,第67頁。

[898]蕭元愷:《台灣問題:政治解決策論》,三聯書店(香港),第3頁。

[899]張麟徵:《30年來台灣國際空間細說從前》,台灣《海峽評論》2009年1月1日,第217期。

[900]嚴震生:《台灣究竟需要什麼樣的國際參與》,台灣《聯合報》2011年4月30日,A19。

[901]嚴震生:《台灣究竟需要什麼樣的國際參與》,台灣《聯合報》2011年4月30日,A19。

[902]李景治等:《中國和平發展與建構和諧世界研究》,中國人民大學出版社2011年3月版,第293頁。

[903]邱坤玄:《兩岸和解,台灣走出去》,台灣《聯合報》2011年5月18日,A15。

[904]嚴震生:《台灣究竟需要什麼樣的國際參與》,台灣《聯合報》2011年4月30日,A19。

[905]朱雲漢:《美中共管東亞,台灣如何避免選邊》,台灣《旺報》2011年12月10日。

[906]黃嘉樹:《關於兩岸政治談判的思考》,香港《中國評論》2010年12月號,第6頁。

[907]嚴震生:《台灣究竟需要什麼樣的國際參與》,台灣《聯合報》2011年4月30日,A19。

國家圖書館出版品預行編目(CIP)資料

兩岸關係和平發展制度化理論研究 / 嚴安林 著. -- 第一版. -- 臺北市：崧燁文化，2018.12
　面；　公分

ISBN 978-957-681-680-2(平裝)

1.兩岸關係

573.09　　　　107022008

書　　名：兩岸關係和平發展制度化理論研究
作　　者：嚴安林 著
發 行 人：黃振庭
出 版 者：崧燁文化事業有限公司
發 行 者：崧燁文化事業有限公司
E-mail：sonbookservice@gmail.com
粉絲頁　　　　　網　　址：
地　　址：台北市中正區重慶南路一段六十一號八樓 815 室
8F.-815, No.61, Sec. 1, Chongqing S. Rd., Zhongzheng Dist., Taipei City 100, Taiwan (R.O.C.)
電　　話：(02)2370-3310　傳　真：(02) 2370-3210
總 經 銷：紅螞蟻圖書有限公司
地　　址：台北市內湖區舊宗路二段 121 巷 19 號
電　　話：02-2795-3656　傳真：02-2795-4100　網址：
印　　刷：京峯彩色印刷有限公司（京峰數位）

　　本書版權為九州出版社所有授權崧博出版事業股份有限公司獨家發行電子書繁體字版。若有其他相關權利及授權需求請與本公司聯繫。

定價：700 元
發行日期：2018 年 12 月第一版
◎ 本書以POD印製發行